III 意識
PART III CONSCIOUSNESS

引言

「那不是真正的人間樂園——那裡有禁忌之樹。」

——海涅

一九五六年十一月初，在一個怡人的英國午後，我在劍橋悠閒地漫步著，卻突然看到一群大多數都是膚色黝黑的學生專注聽著一名謙恭但熱情的印度人或巴基斯坦人發表演說。他正在譴責英國首相艾登（Anthony Eden）決定和法國還有以色列一同侵略蘇伊士運河區的決策。在我看來，這就像是一場露天偶戲一樣。聽了幾分鐘以後，我正準備繼續往前走，卻不曉得從哪裡冒出了一群又高又壯的上層階級英國學生，對這個小小的集會展開攻擊。那些體格瘦弱的「殖民地人口」不是他們的對手，所以也沒怎麼反抗。這情景看來實在令人難以理解，於是我以我微弱的力量試圖阻止那些高教育程度的惡棍。我被人打掉眼鏡，就這麼偶然加入了那群遭襲擊者的行列。這時候，有兩件事情令我深感訝異。第一，那群攻擊者高唱著〈天佑女王〉，而且還要求所有人跟著他們一起唱。第二，我幾乎氣瘋了。我當時二十歲，從來不曾有過認真的政治思想。大約一年後，我搭船前往美國，對於印尼及其政治展開了三十年的研究生涯。

我在那之前所接受的教育主要都侷限於古典文化以及法國與英國文學，因此經由美國而把焦點轉向亞洲，感覺就像是揮別了過去，令我深感興奮。不過，現在回顧起來，我覺得這種感受有一部分其實是年輕時期的幻象。我父親出生於檳城，當時他的父親是駐紮在那裡的一名大英帝國陸軍軍官。他在就讀劍橋大學一年級的時候考試被當，結果他那個擔任將軍的父親就不太願意認他這個兒子了。於是，在種種因素以及渴望冒險的心態下，他前往中國，進入中國海關總稅務司工作。在中國工作將近三十年，不但令他得以精通中文，也成了個富有好奇心的中國愛好者。因此，我出生在昆明，成長在一個充滿中國事物的家裡，也養成了和我同時代的愛爾蘭人非常不一樣的飲食習慣。此外，我和亞洲還有另一個連結，就是我媽為了照顧我而雇用的奶媽媞海（後來成了她的知心好友）是個年輕的越南女孩，從河內搭乘景色壯麗的高山鐵路經由諒山到昆明。我們家庭相簿裡的照片，滿滿都是殖民地越南與蔣介石治下破敗的中國。

更遙遠的家族史也影響了我，儘管我後來才得知這一點。在我身為英國人的母親那一側，她的親人主要都是傳統的生意人、法官與警察，但我的舅公曾經從事一場穿越中亞的旅程，在當時算是非常大膽，甚至還針對這項經歷寫了一本書。不過，我父親那一側的家族則是比較奇特，混有愛爾蘭與盎格魯愛爾蘭人血統。我的祖母姓歐格曼，她的家族長久以來都活躍於民族主義政治當中。她的舅公曾經因為參與一七九八年的聯合愛爾蘭人會（United Irishmen）抗爭運動而入獄。她的祖父加入丹尼爾・歐康諾（Daniel O'Connell）的天主教協會，爭取天主教徒的解放。她的一個表親，是帕內爾（Charles Parnell）於西敏的那群愛爾蘭民族主義國會議員當中的堅實成員。由於這一切，我雖然自從十一歲就在英國接受教育，卻很難把自己想像為英國人。

美國對我而言也不是那麼陌生。一九四一年，我的父親因為病得很重，又預見了即將來臨的太平洋戰爭，於是決定帶著全家人從中國取道美國返鄉。隨著珍珠港事變爆發以及大西洋的潛艇戰爭，這趟旅程因此在途中耽擱了四年。他找了一份為英國情報機構擔任中文翻譯的工作，所以大戰年間我們就在加州與丹佛度過，而我即是在丹佛初次接受正式學校教育。從此出現了一連串的疏離經驗，先是操英語腔就讀美國學校，後來變成操美國腔就讀愛爾蘭學校，又在英國學校裡說著使用愛爾蘭語法的英語。語言對我來說因此變得問題重重卻又充滿益處。

可是，為什麼選擇印尼？部分原因也許是一九五〇年代末期的中國把西方人拒於門外，而且當時我父親也早就已經去世。現在想來，我認為主要是因為印尼在一九五七至一九五八年間正處於內戰，而且中情局積極涉入其中。對於一個當時才剛開始意識到政治（也許可以說是帝國主義政治）的年輕人而言，印尼一方面屬於亞洲，而且在政治上又與我切身相關。我知道康乃爾大學在當時是美國除了耶魯以外唯一認真研究印尼的地方。不過，我之所以會到那裡去，主要是因為我的一個老朋友在那裡幫我找了個政治學助教的工作（我的資歷完全不足以勝任那份工作）。我在綺色佳（Ithaca）曾經有幸跟隨喬治・凱亨（George Kahin）研究印尼。他是美國的印尼研究先驅，創辦了康乃爾現代印尼研究計畫，並且著有《印尼的民族主義與革命》（*Nationalism and Revolution in Indonesia*）這部深具啟發性的經典著作。對我而言同樣重要的，還有凱亨召集於綺色佳的那一群人。在那群人裡，有一位是現在已經去世的伊格斯（John Echols），他是一位彬彬有禮的維吉尼亞語言大師，精通十幾種語言，包括瑞典語乃至舊爪哇語，並且出版了第一部現代印尼語英語辭典。他為我引介了印尼文學，並且無私地將康乃爾大學的東南亞圖書館擴展為現在以他為名的那套卓絕收藏。此外，還有現在也已經去世的霍特（Claire Holt），她出生於里加（Riga）一個富裕的猶太家庭裡，曾在巴黎與紐約擔任舞者以及舞蹈記者，後來與破舊立新的德國考古學家斯塔特海姆（Wilhelm Stutterheim）成為同事以及情侶，在殖民爪哇度過了一九三〇年代。她曾在第二次世界大戰期間為美國政府擔任譯者以及印尼語教師，但在麥卡錫主義年間因為不齒政府的作為而辭職，於是獲得凱亨邀請教導印尼的語言及文化，儘管她並沒有相關的正式學歷。不過，我對獨立前印尼的世界、爪哇文化，還有荷蘭殖民學術研究所獲得的瞭解，最主要都是來自於她。如同伊格斯，她也全心投注於爪哇與印尼，但又不至於因此漠視印尼以外的世界。

我在一九六一年十二月抵達雅加達從事博士研究，結果多虧了印尼在那幾年的惡性通膨，而得以在那裡待到一九六四年四月。那時正是蘇卡諾總統與他那民粹獨裁而且保守激進的指導式民主盛極而衰的時期，雅加達沒什麼西方人，一方面是因為該國每況愈下的經濟，另一方面也是因為蘇卡諾整體上反西方的外交政策。當時雖是由一個保守的前游擊隊軍方控制了經濟以及大部分日常公共生活，但總統、軍方、穆斯林、共產黨以及世俗資產階級民族主義者這些勢力之間複雜的平衡關係，卻造成了持續不休的政治混戰。我從來不曾身處在這麼樣的一個社會裡，一方面如此政治化，但同時對於一個年輕而且微不足道的年輕人而言，卻又是如此易於親近。我在一九六三年九月從一場短暫造訪吉隆坡的旅程返回，結果發現位在我住處隔壁的英國大使館遭到一批由各種團體組成的群眾縱火攻擊，藉此表達他們支持蘇卡諾總統憤怒抗議倫敦成立馬來西亞聯邦一事。我記得當時的我已經有點受到當地人的同化，於是懷著些許愛爾蘭人的幸災樂禍心態，身穿T恤和紗籠倚靠在圍牆上看著好戲。那群縱火者的其中一名領袖是我認識的前軍人，他還特地過來要我別擔心，說我絕對安全無虞。但我其實從來沒想過自己會有危險。

這個時期的政治相當引人入勝，但我不能說自己在政爭各方之間做出了明智的選擇。腐敗而且經常相當殘暴的軍方雖然有千百個理由令人厭惡，但我最敬重的人士當中卻有幾個是陸軍軍官。蘇卡諾的反帝國主義民粹修辭雖然振奮人心，但我的住處距離印尼飯店（Hotel Indonesia）這家蘇卡諾為了提高國家能見度而下令興建的印尼第一家「國際級」飯店只有一小段距離。每個星期，都會有骨瘦如柴的工人墜地喪命，原因是他們不習慣在熱帶氣候下的正午時分於離地一百多英尺的高處工作。共產黨領袖艾地（D. N. Aidit）經常針對印尼政治現況發表清楚明白又深具說服力的分析，但奇怪的是，在一場舉行於市區的巨大共產黨集會之後，群眾卻齊聲高唱在一九四二至一九四五年間，日本軍方占領政權治下所編寫的反西方歌曲，而那個政權甚至處決了當時大多數的共產黨領袖。

事實是，由於霍特的榜樣以及日常生活的經驗，我對印尼社會與文化的興趣終究超越了政治。由於我早已習於英國、愛爾蘭乃至美國的階級體制，因此當時印尼那個平等的社會令我頗感震驚。在燒毀的英國大使館斜對面，有一小塊三角形的空地，就在我的住處對街。每到傍晚，都會有來自貧民窟的小男孩在那裡踢足球，由他們的弟妹充當球門柱，而在場上辨別敵我的方式則是一隊的球員穿著短褲，另一隊的球員赤身裸體。總統府內常會舉行皮影戲表演，我只要稍微哄騙一番即可輕易取得邀請函，而那樣的場合也令我大開眼界。蘇卡諾總是會出席，藉機與外國女賓打情罵俏，並且拉攏外交團成員，但觀眾當中也總是會有像我這樣的老百姓、女傭以及她們的子女、各式各樣的皮影戲愛好者、學生、革命時期的老兵等等。你可以和其他人一起躺在滿是跳蚤的墊子上，獲得一盤冷咖哩飯和一杯溫茶，然後看上一整夜的皮影戲表演。現場必定有安全人員，但他們並不引人注意。

在我身處於印尼的大部分時間，這個國家都處於戒嚴狀態。我剛抵達的時候，當地人都認為在夜裡開四個小時的車前往萬隆這座涼爽的高山城市是很危險的事情，因為有可能會遭遇穆斯林叛亂分子。叛亂活動，或是那些活動的殘餘影響，在當時仍可見於蘇門答臘與蘇拉威西（又稱西里伯島）；而西伊利安（West Irian）則是經歷了荷蘭與印尼之間長達十三年的激烈衝突之後，在當時正處於「併入」母國印尼的過程中。連同破敗的經濟，這些事件使得在爪哇以外旅行極為困難，所以我在印尼的頭兩年半基本上都是待在爪哇島上，只有短暫走訪了峇里島和北蘇門答臘。

因此，對我來說，印尼大體上就等於爪哇。如果說我認為自己在政治上屬於糊里糊塗的左派，那麼我的社會背景、古典教育、對於文學和藝術的興趣以及霍特的教導，則是促使我愛上了我當時所想像的「傳統爪哇文化」，包括甘美朗音樂、民俗戲劇、皮影戲、宮廷舞、盜匪傳說、魔法等等。那段時期正適合產生這樣的著迷，因為在一九六〇年代初期，權力和爪哇文化大體上是分隔開來的。古老的王宮骯髒破敗，雖然不適合觀光，卻完全能夠自由進出。革命時期與後革命時期的民粹政治差點徹底消除了封建貴族這股政治勢力。我很幸運，得以找到兩位年邁但不同凡響的爪哇老師，而且他們兩人也是兄弟。年紀較大的普爾巴扎拉卡教授（Radèn Mas Ngabèhi Poerbatjaraka），年輕時是在荷蘭受訓的「爪哇學者」當中第一位獲得萊登大學博士學位的人。不過，他對於荷蘭殖民學術以及封建過往的捍衛者都懷有爽朗的鄙夷。他的嘴唇經常因為嚼檳榔而染得通紅，也樂於向他認為太過崇敬宗教的人（不管對方是爪哇人還是外國人）聲稱，一切的宗教都是自我欺騙。比他稍微小了幾歲的弟弟帕克．科德拉特（Pak Kodrat）教了我一些爪哇音樂，而且也和哥哥一樣反對因襲守舊，儘管帕克是當時活躍的古典爪哇音樂家當中最傑出的三人之一。他們兩人都忠於自己的傳統，但檢視這項傳統的眼光還是極為嚴厲。不過，我卻是直到許久之後才開始理解並且欣賞他們這樣的立場。

※

我在一九六四年夏末取道荷蘭返回美國，就在詹森當選總統之前，也是美國國會剛通過東京灣決議案之後。好日子在這時已經幾乎結束，轉捩點就出現在次年。那年春天，美國對越南展開大規模轟炸，成千上萬的地上部隊接著跟進。凱亨上電視針對這場戰爭舉行了第一場全國宣講，而我就和他其他的資深學生一樣，努力以我有限的能力幫忙。接著，在那年十月一日清晨，蘇卡諾總統護衛隊裡一個沒沒無聞的營長翁東中校（Untung），在廣播上宣布他所謂的「九三〇運動」已經展開，目的在於保護總統，原因是有個「將軍委員會」在中情局資助下正在密謀推翻蘇卡諾政權。不到幾個小時，翁東的「政變」隨即受到當時擔任少將的蘇哈托所領導的部隊反制。不過，翁東的部隊已殺了六位著名的印尼將領。所有非軍事大眾媒體立刻遭到關閉，然後在七十二小時內，軍方即宣布翁東是共產黨的棋子，而且政變與謀殺將領的行為都是共產黨在背後主導。三個星期後，軍方與平民鄉勇展開大屠殺，在一九六五年十月至一九六六年一月間，造成至少五十萬名被認定為左派的印尼人慘遭屠戮，不論認定是否屬實。另外還有數十萬人遭到監禁、刑求，或是淪為孤兒。一九六六年三月，蘇哈托對蘇卡諾發動一場不流血政變。到了一九六七年三月，蘇哈托已成為代理總統，在一九六八年三月更是正式成為總統。自此之後，他就一直盤據總統大位。蘇卡諾在一九七〇年於軟禁當中去世，幾乎與霍特同時。我在一九六五至一九六六年的那個冬季開始認真書寫印尼，心中只覺得我所熟知並且熱愛的印尼已經永遠消失了。

在一九六六年一月至一九六七年三月間，我寫了三篇文章，其中一篇〈印尼政治的語言〉收錄於本書當中。不過，這篇文章和另外兩篇帶有密切關係：一篇是我的博士論文，後來在一九七二年出版為《革命時期的爪哇》(*Java in a Time of Revolution*)；另一篇是倉促之下對翁東的「政變」所從事的臨時研究，與麥維（Ruth McVey）還有班內爾（Frederick Bunnell）合寫而成，後來在一九六六年春末外洩，成了惡名昭彰的「康乃爾文件」，最後成為我至今十八年來遭到印尼禁止入境的主要原因。

在那段美妙的時光，越南與印尼在我眼中以一種新的方式結合在一起。在大多數東南亞學者看來，這兩個國家長久以來都帶有鬆散的連結。蘇卡諾與胡志明在一九四五年八月分別為自己的國家宣布獨立，僅僅相隔幾天。這兩個國家都與日薄西山的歐洲帝國強權打了血腥的獨立戰爭，並且獲得一定程度的勝利，而這是緬甸、馬來西亞、柬埔寨、泰國以及菲律賓沒有的經驗。

那兩個國家之間的連結是民族主義，若更深層的說，也可能是愛爾蘭。愛爾蘭在第二次世界大戰之前最強大的帝國主義國家統治下，為了爭取自主權而從事的漫長又殘暴的抗爭，以其非凡的文學、同胞相殘、自我關注以及經濟退化而值得引人借鏡。在那個時代，我們可以一方面全然認知到這一切，但又仍然深切覺得：「她有權做她自己。」印尼與越南也是如此。

我記得當時聽到蘇卡諾對著被他激怒的美國官員說「去你們的援助」時，心裡其實頗向著他。

那群美國官員當中最心懷好意者，認定蘇卡諾內心根本沒有條理清晰的經濟替代方案，也深知爪哇在一九六三年歉收之後陷入了接近饑荒的狀態，而他們這樣的認定也確實沒錯。不過，大多數的美國官員則是全心確信印尼的民族主義就和越南一樣，主要只是用來掩飾共產主義與反美主義而已。我記得自己回到綺色佳之後，對於華府以高傲的姿態談論亞洲與非洲「未開發國家」的那種模樣深感憤怒。感覺起來，這個詞語把那些國家的個別歷史以及獨特文化都化約成一堆毫無區別的瓦礫。

也許這種感受是出於一種顛倒的東方主義，但我當時就和我的許多東南亞學者同僚一樣，都對那個區域的民族主義深感同情。越南面對美軍的猛烈攻擊而展現出來的英勇，在我看來主要是民族主義而不是社會主義的表現，而這樣的英勇也與印尼的命運相連。蘇卡諾雖然不是胡志明，但他遭到一個由美國支持而且極度殘暴的軍事政權推翻之後，即輕易產生了如同匈牙利民族英雄科蘇特（Kossuth）那樣的感染力。

然而，我不可能不記得在一九六五年的印尼災難當中，幾乎所有的關鍵行為者都是印尼人，甚至是爪哇人：蘇卡諾、蘇哈托、翁東。在一九六五至一九六六年間遭到屠殺的大多數人都是爪哇人，而且殺害他們的凶手也是爪哇人。荷蘭帝國主義者在殘害這座群島的三百五十年期間，沒有一項行為比得上蘇哈托殘殺其同胞的速度、規模與凶暴。霍特提醒了我，爪哇神話當中最受喜愛的部分，是《摩訶婆羅多》的本土化版本，而這個故事最後的高潮就是近親之間的瘋狂殘殺。儘管如此，我的感覺仍像是發現了自己心愛的人是謀殺犯一樣。

我就是在人生中的這個關頭，開始思考潛藏在本書所有文章背後的那些問題：在情感上，要怎麼對一個謀殺凶手仍然保有愛；在政治上，要怎麼理解爪哇與印尼對彼此所做的事情；在道德上，要怎麼把人類的團結與對於差異的尊重結合在一起；還有在理論上，要怎麼把絢麗的想像世界和毫不留情的全球經濟與科技變遷引擎連結起來。

※

從各方面來看，我在所謂的康乃爾文件外洩之後還得以三度獲准返回印尼（在一九六七、一九六八以及一九七二年），實在是頗為令人意外。[1] 原因是那篇論文的試探性論點，亦即促成翁東那場血腥「政變」的原因其實是陸軍軍官的不滿而不是共產黨，消除了一九六五至一九六六年間屠殺的一切合理化藉口，並且質疑了軍事政府的正當性。也許印尼當局希望我的共同作者和我會撤回以及否認這篇論文。不過，根據我們所能夠找到的證據，我們根本不可能這麼做，至少不可能依照他們預期的條件。無論如何，到了一九七二年，印尼政府已經忍無可忍。他們發現我因為該國情報機構之間的混亂與競爭而再度入境印尼，於是立刻把我驅逐出境。

這項放逐來得相當湊巧。在那個時候，有些泰國知識分子、年輕教授以及學生正開始發起運動反對他儂—巴博（Thanom-Praphat）軍事獨裁政權以及該政權對於越戰的涉入，並於一九七三年十月的大眾示威中推翻了這個政權。不少涉入其中的成員，都是我在康乃爾大學的好友。於是，我就從印尼轉往暹羅，在一九七四年底抵達曼谷，學習這個國家的語言、文化與政治。那是個身在泰國的好時機。基本自由的恢復所帶來的狂喜深富感染力。一九七五年春季舉行了頗為自由的選舉，這是將近三十年來的第一次。工會合法化，農民聯盟成立，審查制度也逐漸消退，甚至差點廢止，而且學生運動人士也強力要求延遲已久的社會與經濟改革。我後來返回美國之後不久，右翼團體就在一九七五年底開始殺害學生運動人士、工會人士與農民領袖，最終造成一九七六年十月六日的血腥政變。不過，我在那裡已經待得夠久，後續也多次回頭造訪，因此對暹羅的感情也幾乎和對印尼一樣濃厚。所幸，由於此處不及詳述的複雜原因，[2] 一九七六至一九七七年間的恐怖狀態逐漸消逝；到了一九八〇年代初期，一個在相當程度上穩定並且開放的資產階級議會民主已然出現。在一九七六年遭到監禁或者逃往鄉下的那一世代的傑出學生，也紛紛回到了大學。他們雖然因為親身的經驗而對泰國共產黨感到幻滅，目睹了該黨的領導階層盲目追隨北京各種一時興起的權謀算計，但還是保有他們的馬克思主義傳統、愛國精神，以及批判性的觀點。一九八

1 我們在一九六六年一月初完成這篇論文之後，交給了一小群信任的專家傳閱以獲取他們的評論。我們雖然允許他們任意使用論文內容，卻也要求必須嚴格保密。由於這項研究的主題，而且印尼的屠殺也尚未結束，因此我們擔心這篇論文如果公開，恐怕會對身在那裡的朋友以及先前的學生造成安全上的威脅（儘管他們對我們的研究一無所知）。不過，我們處理這件事情的做法實在太過外行。這篇論文外洩之後，在華府與印尼都被廣泛視為一項各方協同的幕後陰謀的證據。為了澄清事實，我們後來把這篇論文原封不動地出版為《印尼一九六五年十月一日政變初探》（*A Preliminary Analysis of the October 1, 1965, Coup in Indonesia*，Ithaca, N.Y.: Cornell Modern Indonesia Project, Interim Report Series，1971）。

2 關於這些改變，以及促成這些改變的國內與國際力量，有一項簡短的陳述，可見於拙作〈暹羅的謀殺與進步〉（Murder and Progress in Siam），《新左派評論》（*New Left Review*），Modern 181（一九九〇年五至六月），pp. 33-48。另見拙作《鏡中：美國時期的暹羅文學與政治》（*In the Mirror: Literature and Politics in Siam in the American Era*，Bangkok: Duang Kamol，1985）的引言。

〇年代初期，在東南亞各國當中，那些由人民對自身國家從事的最傑出學術研究，便是出自於他們手中。他們當中有些人成了我的朋友。

放逐造成的另外兩項有益的後果，其一是被迫展開比較性的思考，而不再遵循東方學者那種溫和友善的常態，其二則是認真回歸文字的世界，尤其是文學。

在東南亞區域裡，暹羅也許為印尼提供了一個最徹底的對比，因為暹羅沒有遭到殖民，而且實施君主制度、信奉佛教又深受漢化，印尼則是遭受了長久殖民、實施共和制度，而且人口都是穆斯林與印度教爪哇人。我針對暹羅所發現的一切，幾乎都令我對印尼產生了新的問題。我開始覺得有必要建立一套架構，以便能夠對這兩個國家從事一致性的思考。在這個關頭上，我深深獲得我弟弟培利（Perry）的幫忙，因為他在一九七四年出版了《從古代到封建主義的過渡》（*Passages from Antiquity to Feudalism*）以及《專制主義國家的系譜》（*Lineages of the Absolutist State*）。這兩本書都是明晰又細膩的比較性歷史探究的模範。在這個時間點之前，我們各自的人生把我們分別帶往了非常不同的方向。我在美國、印尼與暹羅研究東方以及鑽研細節的時候，他則是住在倫敦，把《新左派評論》塑造成最具智識嚴肅性、比較性，而且國際導向的英語馬克思主義期刊，同時也寫書探討瑞典社會主義以及葡萄牙殖民帝國。我一度忽略了他對我提出的溫言建議，也就是印尼畢竟也是人類的一分子，因此絕不可能像我從民族主義角度所堅持的那樣無可比較而且獨一無二。這時候，我已能夠接受他的觀點，並且從《過渡》與《系譜》這兩本書裡學到許多東西。透過他，我也逐漸在個人與智識層面上都與《新左派評論》的圈子有了更密切的接觸。在這本期刊裡，看著理論解釋以及關於數十個不同國家的政治歷史文章毫不衝突地並置在一起，令我不禁心生盼望，也許透過帶有廣泛馬克思主義色彩的鏡片，我的印尼將可加入世界。

另一方面，在一九七二年之後，除了在康乃爾大學面對學生以及偶爾來到校園裡的印尼訪客之外，我就不再說印尼語。直到那個時候，我才意識到我先前的研究有多麼仰賴持續不斷的對話以及在印尼日常生活的奇特慣例當中吸收經驗。現在，我已別無選擇，只能回頭閱讀文書。於是，我在一九七〇年代中期首度開始認真研究印尼與爪哇文學。所幸，現存最偉大的東南亞作家帕拉莫迪亞（Pramoedya Ananta Toer）正是印尼人兼爪哇人。我第一次去印尼的時候沒有見到他，而在一九六五年十月的動盪之後，他沒有經過審判就遭到監禁十四年之久。直到今天，我們雖然經常通信，卻還是從沒見過面。不過，由於我的朋友暨同事吉姆．席格（Jim Siegel）敦促我和他共同針對帕拉莫迪亞的著作開設一門專題研討課程，並且向我示範了閱讀這些著作的新方式，我於是開始注意到一個出乎意料的新式「傳統爪哇」的輪廓，一方面充滿奇想，卻又極度嚴肅。[3] 更廣泛來說，帕拉莫迪亞令我稍微領略到如何能夠以充滿效益的方式把文學的形貌與政治想像力連結。

這一切的偶然在一九八二年匯聚了起來。由於《新左派評論》的巴奈特（Anthony Barnett）在造訪康乃爾大學以撰寫一本關於越南與柬埔寨的著作期間為我提供的刺激，還有我弟弟培利的鼓勵，我開始撰寫一份手稿，後來在一九八三年出版為《想像的共同體：民族主義的起源與散布》

3 席格的三部傑出著作分別為：《上帝的繩索》（*The Rope of God*：University of California Press，1969）；《影子與聲響：一個蘇門答臘王國的歷史思想》（*Shadow and Sound: The Historical Thought of a Sumatran Kingdom*：Chicago: University of Chicago Press，1979）；以及《新秩序當中的梭羅：一座印尼城市的語言與階層體系》（*Solo in the New Order: Language and Hierarchy in an Indonesian City*：Princeton, NJ.: Princeton University Press，1986）。

（*Imagined Communities: Reflections on the Origin and Spread of Nationalism*）。現在回顧起來，在中國出生、成長於三個國家、操著一口過時的英語口音、持有愛爾蘭護照、住在美國，並且全心投注於東南亞的我，寫出這麼一本書似乎頗為奇怪。然而，這本書也許只有在受到放逐而且效忠對象分散的情況下才能夠寫成。

以上即是本書寫作背景的簡短介紹。不過，正是因為寫作《想像的共同體》，我才能夠回顧過去二十五年來對於爪哇與印尼的書寫，並且多少理解這項「迂迴航行」的搜尋之旅。和善的讀者很快就會看出，集結於本書中這八個章節的排序，實際上不是一種進程，而是三個主題的往復循環。

第一部由三篇論文組成，分別寫於一九七二、一九八五與一九八三年，探討的議題是權力。第一篇論文直接取材自我在一九六一至一九六四年間從事於爪哇的實地研究，內容抱持原住民主義與民族主義的態度。在我撰寫這篇論文的時期，西方官員正在歡慶蘇卡諾那個反西方的爪哇「非理性」政權遭到蘇哈托消滅，因為後者在當時被視為奉行務實而且支持西方的理性主義。因此，這篇論文試圖證明指出，我們一旦適切理解「傳統爪哇思想」對於權力本質的假設，就會發現這種思想其實完全合乎理性。此外，這篇論文也與當時一般的認知不同，主張蘇哈托和他所推翻的蘇卡諾其實抱持許多相同的爪哇觀念，這篇論文後來以印尼文發表之時，所有提及這項連續性的指涉全都遭到刪除。這篇論文最後的幾個段落提出猜測，認為理解爪哇人的權力觀也許有助於重新思索韋伯的魅力概念。第二章寫於一九八五年，在先前不曾發表過，內容採取《想像的共同體》那套比較性架構，並且納入我藉著研究帕拉莫迪亞所得到的收穫，而重新考慮了第一章的結論所帶有的含意。第三章發表於一九八三年，內容完全採取比較觀點，並且聚焦於制度而非文化概念。這篇論文的主題是另一種理性，也就是晚期殖民國家的理性，以及另一種連續性，也就是殖民政權與目前的印尼政權之間的連續性。就方法論而言，這三篇論文不具一致性，也有其他明顯可見的缺陷。我認為這三篇論文各自都含有部分的真理，但至今還看不出這些零碎的部分可以怎麼以富有智慧的方式連結起來。

第二部的論文分別發表於一九六六、一九七八與一九八四年，內容聚焦於印尼當中政治和語言的關係（尤其是印尼語和爪哇語）。其中的第一篇論文，也就是第四章，是我在就讀研究所期間的作品，寫於大屠殺時期。在本書收錄的論文裡，我只有修改這一篇，但不是為了改變論點或者觀點，而是為了修正其中邋遢的文字以及年輕時的誇張造作。我收錄這篇論文主要是基於歷史考量，因為我認為這篇論文在英語世界當中率先探討了印尼語言使用方式的改變如何反映革命衝動的消退、後革命社會的重新階層化，以及印尼人與爪哇人之間愈來愈明顯可見的敵意。第五章是我於一九七二年最後一次在印尼短暫停留期間產出的論文。當時我的護照被移民局和軍事情報機構收去「檢查」，我也被禁止從事任何訪談。在這段被迫的閒暇當中，我把大部分的時間都拿來看報紙、看漫畫、看電影，以及在雅加達市區漫步。這段經驗鼓勵我思考視覺語言，也就是：如果從比較性觀點看待公共紀念碑、卡通，以及平庸的大眾電影，可以讓人對印尼政治獲得什麼理解。這篇論文也將一項在一九六六年的那篇文章裡只有含混提及的一項主題明確擴展了，也就是一九四五至一九四九年間的革命印尼民族主義如何受到記憶、時間、屠殺以及政治操作的標誌化、僵化以及爪哇化，從而造成對於自身的否定。

第六章發表於一九八四年，完全是依據文件寫成，而且主要是文學文本。我在一九七〇年代晚期開始以比起先前更加認真的態度閱讀印尼群島在二十世紀前的歷史，還有荷蘭以及荷蘭帝國主義在世界史脈絡當中的獨特進程。由卡托迪吉歐（Sartono Kartodirdjo）與王福涵（Onghokham）等印尼學者，還有凱瑞（Peter Carey）、岱伊（Tony Day）、庫瑪爾（Ann Kumar）與拉什（Jim Rush）等年輕西方學者所從事的傑出研究，大幅改變了一般對於十九世紀爪哇的觀點。這時候，我首度開始看出我長久以來所假設的爪哇傳統，其實主要是一種二十世紀的發明，而實際上的古老文化乃是充滿了內部的矛盾與對立。於是，我這時即可小心翼翼地回歸我年輕時對於爪哇的情感，因為我現在明白看到的，是一群對於自己承繼的事物深感厭惡的爪哇人。所以，這一章企圖透過帕拉莫迪亞這道橋樑，追蹤從一八七〇年代到一九七〇年代的一項爪哇不奉從主義傳統。

第三部只有兩篇論文，而且都是實驗性的論文。這兩篇文章探討一個困難的問題，也就是如何解釋以及理解十八世紀末與二十世紀初的特定爪哇知識分子在意識上的深切變化。第七章原本發表於一九七九年，仔細探究了蘇托莫醫師（Soetomo）所寫的奇特自傳。他是一位迷人的溫和保守派印尼民族主義者，活躍於一九〇八至一九三八年間。身為西醫師的他，是能夠獲得良好現代教育的第一代爪哇人當中，實際上得到此一機會的一小批人之一。他很欣賞這樣的教育，也藉此無私地服務他的同胞，但這樣的教育也在他與上一代的意識當中造成了一種傅柯式的斷裂。我試著解譯蘇托莫如何理解這種斷裂，以及他如何試圖在自己的印尼民族主義與爪哇根源之間尋求和解。在本書收錄的所有文章裡，我認為這篇最為成功。至少，這篇在今天確實最得我心，也許是因為這位老爪哇醫生就像愛爾蘭人常說的那樣，是個「很可愛的人」。以前不曾發表過的第八章遲至一九八九年才寫成，不過是根據先前的一篇論文而撰寫。這是最直接受到帕拉莫迪亞啟發的文章，尤其是他在一九五〇年代發表的那些魔幻故事。[4]不過，這篇文章之所以能夠寫成，也必須歸功於威杜杜（Amrih Widodo）以及彭伯頓（John Pemberton）和我的討論。藉著檢視兩部著名（或是惡名昭彰）的爪哇文學文本，這篇文章試圖理解某些十九世紀的爪哇知識分子如何在他們能夠運用的傳統語法當中，致力因應爪哇貴族政治領導階層的徹底瓦解，以及爪哇島人口最終完全臣服於殖民資本主義之下的情形，而此時的爪哇社會連西式學校與報紙等等都尚未創立。這篇文章的結論是否成立仍有待觀察，但我認為至少在方法論上有其新穎之處，因為這篇文章不是把那兩首詩視為藝術作品，也不是將其解譯為歷史事件或文化實踐的證據，而是視為魔幻作品：是在任何指涉政治的字眼尚未進入爪哇語言之前的「政治」夢想；也是在階級意識尚未出現之前的「階級」幻想。

※

只有讀者能夠判定本書整體上是否具有一個可以理解的形貌。如果有的話，即是因為在本書

4 尤其是收錄在以下這幾部文集裡的故事：《黎明》（*Subuh*，Jakarta: Balai Pustaka，1950）；《布洛拉故事集》（*Tjerita dari Blora*，Jakarta: Balai Pustaka，1952）；以及我最喜歡的《雅加達故事集：環境以及其中那些人的諷刺速寫》（*Tjerita dari Djakarta, Sekumpulan Karikatur Keadaan dan Manusianja*，Jakarta: Grafica，1957）。

背後揮之不去的那些問題。由於這些問題來自於實際經歷下的生活與歷史，因此就算從來找不到答案，這些問題也永遠不會消失。

本書中大部分的論文在當初發表之時，都針對寫作過程中在智識及其他面向上獲得的幫助提出感謝。我在本書中略去了各章的致謝部分，避免一再重複。因此，我更應該在此處提出我發自內心的感謝。

感謝我深深懷念的母親與阿姨，以無窮的愛、包容、鼓勵和訓誡把我拉拔長大。

感謝凱亨、霍特與伊格斯以無盡的慷慨為我研究東南亞——尤其是印尼——的終生事業奠定了基礎。

感謝席格，他對我的思想所造成的影響大過任何人，而且過去二十五年來要不是有他在康乃爾大學，我實在難以想像自己如何有可能擴展視野。

感謝查維（Charnvit Kasetsiri）賦予我第二個人生。

感謝帕拉莫迪亞給予我道德上的啟發，而且他的作品也為我帶來了無數個小時的樂趣和困惑。

感謝康乃爾大學以及其他地方的東南亞學界朋友與同事，尤其是阿巴達拉（Taufik Abdullah）、歐斯里馮瑟（Nidhi Aeusrivongse）、阿奉蘇萬（Thanet Aphornsuwan）、已故的哈里．班達（Harry Benda）、查洛提亞拉納（Thak Chaloemtiarana）、岱伊、菲斯（Herbert Feith）、弗羅利達（Nancy Florida）、克利弗．紀爾茲（Clifford Geertz）、哈迪斯（Vedi Hadiz）、哈奇（Martin Hatch）、伊雷多（Reynaldo Ileto）、加藤毅、柯亨（Arnold Kohen）、庫瑪爾、丹尼爾．列夫（Daniel Lev）與艾琳．列夫（Arlene Lev）、馬干達（Burhan Magenda）、麥維（Ruth McVey）、穆雷查克（Rudolf Mrázek）、

古納汪・穆罕默德（Goenawan Mohamad）、莫爾托諾（Soemarsaid Moertono）、王福涵、彭伯頓、謝克善（Seksan Prasertkul）與奇拉南（Chiranan Prasertkul）、拉斐爾（Vicente Rafael）、雷諾茲（Craig Reynolds）、薩瓦奇（Suchart Sawatsi）、薛爾（Savitri Scherer）、詹姆斯・斯科特（James Scott）、白石隆與白石さや、席亞吉安（Toenggoel Siagian）、斯梅爾（John Smail）、索爾約諾（Mas Soeryono）、羅伯・泰勒（Robert Taylor）、卡辛（Kasian Tejapira）、特羅基（Carl Trocki）、土屋健治、瓦格曼（Mildred Wagemann）、威杜杜、頌猜（Thongchai Winichakul）、沃爾特斯（Oliver Wolters）以及其他許多人，他們都為我提供了許多的想法、材料、洞見與批評。

感謝三位正直的德國人：馬克思、班雅明與奧爾巴赫。我對現代世界的思考深受他們的助益。

感謝我弟弟培利，還有目前或是先前任職於《新左派評論》的朋友，包括巴奈特、赫林（Judith Herrin）、布萊克邦（Robin Blackburn）、奈仁（Tom Nairn）等人，幫助我這隻井底之蛙跳出井口。

另外，也要感謝我的學生，其中有美國人、印尼人、泰國人、菲律賓人、馬來西亞人、緬甸人、中國人、日本人、英國人、澳洲人、荷蘭人與法國人。我日日年年從他們身上還有他們熱情的提問當中所獲得的學習，實在無法以言語描述。

第一部　權力

PART I POWER

察者想要對這類行動獲得完整瞭解所不可或缺的元素。[6] 唯有解譯傳統爪哇人（同時也在部分程度上受到去傳統化）對於性行為或者積聚財富這類客觀現象所賦予的意義，才能全面地理解傳統與今日爪哇的政治運作。不過，我在此無法詳細分析意義和行為在傳統或當代爪哇社會裡那種複雜的相互影響，因為觀念必須先受到系統性的提出，然後那些觀念對於客觀現象所造成的實際影響才能夠受到井然有序的研究。

我也應該在一開始先強調這一點：我完全沒有假設爪哇人政治概念當中的個別元素乃是爪哇所獨有，儘管我確實認為這些元素在整體上構成了一個獨特的混合體。這些元素有許多在歷史上都是衍生自印度文明的影響，另外有些元素則是在各式各樣的亞洲與非亞洲傳統文化當中可以找到類似的元素。[7] 如果說我在此處似乎對爪哇概念賦予了一種沒有根據的獨特性，那麼這主要是

3 在本文裡，「傳統」、「文化傳統」與「傳統文化」被視為能夠互相代換的詞語。

4 我在本文裡的焦點完全放在爪哇傳統上，部分原因是為了文章的簡潔明晰，但也是因為我對其他印尼族裔群體的政治傳統缺乏瞭解。

5 就許多面向上而言，本文試圖效法紀爾茲在他對於峇里人文化傳統的傑出分析當中所提議的那種做法，發展出「文化的科學現象學」。見克利弗．紀爾茲，《峇里島的人、時間與行為：一項文化分析的嘗試》（*Person, Time, and Conduct in Bali: An Essay in Cultural Analysis*），東南亞研究，文化報告叢書 no. 14（New Haven: Yale University，1966），p. 7。他在書中的第二章充分概述了這樣的做法為何迫切需要，以及採行這樣的做法所涉及的智識問題。

6 關於韋伯把「Sinn」（意義）一詞當成一種關鍵理論概念的使用方式，見本迪克斯（Reinhard Bendix），《韋伯：思想與學說》（*Max Weber: An Intellectual Portrait*，Garden City, N.Y.: Doubleday Anchor，1962），p. 474。

7 舉例而言，比較一項針對類似的日本概念所從事的傑出討論。見丸山真男，《現代日本政治的思想與行動》（*Thought and Behaviour in Modern Japanese Politics*，London: Oxford University Press，1963），chap.1。

因為我希望避免一再反覆提出限定條件。實際上，爪哇政治觀和其他傳統政治觀之間的相似性，是這項解釋背後的假設當中極為不可或缺的一部分，構成了理論性結論的基礎，亦即：傳統的魅力概念以及其在歷史上的出現，有可能受到有效的簡化以及修改。[8]

權力的概念

對於古典爪哇文學與今日政治行為的研究，顯示瞭解爪哇政治理論的一個關鍵，也許在於社會科學所謂的「權力」所受到的傳統解讀，[9] 因為爪哇的權力概念與西方自從中世紀以來所演化出來的權力概念極為不同，而此一差異也就依循邏輯而造就了對於政治運作和歷史的不同觀點。[10]

也許值得一提的是，權力的概念直到中世紀尾聲之後才成為受到西方政治思想家重視的一個明確問題。最早對這個問題投以認真而且長期關注的哲學家，是馬基維利與霍布斯。權力的本質、來源以及使用，會成為西方政治思想家的一大關注議題——自從霍布斯的時代以來尤其如此——絕對不是歷史上的偶然：這項發展與文藝復興以及宗教改革以來橫掃歐洲的世俗化浪潮多少有所關聯。當前這種權力概念在歷史上的興起，是為了要在世俗世界當中解讀政治。

要釐清爪哇人的權力觀，可能會有幫助的一種做法，是與現代歐洲概念當中比較重要的面向進行概略性的比較。至於那些面向，則是可以概括為四個主要重點：[11]

8 見本文的結論。

9 我必須在一開始就指明，我即將提出的分析帶有一項內在的語言與概念問題。由於本文是以英語寫成，作者是英語母語人士，目標讀者也是以英語母語人士為主，而且又因為我個人的智識觀點是無可救藥的西方觀點，所以我要把西方的分析與詮釋架構對比於爪哇的架構之時，只能別無選擇地使用像是「權力」這種取自西方架構的字眼暨概念。這種研究方法明顯帶有根本上的偏見。不過，由於沒有一種超然的語言及概念架構可以把西方與爪哇的用語和概念放置其中，所以我們唯一能做的就是認知並且時時知覺到這項偏見。我說爪哇人對於權力所懷有的觀念和當代西方極度不同，這句話嚴格說來根本沒有意義，因為爪哇人其實沒有與此相等的字眼或概念。相反的，如果從爪哇架構出發，我們可以說西方對於「kasektèn」懷有的觀念與爪哇人極度不同，但實際上現代英語當中根本沒有這種概念。（在「The Great Powers」〔強權〕或「And straight away Jesus was conscious that power had gone out of him」〔耶穌頓時心裡覺得有能力從自己身上出去；《馬可福音》第五章第三十節〕等詞句當中，可以看到「power」〔權力〕一詞的古老用法比較接近於爪哇人的觀念，但也絕非相同。）因此，如果要嚴格遵守學術原則，那麼以下對於權力的不同概念所進行的探討，就應該要附上另一段平行的討論，從爪哇人的觀點探討西方人抱持的「kasektèn」概念有何不同。這麼一段平行討論的開頭也許會是這樣：「西方人對於『kasektèn』抱持的概念和我們相當不同：他們將其分割成幾種不同的概念，例如權力、合法性，以及魅力。」這樣的完整分析在原則上不可或缺，但由於前述的原因，我在此只能稍微指出這樣的分析該如何進行。也許只有爪哇人才能夠有效做到這一點。

10 在以下對於爪哇政治觀念的討論當中，我試圖勾勒出一個可供分析的純粹模型。傳統爪哇政治文化是一種極度複雜的現象，就和其他各種文化一樣，所以如果想在其中找出完全的一致性，未免過於天真。在那個傳統文化裡，一套本土結構與婆羅門教、佛教以及伊斯蘭教等異質元素不盡完美地結合在一起。儘管如此，在「西方來臨」之前長達數百年來的緩慢吸收與融合過程，仍然構成內部相當高的一致性。因此，我想要勾勒的模型乃是殖民前爪哇政治思想的「理想類型」，經過刻意的簡化與誇大，而不該被視為歷史真實。

爪哇遭受西方政治、經濟與文化支配的情形，促成了一項無可補救的解構過程，在過去百年來尤其如此。因此，當代爪哇政治文化乃是摻雜傳統與西方元素的一套異質性、分裂性，而且充滿內部矛盾的混合體，內部邏輯與一致性已低於過去。要對這個混合體展開理解，必須要有一套前西方參考架構的初步模型，而本文試圖提供的就是這樣的模型。

11 我把**現代歐洲概念**當成一個方便的簡稱。我在這裡提出的四項基本權力概念，不是一瞬間全部冒出，它們的出現是

一、權力是抽象的。嚴格說來，權力並不「存在」。權力這個字眼通常用來描述一種或是多種關係。如同權威或合法性等字眼，權力也是一種抽象概念，一種針對特定的可見社會互動模式所提出的公式。因此，在各種不同情境裡，我們只要看見有人甘願或不甘願地順從別人的願望，就會推測其中有權力的存在。我們如果主張某個特定的個人或者團體擁有權力，通常採取的做法就是指出一道不論是否受到明言的命令，以及其執行之間的因果關聯。

二、權力的來源具有異質性。由於權力被歸因於特定的行為模式以及社會關係，或是由那些行為模式與社會關係推論而來，因此許多的西方政治思想都投身自區辨不同的權力來源。所以，我們已經接受了權力的各種來源，諸如財富、社會地位、正式職位、組織、武器、人口等等。儘管這些權力來源在實際上可能和其他來源連結在一起，實際上也通常是如此，但在日常政治分析裡，這些權力來源卻都被視為是影響行為的個別變數。

三、權力的累積沒有內在限制。由於權力只是一種描述特定人類關係的抽象概念，因此不具有先天上的自我限制。此外，只要我們認為權力來源包括了武器、財富、組織與科技，就會體認到至少在理論上，權力的累積並沒有限制。換句話說，我們可以指稱今天世界上所有的權力總量遠大於三十年前（例如因為氫彈的發明），而且此一權力總量在未來的三十年大概還是會持續增加。就此一意義上，我們的權力概念直接受到現代科技日益加速的發展所影響。

四、權力具有道德上的模糊性。既然政治權力的世俗概念，將權力視為人與人之間的關係，因此按照邏輯推論，這類權力也就不具先天的正當性。當然，這種道德模糊性又受到我們認為權力來自異質來源的觀點所強化。這種權力的異質性突顯了一個問題的顯著性與複雜度，而且這個問題持續不斷縈繞在政治理論家的心頭上。這個問題就是：什麼樣的權力具有正當性？或者，說得更具針對性一點，權力的實證主義概念與正確的倫理概念之間有什麼關係？

因此，簡結來說便是：權力的當代西方概念是由可見的社會互動模式當中推斷而來的一種抽象概念；權力據信來自於各種異質的來源；權力不帶有先天的自我限制；而且具有道德上的模糊性。

就本質上而言，這幾項關於權力的前提都與爪哇傳統中相等的前提相互對立，而且爪哇傳統的連貫性與一致性，就是產生自這些相互對立的前提：

一、權力是具體的。這是爪哇政治思想當中最首要的中心前提。權力獨立於其可能的使用者而存在。權力不是理論所假設的東西，是實際存在的。權力是推動宇宙的那股無形、神秘而且神聖的能量，體現於自然界每個面向，在石頭、樹木、雲朵和火焰當中，但最典型的表現乃是在於生命的奧秘當中，權力存在於發生與再生的過程裡。在爪哇的傳統思考當中，有機物與無機物並沒有鮮明的區分，因為萬物都是由同一股不可見的力量所維繫。這種概念認為，整個宇宙都充斥

一段緩慢而且崎嶇的過程。其中有些概念雖然可能在古典哲學當中明顯可見，在中世紀時期卻遭到了埋沒，直到後續的時期才獲得完整發展。對於權力和合法性的關係建立明確的理論，在歷史上是從羅馬教宗與中世紀歐洲統治者之間的長久衝突當中產生出來的結果。把權力視為抽象的這種現代概念至少可追溯至馬基維利。權力來源的異質性這種觀念，在哲學上乃是由孟德斯鳩及其啟蒙時代的後繼者發展完成。所謂的「非零和」權力觀，大概是直到工業革命之後才出現。（當然，這些推定都只是粗略的時間點而已。）因此，這裡針對權力所概述的「現代歐洲概念」，基本上是一段智識演化的漫長過程匯聚而成的結果。

著一股無形而富有創造力的能量，而這種概念基本上連結了爪哇村莊的「泛靈論」以及都會中心的形上泛神論。[12]

二、權力具有同質性。在此概念之下，所有的權力都是相同的類型，也都來自相同的來源。掌握在一名個人或是一個團體手中的權力，和掌握在其他任何個人或團體手中的權力都沒有任何不同。

三、宇宙中的權力量是恆定的。在爪哇人的觀點裡，宇宙沒有在膨脹也沒有在收縮，而且宇宙中的權力總量也固定不變。由於權力單純存在，而不是組織、財富、武器或其他任何東西所產生的結果。實際上，權力的存在先於這一切事物，也是造就這一切的力量，所以權力總量不會改變，雖然權力在宇宙中的分配狀態可能會有所變化。對於政治理論而言，這項概念會帶來一個重要的必然結果，也就是權力一旦集中於一個地方或是一個人手中，其他地方的權力必定會等比例減少。

四、權力沒有正當性的問題。[13]由於所有的權力都來自同一個來源，因此權力本身先於善惡問題而存在。在爪哇人的思考方式當中，依據權力的不同來源而主張統治權毫無意義，例如聲稱立基在財富上的權力具有正當性，立基在槍枝上的權力則不具正當性。權力沒有正當或不正當，權力就是權力。

因此，總結來說，權力在爪哇人眼中帶有具體、同質而且總量恆定的特性，又沒有任何先天的道德含意。[14]（自此以後，權力一詞所指的只要是爪哇人而不是歐洲人的概念，就會以標記呈現。）

追逐權力

相對於西方的政治理論傳統，爪哇的權力觀所帶來的核心問題不是權力的運用，而是權力的累積。於是，傳統文學當中有一大部分都是在探究集中以及保存權力的問題，而不是探討權力的適當用途。在正統的傳統當中，權力的追逐必須透過瑜伽實踐與極端苦修。瑜伽實踐雖然在爪哇的不同地區各有不同形態，包括禁食、不睡、冥想、禁慾、淨化儀式，以及各式各樣的獻祭，而這些形態背後都存在一項核心觀念：這些做法的目的都在於聚焦或是專注於原始的本質。察覺這種概念輪廓的最佳引導，也許就是取火鏡或者雷射光的意象，也就是光線高度集中所迸發出驚人的高溫。這項類比尤其恰當，原因是在爪哇文學的古典意象裡，極端苦修就帶有這種產生實質高溫的性質。過往的傳奇鑄劍人[15]據說單單靠著集中於拇指當中的高溫，即可打造出帶有精緻鑲嵌

12 因此，「Tuhan adalah Aku」（神就是我）這項廣為人知的神秘公式表達了爪哇人權力觀的具體性。神聖力量就是我的本質。

13 至少不是我們習慣的那種問題形態。關於這一點更完整的討論，見「權力與倫理」一節。

14 有一部著作以稍微不同的觀點探討這項對比。見丸山真男，《思想與行動》，第九章（〈政治權力的一些問題〉），尤其是探究「權力的實質性與功能性概念」的那一節（pp. 269-75）。

15 此處提及的劍（kris），是傳統上屬於每個爪哇男性基本配備的短劍。許多這類短劍都據信被注入了權力，因此就算其作工並非一流，也還是極為搶手。關於這種短劍的象徵與社會意義，見拉瑟斯（Willem Huibert Rassers），《文化英雄潘吉：對於爪哇宗教的結構研究》（*Panji, The Culture Hero: A Structural Study of Religion in Java*；The Hague: Nijhoff，1959），pp. 219-97。

圖案的鐵劍。在哇揚戲劇當中典型的「嘎啦嘎啦」段落，[16]可以見到一個不知名的苦修者從事著冥想，而根據「dhalang」（操偶師）所言，那個苦修者的專注最顯著的表現，就是海水開始洶湧翻騰。[17]

這類苦修的內在意義，也絕非懷著倫理目標的自我折磨，而是單純要獲取**權力**。在正統的傳統當中，苦修遵循補償法則，而補償法在爪哇人的宇宙平衡觀當中很重要。因此，在苦修模式當中，自我剝奪多多少少就等於自我膨脹，而我們後續也將會看到，在一種典型的爪哇矛盾當中，自我膨脹（意指個人的貪婪或者放縱）也等於是自我剝奪（意指喪失**權力**或者專注力）。做為苦修基礎的**專注**概念，也和純淨的觀念緊密相關；相反的，不純淨的觀念則是與**分散**以及**解體**具有密切的關係。俗世、肉體以及惡魔並不必然被視為邪惡或者不道德，而只是令人分心並且造成分散的狀況，從而導致**權力**的喪失。我們在傳統文學裡可以看到許多這種思維的例子。不只英雄會沉迷於苦修當中，有些最著名的實踐者就是魔鬼和巨人，而這兩個族群在哇揚故事當中都是神祇與人類的傳統敵人。因此，他們的**權力**經常極為龐大，偶爾甚至能夠超越神祇。不過，英雄和對手之間的基本差別，就是對手終究會不知節制地放縱自己的激情，從而任由**權力**分散；而英雄則是堅定不移、目標專一，從而確保**權力**的維繫與持續累積。[18]

除了這種對於**權力**之路的正統觀點之外，爪哇還存在另一項異質傳統，在歷史上的最佳範例即是信訶沙里王國（Singhasari）的最後一位國王克塔納伽拉（Kertanagara）。在這種怛特羅密教的陪臚（Bhairava）傳統當中，對於**權力**的追求必須透過一種韓波式的「dérèglement systématique des sens」（對於感官的系統性干擾），包括酒醉、荒淫狂歡以及殺人祭祀。[19]不過，即便是這項在當今的印尼仍有些祕密奉行者的傳統，終究追求的目標也還是與比較正統的傳統相同。在陪臚的信仰體系當中，系統性放縱肉慾激情的最極端形態，據信會把這些激情消耗殆盡，從而在不受阻礙的情況下集中人的權力。因此，在這兩種傳統當中，最終的目標都是為了權力而專注，儘管兩者為了達成此一目的而選擇的道路極為不同。

個人苦修雖然通常被視為累積以及吸收權力的根本方法，傳統爪哇思想卻也體認到，有其他方法可以促進這種吸收與累積的過程：一種方法是藉由特定的儀式，其中經常含有苦修式的核心活動，例如禁食、冥想等等；另一種方法則是藉著擁有被認為「充滿」權力的特定物品或人物。

16 哇揚（Wayang）是好幾種爪哇戲劇的統稱，其中最知名的是皮影戲。「嘎啦嘎啦」（gara-gara）是這種戲劇裡的高潮段落，呈現出宇宙的秩序和平靜遭到攪擾的情形。

17 舉例而言，參照希斯沃哈索鳩（Ki Siswoharsojo），《Pakem Pedhalangan Lampahan Makutharama》（Yogyakarta: n.p.，1963），pp. 44-45；卡茨（Jacob Kats），《爪哇情景》（*Het Javaansche Toneel*），1（《哇揚普爾瓦》〔*Wajang Poerwa*〕）（Weltevreden: Commissie voor de Volkslectuur，1923），p. 52；關於歷史上的一個平行案例，也就是辛納巴帝（Panembahan Sénapati）的苦修實踐具有相同的效果，見莫爾托諾，《古爪哇的國家與治國技巧》（*State and Statecraft in Old Java*），康乃爾現代印尼研究計畫專著叢書（Ithaca, N.Y.: Cornell University，1968），p. 19，其中引用了梅因斯瑪（Johannes Jacobus Meinsma）編，《爪哇國土史》（*Babad Tanah Djawi*；The Hague: Nijhoff，1941），p. 77。

18 我們也許可以說，這種對於英雄與魔鬼的區別隱含了對於權力的道德判斷。不過，我傾向認為這當中的道德判斷不是針對權力的使用，而是針對權力的保有或散失。對於魔鬼的批評，所針對的都是他們對於自己累積的權力，缺乏予以保存的能力或意願。

19 針對這項主題，見斯塔特海姆，《群島上的印度教》（*Het Hinduisme in de Archipel*），3d ed.（Jakarta and Groningen: Wolters，1952），pp. 63，67，138；以及他的《印尼考古學研究》（*Studies in Indonesian Archaeology*；The Hague: Nijhoff，1956），pp. 107-43。

由於伯格（Cornelis Christiaan Berg）已詳細探討過舊爪哇的編年史中透過「口語魔法」對於權力進行儀式性匯聚的做法，因此沒有必要在這裡進一步探究這個主題。[20]不過，如果不把這個傳統牢記在心裡，就很難理解國家典禮在當代時期所被賦予的高度重要性。這種對於典禮的執迷，通常都被解讀為對於意識形態化的單純愛好；或是一種操弄性的手法，藉此對大眾掩藏政治與經濟真相；或者是一種在形式上把相互衝突的團體與利益結合起來的方式，原因是這個國家裡為了此一目的而設立的制度機制向來極為薄弱。這類判斷無疑部分合乎事實（儘管對於印尼政治領袖在多少程度上是有意識的受到這種方式所驅使，每個人可能都有各自不同的意見）。不過，要是否認典禮所被賦予的重要性之中也可能具有比較傳統的基礎是絕對不合理的。至少，在觀眾的心目中必然如此，而且在領導者本身的心目中可能也是，儘管程度也許沒那麼高。我們不該低估這些典禮當中活躍積極的面向，以及這些典禮在參與者的眼中有多麼代表了對於權力的召喚。[21]

有些典禮公然帶有這種召喚性質，例如舉行於總統府的哇揚戲劇表演，其中的劇情就是因為具有相關的政治象徵而特別被挑選；還有號召各個通靈或神秘團體的領袖參與一九六一至一九六二年間為了從荷蘭人手中奪回西伊利安而發起的運動；以及國家紀念塔代表了一根高高聳立的現代化「lingga」（神聖陽具）。不過，現代印尼公共政治行為的其他許多典型面向，諸如大眾集會、象徵性遊行、勉勵性的演說、對於印尼獨立革命的召喚，雖然明顯可見地和傳統幾無關聯，而且形式上也的確是由西方政治實踐衍生而來，但在深奧的意義上具有強烈的權力導向，目的在於集中以及展現由各種來源吸收而來的權力。那些來源包括充滿權力的詞語（Pancasila、Révolusi、Sapta Marga）[22]、充滿權力的經驗（革命），以及充滿權力的集合體（人民）。[23]實際上，蘇卡諾的許多政治集會，表面上的目的雖是向人民傳達特定訊息，或是展示總統所擁有的大眾支持，卻也是藉著那麼多人的自願順服而累積並且展現權力的重要方法。愈是能夠把不同而且甚至敵對的政治團體拉進這些典禮當中，典禮主持人的實質權力以及表象權力就愈大。蘇卡諾極為傳統的咒語式修辭風格，自然又增添了典禮整體的政治影響力。[24]

此外，爪哇有一項古老的傳統，認為統治者應該把被視為擁有或者含有不尋常權力的物體或

20 伯格一大部分的著作都以這個主題為中心。有一項簡短但全面性的闡述，見伯格，〈昔日的爪哇圖像〉（The Javanese Picture of the Past），收錄於蘇查特莫科等編，《印尼歷史編纂學入門》（*An Introduction to Indonesian Historiography*，Ithaca, N.Y.: Cornell University Press，1965），pp. 87-117。

21 典禮的政治功能有另一種相當不同的解讀，依據劇場國家學說（Doctrine of the Theater State）而把典禮定義為本身多多少少就是目的。見克利弗．紀爾茲，《伊斯蘭教的奉行》（*Islam Observed*，New Haven: Yale University Press，1968），p. 38。

22 「Pancasila」是蘇卡諾在一九四五年六月一日的一場歷史性演說中首度提出的五項原則，包括信奉上帝、民族主義、人道主義、民主，以及社會正義，後來被視為國家意識形態當中的關鍵元素。「Révolusi」（革命）無需解釋。「Sapta Marga」（七原則）是印尼武裝部隊的行為準則，在一九五〇年代初期由蘇蓬諾上校（Bambang Supeno）提出。

23 可以指出的是，遊行與集會等活動在西方也是用來獲取權力以及加以展示。我在此處的重點是，藉此獲得以及展示的權力，在這兩個文化裡所受到的看待極為不同。

24 羅伊姆（Mohammad Roem）在一九六八年於綺色佳和我談話，提及在民族主義領袖佐克羅阿米諾托（H. O. S. Tjokroaminoto）於一九一〇年代崛起之前，政治演說者都是模仿扮沙彎舞台劇（bangsawan）的演說風格，而那種舞台劇又主要是從歐洲戲劇衍生而來。手勢與意象通常都是機械化而且形式化。佐克羅阿米諾托的重大創新，後來受到蘇卡諾沿襲以及進一步發展，就是在演說風格上仿效操偶師的口白。這種做法使得這兩位演說大師能夠巧妙運用傳統意象與傳統音韻，而讓聽眾感到前所未有的親切感。

人物集中在自己周圍。統治者的宮殿不只會充滿各種傳統的「pusaka」（祖傳遺物），諸如短劍、長矛、神聖樂器、馬車等等，還會有各式各樣的非凡人物，例如白子、小丑、侏儒，以及算命師。藉著身在宮殿裡，他們的權力就會被統治者吸收，使統治者權力更加增長。一旦失去這些人物，不論是藉由什麼方式，都會被視為在實際上削減了國王的權力，因此也經常會被當成王朝即將滅亡的徵象。在蘇卡諾及其後繼者掌權期間的印尼觀察者，都可以明白看出這項傳統在多大的程度上存續至今，即便是在菁英政治圈裡也是如此。不過，也許應該指出的是，只要被人認為擁有這類物體或人物，實際上獲得的政治效益，不亞於真的擁有或者認真運用這些元素。這種現象有個引人注目的例子，就是許多著名的非爪哇政治人物都傾向於宣揚自己也擁有某種權力物品。[25]

權力的徵象

因此，爪哇的政治思想傳統通常強調權力集中的徵象，而不是展示權力的行使或運用。找尋這些徵象的地方，包括權力持有者本人，以及那個人行使權力的社會。當然，這兩者之間具有緊密的關係。套用印尼一位最著名的當代知識分子所說的話：「爪哇傳統人生觀當中的一項核心概念，就是個人內在自我的狀態與他控制環境的能力直接有關。」[26]

權力持有者最明白可見的徵象，始終都是專注的能力：能夠把自己內在的權力集中起來、吸收來自外部的權力，並且將看似對立的相反兩極，集中在他自己當中。第一類的集中我們已經簡短談過，在這裡只需要指出苦修的意象乃是集中權力的首要表現。吸收外部權力的能力，是哇揚傳說與歷史傳統當中常見的主題。[27]有一個典型意象將兩極的吸收與集中串聯起來：英雄與一個強大對手的戰鬥，而遭到打敗的對手在死後會進入英雄的體內，增添其力量。哇揚文學裡的一個著名例子，就是國王帕爾塔（Parta）戰敗之後被吸收入阿周那的體內。[28]其他的故事則是揭示了從外部來源吸收權力的平行模式，例如巴賈斯帕蒂（Begawan Bagaspati）的靈魂降入堅陣（Yudhisthira）體內，讓他得以殺死國王沙利耶（Salya）；或是束髮（Srikandhi）與安芭（Ambalika）在俱盧之戰開頭融合為一體，以摧毀毗濕摩。[29]

至於把對立的兩極集中起來的能力也同樣引人注目，而且在歷史觀點中可能還更長久重要。這種能力的古典圖像符號，是男性與女性的結合。在古代爪哇藝術裡，這種結合不是希臘化世界當中的那種雌雄同體的形態（一種介於兩性之間，地位模稜兩可的過渡性個體），而是一種雄性與雌性特質鮮明並置的個體。舉例而言，在神祇阿罕那里（Ardhanari）的圖像裡，雕像的左側呈現

25 當然，其中有些人已高度爪哇化，因此會認真尋求這類爪哇式物品。

26 蘇查特莫科，〈印尼：問題與機會〉（Indonesia: Problems and Opportunities），《澳洲展望》（*Australian Outlook*）21（1967年12月）：266。

27 舊爪哇歷史書寫當中一個熟悉的面向，也就是把歷史上的國王指為神明的化身，在這種觀點之下可以解讀為代表了把外部權力吸收到統治者體內。舉例而言，見伯格，〈爪哇圖像〉，pp. 93，112。

28 見《阿林巴》（*Arimba*）這齣戲的劇情，概述於卡茨，《爪哇情景》，p. 282。

29 見《蘇尤達納之死》（*Pejahipun Suyudana*）以及《毗濕摩與死神之死》（*Pejahipun Bisma lan Séta*）的劇情，概述於同上，pp. 436，428。

女性的生理樣貌，右側則是男性。[30] 這種兩極結合的基本性質不是融合，而是兩極以動態的方式同時包含在單一個體內。因此，阿罕那里的圖像表現了統治者的活力、一體性以及中心性。他同時是雄性也是雌性，把這兩種元素包含在自己當中，並且讓兩者處於一種緊繃而活躍的平衡。[31]

在藝術的世界裡，雌雄結合雖然至今仍是權力的一種鮮明表現，但在政治的世界裡，由於明顯可見的原因，爪哇思想的動態融合卻是採取其他的表現方式。近期最引人注目的表現，就是前總統蘇卡諾所謂的納沙貢政治。[32] 蘇卡諾宣稱自己同時是民族主義者、宗教信徒以及共產主義者的說法，經常被爪哇政治傳統以外的觀察者解讀為一種謀略與妥協的語言。納沙貢公式經常被視為一種不負責任而且缺乏智識一致性的口號，不然就是一種細膩的手段，藉此削弱強大的民族主義與宗教團體的反共偏見。不過，這樣的解讀並沒有將納沙貢政治放在爪哇政治思想的脈絡當中。在這種世界角度中，蘇卡諾的公式可以被解讀為是一種強而有力的主張，宣稱統治者擁有權力，而非一種妥協或者計謀。依照這樣的條件，其他一切政治行為者都只能扮演體系當中的附屬性角色，只有蘇卡諾是完整、充足、將一切吸收於自己體內，達成融合性的征服。

不過，我們不只是在納沙貢的明顯象徵當中，能夠看到相反兩極互相團結的權力公式。[33] 同樣的關係也可見於印尼國民黨在戰前時期提出的強力訴求，還有一九六〇年代提出的訴求（尤其是來自於印尼共產黨），這種訴求同時訴諸現代性與傳統，或者應該更精確地稱之為透過現代性調和傳統。麥維已針對印尼文化民族主義在第二次世界大戰前於「學生樂園」（Taman Siswa）學校體系當中的發展提出過一段細膩陳述。[34] 她也指出了學生樂園的創辦者德宛達拉（Ki Hadjar Dewantara）如何能夠把當時算是超現代化的人文教育理論與爪哇教育當中的傳統元素結合，且

30 阿罕那里圖像的一個優美例子可以見於霍特，《印尼的藝術：延續與改變》（*Art in Indonesia: Continuity and Change*，Ithaca, N.Y.: Cornell University Press，1967），p. 81。

31 我在此處的詮釋有一部分參考自克羅夫（Justus Maria van der Kroef）的論文〈變裝癖與宗教性雌雄同體〉（Transvestitism and the Religious Hermaphrodite），收錄於他的《現代世界的印尼》（*Indonesia in the Modern World*，Bandung: Masa Baru，1956），pp. 182-95，但我採用的分析方法與他相當不同。在中爪哇的「kraton」（宮廷）這種值得注意的機構當中，我們也許可以看到另一種將男女結合視為權力意象的做法。在做為統治者權力象徵的各種王權代表物當中，貝多優（bedhaya）是一種特殊團體，通常由女性組成，負責保衛其他王權代表物，也負責表演最神聖的宮廷舞蹈。值得注意的是，國王出外作戰的時候，總是會帶著貝多優同行，而且許多搭配貝多優舞蹈的歌曲也都在歌詞當中頌讚王室的勝利。重要的是，統治者權力當中的女性成分不是由「praméswari」（王后）或者其他妃子做為代表，而是由貝多優。這種男性和女性元素並置的另一個演變，則是直到蘇丹哈孟古布沃諾七世（Hamengku Buwana VII）統治期間，貝多優舞蹈都是由身穿女性服飾的青春期前男孩演出，至少在日惹是如此。在蘇拉威西島西南部，布吉人（Buginese）與望加錫人統治者手下負責保護王權代表物的傳統守衛稱為「比蘇」（bissu）。比蘇由男性擔任，身穿一種結合男女性服裝的特殊服飾。關於比蘇的一項絕佳描述，並且附有照片，見霍特，《西里伯斯的舞蹈追尋》（*Dance Quest in Celebes*，Paris: Archives Internationales de la Danse，1939），pp. 27-36，87-89；插圖 15-18，94-97。

32 納沙貢（Nasakom）是由「nasionalisme」（民族主義）、「agama」（宗教）與「komunisme」（共產主義）這三個詞語結合而成的簡寫。蘇卡諾在指導式民主期間追逐的納沙貢政治，目的是在一般被歸屬於這三個類別的團體與政黨之間鼓勵互相信任與合作。

33 值得注意的是，印尼的國家格言「Bhinneka Tunggal Ika」最簡潔表達了這種公式。這句格言通常翻譯為「存異求同」，也經常被認為相當於美國的國家格言「E pluribus unum」（合眾為一）。不過，這兩者之間有一項重要的細微差異。美國的格言隱含了一種將不同元素統合起來的過程，印尼的格言則是認為團結與多元密不可分。

34 麥維，〈學生樂園與印尼民族覺醒〉（Taman Siswa and the Indonesian National Awakening），《印尼》（*Indonesia*）4（一九六七年十月）：128-49。

至少在那個時期提供了一種特別有效的動態結合，把新與舊、激進與保守結合起來。支持此一做法的荷蘭人，認為德宛達拉的觀念來自福祿貝爾與蒙特梭利，但他的爪哇追隨者卻認為他的觀念出自於週二格里日協會（Paguyuban Selasa-Kliwon）這個由德宛達拉的一群朋友領導的傳統派「kebatinan」（冥想）團體所提出的構想。激進民族主義這種典型的雙面性，當然有個明白可見的社會學與歷史解釋。不過，這種雙重性也可以視為反映了爪哇思想當中的動態權力定位。[35]

如果說含括相反的兩極以及吸收對手的能力，是領導者宣稱自己擁有權力的主張當中的重要元素，那麼這種能力的一個關鍵公開跡象，在傳統上就是爪哇人所謂的「瓦胡」（wahyu；意為神聖光芒）。莫爾托諾寫道：「這種光芒被設想有各種不同樣貌與形態，像是明亮的光、一顆『星星』，但最常見的想像是一顆摻雜了藍、綠、白色的光球【andaru, pulung】，在夜空中劃出一道光痕。」[36]（這個意象揭露了爪哇思想當中總是傾向把權力與光畫上等號。）瓦胡的移動通常標誌了一個王朝的衰亡，以及光源轉移到另一個王朝。在一般的認知當中，權力的日常呈現乃是從握有權力之人的臉上輕柔發散而出的「téja」（光芒）。這種意象的心理效力可以自蘇卡諾在一九六三年發表、在雅加達的印尼大學為他頒授名譽博士學位典禮上的一場傑出演說中窺見。[37]他在那個場合裡仔細講述了téja（光芒），指稱不少歐洲人物都擁有過這種特質，其中最引人注意的是希特勒。蘇卡諾對於希特勒及其téja（光芒）的討論，令許多在場的西方觀察者深感不悅，因為他們是以歐洲史的參考架構看待他的話語。不過，要是放在爪哇傳統當中，蘇卡諾的指涉其實只是平靜的分析。在他談論希特勒的話語當中，完全沒有提及這個納粹元首的統治所帶有的道德性質。這不是因為蘇卡諾不重視道德問題，而是在爪哇政治理論的分類當中，一個政府特有的道德性質只是次要元素

（不論就歷史還是分析條件上而言），不及其權力面向來得重要。希特勒擁有téja（光芒）的事實，才是最重要的事情，而且對他的政權所從事的任何分析，也都必須以這項事實做為起點。[38]

傳統上，téja（光芒）發出的亮光都連結了統治者的公開面貌。莫爾托諾引述阿莽古拉特三世（Amangkurat III；一七〇三至一七〇八年）的例子，據說他即將遭到廢黜的時候，因為「失去了cahya【光芒】，以致滿臉蒼白，看起來就像是個肚子痛的華人一樣」。[39] 相對之下，據說阿莽古拉特二世（一六七七至一七〇三年）在決心抵抗楚納加亞（Trunajaya）的入侵並且捍衛馬塔蘭（Mataram）這個搖搖欲墜的帝國的那一刻，他的追隨者「認不得他們的主子，因為他的容貌原本顯得疲憊而且面無表情，可是現在他卻是面部發光，帶有一股威嚴的氣勢」。[40]

不過，由於téja（光芒）只是宇宙內在創造能量的外部顯現，因此不只能夠展現在統治者的面

35 一九六〇年代期間，印尼共產黨在復興、發展以及改編傳統形式的大眾藝術與戲劇方面尤其成功。藉著把這些傳統藝術的改編作品呈現為終究較為現代以及進步，而且又比城市裡那種失根又千篇一律的資產階級文化更為「asli」（本土），印尼共產黨因此成功迎合了爪哇人對於權力本質的觀念。

36 莫爾托諾，《古爪哇》，p. 56。

37 蘇卡諾，《科學只是成事的工具而已》（*Ilmu Pengetahuan Sekadar Alat Mentjapai Sesuatu*；Jakarta: Departemen Penerangan Republik Indonesia, Penerbitan Chusus 253，1963）。這項演說發表於一九六三年二月二日。（另見第二章。）

38 我們以下將會看到，統治者會因為放縱於邪惡的行為而失去téja（光芒）。不過，téja（光芒）的存在先於其他的一切，不是藉著從事良好的行為而獲得。

39 莫爾托諾，《古爪哇》，p. 40，引用《爪哇國土史》，p. 273。我的翻譯與莫爾托諾稍有不同，包括此處還有以下的兩個注都是如此。

40 同上，p. 57，引用《爪哇國土史》，p. 174。

容當中，也可見於他的性能力裡。以下這段奇特的軼事，提及阿莽古拉特二世在一七〇三年去世之後的繼位危機，目的就是要說明藉著荷蘭人的協助而從姪子阿莽古拉特三世手裡篡奪了王位的浦格（Pangéran Puger），為什麼是已逝君主的合法繼位者。「故事指稱【已故】國王的陽具堅硬挺立，頂端有個明亮的光芒（tjahja），僅有一粒胡椒的大小。可是都沒人看見，只有浦格看到。浦格迅速吸收了那個【點狀的】光芒。光芒一受到吸收，那根陽具就不再挺立。浦格繼承王位，是阿拉的意旨。」[41] 實際上，統治者的生殖能力是他握有**權力**的一個必要跡象，因為他的精子即是一種微觀的呈現，代表了他所集中的**權力**。統治者的生殖力被視為同時召喚並保證了土地的肥沃、社會的繁榮，以及帝國的擴張活力。蘇卡諾時期再次為這項古老的觀念提供了一項引人注目的現代平行案例。印尼政治的外部觀察者經常指稱蘇卡諾大肆宣傳的性活動似乎在政治上對他無害，甚至有人說爪哇人以縱容的態度期待統治者表現出這樣的行為。不過，這樣的分析如果正確，那麼這個觀點便是忽略了蘇卡諾個人生活的政治面向，因為統治者的陽剛之氣乃是他仍擁有**權力**的政治指標；相反的，性活動的任何顯著衰退，也可能被視為其他面向的**權力**出現衰減的徵象。在指導式民主晚期，經驗比較豐富的觀察者都傾向於猜測總統府官員刻意散播關於總統個人生活的誇大故事，藉此維繫他的權威。

權力集中的社會徵象是豐饒、繁榮、穩定與光榮。正如哇揚貝柏戲（wayang bèbèr）的操偶師以古爪哇王國諫義里（Kedhiri）的古典意象指出的：

> 諫義里的領土可以描述為極度遼闊，有漫長的海岸、高聳的山岳，富裕、豐饒、繁榮、寧靜

> 又秩序井然。如果說到豐饒，那麼豐饒的是其中的村莊；如果說到繁榮，那麼繁榮的是整座王國，食物與服裝的價格都非常便宜。即便是最貧困的寡婦，也能夠飼養自己的大象，並且搭配管象人。這座王國就是如此富裕而繁榮……這裡沒有向別人乞討的人；每個人都有自己的財產。這一切都是因為這座王國的富裕以及良好秩序。[42]

這些傳統意象背後的兩項基本觀念是創造力（豐饒與繁榮）以及和諧（寧靜與秩序），便展現在當代菁英經常掛在嘴上的那句古老格言：「tata tentrem karta raharja（秩序，和平，繁榮，好運）。」繁榮與秩序都純粹是**權力**的表現。**權力**是賦予生命的能力，能夠持續平穩的收緊，還可以像磁鐵一樣讓散落的鐵屑在一個規律的力場中整齊排列。相反的，統治者**權力**的收緊如果鬆弛，力量如果散失，同樣也會體現於自然界的失序（洪水、火山爆發、瘟疫流行）以及不當的社會行為模式（偷竊、貪婪、謀殺）當中。[43] 再一次，我們應該要記住，在爪哇思想當中，權力的衰微與這些不良現象之間沒有相互作用。反社會行為會因為統治者的**權力**衰退而出現，但其本身並不會進一步削減統治者的**權力**。反社會行為是統治者衰微的徵兆，而不是肇因。因此，統治者只要一旦任由

41 同上，p. 58，引用《爪哇國土史》，p. 260。

42 這段引文的來源，是我在一九六三年錄下中爪哇多諾羅佐（Donorojo）的一場哇揚貝柏戲劇演出，並且根據這份錄音寫下一篇沒有發表的抄本以及譯文。關於哇揚貝柏，見霍特，《印尼的藝術》，pp. 127-28。

43 在衰落時期發生的各種不良自然與社會現象，有一份詳盡的清單，見詹垂克・馬塔蘭（Tjantrik Mataram；筆名），《Peranan ramalan Djojobojo dalam revolusi kira》，3d. ed.（Bandung: Masa Baru，1954），pp. 29-31。

自然界與社會失序，就會極為難以重建權威。爪哇人傾向於認為，統治者如果仍然擁有權力，那樣的失序現象就根本不會發生：那些現象終究不是來自於自主的社會或經濟狀況，而是來自於國家內的權力散失。

權力與歷史

權力的觀念對於爪哇人看待自然界或者歷史進程結構的傳統觀點有什麼影響？卡托迪吉歐主張爪哇人的傳統歷史觀與現代西方觀點的基本差異，在於現代觀點把歷史視為穿越時間的線性移動，而爪哇人在傳統上則是傾向於把他們的歷史視為一連串反覆發生的循環。他指出，西方歷史學家與政治學家對於歷史線性移動的方向以及客觀因素對於此一移動的影響程度雖然各有不同看法，卻都由過去兩百年來的科技革命而一致認為歷史不具有重複性，而是一連串的獨特事件經由複雜的因果關係串連而成。相對之下，他認為爪哇人的傳統歷史思考在部分程度上受到梵文宇宙觀書寫的影響，而把歷史視為幾種時代（yuga）的循環，從黃金時代（「圓滿時」或「Jaman Mas」）開始，經歷一系列比較不那麼美好的時期（「三分時」與「二分時」），而演變到邪惡的「爭鬥時」，然後再繼續循環，帶來重新出現的「圓滿時」。[44] 不過，我自己的解讀是，爪哇人雖然可能為了正式分類的目的而利用了印度宇宙觀的元素，但他們對於歷史進程的直覺觀感，在根本上還是從他們的權力觀依照邏輯推演而來。在今天的通俗爪哇思想以及過往豐富的末世文學當中，都極少看到循環以及秩序井然的衰落與重生，而是會看到黃金時代與瘋狂時代（Jaman Édan）的鮮明對比。[45]這兩類歷史時期通常都被視為秩序和失序的時代。關鍵重點是，爪哇人的歷史觀是一種宇宙擺動，在權力集中與權力散失的時期之間來回擺盪。典型的歷史次序就是集中—散失—集中—散失，沒有最後的終點。[46]在每個集中的時期，都會形成新的權力中心（王朝、統治者），也會重新建立團結；在每個散失的時期，權力開始從中心消退，當權的王朝喪失統治正當性，於是失序因此出現，直到集中進程再度展開為止。散失的歷史必要性引人入勝的程度並不亞於集中，因為

44 見卡托迪吉歐，《論印尼歷史的救世主面向》（*Tjatatan tentang segi-segi messianistis dalam Sedjarah Indonesia*；Yogyakarta: Gajah Mada，1959）。我針對卡托迪吉歐這部細膩的著作所提出的評論，完全不足以呈現其真貌。這部著作的主題其實是要證明《究尤波尤之書》（*Serat Djojobojo*）這部預言著作如何標誌了一項決定性的轉向，也就是在伊斯蘭教末世論的影響下而從循環的歷史觀轉變為線性的歷史觀。另參照莫爾托諾，《古爪哇》，pp. 81-82；以及吉謨（Heinrich Zimmer），《印度藝術與文明裡的神話與象徵》（*Myths and Symbols in Indian Art and Civilization*；New York: Harper Torchbooks，1962），pp. 13-19，35-37。

45 就連印度教宇宙觀也指向這個方向，因為變化的模式不完全是循環，從爭鬥時演變到圓滿時的過程，不會經歷與解體過程對稱的重新整合這類漸進階段。

46 我想要強調我在這裡所說的，是專門針對爪哇人的歷史觀所從事的解讀。此處的解讀不是針對爪哇人的時間概念，他們的時間概念大概與峇里人奠基於組合曆之上的時間概念相當近似。紀爾茲曾對此提出極為精闢的闡釋（見紀爾茲，《峇里島的人、時間與行為》，pp. 45-53）。我基本上出自直覺的認為，曆法式而且「週期性」的時間概念在爪哇是日常社會生活發生於其中的架構，所以主要是運用在家庭與地方性的情境裡。也許是因為爪哇長期的帝王統治歷史，再加上口述的哇揚傳統使得即便是不識字的農民也對戲劇性興替的那些王朝名稱如數家珍，而且後來又遭到長期的殖民壓迫，因此爪哇人對於所謂的政治史懷有一種特定的觀點，一點都不具曆法性。這種歷史觀點非常清楚地呈現於宮廷的編年史（babad），還有農民之間長久以來的救世主與千禧年信仰傳統當中。在我有限的知識裡，峇里島相對欠缺王朝歷史編纂以及農民千禧年信仰。

權力非常難以保持，必須恆久不斷努力追求。只要有些微的懈怠或鬆懈，就可能會走向解體，而這種進程只要一旦開始就無法逆轉。（宇宙權力的鬆弛產生自「盤利」（pamrih），這個詞語基本上的意思就是利用權力追求個人縱樂，或者將集中的權力浪費在滿足個人的愛好上）。[47]

這種歷史概念有助於解釋爪哇政治心理當中兩項引人注意但顯然互相矛盾的特徵：也就是其潛在的悲觀以及容易受到救世主訴求吸引的情形。之所以悲觀，原因是他們認為集中權力變動無常、累積以及保有權力極為困難，還有不免伴隨秩序而來的失序。不過，在失序時期容易受到救世主信仰吸引的傾向，則是源自這樣的認知：在失序當中，總是會有新的集中權力在準備崛起，所以我們必須隨時留意這種新的集中權力即將來臨的預兆，而盡快趨向其發生中心，依附於剛出現的新秩序。這種救世主信仰顯然不具備許多歐洲千禧年運動所帶有的那種線性特質，也就是認為世界會隨著救世主的降臨而終結。在傳統爪哇觀點中，歷史不會終結，救世主只是拯救當下的時代，而且權力的原始擺動仍會如同先前一樣繼續下去。

統一與中心

要討論傳統政體，一項有用的做法也許是不要由其具體結構開始談起，而是要由其理想象徵形態。秩序井然的爪哇政體最精確的意象，也許就是反光燈向下投射的光錐意象。我認為這個意象比傳統用語更能精確傳達爪哇政治思想的若干細微之處。良好的社會不全然是階級性的，因為階級制度預先假設其中的每個階層都具備一定程度的自主性。傳統爪哇思想的發展在沒有明言的情況下否認了這一點，抱持著理想追求一個單一而且無所不在的權力與權威來源。我們待會將會看到，向下投射的光芒因為距離燈泡愈來愈遠而逐漸衰微的意象，也非常適合用來隱喻爪哇人的概念，不只是他們對於國家結構的認知，還有對於中心與邊陲關係以及領土主權的的看法。光線毫不區分的性質表達了權力同質性的觀念。光的白色本身就是光譜上所有色彩的「融合」結果，象徵了權力的統一與集中面向。

傳統政體的核心向來都是統治者，也就是社會團結的化身。[48]這種團結本身即是權力的核心象徵，而除了國家意識形態的明確目標之外，這項事實也有助於解釋許多當代爪哇人的政治思想當中，為何充斥了對於統一性的執迷。我認為，大眾對於印尼聯邦共和國（一九四九至一九五〇年）所表現出來的敵意，不只反映了一種赤裸裸的懷疑，認為這個共和國的成員邦是荷蘭創造出來的傀儡；同時也反映了一般人的感受，亦即認為統一才是權力，多元則是分散與衰弱。[49]

蘇卡諾一再訴諸國家統一的言論，有一部分可以歸因於傳統上對於權力分散所感到的焦慮。在傳統爪哇架構裡，多黨制度、憲政權力分立以及聯邦主義都會輕易被解讀為印尼國際權力的衰

47 關於「盤利」的意義與重要性，見「權力與倫理」一節當中更完整的討論。

48 關於模範中心學說，參照紀爾茲，《伊斯蘭教的奉行》，p. 36。

49 爪哇人對於聯邦主義概念所抱持的敵意，在荷蘭人離去而且他們的聯邦主義盟友在政治上遭到殲滅之後，仍然持續了許久。我此處所言的用意，不是要貶低這種敵意的社會與歷史原因。爪哇的帝王統治傳統，還有爪哇相對於外島所擁有的具體物質利益，就足以降低爪哇人對於聯邦主義的興趣。我要指出的是這個問題當中的利益與觀點之間的相互增強效果。

微，以及蘇卡諾本身做為印尼政治焦點的衰落。一九二八年的青年誓言（Sumpah Pemuda）也重申了同樣的主題：一個國家，一面國旗，一種語言。我們也可以在印尼共產黨遭到消滅之前所採行的計畫與策略當中察覺到這個主題：在印尼共產黨當中，傳統馬克思主義的階級鬥爭公式被轉變為一種宣傳形式，主張一群人民（Rakyat）當中所有夠格的成員不是團結對抗一個敵對的**階級**，而是對抗一個個外國的小群體，因為那些外國群體的反動或買辦性質，危害了整個國家的完整性與統一性。[50] 在印尼共產黨總書記蘇迪斯曼（Sudisman）於一九六七年七月的特別軍事法庭上提出的辯護詞當中，也可以看到同類型的思想。在那篇辯護詞裡，「manunggal」（合而為一）這個深具感染力的爪哇詞語一再出現。如同他所說的，印尼共產黨的領導階層由五人組成，包括艾地、陸曼（Lukman）、義奧多（Njoto）、薩柯曼（Sakirman）以及他自己。但這五人不論在生前還是死後，都「manunggal jadi satu」（團結成為一體）。[51]

追求統一性，這種在爪哇政治態度當中占有如此核心地位的衝動，有助於解釋民族主義觀念在爪哇所具備的強大心理力量。民族主義遠遠不只是一種政治信條，而是表達了在傳統社會遭到殖民資本主義以及十九世紀晚期以來的其他強大外部力量壓迫導致解體的情況下，仍然致力追求團結與統一的根本決心。這種類型的民族主義遠比愛國主義還要強大，是一種再度征服原始統一性的嘗試。

我認為，政體的相同意義也有助於解釋，爪哇人在一九五〇年代初期的多黨國會民主制度下所體驗到的心理無力感。菲斯曾以敏銳的洞察力探討過這種不安的感受，指稱這是在革命的衝勁之後所感到的失望。左翼政治人物蘇迪斯曼與右翼記者安瓦爾（Rosihan Anwar），都曾把這種感受稱為「sleur」（低潮）。[52] 菲斯把這種感受與那個時期的政府無能連結，只見弱勢的內閣無力維繫自己的權力、無力推行自己的方案、無力讓廣大的社會感受到自己的分量。不過，我猜這項論點在許多爪哇人的心目中其實是逆轉了智識的次序，因為從傳統的角度來看，重點不在於各個政黨**實際**上未能成功合作推行一項方案，而在於議會制政府本身的結構表現了鬆散的中心，也就是在野陣營與政府分立，以及行政、立法與司法的分立。在這種觀點當中，通貨膨脹、黨派之爭以及區域主義都會被解讀為**權力**散失的結果而非肇因。**權力**散失也是議會制政府迅速敗亡的內在原因。不只政黨在定義上各自獨立，國家結構當中也沒有任何元素能夠保證把這些零散的政黨統合成更高的整體。蘇卡諾（可能也包括蘇哈托將軍）對於這個問題的直覺感知，無疑地促使他們兩人採取有些觀察家所謂的「中立」政治——這個詞語算是相當適切，前提是我們對其理解不是「介於

50 如此反覆強調雖然不免煩人，但我還是應該說明，我在此處的意思並不是主張印尼共產黨的領導者是因為身為爪哇傳統主義者才採取這種策略。也許有人會以西方的觀點主張印尼共產黨領導層受到重大影響，主要是人民陣線的歷史、他們在第二次世界大戰當中的經驗、毛澤東的榜樣，以及在政治操作當中對於優勢的實際算計。不過，我認為對於印尼共產黨大部分的傳統派支持者（可能包括該黨某些較為傳統的領導者在內）而言，民族統一戰線是「文化上令人安心」的概念。

51 蘇迪斯曼，《責任分析》，班納迪克・安德森譯（*Analysis of Responsibility*, Melbourne: The Works Cooperative，1975），p. 4。我深信蘇迪斯曼是刻意影射哇揚故事裡的潘達瓦（Pandawa）五兄弟，並且把印尼共產黨的領導者與他們畫上等號。

52 菲斯，《印尼憲政民主的沒落》（*The Decline of Constitutional Democracy in Indonesia*，Ithaca, N.Y.: Cornell University Press，1962），pp. 221-24。另見蘇迪斯曼，《分析》，pp. 8-9，以及安瓦爾發表於《羅盤報》（*Kompas*）的專欄，一九六八年八月七日。

中間」，而是「立在中心」。[53]

登基與繼位

我已經指出爪哇傳統權力概念的邏輯需要有一個中心，不但具有融合與吸收的性質，而且通常體現於統治者身上。這樣的統治者要怎麼被發現或辨認？在歷史傳統當中，統治者通常有兩種出現方式。如果是一個新王朝的第一位統治者，就會被人認為是接收了「瓦胡」，也就是王國的神聖光芒，從一個王國的解體權力當中傳遞給後繼王國的開創者。新統治者例如庚安洛（Kèn Angrok）、辛納巴帝、蘇卡諾與蘇哈托，通常都是出身寒微的暴發戶，他們在掌權之前會先經過一段動盪與流血的時期，而這段時期通常是由新統治者自己所引起。爪哇歷史雖然充斥叛亂的故事，卻只有成功建立了新王朝的叛亂領導者才會被稱為擁有瓦胡。事後回顧起來，失敗本身就代表了叛亂領導者沒有權力，因為他要是擁有權力，就必定會獲得成功。新王朝的開創者所主張的合法性，在於他成功摧毀了先前的權力中心，並且相信自己藉著這麼做而獲取了神聖的瓦胡。不過，由於爪哇人趨向中心、趨向一切權力積聚處的典型衝動，因此暴發戶的統治者經常會透過宮廷編年史把自己與先前的權力與卓越中心的殘跡連結起來。斯赫里克、伯格與莫爾托諾都充分例示了這種協同一致的嘗試，企圖透過複雜（並且經常是捏造而來）的世系脈絡，把王朝的暴發戶開創者和先前的君主連結起來。[54] 這種特質當然不是爪哇人所獨有。不過，爪哇人對歷史的「捏造」最引人注意的特徵是，主要並不涉及和先前的王朝建立血統連結以證明自己具有合法承繼的正當性，因為如果要達到這種目的，幾乎任何祖先都派得上用場。他們「捏造」建立祖先連結的對象，通常都是先前王朝當中最強大也最著名的代表。

因此，在現代時期裡，我們可以看到爪哇人主張自己是馬塔蘭王國（一六一三至一六四六年）的偉大蘇丹阿貢（Agung）的後代，或者擁有那位統治者強而有力的遺物（例如鑼或短劍）。至於他那些同樣生殖力旺盛但是政治能力低落得多的後繼者，像是阿莽古拉特一世、二世、三世與四世，則是沒人會宣稱是他們的後代。此處的重點不只在於阿貢蘇丹的統治所達成的歷史榮耀，也在於傳統爪哇宇宙觀，因為這種宇宙觀對於生者與死者並不會做出鮮明的區別。死者也有可能擁有**權力**，就和生者一樣。像阿貢蘇丹這樣擁有如此重大**權力**的領導者，不但在生前握有龐大的集中**權力**，死後也至少會保有部分殘餘的**權力**。因此，與阿貢蘇丹的典型連結，雖然有一部

53 關於這一點的解釋，見拙作〈印尼：統一相對於進步〉（Indonesia: Unity vs. Progress），《當代歷史》（*Current History*；1965年2月）：75-81；亨德利（Donald Hindley），〈蘇卡諾總統與共產黨人：馴化的政治〉（President Sukarno and the Communists: The Politics of Domestication），《美國政治學評論》（*American Political Science Review*）56（1962年12月）：915-26；丹尼爾・列夫，〈印尼的政黨〉（Political Parties of Indonesia），《東南亞歷史期刊》（*Journal of Southeast Asian History*）8（1967年3月）：52-67，尤其是61-64；以及菲斯，〈蘇哈托對於政治模式的追尋〉（Suharto's Search for a Political Format），《印尼》6（一九六八年十月）：88-105。

54 斯赫里克（Bertram Johannes Otto Schrieke），《印尼社會學研究》（*Indonesian Sociological Studies*；The Hague and Bandung: van Hoeve，1957），vol. 2，bk. 1，chaps. 1, 2；莫爾托諾，《古爪哇》，pp. 52-54，63-64；伯格，〈爪哇歷史編纂學〉（Javaansche Geschiedschrijving），收錄於斯塔佩爾（Frederik Willem Stapel）編，《荷屬東印度史》（*Geschiedenis van Nederlandsch Indië*；Amsterdam: Joost van den Vondel，1938）。

分是為了歷史的連續性，但更重要的是併入以及吸收一股眾所皆知的權力集合。在此一相同的傳統中，我們可以看見蘇卡諾宣稱自己的直系祖先不是任何一名君主，而是北峇里的新加拉惹王國（Singaraja）的一位著名國王，諫義里那位具備預言能力的傳奇國王賈亞巴亞（Jayabaya），以及早期穆斯林最偉大的傳道聖人蘇南卡里加賈（Sunan Kalijaga）。[55]聲稱蘇哈托總統的生父是已故的日惹蘇丹哈孟古布沃諾八世這項當代謠言，也是相同的概念架構。相反的，統治者一旦敗亡，地下反對者針對他所提出的故事就會廣為流傳，例如指稱那名統治者實際上不是某一位君主的兒子，而是某個荷蘭農場主的孩子，或是歐亞混血兒。

不過，統治者追求的連結終究是遺傳性的連結，這再度指向了在爪哇思想當中性與權力的連結，還有以下觀念：人的精子，尤其是握有權力之人的精子，本身就是集中的權力，以及傳遞那種權力的手段。[56]實際上，在平常時期，一個王朝如果地位穩固，政治權力即是在王室家族當中承繼。不過，這種承繼的概念與歐洲的王朝繼承相當不同，因為歐洲最主要的考量是法律和官僚問題。在爪哇傳統中，統治者的後代每隔一代就會降一級，到了第七代以後，直系後代就會回歸平民，除非他們在這段期間又與後續的統治者建立了更新的血統連結。在這個過程中，我們可以明白看出這種概念：做為權力來源的君主精子，會因為與初始源頭的歷史距離愈來愈遠，以及和愈來愈多的非王室精子混合，導致集中程度逐漸下降。因此，與統治者的基本連結乃是以距離遠近衡量，不論這樣的距離是在遺傳世系還是王室權力的其他軸線上。王朝創始人的繼位者所擁有的原始權力，來自於創始人本身提供的初始衝動。不過，這種權力通常會隨著世代的更迭而分散，除非某一個後代藉著個人的努力而更新或重整這項權力，否則這個王朝就會因為權力分量衰微而滅亡。

權力與帝國

爪哇人的權力觀對於主權、領土完整性以及外交關係的概念也有所影響。莫爾托諾以及其他人都指出過爪哇的哇揚故事與歷史傳統中幾乎不變的一項規則：帝國與王國的名稱就是其首都的

55 關於前兩項宣稱，見辛蒂・亞當斯（Cindy Adams），《蘇卡諾自傳：由辛蒂・亞當斯記述》（*Sukarno: An Autobiography as Told to Cindy Adams*，Indianapolis: Bobbs-Merril，1965），p. 19。最後一項宣稱可見於《新報》（*Sin Po*），一九五八年四月十三日。蘇卡諾在造訪了據說是蘇南卡里加賈的葬身處，也就是位於淡目（Demak）附近的卡蒂蘭古（Kadilangu）之後，揭露了自己的這個祖先。我們不必在乎這些宣稱的世系真偽，重要的是他為什麼會提出這樣的說法。

56 在這裡應該要指出，之所以強調必須禁慾才能累積權力，至少有一個原因是男人可藉此保住自己的精子，而不允許浪費性的外流。我們也許可以問，爪哇人怎麼調和這兩種互相矛盾的觀點：一方面強調禁慾，另一方面又主張統治者的性能力象徵王國與社會的活力？這個問題有幾個可能的答案。其中一個答案是，這兩者不能夠完全調和，因為這兩種觀點分別衍生自先前討論過的權力取得方式的正統與非正統傳統。另一個答案是統治者擁有極度過剩的權力，因此有「本錢」可以把其中部分花費在大量的性活動當中。我自己是傾向認為，如果把性能力直接連結於豐饒，這種表面上的矛盾就會自行化解：君主的權力揭示於他產生繼位者以及把自己的權力傳遞給他們的能力當中。尋常的爪哇平民要衡量統治者的陽剛活力，唯一的方法就是以他生下的子女人數做為判斷標準。統治者如果性無能或者無法生育，就會被視為是政治孱弱的跡象。統治者的性活力要是如此顯著可見，那麼他斷斷續續的禁慾修行就會更令人信服。深具意義的是，哇揚故事裡如果提及主角與女性從事性交，極少不會立刻造成對方懷孕。有些喜劇劇本更是把這種性交的高度生殖力推到極端，藉此製造出滑稽的效果，例如潘達瓦英雄阿周那在水裡和一個widadari（美麗的仙女）交媾，結果到那座水池裡沐浴的神祇都因此懷孕。因此，性能力如果沒有造成懷孕，就沒有政治價值。

名稱。著名的例子有滿者伯夷（Majapahit）、信訶沙里、諫義里，以及淡目。[57]實際上，爪哇語在語源上沒有明白區分首都與王國的概念。這兩種概念都包含在「奈加里」（negari）這個詞語當中。因此，國家通常不是由其邊緣所界定，而是由其中心。國家的領土延伸總是變動不定，會隨著集中於中心的權力多寡而改變。有些疆界在實務上通常會受到承認：例如高山與海洋這樣的巨大地理障礙。不過，這類地形也通常都會被視為不可見的強大力量所在地。除此之外，王國都被視為不具有固定並且受到測繪的界線，而是擁有頗為彈性並且不斷變動的邊緣。在一種實質意義上，根本沒有政治界線存在，一位統治者的權力只會隨著距離愈來愈遠而逐漸衰微，然後與鄰近的君主逐漸增長的權力難以察覺地融合在一起。

這個觀點突顯了東南亞王國的古老概念與現代國家的根本差異，也就是這兩者對於疆界的意義抱持完全對立的觀點。現代國家隱含了一種概念，認為疆界標記了國家統治者權力的終結。在疆界以內十碼處，統治者的權力仍然至高無上；但在疆界以外十碼處，統治者的權力就完全不存在。[58]此外，在國家的邊緣以內，中心的權力理論上在各處皆等量：身在邊緣的公民和身在中心的公民應當享有同等的地位，而且法律義務也應該一體適用於整個領土當中。但傳統權力觀在性質上完全不同，而且權力的橫向一體適用也毫無意義，因此疆界的概念所具有的重要性也就非常有限，因為傳統國家是由其中心所界定，而不是邊緣。[59]

傳統爪哇思想的高度向心性質，鮮明展現於把世界劃分為兩種國家的觀點當中：一種是爪哇，另一種是「Sabrang」（這是一個不加鑒別的詞語，意為「海外」，但基本上可以套用於所有非爪哇人的群體以及政治實體）。印尼民族主義的當代禮儀與意識形態要求，雖然使得這種劃分在公開層面上不再可以接受，但在和許多爪哇人從事的私下討論裡，卻可見到這種概念強烈而明顯的殘跡。實際上，由於這種觀念深深嵌入爪哇人的思想當中，因此荷蘭人也多多少少在沒有意識到的情況下採取了這種觀念，把他們自己的殖民領土劃分為爪哇與外圍區域。許多爪哇人至今仍然非常難以完全接受印尼是由一群地位平等而且相互交流的島嶼組成，包括蘇門答臘、蘇拉威西、加里曼丹、爪哇，以及其他島嶼。那些島嶼通常都是依據它們與中心（爪哇）的關係而受到看待。同樣的，許多爪哇人也難以想像有兩個彼此相關的奈加里存在，至少在爪哇是如此。因此，日惹與梭羅這兩個公國雖然各別存在了兩百年以上，而且相距不到四十英里，大多數的爪哇人還是會使用「奈加里」一詞指涉其中一座首都，對於另一座則是稱呼其名稱，就像他們稱呼印尼其他任何一座城市的方法一樣，例如：「kula badhé dhateng negari」（我要去奈加里）。[60]

57 緬甸、暹羅與柬埔寨似乎也是如此。

58 承認勢力範圍能夠延伸至法律和地圖上的疆界之外，是對這種觀念的局部修正，但引人注意的是，在部分程度上為了尊重主權民族國家的觀念，因此「勢力」一詞與內部建構的權力這種觀念具有質性上的不同。

59 比較暹羅的狀況。舉例而言，暹羅東北部的「區域主義」問題只有在民族國家的脈絡下才會具有意義。區域主義隱含的意思是承認中心的地位，但是對中心懷有政治上的不滿，而不是一個自主的中心和另一個中心處於敵對關係。在二十世紀以前，泰國統治者在不同時期對於東北部的控制程度高低不一，但這個問題從來不曾被界定為區域問題，因為對於曼谷的不滿如果不是源自於新中心的形成，就是因為這個地區有部分併入了別的王國，例如寮國，而且這兩種發展都帶有歷史上自古如此的含意。由於統治者關注的是控制人口，而不是土地，因此又大幅強化了這種易變性。所以，就某個意義上而言，我們可以推定暹羅的區域問題始於這項智識轉變：也就是暹羅人對於他們生活於其中的政治實體所抱持的認知從王國轉變為民族國家。

60 泰國人以類似的方式把他們的首都稱為「Krung Thep」（神【因陀羅】的城市）：曼谷這個名稱只供外國人使用，或是爪哇政治思想的向心性，與以上概述的這種等級式主權概念結合起來之後，依照邏輯推演就會得出一種對於外交的特定觀點。首先，這種觀點隱含了控制人口比控制領土更重要。在歷史上，這種強調有實用方面的理由。只有密集稻米耕作造成的大量人口集中，才能提供建造紀念碑或者建立軍隊所需的經濟剩餘和人力儲備。不過，大量人口集中在一位統治者周圍，也是他擁有權力的最佳徵象，因為這種如磁鐵般的吸引力揭示了他持續擁有瓦胡。這種觀念也許有助於解釋王朝與王朝的衝突當中一個廣為人知的面向，也就是獲勝的統治者會遷移整批人口，因為把這些受到征服的人口遷移到接近中心的地方，可以大幅加強君主的權力，這個情況不只在爪哇如此，在東南亞各地也是。從蘇卡諾始終如一的反對生育控制，我們可能也看得出這種對於人口密度的重視。他的反對雖然有一部分是出自個人信念，但明顯可見也帶有政治考量。[61]

第二，外交關係的模式所帶有的特定邏輯也變得明白可見。莫爾托諾在他對於「曼陀羅」概念的討論當中，充分描述了這種模式。曼陀羅的概念源自印度政治理論，但在爪哇也非常適用：

> 曼陀羅（影響力、利益或者野心的觸及圈）可以描述為地緣政治關係的綜合體，和邊界以及與外國的聯繫有關。這種信條強調擴張心態，是追求生存、自我主張以及稱霸世界的必要推進力，也是擾亂國際關係平衡的動態元素。國家的好戰性首先是以其最接近的鄰居為對象，因此必須和對手隔壁的國家建立友誼，因為那個國家既然如此鄰近對手，會是那個對手的先天敵人。不過，共同的對手一旦受到征服，這兩個盟友就會成為近鄰，造成雙方之間產生敵意。於是，此一結盟與疏離的循環會持續擴展，直到最後建立一個世界國家，具有一個單一

的最高統治者（chakravartin），而藉此達成普世和平為止。[62]

從這段把曼陀羅視為國際關係（或者應該說是王國間的關係）基礎的描述當中，可以看出幾個重點。第一，統治者的先天敵人是他最接近的鄰居。莫爾托諾沒有闡釋這個模式存在的原因。不過，我們的整體論點如果沒錯，那麼這樣的邏輯其實清楚可見。我們已經看過，在爪哇思想當中，統治者的**權力**絕非平均散布於王國當中，而是會平順漸進地從中央往邊緣遞減，因此在他的**權力**範圍與鄰國的邊緣接合之處，就是他最弱的地方。所以，他如果不希望自己的控制力在鄰國的**權力**拉扯下被減低及弱化，就必須先運用自己的**權力**對付鄰國。我們也許還記得，宇宙間**權力**總量恆定的觀念隱含了這個意義：一個地方的**權力**只要增加，就表示其他地方的**權力**也會同等減少。由於權力也具有容易變動而且不穩定的特性，隨時可能散失，因此國家間的爭鬥必然不免成為國家間關係的一項基本假設。

面對集中**權力**近在咫尺所帶來的威脅，有三種可能的因應方法，包括摧毀與打散、吸收，或是這兩者的結合。摧毀對手的做法，例如蘇丹阿貢對貿易城邦，亦即對爪哇的「pasisir」（北岸）所發動的凶殘戰役，不免有其缺點。在純粹實務的層面上，大規模的破壞導致了當地的人口減

用於向外國人指涉泰國首都時使用。

61 參照費歇爾（Louis Fischer），《印尼的故事》（*The Story of Indonesia*，New York: Harper，1959），p. 165。值得注意的是，蘇卡諾經常提及印尼的人口數在全世界排名第五，而且提及這一點的語氣總是充滿自豪。

62 莫爾托諾，《古爪哇》，p. 71，n. 207。

少、混亂失序，以及經濟衰退，也可能造成了後來的叛亂或者游擊反抗。（遷移人口也許可以在部分程度上預防最後這個問題，但若非把全部的人口遷移殆盡，就可能無法達到決定性的預防效果。）[63]在較為理論性的層次上，摧毀他人本身並不會自動造成統治者權力的擴大或更新，而只是打散了對手的權力，但那些權力可能會被其他對手拾取或者吸收。此外，摧毀這種手段本身乃是壓制對手最露骨而且「卡薩」（kasar：意為粗糙、拙劣）的方法，在此一例子當中更是最不可取的方法。比較令人滿意的方法是吸收，在實務上涉及施加外交壓力以及其他「阿路斯」（halus：意為圓滑、文明）的方法，誘使對方承認己方的優越性或宗主權。[64]理論上，吸收被視為鄰近王國自願臣服於統治者的至高權力。因此，我們可以在古典著作的描述當中看到往昔的偉大國王「raja séwu negara nungkul (sujud)」（受到一千個王國的國王稱臣順服）。重要的是，對於統治者的頌讚不像歐洲中世紀的君主那樣提及戰場上的能力。統治者如果必須使用戰爭的方法，在理論上即是承認了自己的孱弱。「一千個國王稱臣順服」的說法也隱含了把他們那些比較小的權力中心吸收到偉大國王的權力中心當中，因此他的威嚴會直接等比例增長。[65]

第三，曼陀羅間的關係依照邏輯所帶來的結果，就是最高統治者的出現，爪哇語稱之為「prabu murbèng wisésa anyakrawati」（世界統治者）。世俗權力的理想形態是一座世界帝國，所有的政治實體都在其中結合成一個一致的整體。如此一來，宇宙間（在一段時間裡）有許多曼陀羅互相衝突這種概念所隱含的權力起伏，就從此不復存在。爪哇政治思想當中的這種普世主義的中心地位，可從這種引人注目的現象中窺見：在當代爪哇的四位統治者當中，有三位的頭銜都帶有意為「宇宙」（buwana）或者「自然界」（alam）的詞語：帕庫布沃諾（Paku Buwana：意為「宇宙的釘子」）、哈孟古布沃諾（Hamengku Buwana，意為「宇宙的維繫者」），以及帕庫阿拉曼（Paku Alam，意為「世界的釘子」）。

最後，爪哇與外島的典型政治關係模式向來都類似於莫爾托諾在討論曼陀羅之時所描述的「跳躍」關係，這可能並不只是偶然。單是在獨立時期，我們就可以找到這種模式的鮮明例子，包括中心與順服的卡洛巴塔克（Karo Batak）關係緊密，而共同對抗在東蘇門答臘具有支配地位的托巴巴塔克（Toba Batak）；中心與內陸的達雅族（Dayak）群體共同對抗南加里曼丹的班加爾族（Banjarese）；還有中心與高地的托拉查人（Toraja）共同對抗南蘇拉威西的布吉人與望加錫人。這種跳躍模式雖然從西方政治理論的角度可充分理解，卻也相當合乎另一種非常不同的智識架構。

統治者與統治階級

我們現在如果把目光轉向統治者與他賴以遂行統治的政府結構之間的傳統關係，**權力**的概念也許有助於我們理解這種關係是如何被看待。斯赫里克詳細描寫過殖民前爪哇王國的行政結構，

63 蘇丹阿貢實際上確實把大量人口遷移到馬塔蘭。

64 參照斯赫里克，《印尼社會學研究》2: 142。

65 我們可以推測，在難以針對遙遠區域遂行行政控制的情況下，結合形式上的臣服與實際上的自主，對於雙方而言都是一種合乎需求的國家間關係的形態。

而那種結構極為合乎韋伯的世襲國家模型。[66]根據此一模型，中央政府基本上就是統治者個人家庭與工作人員的延伸。官員的職位以及相關的福利都是由統治者以施捨個人恩惠的方式授予，也可能隨時在他的一念之間遭到革職或者降級。這種模型當中沒有封建種姓的存在。官員的薪資基本上是在任期間由統治者分配的俸祿。在中央政府內，統治者的家族與那些平民出身但藉著行政能力以及對統治者的效忠而獲取權力的高階官員之間，總是存在著潛伏或公開的緊張關係。由於平民只要在王朝沒有徹底瓦解的情況下，就絕對沒有繼承王位的希望，因此統治者不會把他們視為政治威脅；而且只要統治者權高勢大並且意志堅定，高階官員就通常會被指派擔任關鍵職務，占據王室親族的機會。

統治者的權力在他周邊的首都當中完全毋庸置疑，但由於通訊品質低落，而且大體上非貨幣的經濟又長年處於財政困難，以致他雖然定期舉行令人敬畏的軍事征伐，卻還是難以對自己日益擴張的帝國維持嚴密的行政控制。他終究不免必須籠絡區域顯要，並且將可觀的非正式權力轉移給他們。[67]他不能像對待自己的官員那樣任意「雇用及解雇」他們。儘管他會盡力以自己的助手取代那些地方顯要，這些顯要自然也會抗拒這種逐步促進中央集權的做法。此外，統治者也必須面對這樣的危險：受到指派治理偏遠省分的高階官員，可能會在那個地方扎下深厚的根基，從而成為地方顯要的領導者，或者受到地方顯要拉攏並實際加入潛在的反對陣營。統治者必須不斷調動這些官員，以免徹底失去他們對他的依賴。

行政結構在形式上雖是階級性的，實際上卻是由一簇簇分層化的恩庇侍從關係構成。不論在地方還是在中心，官員都會仿效統治者而把一群依賴他們的人聚集在自己周圍。這群依賴者的命運都和其恩庇主的成功或失敗密切相關。他們扮演行政與政治助手的角色，沒有真正的自主地位。他們的恩庇主會從自己的恩庇主分配給他的俸祿中，撥出一部分給付這些屬下的薪資；或者，這些薪資也可能由統治者直接給付，前提是他們的主人職位夠高。正如統治者的權力是由他所控制的人口數多寡所衡量，臣屬官員的權力也是由自己領導的侍從人數多寡所衡量。

在爪哇的案例當中，斯赫里克指出了不同群體之間持續不斷的拉鋸，包括地方顯要（他們的世系經常比統治者更長遠）與宮廷的高階官員之間，以及高階官員與王室家族之間。他強調馬塔蘭統治者的人員政策與公共政策所帶有的獨斷性以及個人特色，還有透過王室獨占事業以及俸祿制度為國家行政提供資金的做法，所以官員可享有指定土地（經常分散各地）的收益權，包括居住在那些土地上的農民從事勞動所得到的收益。

應該可以明白看出的是，爪哇的傳統**權力**觀提供了一種一致性觀點，可以用來理解世襲國家的結構與運作。首先，檯燈的光芒隨著距離而出現等比例的遞減這種意象，不只合乎統治者對於位在其領土邊緣的鄰近統治者所握有的**權力**，同樣也可以適用於韋伯與斯赫里克所重視的那種中心與地方之間的鬥爭。實際上，在傳統觀點中，強大的地方顯要與敵對的君主之間並沒有明白的區別分析。這兩者都有可能成為對方，端看中心能夠累積多少**權力**。統治者如果能夠迫使敵對的

66 見斯赫里克，《印尼社會學研究》I（*The Hague and Bandung: van Hoeve*，1955），pp. 169-221；以及本迪克斯，《韋伯》，chap. 11。參照皮若（Theodoor Gautier Thomas Pigeaud），《十四世紀的爪哇》（*Java in the Fourteenth Century*；The Hague: Nijhoff，1962），4: 521-36。

67 達到這一點的手段，可以是與著名區域家族安排通婚、堅持定期到王宮居住一段時間，以及把人質送到中心。

統治者臣服，將他們降為地方顯要的地位，光錐的亮度就會提昇；地方顯要如果能夠擺脫中心的控制，建立獨立統治區域，光錐的亮度就會下降。因此，中心的「鬆散」這種令人害怕的現象之所以會發生，是因為要求分權化的壓力所造成；而中心之所以達到令人仰慕的「緊密連結」，則是因為中央集權成功施行。

第二，韋伯與斯赫里克認為，世襲統治中具有高度個人特色的元素，也就是官員被視為統治者個人的延伸，隱含了在這種國家裡獲取權力的關鍵不在於形式上的階級，而是在於距離統治者的遠近。在強大的統治者手下，平民出身的高階官員之所以擁有勝過王室家族的優勢，正是因為他們接近統治者。一切終究取決於統治者的個人權力。這種權力的發散以差異較小的方式展現在三條不同的軸線上：中心與邊緣軸線，在先前已經探討過；「歸屬性」軸線，也就是強大統治者的龐大權力經過七代子孫後所造成的長期流散；還有恩庇侍從或行政性的軸線，也就是最高恩庇主（統治者）的權力沿著一層層的恩庇侍從群體滲流而下，直到社會的農民基底為止。因此，統治者的家人與平民出身的高階官員之間雖有明確的區分，這些區分的政治重要性卻通常沒有預期的那麼高，因為真正重要的仍是距離統治者遠近的這項關鍵因素。[68]

這幾個重點也許有助於理解當代印尼的政治行為當中的某些面向。我們目睹的情形，實際上就是傳統爪哇權力概念還有世襲國家的政治結構與行為之間顯著的一致性。我們可以進一步注意到，印尼的官僚結構與行為在一九五〇年代中期以後極為明顯可見的本土化，可以被視為是世襲模式的再現。[69] 完整分析世襲制再度出現的原因，將會大幅超出本書的範圍，但主要原因無疑是在這段世俗經濟衰退時期，荷蘭人遺留下來的理性法定官僚被證明了在經濟上無法長期維持。[70]

不過，世襲制之所以持久，大概也受到和其極為一致、長久以來持續存在的傳統觀點所強化。

在議會時期（一九五六至一九五八年）晚期，「pusat」（中心）明顯不願同意分權化和區域自治要求的表現，雖然原因明白可見是源自對於國家財政的擔憂，亦即蘇門答臘與蘇拉威西這類製造外匯的區域一旦權力提升，國庫受到的挹注恐怕會減少；但一部分也可以歸因於老舊的觀念持續影響，也就是中心與地方的關係被視為國家「健康」的指標。後續在一九五八年成功壓制區域叛亂，以及指導式民主的確立，都伴隨了高階官員奉派前往區域官僚體系擔任關鍵軍事與平民職務的大幅增加，以及把「kepala daérah」（民選區域首長）改為總督與「bupati」這類中央指派的行政官員。[71] 依照古老傳統，這些高階官員的指派主要都是依據他們對雅加達的忠心，而不是任何特別的行政長才。

68 比較丸山真男，《思想與行動》，pp. 12-20。他在p. 13寫道：「因此，對一個人在社會與國家裡的地位具有決定效果的價值標準，其基礎主要不是社會功能，而是距離皇帝的相對遠近。」

69 有一部著作精湛地探討了這項「本土化」的過程，見威爾納（Ann Ruth Willner），《對於政治獨立的新傳統調適：印尼的案例》（*The Neo-Traditional Accommodation to Political Independence: The Case of Indonesia*），國際研究中心，研究專論集 no. 26（Princeton, N.J.: Princeton University，1966）。

70 我要感謝丹尼爾．列夫為我提供這項洞見。

71 關於一九五五至一九五九年間的分權與中央集權趨勢，還有kepala daérah這種獨立職位的創立與實質廢除，見列格（John D. Legge），《印尼的中央權威和區域自治：對於地方行政的研究，一九五〇年至一九六〇年》（*Central Authority and Regional Autonomy in Indonesia: A Study in Local Administration, 1950-1960*，Ithaca, N.Y.: Cornell University Press，1961），chap.4、9。

我們也可以針對中心的行政行為模式提出類似的論點，尤其是在一九四五年憲法於一九五九年獲得恢復之後。這部憲法明白規定內閣閣員是總統的助手，只對他一人負責。這種模式雖可見於國民黨中國、後明治時代的日本，可能也包含美國，但在許多爪哇人毫不遲疑地接納這種做法而揚棄一九五〇年的自由派議會憲法的態度當中，仍可察覺到舊世襲制度的影響。許多內閣閣員在心理上都不願接受任何種類的自主責任，尤其是對國會議員以及大眾負責，這種情形在自由主義時期雖然明顯可見，卻不符合議會憲法所隱含的倫理常規。在一九四五年的憲法之下，形式常規大體上與傳統傾向相符。真實的**權力**一旦被視為來自集中的中心，而不是分散的邊緣，高階官員的行為就應該要反映中心而不是邊緣的指示。[72]同樣的論點也有助於解釋，許多爪哇人為何那麼容易接受在蘇卡諾與蘇哈托的專制政權下出現的非正式權力團體。這些非正式權力團體，位處承襲而來的殖民官僚體制的「理性法定」結構之外，在指導式民主之下稱為「golongan istana」（宮殿團體），在新秩序之下稱為總統的「Spri」（私人員工），代表了統治者的私人顧問團、個人使者以及親信。[73]他們實際上之所以能夠握有如此龐大的權力，純粹是因為整體政治行政菁英都承認他們接近中心。

權力與倫理

傳統爪哇的統治階級雖然可以在結構上定義為官員以及其家族成員的階層體系，但一如其他任何統治階級，他們也因為自己的生活方式以及刻意擁護的價值體系而和其他人明顯不同。事實上，這個不同是他們所劃定的。今天，最常用來稱呼這個階級的「博雅易」（priyayi）一詞，主要是代表特定的倫理價值與行為模式，而不是官職地位。然而，這些價值觀與行為模式卻與這個階級的傳統功能緊密相關，而權力的概念就明白揭示了此一聯繫。

博雅易傳統上認為把他們自己和其他人區分開來的特質，就是「阿路斯」。這個字眼的意思在英文裡難以確切定義，儘管紀爾茲[74]以及其他人曾經努力嘗試過。「阿路斯」在一定程度上涵蓋在「圓滑」這種觀念當中，也就是沒有騷亂、髒污、崎嶇或褪色的特質。精神的圓滑表示擁有自制力，外貌的圓滑表示美麗與優雅，行為的圓滑表示有禮與體貼。與此相反的「卡薩」特質，則是缺乏控制力、不規則、不平衡、不和諧、醜陋、粗糙以及不純淨。由於卡薩是人的先天狀態，也就是人的精力、思想與行為都徹底缺乏控制與集中，因此要達到這種狀態不需要付出任何努力。另一方面，要達到阿路斯的狀態則是需要持續不斷的努力與控制，才能把人類的各種感受與思想化約成集中的能量，形成一道圓滑而單一的「白色」光芒。阿路斯與權力的關係明顯可見，權力是自然人與哇揚神話裡擁有阿路斯特質的「satria」（武士），以及爪哇「博雅易」禮儀之間的基本連結。在傳統爪哇人的心目中，擁有阿路斯的特質本身就是一種權力的跡象，因為阿路斯的狀態只能藉

72 個人責任終究必須奠基在自主個人權力之上，但這種常規難以和認為統治者的助手沒有屬於自己的獨立權力這種傳統觀點並存。

73 「Spri」是「staf pribadi」（私人員工）的標準縮寫。這個正式名稱雖是由蘇哈托所創，但他立下的榜樣受到了廣泛的仿效。今天，印尼政府內只要是任何稍有重要性的人物，幾乎都有自己的「Spri」。

74 見克利弗．紀爾茲，《爪哇的宗教》（*The Religion of Java*，New York: Free Press，1964），p. 232。

由集中能量達成。在爪哇的傳奇與民俗歷史當中，瘦弱而擁有阿路斯特質的武士幾乎總是能夠戰勝凶惡的「raseksa」（巨人）、「buta」（食人魔）或者來自海外的野人。在哇揚劇典型的戰鬥場面當中，這兩者的對比極為引人注目。武士的動作緩慢、圓滑、沉著而優雅，極少離開自己的位置；而他凶惡的對手，則是不停跳躍、翻筋斗、尖叫、挑釁、撲擊以及迅速進攻。其中一段場面充分象徵了這個衝突：武士靜靜站著不動，目光下垂，顯然毫無防備，而他的凶惡對手則是不斷以短刀、棍棒或長劍攻擊他，但是都毫無效果。武士集中**權力**使得他所向無敵。

這種圓滑的無敵特性，就是武士深受重視的招牌特質，不論是身為軍人還是政治家。不過，這種特性唯有憑著自制力才能達成，而我們已經見過這種自制力是累積**權力**的關鍵。這種無敵特性最緊迫的威脅不是武士的對手，而是「盤利」（這個詞語最貼切的翻譯，也許是「隱藏的個人動機」）。這個複雜的詞語意指做一件事情不是因為那件事情必須要做，而是因為行為者的個人利益或者慾望可以因此獲得滿足。爪哇行政長官的傳統座右銘是「sepi ing pamrih, ramé ing gawé」，至今仍經常被政治人物與官員引用。這句話的意思是說，博雅易官員的正確態度，應該是避免放縱個人利益，並且為了造福國家而努力工作。在日常道德的層次上，盤利就是自私與擴張個人權勢這類不受社會歡迎的性質。不過，比較深層來看，行政長官或軍人的盤利對於他的終極利益實際上是一項威脅，因為放縱個人不客觀的愛好或偏見，就代表了內在的不平衡，所以會導致個人**權力**集中的散失。這種盤利的觀念在哇揚戲劇的「道德觀」當中是一項常見的主題。這種觀念構成俱盧之戰劇目當中，潘達瓦和俱盧族之間的重要對比；還有羅摩衍那劇目當中，羅摩與魔王達薩穆卡（Dasamuka）之間的反差。在這兩個案例當中，「邪惡」之所以注定被打敗，並不是因為他的邪惡，而是因為「邪惡」代表放縱個人愛好，而這麼做終究會削弱**權力**的集中。[75]

這個主題以引人注目的方式，展現在俱盧之戰劇目裡的兩個關鍵段落。第一個例子是克里希納與迦爾納在潘達瓦和俱盧族大戰前夕的最後一場對話，克里希納試圖說服迦爾納捨棄俱盧族，加入與他同母異父的潘達瓦五兄弟的陣營一起作戰。迦爾納以滔滔雄辯回絕，而其中的核心理由就是他對於盤利的拒卻。他對克里希納說，他深知俱盧族犯了錯，而且潘達瓦將會贏得這場戰爭，但他的一切都是拜俱盧族當中最年長的蘇尤達納所賜，而無私的效忠乃是武士最重要的特質。此外，他要是投奔潘達瓦，不只是「見風轉舵」，也會導致潘達瓦最終的勝利得不到應有的威信。俱盧族如果沒有迦爾納，就根本不是潘達瓦的對手，於是注定驚天動地的俱盧之戰，就會變成一場不光彩的單方軍事行動。因此，為了俱盧族與潘達瓦雙方著想，他將會履行自己的「達摩」（darma），與蘇尤達納國王站在同一陣線上，儘管他知道這麼做將會導致自己賠上性命。[76]

在這部史詩一個更廣為人知的段落裡，阿周那與迦爾納在戰場上正面相遇。面對自己同母異父的兄弟，阿周那「軟弱」了下來。他轉向克里希納，說自己下不了手殺害自己的兄弟，也無法面對即將出現的這麼多苦難與死亡。克里希納著名的回應指出，這種人道同情基本上就是一種盤利。武士不該容許自己的個人情感連結影響他善盡自己背負的責任。武士抱著必死的決心踏上戰

75 這點的典型例子，就是羅摩的妻子悉多遭到凶惡的達薩穆卡強暴。不過，我們幾乎可以說劫持行為本身的邪惡還比不上達薩穆卡從事這種行為所展現出來的自我放縱。就這個意義而言，此舉禍害的對象乃是達薩穆卡而不是悉多。

76 **達摩**通常譯為**義務**，但這個詞語帶有不恰當的基督教色彩。**達摩**實際上是一種種姓或者地位的義務：身為武士，就要表現出武士應有的行為。更廣泛來說，**達摩**帶有**正義**的若干意涵。

場，但他作戰不是出於個人的仇恨或激情，而是因為達摩。迦爾納透過預見自己本身的死亡而履行他的達摩，所以阿周那對於武士之道的遵循也不應亞於迦爾納。命運的目的比個體凡人的目的更重要。阿周那想起自己的責任，再度投入戰鬥。

只有從盤利概念的角度，才能適切地理解許多爪哇人看待財富累積的態度。個人的貪婪，就像縱慾或者政治野心一樣，是最明顯可見的個人放縱，亦即盤利。因此，商人或生意人公然追求財富的這種典型行為，就顯示了欠缺權力，也表示他們欠缺地位。這樣的評價不表示典型的高地位爪哇人士就不擁有龐大財富，也不表示爪哇傳統不把財富視為統治者及其親信的一項重要特質。不過，金錢本身絕不該是積極追求的目標。財富應該是權力為權力擁有者所帶來的結果，就像祖傳遺物、大批人口、妻妾、鄰國也會因為權力而流向統治者、受到中心的吸引。爪哇昔日的偉大統治者被描述擁有龐大財富，但龐大的財富是權力的屬性，而不是獲取權力的手段。因此，在爪哇政治傳統中，財富必然跟隨權力而來，但權力不會隨著財富出現。

指導式民主（順帶一提，還有新秩序）的政權之所以造成廣泛焦慮，一個重要原因是，國家裡部分地位最高的人物被認定一心想要攢聚個人財富。貪腐問題所代表的含意，不只是高階官員欠缺個人廉潔或者國家資源遭到浪費，因為個人的貪腐也被視為政權衰敗的跡象。在一九六六至一九六七年間要求蘇卡諾下台的運動當中，最重要的一項元素就是大力宣傳總統犯下盤利的證據，亦即他貪腐以及採取其他濫用權力的方式，來獲取個人利益。反過來說，印尼共產黨在自由派時期以及指導式民主期間所握有最強而有力的一張牌，就是該黨大體上名副其實的清廉名聲。印尼共產黨缺乏貪腐的性質，不僅迎合「現代」的渴望，亦即認為公共生活應該要具備理性、廉潔與紀律，也合乎傳統上尊敬沒有盤利的人，因為這種人有可能是新興權力的來源。因此，在一九六五年底發動的反共運動當中，軍方宣傳機構最早採行的步驟，就是把印尼共產黨的領袖形容成私下放蕩縱慾（Njoto）又侵占公款（Aidit），原因是這種形象能夠引起強烈的反應。[77]

同樣的論點也有助於釐清爪哇行政行為當中一項根深蒂固的傳統，也就是所謂的「阿路斯命令」(perintah halus)。一般對於這個詞語的理解，就是以禮貌而委婉的言語下達指示，有時甚至是以請求而不是命令的方式，不過，雙方還是都明白這樣的請求其實是命令。威爾納與法格（Donald Fagg）曾經從政治與社會學的觀點，細膩解析過這種概念的細微之處，他們認為阿路斯命令是爪哇人一種高度形式化的人際關係模式所帶來的結果，或是一種必要的手法，用來掩飾爪哇權力關係當中那種典型的討價還價以及虛張聲勢。[78]不過，在傳統爪哇思想的脈絡裡，阿路斯命令絕不

77 我們可以猜測印尼共產黨在一九六三至一九六五年間採取的策略，也就是試圖讓人認為有一道無可抗拒的潮流湧向他們，而且追隨者的人數也如滾雪球般愈來愈多，在一定程度上乃是刻意運用傳統上認為權力會從衰敗的中心流向新興的中心這種觀念。

78 見法格，〈權威與社會結構：爪哇官僚制度的研究〉(Authority and Social Structure: A Study in Javanese Bureaucracy，Ph.D. thesis, Harvard University，1958），p. 362-68，372-429，以及威爾納，《對於政治獨立的新傳統調適》，尤其是pp. 44-57。法格與威爾納的分析都欠缺了某種歷史與文化觀點。後獨立時期的阿路斯命令必然有一部分是虛張聲勢。產生出阿路斯命令的那套信念體系，不只遭到從抱持懷疑觀點的世俗西方所衍生而來的相互衝突行為準則所侵蝕，而且先前的荷蘭與日本殖民政府所握有的巨大權力——目的在於以毋庸置疑的人身強迫方式強化阿路斯命令——也已不復存在。後獨立印尼執政當局的孱弱以及由多重機構組成的狀況，暴露了阿路斯命令的空洞性。這種空洞性是殖民經驗造成的結果，但是受到殖民政府的完全宰制所掩飾。

是一種缺乏力量或者間接的命令，用於掩飾命令下達者不確定自己的權威能夠獲得多少程度的順從；相反的，這種命令比明確指示還要強而有力，因為這種命令的下達者必然具備阿路斯，因此必然擁有比較高的權力和地位，而且比較接近於權力中心。此外，我們也應該記住武士作戰的這種象徵意象。擁有權力的人在任何行動當中需要付出的努力應該都是少之又少，因為他只要稍微抬個手指，應該就足以促成一系列的連鎖效應。擁有真正權力的人不需要提高音量，也不需要下達明確的命令。他的命令所帶有的阿路斯特質，就是他的權威顯露於外的表現。因此，整個爪哇的行政作風，只要是在有可能這麼做的地方，就是盡可能表現出毫不費力，彷彿是透過阿路斯命令為之。阿路斯的倫理即是權力倫理的根源。

權力與知識

如果說阿路斯是博雅易的招牌特質，是其倫理的焦點，也是其權力的表現，那麼阿路斯的狀態是怎麼取得的？從一方面來說，答案早就已經提出了：由於阿路斯是權力的展現，因此可以藉由傳統的禁慾和精神紀律達成。然而，這種精神紀律不是隨隨便便即可達到，而是只有透過學習特定形式的知識才能得到。從這個觀點來看，知識就成了權力的關鍵。

傳統爪哇教育可以描述為一種引領入門的活動，帶領人進入一種多少帶有恆久意義的奧秘知識當中。阿斯賈利（Samudja Asjari）詳細描寫過鄉下的伊斯蘭習經院（pesantrèn）在奇阿依（kyai）領導下的傳統教育過程。[79] 在這些習經院裡，學生必須學習一系列精心分級的知識，從最簡單最世俗的知識開始，進而從事愈來愈深奧的研習，直到最後達到「ngèlmu makripat」（存有與神聖的祕密）的階段。[80]學生的進步被視為一段漫長的過程，逐漸朝著宇宙的終極奧秘接近，而最終階段必須透過啟發才能夠達到。[81]只有少數學生能夠達到最終階段，我們可以想像他們就像散落的行星一樣，沿著愈來愈緊縮的軌道繞著太陽旋轉。因此，教育提供了一把鑰匙（kunci），能夠打開那扇將無知與知識分隔的大門，而那樣的知識即是通往在現實中真實存在的管道。[82]

不過，這種教育模式從以前到現在都不僅限於鄉下伊斯蘭學校，也構成傳統菁英教育的基礎。在哇揚故事以及歷史記載當中，年輕武士人生中的一個關鍵時期，就是必須離群索居，在修道院或者山上的洞穴接受訓練。在那個地方，他接受「resi」（先知）的教導，被引領進入奧秘科學的殿堂。這樣的入門活動可能包括研習戰鬥技巧（ngèlmu kadigdayan），但主要是從事魔法宗教式的內省。《德瓦陸奇》（*Déwa Ruci*）這部也許可以算是最廣為人知的哇揚劇本，即是以戲劇方式精確呈現了這種過程。[83]

79 阿斯賈利，〈奇阿依在伊斯蘭習經院裡的地位〉（Kedudukan Kjai Dalam Pondok Pesantrèn," M.A. thesis, Gajah Mada University, Yogyakarta，1967），尤其是pp. 120-36。伊斯蘭習經院是鄉下的伊斯蘭學校。奇阿依是爪哇語當中一個表達高度崇敬的詞語，可以用來指稱人或物。在這個例子當中，這個詞語指的是領導伊斯蘭習經院的那些備受尊崇的伊斯蘭老師。

80 參照紀爾茲，《伊斯蘭教的奉行》，pp. 36-37，針對一個稍微不同的脈絡下的「分級靈性」所提出的探討。

81 在比較世俗的層級上，學生也可能逐漸學到「ngèlmu kedhotan」（無敵）的奧秘。

82 關於這個主題及其含意的闡釋，見本書第四章，尤其是pp. 170-1。

83 關於這部劇本，有一份比較完整的陳述，對於其神秘意義也有一段詳細的權威性分析，見芒古尼伽羅七世在這部劇本裡，年輕的主角布拉塔瑟納（Brataséna）請教老師潘迪塔・杜納（Pandhita Durna）怎麼學習生命的秘密，結果老師要他到海底尋找。他在海底深處遭到一條蛇怪（naga）攻擊，但成功打敗了對方。接著，他的面前出現了一個非常嬌小的神明，叫做德瓦陸奇，是他自己的迷你翻版。德瓦陸奇指示布拉塔瑟納鑽進他的耳朵裡。布拉塔瑟納遵行了這項看似不可能的命令，穿越德瓦陸奇的耳朵，達到了無法企及的目標。對於這部劇本的尋常民俗解讀，強調蛇與海代表了引人分心的人類激情，因此與蛇怪的打鬥就代表了掌控這些低劣衝動的奮鬥。德瓦陸奇代表阿古（Aku），也就是人的神聖內在本質，只有擊敗蛇怪之後才能夠遇見。體型巨大的布拉塔瑟納鑽進迷你神明的耳朵這幅矛盾情景，象徵了內在知識無法透過尋常的學習取得，必須受到超越理性的啟發。唯有經過這項測驗之後，布拉塔瑟納才能夠從海上歸來，帶著改變後的面貌以及完整的成人名字：瑞庫達拉（Wrekudara）。[84]

獲取知識的傳統意象，即是找尋鑰匙打開無知與知識之間的門，從而得以做出質性的跳躍，從無知躍向有知。這樣的學習過程絲毫不帶有任何探索與實用性質。這種舊概念的殘餘力量在當代的印尼思想中也不難察覺。把這點銘記在心，相當有助於我們理解政治菁英把人口區分為兩個涇渭分明的群體這種典型做法：一個群體是「masih bodoh」（仍然愚蠢，仍未受到啟發），另一個群體則是「insyaf」或者「terpelajar」（具有知覺、受過教育）。[85]

這樣的觀點可能也有助於解釋明確的意識形態式思考，在當今的印尼所具有的強大吸引力。印尼最強大的意識形態思潮全都被視為解釋當代世界種種複雜混亂的關鍵，像是共產主義、激進民族主義以及伊斯蘭教（包括改革主義派與正統派）。所有精熟這些「阿利蘭」（aliran；即「思潮」）

的人士，都覺得自己經由一段政治宗教啟蒙，而獲知了一幅對宇宙以及宇宙的運作晦澀但全面性的圖像。[86] 每個阿利蘭雖然都含有擴張主義與勸誘吸收的元素，但仍然保有高度內向的性質。許多觀察者都提到過阿利蘭這種與外界隔絕的特質。這些阿利蘭整體缺乏一致性、極少與社會進行密切接觸、幾乎完全欠缺智識交流，還有追隨者與非追隨者之間的明確界線，可以被視為類似於伊斯蘭習經院以及其他學習知識的傳統機構所具備的結構與價值觀的差異——至少在精熟阿利蘭的人士心目中是如此。[87]

（K.P.G.A.A. Mangkunagara VII），《論哇揚皮影偶戲及其象徵與神秘元素》（*On the Wayang Kulit (Purwa) and Its Symbolic and Mystical Elements*），由霍特譯自荷蘭原文，東南亞學程資料論文 no. 27（Ithaca, N.Y.: Cornell University，1957），尤其是 pp. 16-19，23-24。

84 這種學習的威望充分體現於這項事實：地位最崇高的統治者被稱為「pandhita ratu」（賢王），在古典文學當中的模範就是潘達瓦兄弟當中的長兄，加馬塔王國（Ngamarta）的堅陣王。

85 見本書第四章，pp. 192-3。

86 關於「阿利蘭」的一段深入探討，見克利弗．紀爾茲，〈爪哇村莊〉（The Javanese Village），收錄於施堅雅（G. William Skinner）編，《鄉村印尼對於地方、族裔與民族的效忠：評論集》（*Local, Ethic, and National Loyalties in Village Indonesia: A Symposium*），東南亞研究，文化報導系列 no. 8（New Haven: Yale University，1959），pp. 37-41。紀爾茲對於阿利蘭提出兩種定義：「一個政黨，圍繞在和其本身具有正式或非正式關聯的一套自願社會組織當中」，以及「一種全面性的社會整合模式」。我本身對於阿利蘭的理解比較接近於第二個定義：一種獨特而完整的展望，連同其有組織與未受組織（但有可能受到組織）的追隨者。關於阿利蘭、階級與政治組織之間的關係，有一段非常高深的討論，見瓦盧（Karel Warouw）與威爾登（Peter Weldon）翻譯蘇卡諾的《民族主義、伊斯蘭教與馬克思主義》（*Nationalism, Islam, and Marxism*）當中由麥維所寫的引言，康乃爾現代印尼研究計畫翻譯叢書（Ithaca, N.Y.: Cornell University，1969）。

87 伊斯蘭習經院社會的這種「封閉」面向有一項詳盡的描述，見阿斯賈利，〈奇阿依〉，pp. 130-55，160-66。

談到這裡，我們就回到了知識與**權力**之間的密切關係。知識與**權力**的密切關係，不只是因為意識形態透過政黨機制，提供了一項通往地方與全國性權力的既有手段（如同印尼共和國的歷史所示），也不只是因為在每個阿利蘭裡，擁有更多阿利蘭的內部傳說知識與更深入啟蒙的人士，皆可獲得深受敬重而且權威的地位。意識形態之所以會紮下深厚根基，就是因為被視為能夠賦予**權力**。「啟蒙」進入一個特定意識形態的方式愈是近似於傳統教育實踐與概念，這個意識形態就愈能夠對新近追隨者有效發展出強大的心理支配力量。這個因素無疑讓在艾地領導下的印尼共產黨教育工作獲得驚人的成功，背後的原因正是，印尼共產黨的候選時期，以及把這個政黨視為一個階層性教育金字塔的這種清楚明白的概念，與伊斯蘭習經院教育結構高度相似。我們也不該低估要求黨員紀律和保密在傳統主義環境當中所具有的強大吸引力。[88] 印尼共產黨對既有秩序所提出激進性質的批評，可能會被視為是勸誘吸收新人的障礙，但在許多例子當中，事實卻恰恰相反，因為這樣的激進批評被視為提供了一種連貫的願景，並且暗示了要從日常生活的混亂與敵意當中改造秩序。如果採取比較局部而且零碎的批評，且比較願意接受既有的重要元素，就會難以符合印尼馬列主義的統一性、確定性以及向心性。

在此一連結當中，我們不該忽視識字人士在大多數人都不識字的傳統社會當中所擁有的奇特政治力量。在不識字蔚為常態的社會裡，書寫具有創造權力的強大潛力，一方面是因為文字高深難懂，另一方面也是因為文字可讓通曉文字者進行神秘而迅速的溝通。深具意義的是，在哇揚故事裡，受到上天偏好的潘達瓦五兄弟，他們最強而有力的武器不是箭、棍棒，也不是長矛，而是《卡利瑪薩達編年史》（*Serat Kalimasada*）這篇文章，這是長兄堅陣王的特殊祖傳遺物。這件遺物裡究竟寫了什麼內容，並未被明白描述；實際上，就某個意義上而言，這件遺物的力量乃是來自於其所具備的特質，也就是除了受到啟蒙的人士以外，其他人都看不懂這件遺物的內容。[89] 從這個觀點來看，識字能力純粹是擁有知識的外顯。在實務上，雖然不是所有的博雅易都具備足夠的識字能力，但博雅易這個地位群體在傳統世界裡通常被視為文人。統治階級的識字能力之所以是權力的象徵，主要是因為這種能力預設了能夠擺脫不識字狀態的性質。文人不只是受過比較好的教育，更是在一個眾人都未受教育的社會中唯一受過教育的一群人。他們的權力不是來自於在社會中散播新觀念的能力，而是來自於他們能夠看透以及保存古老的祕密知識。

統治者與被統治者

傳統政治思想的向心傾向，自然影響了爪哇人如何看待統治者與被統治者、恩庇主與侍從者，以及博雅易與農民之間的適切關係。

傳統思想顯然不容許任何形式的社會契約，也不容許上位者與臣屬之間有任何相互負擔義務

88 比較塔里卡（tarékat：蘇菲兄弟會）的性質，精湛地描述於卡托迪吉歐，《一八八八年的萬丹農民起義，其情境、進程與後續：印尼社會運動的一項個案研究》（*The Peasants' Revolt of Banten in 1888, Its Conditions, Course, and Sequel: A Case Study of Social Movements in Indonesia*：The Hague: De Nederlandsche Boek- en Steendrukkerij v/h Smits，1966），pp. 157-65。

89 注意在村莊裡能夠把報紙讀給其他人聽的人所具有的威望與戰略優勢。一直到最近，「Koran bilang」（報紙說）這句話在村莊環境裡都還是一種呼求權威的特殊語句。

的概念化體系。任何這類體系，都必須承認政治關係當中的一種互惠形式，但這種互惠在爪哇思想當中並不存在。這種互惠有一項前提，就是必須認知到，具備阿路斯而且權高勢大的人，對其他比較不受眷顧者背負義務，因為那些人具備「卡薩」而且軟弱無力。我們後續將會看到，具備阿路斯與權高勢大等特性的人確實會接受某些社會責任，但他們背負這類義務的理由有其邏輯，和契約或甚至是嚴格定義的貴族義務沒什麼關係。

我們如果先把目光轉向統治階級內部的關係，就會發現其中明顯欠缺附庸這種歐洲封建制度所隱含的契約元素。根據經驗，這種欠缺可以用世襲國家的中央集權傾向以及財政結構來解釋，韋伯曾把世襲國家對比於古典封建制度。博雅易統治階級的經濟基礎不是獨立的土地所有權，而是先前探討過的采邑俸祿制度。此外，世襲統治者的政策有一部分就是要避免這種采邑代代相傳（而最終在這個基礎上產生出一個比較封建性的社會結構），並且將屬於特定職位的采邑打散，避免在地方上出現穩固的經濟強權並最終形成根深蒂固的地主所有制。[90]

采邑制度實際上表示王國內的土地屬於統治者所有，土地產生的經濟剩餘（包括耕作土地的農民所擁有的勞力）則是他的恩賜，由他分配給值得獲贈的官員。這麼一套體制與權力的概念之間存在著的和諧明白可見，因為體制自然而然鼓勵了我們先前已經見過的觀念：財富（或者財產）是權力的屬性，而不是來源；此外，社經地位來自中心，也只有在與中心的關係當中，地位才有意義。這麼一套制度也顯示，國家的財富在統治者的恩賜當中，有可能以官職的額外待遇這種形式往下於官僚體系當中分配，不過，這種分配不該被視為統治者對官員懷有義務，而是代表了他的恩惠。

鑑於我們所描述的那種世襲制度在獨立印尼重現的現象，可以清楚看見采邑制度對於當代行政行為所殘留的影響，尤其是貪腐的現象。我們如果暫時不理會那種因為嚴峻的經濟狀況、通貨膨脹以及政府薪資低落而不得不為的細瑣貪污行為，而把焦點集中在帶有半官方形態的大規模貪腐，就會發現其中幾乎完全沒有古典歐洲那種買賣官職的現象。不論是憑著土地還是經營企業致富的百萬富翁，通常都無法為自己買到能夠帶來權力和威望的行政職位。實際上，這種現象經常就是引起這個小群體抱怨的原因。大規模貪腐的形態，通常是把經濟當中若干關鍵部門的「剩餘」，分配給受到偏好的官員或者官員集團，不論是文官或軍官。[91]稻米的收集、錫礦的開採、石油的生產與分配，還有稅收的徵集，只是官方貪污範疇當中的幾個例子而已。在大多數的案例中，貪腐行為主要並不是為了滿足奉派督導該經濟部門的官員的個人直接利益（儘管這類官員極少處於經濟拮据的狀態）。貪腐所得通常用於為行政組織中一整個子部門提供資金。也就是說，官僚體系裡受到偏好的部門除了正式的薪資結構之外，還有另一套平行的資金供應體系，透過檯面下的貪腐金流運作。這種金流透過一套非正式但符合典型世襲模式的恩庇侍從金字塔結構往下流動，強化了這類恩庇侍從結構的凝聚力。回扣與佣金經常相當標準化，可以算得是傳統意義上

90 關於爪哇的采邑制度從殖民前乃至殖民時代的逐步演變，有一項良好的記述可見於瑟羅索瑪堅（Selosoemardjan），《日惹的社會變遷》（*Social Changes in Jogjakarta*，Ithaca, N.Y.: Cornell University Press，1962），pp. 25-27，31-33，216-20，272-75。

91 在印尼國家組織於一九五七至一九五八年間的反荷運動當中接管了全國的經濟資源之後，這套組織性貪腐體系自然也大為擴展。

的俸祿。因此，在許多部門裡，貪腐成為維持官僚組織穩定不可或缺的元素。

這種情況下，貪腐所得成為官員主要收入，而且帶有半官方俸祿性質，一個官員的官僚取向便通常會愈來愈偏向自己的直接恩庇主或者中心的統治者。在具有足以供應生活的固定薪資以及理性法定常態的體系裡，長期以來，官員多多少少發自內心地帶有以大眾為對象的服務倫理；但在重新崛起的世襲制度當中，這種服務倫理自然難以保持。我們也可以指出，貪腐官員趨向恩庇主與統治者的情形，又受到這類貪腐行為在今天的不盡合法或公然違法所強化。在這種情境下，保護自己的上級尤其必要，而且個人對於他們的依賴也會更加強烈。[92]

世襲制度的結構與**權力**的傳統概念，作用目標都是把統治階級的忠心向內以及向上集中，但單是這項事實並不足以解釋現代印尼政治菁英為何如此不重視社會契約觀念。由於這類觀念是西方保守派與自由派思想當中的一個核心部分，而這些菁英又在殖民教育體系裡接觸過這些思想，因此似乎有必要進一步解釋。這種現象部分可以從馬克思主義的廣泛影響獲得解答，不論是經過多麼稀釋與扭曲的形態。殖民政權一方面把倫理目標掛在嘴邊，但實際上卻是把任何有關被統治者與統治者之間的相互義務這種理論變得荒謬可笑，而在這樣的政權下，馬克思主義對社會契約論的批評更是尤其有力。

不過，我們也許會注意到，在後殖民時代，尤其是所謂的自由化時期（一九五〇至一九五九年），社會契約觀念幾乎沒有獲得什麼新的影響力或威望。印尼共產黨自然完全不受這類概念影響。不過，印尼政治當中其他的權力團體通常用整體的概念看待印尼社會，因此一概否決階級矛盾與階級義務等理論。

整體而言，印尼政治的社會學極少被思考。如果說有任何社會觀點，也都是聚焦於菁英與大眾之間的二分性，由「pemimpin」與「rakyat」這兩個詞語代表。「Pemimpin」一詞（領導者，大人物），如同其同義詞「tokoh」、「orang gedé」與「pembesar」，性質上沒有什麼區別，能夠一致套用在官員、將領與政治人物身上。身處於政治體系底部的是「rakyat」（經常翻譯為「人民」或者「平民百姓」），這個詞語同樣沒有任何明確的社會學輪廓。「Rakyat」就是「masih bodoh」（非菁英或非領袖）的人。明顯可見的同例，包括過往的分類，諸如博雅易與「wong cilik」（小人），還有文人與不識字者。

但另一方面，人民向來都是印尼民族主義的核心象徵。就意識形態上而言，一九四五年的民族革命就是為了解放人民；實際上，在比較激進的人士心目中，民族革命就是由人民造成的結果。這種態度表面上完全逆轉了過往的智識觀點，因為過往的觀點認為政治體系趨向強大的中心，人民則是位處邊緣。

但在許多面向上，這種逆轉其實只是表面而非實質的現象。這種形式上的矛盾，在大部分的當代印尼政治思想當中，都能夠毫不困難的被化解。[93] 一項廣為人知的解決方式，就是蘇卡諾聲稱自己是「penyambung lidah rakyat」——字面上的意思是「人民舌頭的延伸」。改用比較簡潔的說

92 引人注意的是，這種半官方貪腐行為在極高的程度上取決於特定官僚職位的任期。沒有什麼證據顯示對於這類俸祿的控制可在政治體系裡為特定官員賦予獨立的權力基礎而使他不易遭到撤換。

93 這裡雖然以蘇卡諾做為主要例子，但其他比較不重要的政治人物也顯露過和他非常類似的思考模式。

法，也許就是「人民的聲音」。有些懷疑人士雖然認為蘇卡諾與那個世代的大多數人，實際上都把人民的舌頭管得相當嚴，但這項解決方案代表了一種揉合了現代民粹主義與傳統觀念的混雜，值得重視。其中，被揉雜的民粹主義否定了任何自由主義代表理論，因此也否定了隱含於這類理論當中的社會契約或義務等複雜觀念；而從一群無差別的靜默人民這種概念與大批聚集的人口是權力的基本屬性這種舊觀念中，可以看到傳統觀念的影子。在這樣的架構裡，「penyambung lidah rakyat」其實比較不是人民舌頭的延伸，而是整體社群的權力集中的焦點。如此一來，蘇卡諾的宣稱看起來就比較不像是一種倫理承擔的宣言，而是一種擁有權力的主張。

因此，蘇卡諾的頭銜當中的正式民粹主義面向，雖然含有義務的元素，也就是「penyambung」表達人民要求的義務，但其非正式的傳統性質所隱含的意思卻完全不是這麼一回事。這個自封的頭銜所隱含的謙卑，根本遮掩不了這個頭銜基本上和蘇卡諾其他許多榮耀頭銜，諸如「革命的偉大領袖」、「最高童軍」等等，都有相似的性質：這類頭銜全都是藉著把權力的象徵和他的名字連結在一起，而主張自己擁有權力。

儘管如此，如果從剛剛所談的這些而推論認為傳統爪哇世界觀在先天上不帶有義務與責任的含意，那可就錯了。只不過，這種義務不論在以前還是現在，都是一種對於權力本身的義務。我們已經看過，社群的福祉被視為取決於中心集中權力的能力，而權力衰退的外顯跡象，就是社群的衰敗或動盪。因此，中心權力的積聚和集體的福祉之間，並沒有本質上的矛盾；實際上，這兩者彼此相關。集體的福祉不是取決於個別成員的活動，而是取決於中心的集中能量。中心所負有的根本義務，乃是對於其本身的義務。只要履行這項義務，就必然能夠確保大眾的福祉。因此，傳統爪哇作家雖然經常長篇大論述說國王應有的行為以及治國的藝術，但不能錯誤認定統治者採取的行為奠基在臣民明言或者沒有明言的需求。統治者必須表現出適當的行為，否則他的權力就會衰退消失，而社會體系的良好秩序和平順狀態也會跟著消失。

統治者及其批評者

傳統爪哇當中絕大多數可以定義為知識分子的人士，雖然都被納入了行政結構當中，但社會邊緣還是有一種重要的知識分子扮演了特殊角色。[94] 在前伊斯蘭教的傳統文學當中，這個類型的代表人物是先知、隱士與智者（resi、begawan、ajar），通常居住在與社會隔絕的洞穴裡或者孤寂的山坡上。與人群的隔離，表示他們在根本上脫離了社群生活的互賴性。「阿賈」（ajar，即智者；連同其「坎崔」〔cantrik〕，也就是門徒）自給自足，身處於政治秩序之外。阿賈退出社會以修練預知的能力、研究宇宙的奧秘，並且做好迎接死亡的準備。哇揚故事與編年史當中都充滿了對於這些深受尊崇的人物的描述，他們的苦修使得他們擁有特殊的洞見，能夠窺見世界的內在狀態以及世界當中的權力在未來如何流動。先知的典型角色就是診斷王國裡的衰敗，並且針對朝代即將

94 一般而言，知識分子可以被視為指稱整個識字的官員階級。在比較狹隘的意義上，則是僅用於指稱「普將賈」（pujangga；意為宮廷詩人暨史官）、占星家以及國王的非正式政策顧問這一群人。在哇揚文學裡，最著名的例子是潘迪塔．杜納，他是婆羅門、王子的教育者，也是俱盧族的幕後實權掌握者。

崩解提出警告。而統治者被記錄下來的反應，通常都充滿了暴力：先知遭到毆打、刑求，以及處死。不過，這樣的暴力本身就是跡象，顯示先知的預言已經開始實現，因為統治者訴諸暴力的做法，表示他受到了個人的激情所支配。另一方面，正因為先知脫離了社會，所以他絕對不會受到盤利的污染。實際上，由於先知被認為擁有預知能力，因此獲得他的祝福向來被視為覬覦王位者或一心希望開創新朝代者獲得成功的必要元素。除非先知確認對方能夠成功，否則就不會給予祝福。先知能夠察覺到瓦胡變動的最早徵象，也能夠看出瓦胡最終的目的地。

阿賈退出社會與政治，是他的威望與權力（我們所認知的權力）當中的基本元素；而他對統治者的批評所帶有的權威性，也正是取決於這項條件。先知不是中心的發散，也不依賴中心。他的政治中立性使得他成為備受敬重（而且恐懼）的統治者的命運晴雨表，不只在統治者本身的眼中如此，在利害攸關的第三方（反抗人士、臣民以及其他人）眼中也是一樣。

隨著伊斯蘭教傳入以及後來出現的官僚式殖民當局，古典的阿賈即大體上消失無蹤。不過，以矛盾的措詞來說，這種人物所扮演的社會與政治角色，卻絕對沒有消失。阿斯賈利曾經把阿賈與前殖民晚期以及殖民時代的鄉下伊斯蘭奇阿依明確連結起來。在他對於伊斯蘭習經院的描述當中，我們可以看到其中的特色基本上和先前時代的阿賈與坎崔社群相同：與公民社會隔離開來、禁慾苦修、尋求知識，以及幾乎徹底脫離國家的政治行政結構。[95] 奇阿依常態退出政治生活的情況，使得他們一旦出面干預，便會留下高度心理影響。奇阿依雖是伊斯蘭宗教人物，但這點並不會造成根本上的改變，因為在奇阿依信奉的伊斯蘭教當中，傳統元素仍然擁有極大的影響力：這種伊斯蘭教具有直覺、個人而且神秘的性質，高度承繼了前伊斯蘭時代的宗教。

統治者在其隨從當中雖然還是保有伊斯蘭官員（包括本固魯〔penghulu〕以及其屬下）做為部分宮廷知識分子，功用在於為中心的榮耀與權力做出貢獻，但這些宗教人物並沒有什麼獨立的威望。相對之下，「未受馴化」的鄉下奇阿依，由於從來沒有受到國家結構的吸收，因此建立了獨立的聲譽，最常是在距離宮廷中心遙遠的村莊當中。

奇阿依通常超然於國家的政治生活之外。只有在痛苦困惑的時刻，他們才有可能率領他們忠實的學生走出伊斯蘭習經院，在舊秩序瓦解、新秩序崛起的過程中扮演短暫但是偶爾深具決定性的角色，然後就又再度退回與世隔離的生活中。當代社會學家大概會預期這種充滿魅力的領袖會於社會動盪時期出現，大多數關於爪哇救世主運動的著作都強調這一點。[96]不過，在傳統智識架構裡，必須再次反轉因果關係。正是這種人物突然出現在政治場域，揭露了社會秩序的內部腐敗或動亂，甚至可說是促成那種動亂的發生。因此，奇阿依似乎大幅承繼了先前的阿賈所扮演的角色與地位。

在殖民時期，持續受到外國統治者關注的是鄉下的奇阿依，而不是都市的本固魯。如同傳統的王國，官僚式的殖民政體也無法在結構中為奇阿依以及他們的習經院找到適當的位置。殖民當

95 阿斯賈利，〈奇阿依〉，pp. 84，101-5。

96 參照卡托迪吉歐，《農民起義》，尤其是pp. 154-75；德魯維斯（Gerardus Willebrordus Joannes Drewes），《三位爪哇領袖：他們的人生、教誨，以及救世訊息的傳布》（*Drie Javaansche Goeroe's. Hun Leven, Onderricht en Messiasprediking*，Leiden: Vros，1925）；克羅夫，〈爪哇人對於救世主的期待：其起源與文化背景〉（Javanese Messianic Expectations: Their Origin and Cultural Context），《社會與歷史比較研究》（*Comparative Studies in Society and History*，1959）：299-323。

局可能會壓制奇阿依的挺身起義，但這樣的壓制無助於提高政府的聲望與權威。正如施加在阿賈身上的暴力並無法駁斥他預見的未來，反倒顯示了政權充滿盤利的性質一樣，對於奇阿依的壓制也可以被視為殖民政府內在墮落與腐敗的徵象。

阿賈的智識傳承能夠延續到我們這個時代嗎？奇阿依並沒有從鄉下地區消失。他們大規模涉入政治的行為，在戰後只發生過兩次，分別在一九四五與一九六五年。[97] 在這兩次事件當中，他們的干預都預示並且確實協助促成了政權根本改變，在一九四五年從日本政權轉變為共和國，在一九六五至一九六六年間則是從指導式民主轉變為新秩序。他們不但是在既有的政治框架外行動，而且就許多重要面向而言，不管是衰敗還是崛起的政治團體也都無法控制他們。（他們在這兩次事件都沒有留下來參與新的中央政府。）此外，部分現代都市知識分子扮演的角色，[98] 還有統治者與當代社會的特定群體對他們所展現的態度，揭露了他們與剛剛討論的那種傳統形態驚人地相似。[99]

在殖民時代晚期，我們可以見到和過往那種二分法明顯類似的結構：一邊是世襲中心的官方文人，另一邊是遺世獨立的阿賈與奇阿依。大多數的本土文人雖然構成了部分殖民官僚或是成為殖民官僚的附屬，為數不多的民族主義知識分子卻是在部分出於選擇且部分出於必要的情況下，被排除於殖民權力結構之外。那些民族主義知識分子的威望，也是仰賴於一種缺乏盤利的假託，亦即他們宣稱自己不是只為自己發聲，而是代表全體遭受壓迫的人民發聲。他們大體上以自己從西方吸收到的列寧主義對於帝國主義的批判為基礎，同樣宣稱自己對於歷史發展進程以及既有秩序的內部腐敗擁有特殊而且深奧的洞見。

隨著民族主義知識分子在一九四五年之後崛起掌權，我們也許會預期這類結構相似性將會消失。然而，實際上卻不是這樣。特別是在非技術性知識分子的行為與態度當中，我們可以主張相同的傳統仍然持續存在：服務以及榮耀中心的主要傳統，以及離群索居並且提出批評的次要傳統（相對於參與式反對）。在蘇卡諾崛起的過程中，由於中心的吸引力非常強大，因此諸如蘇班德里約（Subandrio）、阿布杜加尼（Ruslan Abdulgani）、普里究諾（Prijono）等部長，還有若干知名的伊斯蘭政治人物，都被許多觀察者視為以現代面貌發揮了古老功能。他們有時被稱為指導式民主的普將賈或本固魯，並不全然是玩笑話。[100]

97 關於一九四五年那個時期的部分資料，見拙作《革命時期的爪哇》（Ithaca, N.Y.: Cornell University Press，1972），pp. 4-10，157，219-24。

98 我以「知識分子」一詞翻譯「kaum intelèk」，涵蓋對象大致上包括受過高等西式教育的人。

99 提出這樣的說法，並不需要忽略這項事實：在對於當代印尼的都市知識分子刻意扮演的角色所進行的討論當中，西方的先例以及社會規則都具有核心重要性。受過西方教育的知識分子，承繼了現代西方歷史當中那種強大的異議傳統。朱利安・班達（Julien Benda）在《知識分子的背叛》（*La Trahison des Clercs*）一書裡，對於此一傳統有清楚的描述。西方智識史對於反對者與懷疑人士所賦予的威望，顯然深深影響了印尼知識分子對於自己的認知。關於班達的著作，以及這本書對於蘇卡諾與蘇哈托政權之下的知識分子所造成的影響，有一段詳盡的探討可見於塔斯里夫（Suardi Tasrif）,〈印尼知識分子的處境〉（Situasi Kaum Intelektuil di Indonesia），《Budaja Djaja》（一九六八年九月）。此外，知識分子的人數與行政及政治職位數量之間愈來愈大的落差，也必然造就了一大群受過教育或受過部分教育但卻未能納入政府機構的人士。

100 新秩序也找了一群人扮演類似的角色。在反對指導式民主的人士當中，有不少都渴望在一個新中心當中為不同的領導者扮演普將賈或本固魯。

另一方面，在批評政權的人當中，有不少人扮演了阿賈或奇阿依的角色，或是被人視為扮演了這種角色。在這些離群索居的人士當中，有些人身邊聚集了一群忠實、來自鄉下的年輕坎崔（門徒），向他們求取智識教育和心靈引導。[101] 這些身處權威結構之外的人，乃是以他們的魅力、道德中立性，以及洞悉到中心的命運以及可能的後繼者人選而吸引追隨者。[102] 這類知識分子在政治上的無力，反倒可能揭露他們真正的力量。這不是說不管是蘇卡諾還是軍方的當權者，就會有所保留地壓制批評者。不過，只要批評者的角色被從多多少少傳統式的角度看待，壓迫手段通常就無助於增強當權者的權力，因此，對於當權者而言，壓迫這些或多或少身屬政治體系外的無力批評者所帶來的危險，終究可能不亞於壓制政治體系內的強大反對勢力，因為壓制後者雖然可能被視為揭示以及提高了中心的**權力**，壓迫前者卻可能被視為中心即將瓦解的徵兆。政權以暴力迫害無力的批評者，便是自證了他們的批評，並且強化了那些預言的權威性。形式雖然不同，但我們在此又再度看見了先前那種矛盾的重新表述：緊抓**權力**可能代表了**權力**的喪失，退出**權力**反倒代表獲得**權力**。

關於伊斯蘭教

論述至此，我們可以把焦點短暫轉向探究這種政治思想傳統與爪哇伊斯蘭教傳統之間的關係。這樣的分析也許能夠讓我們更進一步瞭解重要伊斯蘭團體與爪哇傳統的主要守護者之間愈來愈高升的敵意，這種敵意已然成為當代印尼政治的一項中心主題。此外，從紀爾茲適切地稱之為伊斯蘭「經典主義」[103]的這種思想在二十世紀爪哇崛起，確實能夠看出超凡的魅力這種一般現象，如何造成重大影響。

曾有人指出，伊斯蘭教在傳入爪哇的初期接手了部分前伊斯蘭時代的傳統角色，例如宮廷顧問、占星家、婆羅門與隱士智者。這種同化之所以能夠出現，原因是在十五與十六世紀傳入爪哇的那種伊斯蘭教，和當地的文化傳統之間有許多一致性與相容性。爪哇伊斯蘭教的「正統」流派就充分展現了這一點。在廣泛流傳的民間傳說裡，把這種新宗教和舊傳統連接在一起的鉚釘至今仍然顯著可見，尤其是在把伊斯蘭教與先前那個時代的權力象徵連結在一起的做法當中。這點有個明顯可見的例子，就是把前伊斯蘭文化當中像是哇揚或者甘美朗樂團這類關鍵元素的發明或發展，全都歸功於「瓦利」(wali) 這種舊爪哇伊斯蘭教傳道聖人。另一個廣為人知的例子，則是把堅陣王的祖傳遺物《卡利瑪薩達編年史》的名稱解讀為「Kalimah Sahadat」，意為《古蘭經》的信綱聲明。[104]

101 這類人士的年輕追隨者經常認為他們握有在政治以及其他類型的問題當中具有關鍵性的鑰匙（kunci），而這樣的鑰匙終究會揭露於最傑出的追隨者面前。在許多學生看待正式大學教育各個面向的態度裡，這種鑰匙主義也是一項引人注目的特徵。

102 自從新秩序展開以來，學生運動可以說是受到了一種類似的二分法所區分。有些學生領袖與中心的階層體系建立了關係，因為向政府提出建言、發言支持政府，以及積極參與政府結構。其他人則是堅決保持超然與孤立的立場。這群人希望學生與知識分子能夠繼續維持為一股道德力量，不是擁護政權，而是擁護政權聲稱要實踐的理念。

103 克利弗．紀爾茲，《伊斯蘭教的奉行》，尤其是pp. 56-74。

104 舉例而言，關於瓦利扮演的那種文化創新角色，見薩拉姆（Solichin Salam），《Sekitar Wali Sanga》(Kudus: Menara

伊斯蘭教的傳入能夠以同化而不是革命的方式達成，可以歸功於伊斯蘭教來到爪哇是「跟在貿易而不是征服的腳跟之後」。[105] 這種最早由商人帶來而且從來不曾喪失其起源特徵的宗教，對中層的商業階級發展出了最強的吸引力，而非上層的官員階級或者下層的農民階級。經過初始狂熱時期之後，虔誠的伊斯蘭群體都或多或少被世襲國家吸收。一方面，經由波斯與印度而傳到爪哇的伊斯蘭教早已世襲化，所以大體上與傳統爪哇世界觀頗為一致（尤其是關於統治者的角色與重要性）。另一方面，十五世紀之後的統治者都採用了伊斯蘭頭銜，在隨從當中保有伊斯蘭官員，並且把伊斯蘭教加入自己的各種特質當中。然而，統治者這種公開伊斯蘭化，似乎沒有對他們的生活方式或者展望造成重大影響。伊斯蘭教的傳入幾乎毫無改變爪哇政治菁英的組成以及成員招收，對於傳統政治思想的基本智識架構也幾無影響。[106] 套用葛蘭西（Antonio Gramsci）的用語，爪哇從來沒有出現一個「霸權」伊斯蘭文化。虔誠穆斯林的自我意識一直都僅限於在「商業」層面裡。[107] 政治與文化臣屬息息相關。

在十九世紀的最後二十五年間，爪哇的虔誠穆斯林不論在社經地位還是世界觀方面都開始改變。蘇伊士運河在一八七〇年開通，使得爪哇與近東的接觸就在所謂的伊斯蘭改革運動臻於高峰之際大幅增加。朝聖歸來的人士向殖民爪哇裡樂於接受新知的聽眾傳達了這項運動的核心理念：也就是必須重拾先知穆罕默德那個時代那種「尚未墮落」而且「進步」的伊斯蘭教，並且駁斥這幾百年來孳生出來的那些「非伊斯蘭」異端信仰。

爪哇人之所以這麼容易接受「經典主義」觀念，原因終究必須追溯到荷蘭資本主義與科技對於傳統社會與經濟生活愈來愈深刻的衝擊，還有世俗理性主義對於傳統信仰的震撼。在二十世紀的爪哇逐漸成長並且傳播開來的伊斯蘭改革，正代表著對這些發展造成的挑戰提出了一種理性宗教回應。除了基本信條之外，傳統伊斯蘭教的幾乎一切組成，都免不了這種理性化趨勢的影響。

Kudus，1960），pp. 35-51。薩拉姆實際上使用了「assimilasi kebudayaan」（文化同化）一詞描述蘇南卡里加賈的努力（p. 48）。關於《卡利瑪薩達編年史》與「Kalimah Sahadat」的融合，見該書p. 66。關於瓦利據傳在哇揚發展為現代形式的過程中所扮演的角色，有一段詳細陳述可見於瑟魯利埃（Lindor Serrurier），《哇揚普爾瓦》（*De Wajang Poerwa*；Leiden: Brill，1896），pp. 98-107。瑟魯利埃的大部分資訊都是基於梭羅首相薩斯尼加拉（R. Adipati Sasranegara）一份未出版的手稿，在一八八三年寄至阿姆斯特丹。

105 紀爾茲，《伊斯蘭教的奉行》，p. 12。

106 不過，隆巴向我指出，在十九世紀期間，至少有一部伊斯蘭政治思想的重要著作在中爪哇的宮廷圈裡受到研究。這部著作是《Tādj-us-Salātin》，據說由伊瑪目喬哈里（Buchārī-ul Djauhārī）寫於一六〇三年。霍伊卡（Christiaan Hooykaas）貼切地將其描述為「書名為阿拉伯文，內容屬於波斯穆斯林，語言採用馬來文，書寫於亞齊」（霍伊卡，《馬來文學》〔*Over Maleise Literature*；Leiden: Brill，1947〕，p. 166）。蘇巴迪（Soebardi），〈查寶雷克之書〉（The Book of Tjabolèk；Ph.D. thesis, Australian National University, Canberra，1967），pp. 69-70指出，《Tādj-us-Salātin》由加薩迪普拉一世（Jasadipura I，一七二九至一八〇三年）這位傑出的梭羅普將賈翻譯以及改寫成爪哇韻文，最有可能的時間是在一七五九年。普爾巴扎拉卡，《爪哇文學》（*Kapustakan Djawi*；Jakarta: Djambatan，1952），pp. 143-44指稱加薩迪普拉在一七二六年撰寫這部著作。不過，由他的出生日期看來，這個說法顯然不太可能正確；皮若，《爪哇的文學》（*Literature of Java*；The Hague: Nijhoff，1967），1:100又進一步增添了混亂，因為其中雖然引用了普爾巴扎拉卡的觀點，卻把加薩迪普拉稱為一名十九世紀初的詩人！無論如何，自從十九世紀末以來，加薩迪普拉的版本就經常印刷成書籍形式，包括在一八七三與一八七五年印行於三寶瓏，一九〇五與一九二二年印行於梭羅（普爾巴扎拉卡，《爪哇文學》，p. 144）。因此，這部著作造成重大衝擊的時候，大概就是伊斯蘭教在爪哇的整體影響力因為中東的改革運動而迅速增長之時。

107 葛蘭西，《現代君王及其他作品》（*The Modern Prince and Other Writings*；New York: International，1957），pp. 154-56，168-73。

在這個過程中，許多傳統元素都被丟棄，包括促成伊斯蘭教與傳統爪哇政治思想長久以來相互調和的那些元素在內。如此一來所造成的結果，就是虔誠的改革派穆斯林和他們的爪哇同胞之間，出現愈來愈強烈的自我意識與敵意。在此衝突中，改革人士遭到的阻礙不只包括自己處於社會中間層級以及經濟能力低落，還有揚棄同化傳統主義所涉及的智識問題。由於改革派伊斯蘭教的根本假設與傳統爪哇假設極為不同，因此其信徒也就面臨了必須為先前的傳統曾以多少令人滿意的方式回答的政治問題找出新答案。

在現代性的伊斯蘭宇宙觀當中，把神明視為無形而且充斥於整個宇宙的這種舊爪哇概念，被一位與自己的創造物截然分開的神明所取代。神與人之間存在著無可計算的距離。神是全能、全知，並且擁有至高的慈愛，而人只不過是祂的創造物。因此，就某個意義上而言，權力不存在於世界上，因為權力與上帝同在，而上帝並不屬於這個世界，而是超越並且先於這個世界。此外，由於神與人之間的鴻溝極為巨大，而且神又擁有絕對的權力，因此所有人在祂面前都同樣微不足道。不過，這種平等性卻使得任何政治理論以及任何為政治不平等與權力賦予恆久正當性的論點出現問題：如果所有人在神眼中都同樣卑微，那麼一個人在政治上統治另一個人的宗教基礎要從何而來？

由於爪哇宇宙觀沒有對俗世與天界做出明確的區分，因此也就沒有超凡標準可以用來評斷人的行為。對於抱持傳統思想的爪哇人而言，由於神明內含於這個世界，因此行為的任何面向只要有可能影響**權力**的分布與集中便涉及「政治」，而他們生活於其中的社會之所以能夠擁有良好的秩序，而且繁榮又穩定，即是這種**權力**的功勞。統治者的命令沒有先天或固定的倫理原則，而是以其在任何一個情境或時期當中，對於**權力**的集中具有強化或削弱的效果而受到評判。因此，傳統爪哇思想才會帶有那種備受評論的相對性。

相較之下，伊斯蘭教當中那些比較新穎的思潮，則特別強調伊斯蘭教法奠基在神對於信徒的指示上，再透過穆罕默德這位先知傳遞。這些指示的價值超常又恆久，是評判任何人為政治法則的固定標準。這類法則沒有先天的地位。因此，倫理標準也就與俗世權力徹底區分開來。

這種理性觀點的邏輯看似指向一種與純淨伊斯蘭教的信條完全一致的政治與法律結構。於是，問題就是，在改革派人士眼中不以這種方式構成的政治與法律結構究竟具有什麼地位。在一個像是印尼這樣高度多元化的社會裡，這個問題被提出的形勢尤其激烈，也是「伊斯蘭的國度」爭議的核心問題。在這樣的條件下把伊斯蘭理性主義的邏輯推演到底，必然不免引起「統計意義上」的穆斯林、基督徒、世俗主義者以及其他人士的敵意。但如果不把這種邏輯推演到底，又必然會造成虔誠伊斯蘭信徒的沮喪。

我們先前已經提過**權力**與地位在爪哇世界觀裡密切相關。因此，也就難怪傳統爪哇人通常都認為政治人物擁有崇高的聲望，除非政治人物透過盤利的方式濫用**權力**，而這麼做也會導致他自己的**權力**衰退。不過，在帶有現代主義的伊斯蘭世界觀裡，我們卻見到俗世權力根本沒什麼地位，所有真正的權力都掌握在神的手裡。所以，伊斯蘭政治人物對於權力沒有先天的主張權，除非他代表神發言。然而，任何政治人物一旦把自己定位成神的發言人，自然不免陷入極度脆弱的地位。在伊斯蘭社群（ummat）裡，最高的地位歸宗教學者所有，也就是深深熟知宗教法以及穆罕默德教誨的人。這樣的地位完全來自於社群內部。另一方面，政治人物則是必須一再面對非穆斯林以及名義上的穆斯林群體，尤其是在如同當代印尼這樣充滿異質性的社會裡更是如此。這些互動的性質如果不帶有純粹的強制性，就通常會被視為模糊了「我們」與「他們」的界線，從而污染了伊斯蘭教誨的純淨度。[108]除了少數罕見的例外，帶有現代主義的伊斯蘭政治人物不免陷入一種艱困的兩難處境。他如果忠實代表伊斯蘭教的主張，就會在自己的社群裡擁有崇高的聲望，但是對整個國家卻缺乏影響力；但他如果與非伊斯蘭群體成功建立關係，並且把自己的影響力擴展到整個社會，他在自己社群裡的聲望又恐怕會因此降低。之所以會造成這樣的兩難，原因是現代性理性主義伊斯蘭教完全缺乏可以合理化傳統爪哇思想中強力融合這種典型特色的論述。蘇卡諾在傳統爪哇人心目中的威望，可能是因為他能夠把伊斯蘭教的象徵成功納入他自己的特質當中而更加提高。相對地，納席爾（Mohammad Natsir）卻無法吸納非伊斯蘭教的象徵，因為這麼做恐怕會毀掉他在自己社群裡的影響力與權威。[109]

結論

本文的整體論點如果帶有任何合理之處，那便是指兩項非常普遍的考量。第一項考量是關於兩種元素之間的關係：一方是傳統文化的智識結構，另一方則是所謂的現代化當中的各種制度性與概念性面向被接納、轉變或者拒絕。第二項考量是分析爪哇的權力概念，對於我們思考爪哇世界以外（包括在其他的前工業化社會以及西方的工業化國家）的支配形式能有多少幫助。

我試圖證明爪哇人對於權力與政治的傳統觀點在智識上是一致的，並且示範若干政治制度與過程透過這種觀點看起來會是什麼模樣。儘管經歷了荷蘭殖民、日本占領、民族主義革命，以及這些事件所帶來的社會經濟變化，這種傳統觀點的文化影響力還是非常強大。當代爪哇政治思想與行為當中各種看似各自分離的面向，諸如對於國會民主的拒卻、雅加達的族裔間政治與國際政治帶有的典型特質、行政組織與內部官僚關係的模式、獨立後的領導方式、貪腐的形式，還有都市知識分子模稜兩可的政治立場，相互之間都可能密不可分，也確實應該被視為緊密相連。而這些面向之間的連結，正是包括**權力**概念在內的傳統概念不斷發揮的文化影響力。

那麼，如果爪哇政治與社會徹底變化，我們應該從什麼觀點看待傳統政治觀念？從一個觀點來看，我們可以主張只要這些觀念是傳統秩序的關鍵，並且持續在印尼社會鞏固強大的保守傾向，那麼我們就必須正面攻擊這些觀念。在這種觀點當中，只要能夠去除這項關鍵，將會大大助於克服各種社會變革所遭遇的阻力。現代性伊斯蘭教的要旨，以及新秩序知識分子的政治宣傳，大體上就是朝這個方向努力。不過，這項「策略」要成功的取決要素，第一是對於「敵人」的本質以及其防守力量必須要有明確的概念，第二則是必須要有能力為根深蒂固的傳統觀念提供一個具有

108 爪哇思想的向心性意味著對於社會的外部界線以及外圍邊緣缺乏強烈的關注。相對之下，伊斯蘭教身為世界上致力吸收信徒的一大宗教，在我看來則是向來都深切意識到自己的邊緣以及「我們」（伊斯蘭社群）與「他們」（所謂「不信者」〔kafir〕的非信徒）之間的界線。在二十世紀的印尼，這種「我們」的意識當然被大幅提高，原因包括荷蘭充滿操弄與壓迫的殖民政策、與深具攻擊性而且財力雄厚的基督教傳教團競爭，還有世俗觀念的散播。我們幾乎可以指出，正因為現代性的伊斯蘭社群愈來愈缺乏對於中心的認知，因此也就愈來愈傾向於以自己的邊界自我定義。

109 納席爾是前首相暨改革派伊斯蘭政黨馬斯友美黨（Masyumi）的領袖，他大概是後獨立時期聲望最高的穆斯林政治人物。

一致性以及說服力的替代選項。就目前而言，我的印象是那些自命為現代化推動者的人士都沒有注意到這兩個問題。經常被稱為「méntal lama」（舊心態）的觀念雖然遭到大量謾罵，卻幾乎沒有人嘗試理解這種心態以及評估其優缺點。

從另一個觀點來看，我們可以主張社會轉型的方式必須迎合傳統觀念。不過，這種策略預先假定領導者具有足夠的修養，能夠一方面深深熟悉這些觀念，同時又不受其束縛，並且具備足夠的紀律，能夠使用這些觀念卻又不至於屈服其下。蘇卡諾的政治生涯在這方面頗具啟發性。在現代印尼史上，沒有人比他更懂得利用傳統觀念動員大眾以及強化自己的個人權威。然而，蘇卡諾最終的失敗、他的政權愈來愈保守的趨勢，還有他的政策所導致的內部僵局，部分卻也可以歸因於他未能充分擺脫自己所操弄的那些觀念對他的束縛。他本身內心最深處的想法，還有他的公開表現與私下操作，都太常受到這些概念的支配：包括中心的概念、強力融合的概念，還有把權力視為目的而非手段的概念。指導式民主是個滿盈權力——就這個字眼的傳統意義而言——的國家，但是若從一個組織是否能夠推行長期且計畫過的變革這個意義而言，卻毫不有力。然而，這位前總統是否能夠清楚區分兩者，卻是相當令人懷疑。

我在本文的開頭提過，仔細分析爪哇的權力與政治概念，對於爪哇或印尼這片有限地理範圍以外的政治分析可能也會有些價值。我想，這種價值可能是在於協助釐清「魅力」這個令人深感苦惱的問題上。我們這個時代的「魅力型領袖」有各種差異極大的人格類型，也各自抱持相互對立的意識形態，支持群眾涵蓋各種不同的社經背景、宗教與族裔性質，而且那些領袖的出身又遍及各種類型與層級的政治組織，因此要分析與概念化變得十分棘手。[110] 以財富、武力、人口等等傳統權力來源為「魅力」分類，也同樣一再遭遇困難。恩克魯瑪（Kwame Nkrumah）、本・貝拉（Ahmed Ben Bella）與蘇卡諾這類人物的暴起暴落，反映了「魅力」明顯可見的不穩定性與易變性，從而顯示出這種權力類型可能在某些面向上是自成一類的。不過，這個類型究竟是什麼，卻非常模糊不清。[111]

今天，一般盛行的觀點是認為「魅力」存在於觀者眼中：這種特質實際上不是領導者本身擁有的東西，而是由追隨者加諸在他身上，因為他們認為他是非凡的人物，有時是背負了一項歷史任務、有時是蒙受神的恩典，總之就是具有超自然的能力。這種觀感該怎麼解釋呢？我會主張這種觀感衍生自類似於爪哇**權力**概念，魅力型領袖就像傳統爪哇統治者一樣擁有**權力**。他被視為是放射出**權力**的中心，於是追隨者紛紛依附於這項**權力**，而不是像面對理性法定權威那樣臣服於其下。魅力型領袖的**權力**是被揭示而非自我展現。這種領袖如果試圖在政治上捲土重來，通常面臨的困難就是爪哇人認為的那種中心弱化的狀況。他要是真的還擁有**權力**，當初就不可能會失去**權力**；他要是有解決混亂失序的方法，這種問題就根本不可能會出現。（我們也可以留意到這一點：現代魅力型領袖，就像爪哇傳說與歷史上的**權力**人物一樣，也經常與禁慾苦修、強力融合以及召

110 關於這些問題及其解決方法的若干建議，近來有一項值得注意的討論可見於威爾納，《魅力政治領導理論》（*Charismatic Political Leadership: a Theory*），國際研究中心，研究專論集 n. 32（Princeton, N.J.: Princeton University，1968）。

111 這種不確定性有助於解釋大眾文學與學術寫作為什麼在幾乎無意識的情況下一再出現把魅力概念具體化的傾向。為了避免落入這種具體化的陷阱，我只好採取這種惹人厭的排版做法，也就是為**魅力**一詞加上引號。

喚儀式聯想在一起。）[112]

因此，我會以非常試探性的姿態提議指出，我們已經得出了一項基礎，能夠對韋伯所描述的「魅力」提出一種有用的簡化概念。[113] 首先，我認為韋伯的「魅力」概念所帶有的困難與不準確性，來自於他主要都從社會學與心理學的角度看待這種概念，而不是從文化人類學的角度。也就是說，他關注的焦點是魅力型領袖出現的社會、經濟與政治條件，還有這類領袖的人格，而不是其追隨者的文化。他傾向於指出加諸在這些領袖身上的非凡**性質**，卻未能界定這些性質是什麼，或是具有哪些共同之處。

我認為這些分別的性質可以化約成一個共同點：也就是追隨者相信他們的領袖擁有**權力**。這種**權力**的**徵象**，也就是其特有的性質，將會取決於個別文化的偶然特性。[114] 我們也許可以舉東南亞的禁慾和拉丁美洲的陽剛之氣（machismo）做為例子。一個文化領域裡的禁慾，以及另一個文化領域裡的陽剛之氣，代表的都是同一件事物：**權力**。

整體而言，韋伯傾向於把「魅力」視為一種短暫、自發性、無法預測而且革命性的東西，儘管在特定條件下有可能被抹去人格並制度化。[115] 政治「魅力」出現的時機，通常是在特定的世襲、封建或理性法定官僚體系進入一段壓力期的時候。接著，「魅力」通常會經歷一段常規化與官僚化的過程，直到危機造就出一位新的魅力型領袖。這種觀點隱含的意義，就是歷史會無窮無盡地擺盪於魅力型領導與傳統性或官僚性領導之間，如同雞與蛋一樣，無法確切認定兩者的先後次序。

不過，我們只要能夠接受「魅力」涉及對於**權力**的信仰，就應該可以明白看出在歷史與分析的意義上，「魅力」都先於理性法定支配而存在。[116] 對於爪哇政治傳統的研究顯示，在舊爪哇當中，一切的統治只要是奠基在對於*權力*的信仰上，這都是魅力型統治。舊爪哇也有官僚體系，但其正當性與權威來自於放射出*權力*的中心，認為這個中心會將自身能量滿盈整個結構。在這樣的社會裡，「魅力」不是危機時期的暫時性現象，而是恆久並且常規性的國家組織原則。由此可見，韋伯認為「魅力」所具備的短暫、無法預測以及革命性的特質，可能純粹是偶然並且專屬於特定時期的現象，而且在一項待會兒立刻會討論到的重要條件下，所有前世俗社會都可以說是受到魅力所支配。這麼一來所浮現的問題，就是韋伯為什麼把他對於「魅力」觀念的使用大體上侷限於壓力與危機的情況當中。在我看來，這個問題的答案在於欠缺一種頗不典型的歷史觀。韋伯對於理性法定官僚的崛起所提出的一般理論，雖然是由他眼中所認定的理性主義與世俗主義在*歷史*上的散播推論而來，但在他對於「魅力」的討論當中，大致上卻看不到這種歷史元素。

如果把歷史元素放回去，那麼這項論述就會轉為以下方向。在西方後來的歷史演進當中，除

112 比較以下這部著作對於魅力型領導所提出的描述：葛斯（Hans Heinrich Gerth）與米爾斯（C. Wright Mills）編譯，《韋伯社會學論文集》（*From Max Weber: Essays in Sociology*；New York: Oxford University Press，1958），pp. 245-52；另參照本迪克斯，《韋伯》，pp. 298-328。

113 在以下的討論裡，我針對韋伯的思想提出在一定程度上算是單面的觀點。韋伯對於魅力的討論經常令人困惑難解，其中一大原因是他的概念一再受到具體化。我在此處刻意簡化韋伯的想法，目的是為了釐清我想要提出的基本論點。

114 參照威爾納，《魅力政治領導理論》，pp. 81-87，其中對於若干當代魅力型領袖如何召喚其所屬文化當中的民間英雄提出了充實的討論。

115 參照本迪克斯，《韋伯》，pp. 309-14。

116 依據個人對於「傳統支配」的確切解讀方式，大概也可以說傳統支配涵蓋在魅力型支配當中。

了經濟、科技與社會的快速變遷之外，文化轉變也達到史無前例的幅度。從當代社會科學的觀點來看，這種發展可以被視為從巫術宗教經由宗教理性主義轉變至世俗理性主義，只見傳統本體論遭到科學發現、科技創新以及社會與經濟生活的複雜性大為增加所挑戰。這樣的轉變當然不僅限於西方，只是在西方發展得比其他地方更深遠而已。舉例而言，在紀爾茲對於摩洛哥的伊斯蘭教演變所提出的描述當中，經典主義者取代伊斯蘭教隱士而崛起，即可視為是宗教理性主義地位揚升而壓過巫術宗教的現象。我們也許可以主張中國也有類似的演變，從商朝的巫術宗教轉變為略微帶有宗教理性主義色彩的儒家思想；在印尼，改革派伊斯蘭教在二十世紀的廣為傳播，大概也是類似的現象。

隨著西方朝著世俗理性主義演進，一種新的權力概念也逐漸成形，先是藉由馬基維利與霍布斯等政治哲學家的推廣，接著則是仰賴大量激增的科學工業教育和研究的機構。[117]就像我在引言裡試圖指出的，這種權力概念的最終形態和原始大相逕庭。然而，如同馬克思所言，一個社會的文化雖然會跟隨科技與社會發展的整體軌跡，變遷速度卻通常比較緩慢，變革的方式也比較零碎。在文化受到宗教理性主義或世俗理性主義所支配的社會裡，我們都可望見以前文化模式的殘跡。文化的新舊元素將會以相互對立的方式並置存在。

我認為，這種情形可以在任何文化核心的構成元素內（像是權力觀）看見。在大多數的當代文化裡，包括我們自己的文化在內，本文概述的這兩種極端的權力概念都同時並存，只是其中之一處於比較支配性的地位。[118]在我們的社會裡，**權力**這種比較古老的概念殘存在法律科學文化的間隙裡，在信仰療法、精神醫學、禱告，以及所謂的「魅力」當中。在受到宗教理性主義或者世俗理性主義所支配的社會裡，**權力**這種古老觀念雖然可能只是以殘餘的形式存在，卻很有可能會在慣常假設遭遇嚴重壓力和擾亂的情況下，例如由霸權文化模式加以解釋以及賦予正當性的制度陷入崩解或者衰敗時，而揚升至顯著地位。[119] 這類情形所召喚出來的，其實不是新類型的領袖或者新形態的支配，而是古老的概念以及古老的權威來源。

117 歐洲傳統權力觀在中世紀晚期與現代初期先後受到宗教理性主義與世俗理性主義的衝擊而陷入衰微的過程，充分描述於布洛克（Marc Bloch），《國王神蹟》（*Les Rois Thaumaturges*，Strasbourg: Librairie Istra，1924）。布洛克尤其聚焦於民眾認為法國與英國的君主所擁有的治癒力量（前者持續至法國大革命，後者則是持續至安妮女王執政時期），但也廣泛探討了歐洲君主觀念的文化根源，特別是在pp. 51-79。奇特的是，他在pp. 52-53明確提出普及於玻里尼西亞的文化概念做為比較，相關資料取自弗雷澤（James Frazer）的《金枝》（*The Golden Bough*）。感謝隆巴告知我這份參考文獻。

118 藉著強調現代西方權力觀發展當中的成形過程，我的用意是要指出，除了兩個極端的理想類型之外，還可以想像出各種介於其間的類型。

119 不該令人意外的是，在這種觀點當中，摩洛哥的經典主義者所抱持的宗教理性主義在去殖民化的危機當中受到了比較古老的「隱士」傳統所取代，其代表人物為蘇丹穆罕默德五世（Muhammad V，參照紀爾茲，《伊斯蘭教的奉行》，p. 81，作者在其中指出：「法國統治產生出這個朝代單憑其本身之力幾乎可以確定再也無力創造的東西：一位伊斯蘭教隱士國王。」）另外同樣不該令人感到意外的一點，則是西方的世俗理性主義在第一次世界大戰結束後以及世界經濟大蕭條期間，曾經一度被希特勒與墨索里尼等魅力型領袖成功挑戰。

2

魅力的進一步探險[1]

Further Adventures of Charisma

我撰寫〈爪哇文化的權力觀〉之時，原本相當自信我已經解決了韋伯的「魅力」概念當中的若干問題，以及他運用此一概念的方式當中的若干古怪之處。舉例而言，他曾經數度製造出這樣的印象，讓人覺得「魅力」是若干宗教或政治領袖擁有的**真實**特質，而不只是他們的追隨者投射在他們身上的東西；此外，他也堅持把「魅力」和不理性、不可預測性以及創意連結在一起。實際上，他認為就是這些特徵使魅力明確與傳統理性法定形態的支配不同。然而，在思考那些經常被描述為具有「魅力」的第三世界領導者（諸如蘇卡諾、吳努、納賽爾（Gamal Abdel Nasser）、尼赫魯、胡志明、卡斯楚）之時，有兩件事情特別引起我的注意。第一，傳統主義、理性主義和可預測性大概都可以說是這些人物的公眾形象當中不可或缺的元素。第二，他們的「魅力」具有非常狹隘的地域／文化限制。卡斯楚如果身在印第安納州，或是蘇卡諾身在拉脫維亞的首都里加，或者尼赫魯身在墨西哥市，顯然頂多就只能夠引起某種「娛樂式」的興趣。

1 改寫自〈魅力論述〉（The Discourse of Charisma）這篇在一九八五年向美國人類學會發表的論文。

在這些情況下，我覺得有必要把魅力確切定位在身處於特定歷史與地理範圍內的追隨群眾的觀感當中。另一方面，鑒於「魅力」廣泛分布於全世界（雖然可能是隨機性的分布），因此我們必須找出一些共通的跨文化假設，以便將這些分屬不同文化的觀感連結起來。我認為我找到了答案，不是辨識魅力人物的類型，而是辨識出對於權力的若干根本假設。在任何文化裡，這種假設在基本上都是因果關係的隱喻，也就是事情為什麼會以那樣的方式發生。從爪哇的資料來看，似乎可以合理主張所有人類社會都曾經對權力擁有一種**實質**觀點，認為權力是宇宙或神聖力量的發散；不過，每個文化對於這種權力可能各自都發展出了獨特的判斷方式，諸如可以怎麼累積以及運用權力，以及該怎麼追蹤權力的運作。這麼一來，我們即可主張韋伯把魅力型支配對比於傳統型或理性法定型支配，其實是被某種錯覺所誤導。實際上，一般性的支配形式只有**兩種**，一種連結於權力的實質概念，另一種連結於權力的工具性／關係性概念。韋伯假定魅力型支配不同於傳統型支配，即是未能看出這兩者在基本上其實相同，因此，「魅力」出現在現代理性法定型支配體系裡，只是單純代表了在嚴重社經危機下，古老想像引人注目的重現而已。這種現象其實絲毫沒有新奇與創新之處，而是代表了一種因為危機而產生的暫時性擬古現象。如果真是如此，那麼只要適切理解，就會發現所有的傳統型權威都是魅力型權威，而且所有的魅力型權威也都是傳統型權威。

我在一九七二年得以說服自己，認定韋伯犯下了一項嚴重的「範疇錯誤」，原因是我對於我們共同採用的社會學論述所具備的地位毫無自覺。所以，我才能夠輕易採用支配了韋伯思想的那種歷史主義觀點：把歷史視為一種透過世俗化與理性化過程而對世界逐步地幻滅，而資本主義與官僚化在其中乃是一體兩面。我從來沒想過韋伯的「類型」其實是「比喻」，是一種修辭中必要的隱喻元素，而他希望這種修辭能夠充分表達他對於「長時段」（longue durée）的願景。現在，我傾向不那麼完全從社會學的角度閱讀韋伯，原因是他的範疇整體上都被排除在馬克思論述之外，而且又難以輕易適用在我最熟悉的東南亞政治體系的語彙當中。

頗為典型的一點是，描述魅力最著名的段落，出現在韋伯的《世界宗教的經濟倫理》（*Economic Ethics of the World-Religions*）這部著作的引言裡。我們應該要立刻注意到這個書名裡的「世界」一詞所帶有的重要性：韋伯真正關注的其實不是整體的宗教，而是某些特定的宗教或者神聖信仰系統，因為其中的形上闡述、宏大的推測以及恢弘的倫理，而能夠成為在他眼中帶有驚人穩定性的龐大文明之基礎。這些以前曾經存在或是現在仍然存在的宗教，都是「第一級」的世界宗教，因為他認為這些宗教的構思方式，在**原則**上使其向所有人類開放。這些宗教的出現，諸如佛教、印度教、猶太教、基督教、伊斯蘭教以及儒教，在他看來令人深感訝異也深具革命性，而且這樣的結果（經常）來自於「非凡」的人物，諸如釋迦牟尼、耶穌基督以及穆罕默德。他們藉著自己獲得的異象，而對誕生於其中的文明投下了激進的變化。不過，同樣令他深感驚異的是，這些革命性的宗教異象後來也成功被制度化或者「慣例化」，而這樣的結果除了是由追隨者與後繼者造成之外，文字典籍的系統性傳播可能是最重要的力量。

藉著這種方式，魅力、魅力型領袖還有魅力慣例化最一開始都是由古老的「世界宗教」衍生而來——換句話說，也就是衍生自一個對於尚未真正認知世界的幻滅的歷史時代。另一方面，由於韋伯本身完全沒有信奉這些「世界宗教」，並且認為自己是比較歷史社會學家，因此對這些現象提出了一種超越歷史與文化的一般性架構，在邏輯上不僅限於宗教領域當中。因此，以下這段著名的文字才會帶有這種奇特的語調：

> 「魅力」理當被理解為指涉一個人的一種**非凡**性質，不論這種性質是實際存在，還是僅受到聲稱或者假定存在【注意這裡提到魅力有可能「實際」存在】。「魅力型權威」在以下將指涉對於眾人的統治……被統治者之所以臣服，原因是他們相信那個特定的**人**擁有那種非凡的性質。巫師、先知、狩獵與劫掠遠征隊的領導者、戰士酋長、……「凱撒主義」統治者……都是這類人物……。因此，魅力型統治的正當性乃是植基於對魔力與啟示的信仰，還有英雄崇拜……。魅力型統治不依循一般常規，不管是傳統或理性常規……所以就此一意義而言，乃是「非理性」的。這種統治的「革命性」，則是在於不受制於既有秩序。[2]

在這段論述當中，我們會注意到一些典型的省略，同時也欠缺了若干社會學的嚴謹性。韋伯假設狩獵與劫掠遠征隊的領導者、巫師、戰士酋長以及凱撒主義統治者的權威，都是來自於某種**非文化性**的東西：一種人格性質，獨立於傳統的一般性常規之外，也與社會或社群對於巫師、酋長以及凱撒主義統治者的既有觀念極為不同。這項假設與絕大部分的歷史及民族誌記錄都格格不入，而韋伯對於這些記錄大部分可說是一點都不無知。此外，韋伯的論述承認這些魅力型人物的非凡性質可能是「聲稱」或者「假定」存在，也就是由**想必不擁有魅力的**其他人所聲稱或假定。由此可見，這些人必定有其本身的某種「尋常」標準，可以用來辨識誰是「非凡」的魅力型人物。然而，他卻又不願探究這些標準或者期望的內容。最重要的是，許多文化都可能會思考非凡的常態性，或者至少是非凡的特定定義，但這樣的概念卻不在他的參考架構中。

另一方面，如果「魅力」可以出現在幻滅的世界裡，那麼這些省略就會是必要的。在這種幻滅的世界中，魔法、巫師、戰士酋長等等在實際上都已被邊緣化，取而代之的是主張復興信仰的傳道士，**而且是舊宗教的傳道士**；**擔任制度化的**官職的迷人政治人物；**身處於正規軍事階級體制裡**，譁眾取寵的將領；**遵循受到國際正規化的游擊戰手冊**的游擊領袖；**在精心規範並且監控的競賽裡成為世界**冠軍的拳擊手；**龐大傳播集團中**的媒體名流；如此等等不一而足。換句話說，這些模仿巫師、教士以及狩獵與劫掠遠征隊領導者的人，在一個高度制度化的世界裡存在，而且這個世界也愈來愈不可能出現因為不受制於既有秩序而具有「革命性」的「魅力型」人物，畢竟無人知道究竟是什麼秩序。舉例而言，像是毛澤東這樣的人物，在人生中某些階段可能確實會**在中國情境**的侷限內被視為擁有韋伯所謂的魅力，甚至是具有「革命性」的魅力。不過，同一位毛澤東卻也創立並且領導了一個依據國際布爾什維克主義的傳統規範所建構的政黨，而且他還宣稱自己受到馬列主義的原則引導，以至於在廣泛的「世界革命」情境裡，他看起來相當「正常」，而沒有任何非凡之處。

韋伯的其他支配模式，包括傳統型與理性法定型支配，既然看起來都徹底而且按歷史性順序，

2 英譯摘自休斯（H. Stuart Hughes），《意識與社會：歐洲社會思想的重新定向，一八九〇年至一九三〇年》（*Consciousness and Society: The Reorientation of European Social Thought, 1890-1930*，New York: Vintage Books，1958），pp. 289-90。字體強調為我所加。

那麼到底是什麼促使他發展出超越歷史的魅力型領導概念？有一種誘人的論點，就是主張魅力的比喻乃是理性法定權威概念本身必要的附屬物。身為第一次世界大戰前夕的歐洲人，當時歐洲的全球霸權正臻於高峰，韋伯因此深切相信西方文明比起以前或者其他地方的文明都更加先進；此外，西方文明的基礎乃是一種驚人而且長期的做法，也就是把理性應用在自然界與人類社會上；而且世界其他地區大概也必然會跟隨歐洲的腳步。這種理性最耀眼的兩項表現，就是資本主義與現代行政組織。然而，韋伯也明白這種理性的性質在根本上是種工具，並且沒有令人滿意的倫理基礎。如果人是因為理性能力而成為動物界裡唯一「自由」的物種，那麼這種能力也創造了具有強大工具理性（Instrumental Reason）的階級與制度，以致嚴重危害了那種自由。由於理性的本質在他看來沒有任何能力超越或者轉變這種情形，因此他覺得必須找尋一個天外救星、某種「非理性」又「革命性」的東西，和市場還有當局的那種精密算計恰成對比。就是在這種意義上，由世界宗教的傳奇起源推斷而來的「魅力」，在他看來才會是對於理性法定支配的一種必要而且帶有救贖義涵的對比物。換句話說，只有在依據官僚化的比喻來理解現代世界本身的情況下，「魅力」才「能夠受到想像」，或者必須受到召喚。

這一點與馬克思的對比頗具啟發性。馬克思對於歷史進程的辯證觀點，使得他對於資本主義的工具理性以及其實質上的非理性做出了明確的區分。在他眼中，資本主義創造了一套全世界的支配體系，不但具有非凡的活力，同時又帶有劇烈的不穩定性。資本主義每向前踏出一個工具理性的步伐，就會加劇自己內部的非理性與矛盾，從而召喚出確保其本身瓦解與超越的力量。在馬克思的觀點中，救贖就存在於革命裡。另一方面，革命本身則是資本主義自身發展的必然結果。

正因為革命和晚期資本主義的既有秩序綁在一起，所以完全可以預測、具有確切無疑的實質「理性」、帶有堅定的社會性與集體性，也具備革命性。所以，「革命」這個比喻在每個面向上都與「魅力」的比喻激進地對立。但另一方面，革命卻也具有相同的功能（只是可能更加激進並且強烈）：也就是在一個幻滅的世界裡為人帶來自由的希望。這就是「魅力」在馬克思論述裡沒有立足之地的主要原因。

我的意思是說，「魅力」這個比喻之所以會被創造出來，原因是在典型的韋伯論述當中，這個比喻是個能夠把「對於世界的幻滅」、「理性」、「資本主義」、「官僚化」、「自由」以及「人格」連結在一起的必要節點。就神學上而言，這點帶有不可知論那種苦樂參半的味道。在政治上，這點彰顯了社會學的悲觀與人類自由的開明意志這兩者之間的對比，而這種對比不但是韋伯個人政治立場的基礎，也促使他對學術與政治這兩種志業做出了那項著名的區別。[3]

在學術界創造出來的許多詞語都是甫提出不久即遭到遺忘的情況下，韋伯於世紀之交創造的這個名詞怎麼能夠存續下來，而且還帶有極度不同的含意？在探討這個問題之前，或許應該先簡短看看「魅力」沒有出現在印尼政治當中，也沒有出現在大部分關於政治的印尼歷史書寫裡的可能原因。我在此處大致上把印尼視為大多數第三世界國家的典型（在這個面向，印尼確實和我對於其他東南亞國家所知的狀況非常相似）。在一開始，且讓我先引用一段話做為開頭。這段話摘自一場引人注目的演說，發表人是西方世界最廣泛視為第三世界典型魅力人物的已故印尼總統蘇

3 編註：可分別參照〈學術作為一種志業〉與〈政治作為一種志業〉兩篇文章。

卡諾。這場演說之所以異常引人注意，原因是蘇卡諾雖然完全沒有提到「魅力」一詞，卻似乎是在談論某種類似的概念，而且同時又把這項討論與我們最有可能視為是第一世界魅力領袖原型的那個歷史人物連結，也就是希特勒。以下就是蘇卡諾在一九六三年二月二日於印尼的首要大學獲頒榮譽學位之時，向該校的學生與教職員致詞所說的話：[4]

> 各位兄弟姐妹，今天我如果要接受印尼大學頒授的【榮譽學位】，那我想要在一開始先表達一項希望，希望這個榮譽博士學位的頒授不是為了賦予我一道aureool【光環】——我所謂的aureool，指的就是「téja」【光芒】——不是為了賦予我「革命的偉大領袖」這種aureool。這個稱號一樣不是出於我的要求，而是MPRS[5]做出的決定，而該會的主席，也就是我們親愛的兄弟薩勒（Chaerul Saleh），今天也在現場。
>
> 各位兄弟姐妹，我在不久之前如果向印尼社會確認了在革命與國家當中擁有領導的必要性，那麼我純粹只是闡述了一項歷史原則；其實不只是一項歷史原則，而是歷史事實。這項歷史原則，這項「historis principe」，或者應該說不只是一項歷史原則，而其實是歷史事實，就是在所有的歷史結果當中，從來沒有一場重大革命能夠在沒有領導的情況下適切進行。由於我深切希望，正如各位兄弟姐妹也希望的，印尼革命能夠以最強大的力量進行，直到臻至並且達到我們的目標為止，所以我在那場演說裡才會強調領導的必要性，才會把領導與其他的原則或者目標連結在一起，也才會在最後宣告那句口號：「革社領」：革命、社會主義、領導。[6]這三點……構成一個不可區分的三位一體。但是我要請求各位兄弟姐妹瞭解，我要是為革社

領當中的領導元素賦予了內容，那麼我並不是為了自己而這麼做，完全不是！只是因為這是一種歷史事實。……就像我剛剛說的，事實是在幾百年來的歷史當中，從來沒有一場重大革命能夠在沒有領導的情況下進行。這就是為什麼我們的革命也必須要有領導。至於誰應該掌握領導的權威，那則是另一個問題了。……所以，在今天這個日子上，不要說我獲得印尼大學頒授榮譽博士學位的榮耀，是純粹為了賦予我 aureool 或者 téja，因為在歷史上的確有不少例子，都是領導者基於人格原則而非歷史原則，而被授予 aureool。

舉例來說，在法西斯主義的歷史上，在希特勒統治期間，有兩項原則受到闡述：一項是「Vater Prinzip」，又稱為「Vader Principe」，就是父親原則；另一項是「Führer Prinzip」，又稱為「Leiders Principe」，就是領導原則。當時眾人針對希特勒都這麼說：「Er ist der Führer」，他是領袖；他「hat immer recht」，他永遠都是對的，永遠不會犯錯，我們必須跟隨他所做的一切，因為「er ist der Führer」。希特勒被頌讚為「Führer」，實際上各種美妙的性質都歸屬在他身上，以便盡可能徹底貫徹個人原則。因此，各種荒謬的頭銜、稱號、特徵和性質都被歸在他身上。這種把 aureool 授予希特勒的做法，把 téja 授予他的做法，彷彿認為他不是尋常的人類，而是操偶師

4 蘇卡諾，《以科學知識做為成就事物的工具》（*Ilmu Pengetahuan Sekadar Alat Mentjapai Sesuatu*；Jakarta: Departemen Penerangan Republik Indonesia, Penerbitan Chusus No. 253，1963），pp. 25-27，36。我為了遵循當前的官方用語而更改了拼字方法。

5 即「Majelis Permusyarawatan Rakyat Sementara」，意為臨時人民協商會議：在當時是印尼共和國形式上的最高憲政機構。

6 「革社領」（Resopin）是「革命」（révolusi）、「社會主義」（sosialisme）與「領導」（pimpinan）的簡寫。

創造的所謂「Téjamaya」（光明）或者「Tinjumoyo」，也就是「babaran Téjamaya」，意思是說他是真正的光明產物。

各位兄弟姐妹，我不希望如此。你們雖然把我提升為革命的偉大領袖，但我請求你們不要把我變成光明的產物。……我要對在場的各位學生說，「téja」的意思是光芒，也就是aureool，而「maya」則是幻象。在《摩訶婆羅多》裡，「Téjamaya」背後的觀念是「kayangan」，也就是天堂，不是實體的東西，其領域不該被想像成與我們的領域雷同，其樹木不該被想像成與我們的樹木類似，其美景也不像是我們的俗世美景，因為天堂是由散發出超凡光輝的téja所構成。……

有些人，例如在法西斯時代的德國，有一些人會認為：「Der Führer hat immer recht」，領袖永遠都是對的，永遠不會犯錯，領袖是超級學者。當然，在座的各位都是超級學者，但希特勒卻是被叫做超級—超級—超級偉大的學者，「er hat immer recht」。希特勒被叫做超級將軍，遠遠勝過一般的將軍，是超級將軍，在軍事界裡無人能比。因此，他的每一項命令都必須執行。他們說希特勒還是超級經濟學家、超級政治人物、超級策略家，再加上其他各式各樣的頭銜，而那些頭銜當然也全部都加上了「超級」兩字。

至於成功的革命需要理想，他則是這麼說：

拿希特勒來說吧。哇，希特勒真是聰明得不得了，他可能想要說快樂不可能純粹在物質的基

> 礎上達成，所以宣告了另一種理想，也就是他稱做第三帝國的理想。這個第三帝國會為德國人民帶來真正的快樂。第一帝國是「der alte Fritz」的帝國，由老弗里茨所領導的帝國；第二帝國是世界大戰前的那個帝國，後來在世界大戰當中遭到摧毀。「來吧，我們來建造一個第三帝國，一個『Dritte Reich』。在這個第三帝國裡，嘿，各位姐妹，你們會過著快樂的生活；嘿，各位兄弟，你們會過著快樂的生活；嘿，孩子們，你們會過著快樂的生活；嘿，各位德國的愛國者，你們將會看到德國登上寶座，高高坐在全世界所有的民族之上。」各位兄弟姐妹，希特勒描繪這些理想的方式是多麼聰明。
>
> 至於我呢？除了為各位兄弟姐妹描繪社會主義是什麼模樣，我也要聲明，沒錯，我聲明我們不是一個豆腐民族的子女。我主張我們的民族在以前也經歷過一個黃金時代。

這段話至少有三個頗具啟發性的特徵，尤其是我們如果記住這一點：蘇卡諾演說的對象是他的國家裡受過教育的年輕菁英。

第一，他向他的聽眾提醒了傳統大眾式與宮廷古典式的爪哇**權力**論述。在這項有一部分源自《摩訶婆羅多》的論述裡，天界與人界的關係相當親近，神明經常往返於這兩個領域，而且統治階級的成員也可能造訪天界，甚至與部分的天界居民性交。人類的**權力**在根本上與神明的**權力**是相同類型，也來自同個源頭，因此有些人被描述也被理解為特定神明的化身。就是這種世界觀，使得操偶師的「babaran Téjamaya」(天界的產物）這句話讓人可以理解，同時也顯示了那類人物的非凡性有多麼令人習以為常。同樣的，在許多傳統爪哇宮廷編年史（babad）當中，爪哇王室成員也被若無其事地描述為《摩訶婆羅多》眾家英雄（受到爪哇化之後的哇揚形式）的直系後代。因此，這些編年史經常把注定成為統治者的人指為téja的接受者。téja是一種言語難以形容的光輝，終究由Téjamaya發散而出。同樣的，我們也許會說這種奇特的徵象一點都不奇特，因為這種徵象隨著王位而來，與我們此處所謂的「人格」沒什麼關係，更遑論是涉及**歷史內**部的使命或者訊息。實際上，我想不出統治者「從來不曾擁有」téja的例子，但倒是有許多例子是統治者被人指稱喪失了téja，這可能是各種原因造成的結果。

不過，蘇卡諾向他的聽眾提醒了這種傳統論述之後，卻刻意把自己和這種論述拉開距離。他開玩笑說，不管是希特勒還是他自己，都不是「babaran Téjamaya」，也就是說沒有人是。他以荷蘭語的「aureool」一詞做為「téja」的同義詞，彷彿這兩個詞語就像「president」（總統）與「presidèn」一樣，是某種一般性的「比較政治學」詞彙裡可以互相代換的詞語：大概是說「aureool」就是身為白人、歐洲人以及基督徒的荷蘭人對於「téja」的說法，沒有任何特別之處。他以莞爾的態度提及自己的聽眾或是德國人被人「授予」這種國際téja，沒什麼神秘之處。

第二，蘇卡諾把這種「téja-aureool」和領導明確區分開來。他雖然開玩笑地拒絕別人授予他任何aureool，卻也堅持**領導**對於任何革命都具有核心重要性，並且堅稱自己的**領導**對於印尼革命具有核心重要性。這種描述領導與印尼革命的方式深具啟發性。他的語言明白顯示印尼革命是人類歷史上的眾多革命之一，獨特之處則是在於其受到區域侷限的有限性，而且這種有限性也是民族主義常見的特色。「就像其他任何一個偉大的民族，我們也有我們自己的革命。」實際上，就是因為革命在世界各地的這種歷史**複數性**，他才得以提出這項結論，指稱印尼革命就像其他革命**一樣**，也需要領導。同樣明白可見的是，這種領導並不會「造成」革命，因為革命是產生自其他的源頭；相反的，領導是革命的必要附加物，藉以確保每一場革命都能夠以盡可能「強大」的力量進行。（如果沒有稱職的司機，就算是賓士車也會開進水溝裡。）這就是為什麼他可以主張自己的領導適切奠基在歷史原則之上，是一種「真實」而且植基於本體論當中的過程；而希特勒對於領導的主張，則是奠基在父親地位與領袖地位這種「虛假」的跨歷史原則上。藉著表達這些觀點，蘇卡諾闡述了自己是馬克思與列寧的忠實繼承人。

第三，他對於希特勒領導風格的談論方式極為奇特。希特勒原本被描述為「bukan main pandainya」，而「pandai」這個形容詞後來又重複出現。要知道，「pandai」是極為尋常的一個現代印尼詞語，意思可以是「聰明」（例如用來描述學童或學生）或者「擅長某件事物」（例如用來描述一個人擅長網球、演戲、修車，或者彈鋼琴）。這段演說的上下文顯示蘇卡諾採用的是這個詞語的第二個意思，而且他指的是希特勒「擅長」為德國人召喚出一個快樂的未來。這項技能由什麼構成，可見於蘇卡諾裝出希特勒說話方式的那種古怪模樣，也就是「嘿，各位姐妹，你們會過著快樂的生活」這種蘇卡諾**本身**的招牌說話方式。希特勒說起話來像蘇卡諾一樣，而蘇卡諾的技能就是公開演說。

在這一切當中，蘇卡諾採取了談論專家同僚的語調：「我受不了他狂熱不已地一再彈奏李斯特與拉赫曼尼諾夫，但你不得不佩服他，因為他控制手指和踩踏板的能力的確是第一流的。」因此，從有限的「技術」觀點來看，蘇卡諾相當願意給予希特勒高度評價，這是為了他的聽眾。由這位無疑認為自己是左派人士的政治人物（他在不久之後也正是以這個原因遭到推翻）所提出的這項技術性推薦極為珍貴，原因是由此可以看出蘇卡諾的政治論述之所以沒有「魅力」存在的空間，除了受到列寧與馬克思的影響之外，還有另一個原因。在這個原因之下，一位專業魔術師如果談及另一位魔術師，也許會談論對方的技術、新把戲、口白的風格、手部動作的靈巧、在舞台上的氣勢等等，但是卻絕對不會談到……魔術！當然，這一點也不表示蘇卡諾這句隨口說出的話裡不帶有召喚的元素，因為以謙遜姿態聲稱自己只是在耍弄把戲的魔術師，總是帶有某種令人敬畏的氣勢。[7]

當然，也許有人會提出異議，指稱蘇卡諾極度虛榮，思想膚淺又缺乏獨創性，而且只是二流的第三世界民族主義煽動者，所以才會以那種談論「魔術師同僚」的語調談論其他政治領袖。不過，我們在一流的第一世界魅力型領袖的書寫中也可以找到引人注意的相似之處。舉例而言，以下是戴高樂提到希特勒的說法：

> 至於希特勒，為他的事業畫下句點的是自殺，而不是叛變。他自己實現了那項事業，也自己予以終結。這個普羅米修斯為了不受束縛，而自己跳進深淵裡。……此外，如果說希特勒強而有力，那麼他也同樣極為精明狡猾。他懂得怎麼誘惑，也懂得怎麼愛撫。深受引誘的德國狂熱地追隨其領袖。直到最後，德國仍然對他百依百順，從來沒有一個領袖能夠獲得人民如此的盡心盡力。……希特勒的努力超乎凡人，也根本不近人情。他不捨晝夜地維繫這樣的努力，絲毫沒有休息。直到最後的痛苦結尾，身在柏林地底深處的碉堡裡，他還是和他當初身處至高榮耀的那段時期一樣，不受質疑，冥頑不靈，冷酷無情。為了他的衝突與留給後人的

記憶能夠帶有令人害怕的偉大，他於是選擇了從不遲疑、從不妥協，也從不撤退。這位想要舉起世界的泰坦巨人，無法低頭也不能彎腰。[8]

接下來，我們必須簡要探討「魅力」仍然保有核心比喻地位的那些領域，我們可以粗略稱之為盎格魯撒克遜自由派社會科學。鑒於韋伯在這個領域裡的崇高聲望，我們也許會認為他創造的著名詞語，必定會以基本上完好無損的狀態留存下來，意義穩定於發明這個詞語的論述當中立足。然而，我認為我們可以證明這個詞語在大部分的情況下都被借用於另一項不同的論述裡，而且韋

7 必須指出的是，蘇卡諾幾乎在每一場演說中都不忘向各式各樣的領袖表達這種類似的「技術面」仰慕，諸如甘地、凱末爾、甘迺迪、孫逸仙、拉薩爾、狄托、林肯等等。對他來說，這些全都是「orang besar」（大人物），在他們各自的國家以及各自的時代裡展現了自己極為擅長政治。

8 戴高樂，《戴高樂戰爭回憶錄》（*The Complete War Memoirs*，New York: Simon and Schuster，1960），pp. 866-67。比較以下這個講述史達林的段落（pp. 736-37）：

> 史達林深深執迷於權力意志。他終生習於以陰謀算計偽裝自己的外表與內心最深處的靈魂，對於幻想、憐憫與真誠不屑一顧，把每個人都視為阻礙或者威脅，所以他裡裡外外都充滿了謀略、懷疑與頑固。革命、黨、國家與戰爭為他提供了支配的機會與手段，而他也充分把握，利用對於複雜的馬克思辯證法與集權嚴酷性所懷有的徹底知識，運用超乎常人的大膽與詭詐，從而臣服或者消滅了其他所有人。自此以後，由於整個俄羅斯都掌握在史達林一個人的手裡，他於是認為自己的國家比起任何理論或者任何政權都更加神秘、強大而且持久。他以自己的方式深愛這個國家。俄羅斯本身在一個可怕的時代接受了他做為沙皇，並且容忍布爾什維克主義，以便將其轉變為一項對自己有利的武器。統一斯拉夫人、打敗德國人、在亞洲擴張、取得通往公海的道路，這些都是母國俄羅斯的夢想，是那位獨裁者的目標。

伯本身對這項論述想必毫不認同。

舉例而言，引人注目的一點是，在當代社會科學文獻裡，韋伯認為「魅力」可以是救贖來源的這項希望，幾乎已消失得無影無蹤。相反的，「魅力」典型上總是被呈現為具有煽動性，並且非理性、退化、可疑，又通常頗為危險。納賽爾、尼赫魯、恩克魯瑪、托赫（Amadou Toumani Toure）、吳努、蘇卡諾與何梅尼等人，因為死亡或者在政治上失勢而從國際舞台上消失的情形，整體而言都引起了如釋重負的共鳴。一體兩面的則是，對於魅力不常出現在第一世界政治體系裡而感到滿意。如果說偶爾有評論員提及柴契爾夫人或者雷根的魅力，那麼這個詞語的使用通常都帶有半開玩笑的意味，彷彿加上了引號。

為什麼會出現這種代換，而「魅力」本身又為什麼被保留在社會科學的詞彙裡？我猜這些問題有兩種答案，但這兩種答案具有間接的關聯。

第一種答案是當今大多數的社會科學家都不像韋伯那樣對於理性化、世俗化以及官僚化懷有深切的末世焦慮。核心的社會科學包括經濟學、社會學與政治學，通常認為自己是工具理性與世俗化的模範，這些學門都樂於對現代資本主義國家有所用處，也熱切希望獲得現代資本主義國家的支持。要以這些學門當中明智而且原則上可以量化的客觀性，來迎合公共政策的理性主義以及官僚主義論述，並沒有太大的困難。畢竟，這些學科的中心目標就是在確切的界線內對於集體人類行為做出可靠的預測。此外，學術社會科學本身就帶有高度的內部分工、知識的分割式分配、行政與技術階層體系，以及職業專業化。換句話說，這些學科一旦成為大型制度複合體，通常都會被納入既有的秩序裡，而不是對那套秩序提出充滿焦慮的質問。

這些情況解釋了那些學科為何會沒有明言韋伯的救贖主義，也就是他所懷有的那種迫切希望令他能夠相信各種可能性，包括「魅力」可以是某些人「真實」擁有的跨歷史與跨文化特質，而且真的有「非凡人物」的存在。這種阻塞只留下了「受到聲稱」以及「假定」的魅力型領袖這兩種可能性，而將學術焦點集中於這類領袖的追隨者：他們的文化預設，他們的社會、政治與經濟處境，尤其是驅使他們支持這些領袖的嚴重危機。[9] 在這種觀點當中，魅力的出現純粹只是一種**症狀**，突顯了**千禧年主義**這種新發現的社會失序現象。[10]

在第二次世界大戰後受到史學家霍布斯邦與蘭特納利（Vittorio Lanternari）還有人類學家沃斯理（Peter Worsley）與布瑞吉（Kenelm Burridge）所啟發的學術傳統當中，千禧年主義是被壓迫者信仰的宗教，尤其是第三世界與歐洲落後邊緣地區的傳統社群當中，那些經歷了資本主義、帝國主義、殖民主義、基督教與商品化衝擊的成員。[11] 這些大體上左傾的學者雖然同情霍布斯邦所謂的

9 這種阻塞精神至少可以追溯到吉朋，他曾以啟蒙時代的那種興高采烈姿態指控柱頂修士聖西莫盎（St. Simeon Stylites）「犯下」製造奇蹟的罪行。韋伯自己則是仍然對奇蹟抱持盼望。

10 見沃斯理，《號角必將響起：研究美拉尼西亞的「貨物」崇拜》（*The Trumpet Shall Sound: A Study of "Cargo" Cults in Melanesia*；New York: Schocken，1968）增訂第二版，pp. ix-lxix那篇詳盡的「理論與方法論引言」。

11 尤見霍布斯邦，《原始的叛亂：十九至二十世紀社會運動的古樸形式》（*Primitive Rebels: Studies in Archaic Forms of Social Movement in the 19th and 20th Centuries*；New York: The Norton Library，1965；原始出版日期為一九五九年）；蘭特納利，《被壓迫者的宗教：現代救世主崇拜的研究》（*The Religions of the Oppressed: A Study of Modern Messianic Cults*；London: MacGibbon and Kee，1963）；以及布瑞吉，《新天新地：千禧年活動的研究》（*New Heaven, New Earth: A Study of Millenarian Activities*；Oxford: Basil Blackwell，1969）。

「原始反抗者」，卻很難不從自己身在巨怪頂端的角度看待他們。從這個高高在上的位置，也許不免難以看清巨怪受害者之間的龐大差異，而傾向於把他們全部視為一個受害群體，是實際上或者潛在的「千禧年信徒」。[12]

在比較不那麼具有同情心以及進步精神的社會科學家手中，事實證明千禧年主義帶有足夠的彈性，能夠加以延伸而涵蓋一大部分的第三世界反殖民政治民族主義，尤其是在這種民族主義如果是由被人視為具有「魅力」的領袖所表述的情況下。這麼一來，民族主義就可以被抹上一層社會病態的色彩，其發言代表則是被視為憤世嫉俗或者自欺欺人的騙子。

關於魅力的存續以及重新定位的第二個解釋，則是可見於諾曼．科恩（Norman Cohn）針對中世紀歐洲若干「千禧年主義」運動所寫的開創性著作當中的結論。在這段文字裡，他把這些運動明確與現代自由主義與社會民主的敵人連結，也就是納粹主義、共產主義，以及自由意志無政府主義：

> 本書講述的故事結束於四百年前左右，但與我們這個時代並非毫不相關。筆者曾在另一部著作裡提及納粹幻想中的一項猶太人摧毀全世界的陰謀，和驅使了萊寧根人埃米高（Emico of Leiningen）與匈牙利大師（Master of Hungary）的幻想具有緊密關係；也提及大眾的迷失與不安全感，如何在本世紀以及許久以前的其他世紀促成了對於猶太人的妖魔化。這些平行乃至連續性的現象確實毋庸置疑。
>
> 不過，我們也可以省思本世紀的左翼革命以及革命運動。正如中世紀工匠集結於行會當中，

科技先進社會當中的產業工人同樣非常熱切於改善自己的處境，而他們的目標也極為實際，要求的是在經濟繁榮成果、社會特權或者政治權力（或是這三者的組合）當中，分配到更大的份額。然而，發動一場最終的末日鬥爭或是追求一個平等主義的新千年這類充滿激情的幻想，對他們的吸引力卻遠遠低得多。對於這類觀念感到著迷的人士有兩種，一種是若干科技落後社會裡的人口，那些社會不僅人口過剩又處於赤貧狀態，而且難以轉型至現代世界，所以出現錯置與迷失的現象；另一種人士則是科技先進社會裡的若干政治邊緣人口，主要是年輕或失業的工人，以及一小群少數的知識分子與學生。

我們確實可以辨識出兩種相當不同而且互為對比的傾向。一方面，世界部分地區的勞工藉由工會、合作社與議會政黨的能動性，得以將自己的命運改善到完全認不出來的程度。另一方面，在一九一七年以來的這半個世紀期間，可以看到一種社會心理過程不斷反覆出現，而且規模愈來愈大。這種過程曾經促使塔博爾派（Taborite）的教士和閔采爾（Thomas Müntzer）以及最迷失方向也最迫切無助的貧窮人口，共同幻想對於「大人物」發動一場最終的滅絕式鬥爭，並且建立一個圖謀私利者將會永久遭到放逐的完美世界。

我們要是把目光轉向另一個不同的方向，甚至也能夠為自由精神崇拜這項通往千禧年的替代路徑找到一個最新的版本。因為把個人從社會乃至外部現實當中徹底解放出來的理想早就可

12 也許就是因為這樣，霍布斯邦才會把他筆下那些反抗者的思想所留下的書面證據另外匯集在一段十九頁的附錄裡，標題是意味深長的「他們親口所言」。《原始的叛亂》，pp. 174-93。

> 以在中世紀神秘主義那種怪異的形式當中看到，這種理想可以稱之為自我神聖化的理想，且現在有些人試圖藉著迷幻藥的幫助實現。
>
> 過往的宗教用語已被世俗用語取代，而這點通常會掩蓋掉原本明顯可見的事物。因為單純的事實就是，如果剝除了革命千禧年主義與神秘無政府主義的原始超自然認可，即可看出這兩者至今仍與我們同在。[13]

科恩的這段文字首先令人聯想到的，就是蘇卡諾的魔術師同僚。因為，在現代社會科學的想像裡，希特勒就是終極的「魅力型領袖」。然而，他要被這麼定型，卻又必須是在特定的舞台燈光照射下，因為光影的對比而讓人看不到以下這些事實：一、希特勒從來不曾在德國的自由選舉當中贏得絕對多數的選票；二、他是藉著威瑪憲法的規定當上德國總理；三、他宣告成立第三帝國，是延續先前兩個帝國的做法，而不是一種**時代新秩序**；四、他承襲了威廉帝國的行政國以及由普魯士人擔任軍官的職業常備軍隊；五、如果沒有世界經濟大蕭條，他的政權絕對不可能出現；六、他的大規模屠殺是由一個高度理性化的官僚體系所實現；七、他受到特定的階級與社會階層支持；八、有些相當不具魅力的人物，也犯下了大規模政治屠殺（例如馬丁內斯〔Maximiliano Martinez〕在薩爾瓦多、蘇哈托在印尼與東帝汶，還有葉海亞．汗〔Yahya Khan〕在孟加拉的大屠殺）。最重要的是，另外，這些光影也讓這項事實被遮掩：我們這個時代的重大暴行之所以能夠發生，正是因為那些令韋伯輾轉反側的科技與行政理性（職業軍隊、科學機構、警察機器、官僚心理、系統性檔案、電腦等等）所獲得的進展。

這些受到陰影遮蔽的事實，只有和強光並置之下才能夠受到理解。因此，行政理性、科技、政治組織、財政邏輯、國家計畫以及積極衝突被遮掩看不見，都有助於突顯希特勒的「獨特性」、他的妖魔人格、他的 téja、他的心理異常，還有他的「革命性」訊息（相對於他的政治技巧、外交手腕，以及對於沙赫特〔Hjalmar Schacht〕的創新經濟政策所給予的明智支持），甚至還有德國文化那種病態的威權與千禧年式特質。現代德國的複雜歷史因此受到了妖魔化。

於是，「魅力」這個比喻以撒旦之姿現身，是地獄而不是救贖的徵兆。希特勒的黑色光環照亮了史達林與毛澤東的面貌（同時也在不那麼強烈的程度下照亮了許多第三世界的魅力型政治領袖）。這一切社會科學「魅力」造成的效果，就是以陰影遮掩了現代世界的巨大官僚體系，還有這些工具每日從中招募人員的階級。也許這就是為什麼受到妖魔化而不是神聖化的「魅力」能夠如此活力充沛地留存下來。「魅力」在形式上與一切行政理性事物的對立，鮮明顯示了我們為什麼仍然需要這種概念。這種概念已然成為一項比喻，證明這個幻滅的世界正是《憨第德》裡的樂觀主義空論家邦葛羅斯博士所想要的結果。

13 科恩，《千年的追求》（*The Pursuit of the Millennium*，London: Paladin，1970，一九五七年原版的修訂版），pp. 285-86。

3

舊國家，新社會：從比較歷史觀點看待印尼的新秩序[1]

Old State, New Society: Indonesia's New Order in Comparative Historical Perspective

在聯合國的時代，我們也許會太容易把「nation」[2]視為民族國家的簡稱，從而忽略了後者其實結合了兩種非常不同的實體，而這兩種實體分別帶有不同的歷史、成分與「利益」。不過，只要稍加回顧，即可看出這兩種實體在目前的這種結合，其實是相當晚近才出現的現象，而且這樣的結合也經常並不穩固。遲至一九一四年，王朝式國度都還是「常態」，這種國度的界定標準不是共同的語言、習俗、記憶或者恆久劃定的邊界，而是高高在上的君主中心，所以才會有全俄羅斯的沙皇、天子、英格蘭女王暨印度女皇這類人物。今天絕大多數的民族國家都是「誕生」於一八〇〇至一九七五年左右這段期間，並且是產生自「民族」發動的國家外團結運動與王朝或殖民「國家」之間的巨大衝突。因此，我們可以說大多數民族當中的年輕人，都是沒有國家的年輕人。

1 原本發表於一九八三年，《亞洲研究期刊》(*Journal of Asian Studies*)42（一九八三年五月）：477-96。經許可翻印。

2 譯注：本章的兩個關鍵詞「nation」與「state」在中文裡通常都同樣譯為國家，但前者指的是基於民族意義上的國家，後者則是側重於國家的制度與組織方面。為了避免混淆，本章的「nation」一律譯為「民族」，「state」譯為「國家」。

同樣的，大多數的國家和其目前棲身其中的民族相比，都擁有更古老的世系。這項命題的真實性，可由某些令人發噱的當代異常現象做為例證。例如蘇聯與中華人民共和國的革命以及社會主義領導者，在領土爭端上都臉不紅氣不喘地揮舞著由專制的羅曼諾夫王朝與「封建」的滿清所測繪的地圖以及訂立的條約。另外還有數十個與此相同的例子，則是前受殖民國家在獨立後沿襲了殖民國的外交政策，儘管這些國家代表的「民族利益」根本全然相反。（舉例而言，馬克斯韋爾〔Neville Maxwell〕針對獨立印度在北部邊界採行當初的印度總督寇松〔George Curzon〕所制定的政策，撰寫了一篇深入又充滿機鋒的陳述。）[3] 最後，我們也相當熟悉的一項事實是，在第三世界（還有其他地方，儘管沒有那麼明顯可見）的大多數民族國家裡，過往國家那些比較狹隘的特徵至今也還是相當顯而易見：組織結構、功能的分配、人員、以檔案與卷宗等形式保存下來的機構記憶，如此等等。

當代把民族與國家合併起來的做法，無疑是衍生自以下這項趨同發展。一方面，民族這種想像共同體（雖是出於想像，卻絕不虛幻）的正當性與自決權，已在現代生活中成為廣受接納的常態，而在「屬於自己」的國家裡找到了那種自主權的擔保品。另一方面，國家絕對無法單純藉著自己的存在而合理化了國家對於社群的勞力、時間與財富所提出的要求，於是國家在民族當中為自己找到了現代正當性。因此，民族國家是奇特地混合了正當性幻象與具體的不正當性。[4] 此外，**國家**在政治理論與政治社會學當中是個極度狡猾的實體，使得這種混合更加容易。國家可以輕易瓦解成一個合法幻象或是眾多個人（官僚體系）的集合體。事實是，國家必須被理解為一個**機構**，和教會、大學以及現代企業是相同的物種。如同其他那些機構，國家也以持續不斷的穩定過程吸收以及排出人員，並且經常橫跨很長的時間。這類機構的典型特徵，就是「它們」都有明確的加入規則，至少有年齡限制，也經常有性別、教育程度等等的限制，而且同樣重要的是，也有退出的規則，最廣為人知的就是強制退休。這些機構內部運作最引人注目的徵象，就是其最高領導人會固定輪換（企業總裁、資深教長、傑出院士、高階公務員等等）。此外，如同其他那些機構，國家也不只擁有自己的記憶，還懷有自我保存與自我擴張的衝動，隨時透過其現存的成員「表達」這些衝動，但無法簡單歸結為他們短暫的個人野心。

在這些情況下，我們不免預期民族國家的政策會混合兩類整體利益，一類是國家的利益，另一類是民族的利益，最好的方法也許是將其視為「代表性」或「參與性」利益。因此，我們可以在以下這兩種極端狀況之間想像一種漸進式的光譜。（以下這些區別，是由艾勒爾斯〔Henri Alers〕熱切舉出的例子變化而來。）[5] 一個狀況是外國占領或殖民，例如法國遭到德國占領，或者日本遭到美國占領、「印尼」遭到荷蘭殖民，或者「越南」遭到法國殖民。在這些例子當中，國家都還是繼續發揮其現代功能，像是收稅、提供服務、印製貨幣、舉行司法程序等等，而且受到國家雇用的人員絕大多數都是本土人口。值得注意的是，這些狀況都沒有任何條件預先決定了遭征服人口的福祉程度。在美國占領下，日本社會以驚人的速度從戰爭的災難當中恢復，而且也沒有

3 馬克斯韋爾，《印度對華戰爭》（*India's China War*，New York: Pantheon，1970）。
4 見拙作《想像的共同體：民族主義的起源與散布》（London: Verso，1983）。
5 艾勒爾斯，《邁向紅色或綠色的獨立：十年的國內政治：印尼，一九四三年至一九五三年》（*Om een rode of groene Merdeka: tien jaren binnenlandse politiek: Indonesië 1943-1953*，Eindhoven: Vulkaan，1956）。

人能夠否認，就某些面向而言，越南與印尼的殖民政權的確推動了受殖民者的進步。但儘管如此，明白可見的是民族參與性利益幾乎完全遭到忽視或者壓制。另一個狀況是革命初期，國家在這種時候正處於解體狀態，權力也確切轉移到國家外組織的手中，而且這類組織對於人員的招募通常是在自願還有大規模的基礎上。

以上這兩者如果是極端的案例，那麼在尋常的情況下，民族國家的政策結果所代表的通常是以上概述的這兩種「利益」之間的平衡變動。我主張這項架構是個能夠用來解讀印尼現代政治的有用觀點。我尤其認為新秩序（自一九六六年左右至今）的政策結果最好的解讀方式，就是將其視為國家利益的最大表現，而且要判斷這個論點的有效性，一個有用的方法就是思考印尼的國家歷史。我在此處的目標主要不是衡量先後政權對於人口帶來的效益，而是要提出一套從事比較歷史分析的適當架構。

先祖時期：殖民國家

印尼國家的誕生日至今仍是一個備受學者爭論的問題，但其誕生地點卻是相當清楚：在巴達維亞這座土地溼軟的沿海城鎮，荷蘭東印度公司在十七世紀初以這裡做為其島嶼帝國的中心。荷蘭東印度公司從阿姆斯特丹的觀點看來雖是一家企業（獲利程度起伏不定），在印尼群島上卻幾乎從一開始就展現出國家的樣貌，包括招募軍隊、簽訂合約、課徵稅收、懲罰犯法人士等等。此外，這個國家早自胚胎期就已開始注重無關乎商業利益的政治領土擴張。[6] 荷蘭東印度公司在十九世紀初受到荷蘭王室取代之後，這種同樣的衝動仍然明顯可見。實際上，我們今天所知的印尼，正是巴達維亞的政經權力在一八五〇至一九一〇年間的驚人延展所造成的結果。[7] 當時許多的征服行動在經濟利益或甚至是軍事安全方面都沒有太大的意義，[8] 有些更是在財政方面造成災難性的後果。關鍵決策經常是在巴達維亞做成，而不是在海牙，為的也是當地的國家利益。亞齊戰爭（一八七三至一九〇三年）就是一個很好的例子。[9]

到了一九一〇年，殖民國家透過本身的軍事部隊（荷蘭皇家東印度軍）而在其廣大的占領區域當中成功維護了「rust en orde」（平靜與秩序），結果這套控制體系一直延續到一九四二年，才遭到日本侵略者在短短幾個星期裡所摧毀。如果說這個國家的水平擴張在本世紀初期遭到遏止，那麼其垂直穿透可是恰恰相反。在一九〇一年開始推行的所謂倫理政策（Ethical Policy）之下，國家機器大幅深入了本土社會，負責的功能也迅速激增。[10] 教育、宗教、灌溉、農業改良、衛生、礦

6 舉例而言，見博克塞（Charles Ralph Boxer），《荷蘭海洋帝國，一六〇〇年至一八〇〇年》（*The Dutch Seaborne Empire, 1600-1800*：London: Hurchison，1965），pp. 84-97。

7 弗雷克（Bernard Hubertus Maria Vlekke），《努山達拉：印尼的歷史》（*Nusantara: A History of Indonesia*：Brussels: Editions A. Manteau，1959），第十四章（〈印尼的統一〉〔The Unification of Indonesia〕）。

8 就這方面而言，那些征服行動正是一九七五年十二月七日之後併吞東帝汶這項嘗試的前身。

9 弗雷克，《努山達拉》，pp. 320-21。

10 關於此一過程的經典著作是弗尼瓦爾（John Furnivall），《荷屬印度：多元經濟研究》（*Netherlands India: A Study of Plural Economy*：New York: Macmillan，1944）。由此造成的結果貼切表達於這個書名：《Rumah Kaca》【玻璃屋】（Jakarta:

產開發、政治監控，全都愈來愈成為一個快速擴張的官僚體系所負責的工作。這個官僚體系的擴張，主要是依據其本身的內在衝動，而不是為了因應任何組織性的國家外要求。

這種擴張的基礎是什麼？只要看看成熟後的殖民國家在課稅與人員方面的政策，即可清楚看出這個問題的答案。一九二八年，也就是經濟大蕭條之前的最後一個好年，殖民國家的收入約有百分之十來自國家獨占事業，包括典當業以及鹽巴與鴉片買賣（殖民國家販售鴉片的價錢，是新加坡開放市場的十倍）；[11] 百分之二十來自國營礦場、種植園與工業的利潤；百分之十六來自進口關稅；百分之十來自公司稅；百分之六來自地租；百分之九來自所得稅；剩下的則是來自若干消費稅以及其他累退間接稅。[12] 我們只要提醒自己這個經濟體在當時生產了全世界百分之九十的奎寧、百分之八十的胡椒、百分之三十七的橡膠、百分之十八的錫，更別說還有石油，那麼即可明白看出，這個晚期殖民國家就像先前的荷屬東印度公司國家一樣，財務實力主要也是來自其本身的獨占事業，還有對於當地人力與自然資源的高效率榨取利用。

關於另一面，我們必須轉向政府支出的模式。在一九三一年，國家支出有不下百分之五十都用來維護。[13] 這種模式的一個原因是，荷屬東印度國家從歐洲引進的官員人數與本土人口的比例是英屬印度（排除「本土」各州）的九倍。[14]（這是相對晚近的發展，因為在一八六五年，爪哇的人口雖有一千兩百萬至一千三百萬人，負責領土行政的歐洲官員卻只有一百六十五人。）[15] 然而，歐洲人的人數在整個國家機器裡卻只占了略微超過百分之十而已。在一九二八年，受到國家雇用的本土官員將近二十五萬人。[16] 換句話說，殖民地文官有百分之九十都是「印尼人」，國家如果沒有他們絕對不可能運作。如同班達所寫的，這種狀況是各個階層的本土統治階級（主要都是爪哇人）自從十九世紀中葉以來，受到愈來愈中央集權也愈來愈精簡的殖民beamtenstaat（官僚制國家）所吸收的這段漫長過程當中的最後一個階段。[17]（薩瑟蘭對於殖民晚期的爪哇領土官僚體系撰寫了一部優秀的研究著作。）[18]

三年半的日本軍事統治（一九四二年三月至一九四五年八月）差點摧毀了這個鐵籠。首先，

Hasta Mitra，1988），這是小說家帕拉莫迪亞針對印尼民族主義崛起所寫的傑出四部曲當中，他為第四冊所取的傳柯式書名。有一篇作品以諷刺筆調窺探了這座玻璃屋的建造過程，見王福涵，〈莫測高深與疑神疑鬼：探究布羅托丁寧格拉特事件的起源〉（The Inscrutable and the Paranoid: An Investigation into the Sources of the Brotodiningrat Affair），收錄於麥維編，《東南亞的過渡期：社會史觀點》（*Southeast Asia Transitions: Approaches through Social History*，New Haven: Yale University Press，1978）。

11 拉什，《爪哇的鴉片：殖民印尼的收益耕作與華人企業，一八六〇年至一九一〇年》（*Opium to Java: Revenue Farming and Chinese Enterprise in Colonial Indonesia, 1860-1910*，Ithaca, N.Y.: Cornell University Press，1990），p. 226。

12 上述的數據計算自凡登柏許（Amry Vandenbosch），《荷屬東印度：其政府、問題與政治》（*The Dutch East Indies: Its Government, Problems, and Politics*，Berkeley: University of California Press，1944），pp. 298-305。

13 同上，p. 172。

14 同上，p. 173。

15 法瑟爾（Cornelis Fasseur），《強制耕種與殖民利益，荷蘭人對於爪哇的剝削，一八四〇年至一八六〇年》（*Cultuurstelsel en Koloniale Baten: De Nederlandse Exploitatie van Java, 1840-1860*，Leiden: Universitaire Pers，1975），p. 9。

16 凡登柏許，《荷屬東印度》，p. 171。

17 班達，〈荷蘭在印尼統治末年的改革模式〉（The Pattern of Reforms in the Closing Years of Dutch Rule in Indonesia），《亞洲研究期刊》25（一九六六）：589-605。

18 薩瑟蘭（Heather Sutherland），《官僚菁英的養成：殖民統治對於爪哇博雅易造成的轉變》（*The Making of a Bureaucratic Elite: The Colonial Transformation of the Javanese Priyayi*，Singapore: Heinemann，1979）。

殖民國家的領土統一性遭到打破。爪哇、蘇門答臘與印尼東部分別受到日本第十六軍、第二十五軍以及海軍的一個分支機構所統治，每個區域都各自採行不同的政策，相互之間的行政部門幾無接觸，更遑論人員輪調。第二，由於這樣的分割以及殖民地出口經濟在戰時的崩潰，各州的資源基礎因此瓦解，連同其內部財政紀律。在爪哇，軍事當局因應這項危機的做法是課徵嚴苛的勞力與實物稅，以及輕率地大量印製鈔票。惡性通膨導致官員薪資變得毫無意義，於是深深打擊士氣的貪腐現象在整個國家機器當中迅速蔓延開來。第三，倏然間驅走經驗豐富的荷蘭官員，以相對缺乏經驗的日本官員以及突然受到提拔的印尼官員取而代之，再加上戰爭造成人口流離失所與物資短缺，種種都大幅削弱了國家機器的效力。最後，占領政策在晚期的殘暴剝削引起了大眾深切的仇恨，而且這種仇恨的對象主要是愈來愈被視為通敵走狗的本土官員。因此，在日本於一九四五年八月投降之後，國家組織在爪哇與蘇門答臘的許多地區都因為群眾起義而幾乎消失無蹤。[19]在印尼的其他地方，昔日官僚制國家的殘餘則是恣意自行發展。

國家與社會，一九四五至一九六五年

一九四五年八月十七日，著名的民族主義政治人物蘇卡諾與哈達（Hatta）宣告印尼獨立，而宣告的場合是一場簡短的典禮，舉行於蘇卡諾位於雅加達的私宅前院。如果說這兩人持有什麼正式職位，那麼就是印尼獨立準備委員會的主席與副主席，而這乃是日本人在一個星期前才匆匆成立的組織。第二天，這個委員會的二十幾個成員「選舉」蘇卡諾擔任總統這個新奇職務，從而正式把新民族與舊國家的領導結合在一起。[20] 蘇卡諾的領導地位在之後雖然從未接受為數更多的選民投票決定，但這點並無損於國家領導職務首度以**代表**方式決定所帶有的重大意義。

這些在實體上與政治上都發生於國家**以外**的行為所帶有的象徵性，提醒了我們蘇卡諾先前的職業生涯乃是完全建立在動員大眾力量（民族主義運動）以及長期反對殖民國家之上。蘇卡諾不但從來沒有擔任過那個國家的官員，還曾經遭到那個國家的線民監視、被那個國家的警察逮捕、接受那個國家的法官審判，並且遭到那個國家的高階官僚首長監禁以及流放於國內將近十一年之久。[21] 而那些監視、逮捕以及流放他的人士，更遑論那些在他享有自由的時候一再對他的政治活動橫加阻礙的人，有許多都是身處國家機器的印尼成員。

在接下來為期四年的革命期間（一九四五至一九四九年），實際上有兩個國家同時於印尼群島上運作，一個是新生的共和國，一個是回歸的荷屬東印度。荷蘭雖然遭到戰時的納粹占領與經濟摧殘嚴重削弱了國力，握有的軍事與財務資源卻還是遠勝過印尼民族主義者。到了一九四六年底，荷蘭已重新控制了印尼群島的整個東半部，一年後更是占領了爪哇與蘇門答臘當中幾乎所有主要的出口商品生產區。荷蘭在力量逐漸成長的情況下，得以重新組織舊官僚制國家的許多部門。在一九四八年十二月十九日發動的第二次「警察行動」之後，殖民國家占領了每個重要的都會中心，

19 見拙作《革命時期的爪哇》（Ithaca, N.Y.: Cornell University Press，1972），第六、七、十五章。
20 同上，第四章。
21 列格，《蘇卡諾政治傳記》（*Sukarno: A Political Biography*，New York: Praeger，1972），尤其是第五、六章。

並且捕捉了蘇卡諾、哈達以及共和國的其他領導人物。[22]

至於與之對立的共和國，國家力量從一開始就頗為孱弱，後來又隨著一年年過去而愈來愈弱。共和國承繼的大多數人員在政治可靠性方面都令人存疑：這個國家的許多新成員都是水平進入，抱持的願景、經驗與技能都完全不具官僚制國家的色彩。有不少人在國家組織裡擔任職務，卻沒有打算追求長期的官職生涯。國家內低度的一致性又因為財務困頓而更為突顯。這個國家擁有的權威，一大部分都是借自其昔日的敵人，也就是民族主義領袖。[23]另一方面，這些領袖現在也發現保護這套機制對他們自己有利，原因是這三項策略性理由：第一，他們滿心想要盡可能阻止荷蘭人取得過往的官僚制國家，因為他們意識到這套機制在許多方面都對他們的敵人具有遠比對於他們自己更高的重要性；第二，他們發現這套機制對於他們的內部權力鬥爭偶爾有用；第三，他們希望自己的國家能夠獲得國際承認為主權民族國家，而只有擁有國家機制的民族才能夠得到這樣的承認。

如果說荷蘭人最終被迫承認落敗，那麼原因其實與共和國的國家組織無關。首要因素是高度在地化的大眾反抗，尤其是在爪哇與蘇門答臘，反抗仰賴許許多多國家外的政治軍事組織，而那些組織都是在地方上招募人員、接受地方的資助，領導者也是當地人。[24]把這些許許多多的反抗勢力連結在一起的不是國家，而是對於自由民族的共同願景。[25]荷蘭人對於戰爭的疲乏以及美國龐大的外交與金融壓力也協助促成了那驟然間的轉向，於是主權也就在一九四九年底由荷蘭正式移交給印尼聯邦共和國。

這個獲得國際承認的新實體，在內部代表了一種脆弱的結合，結合的對象是兩個在先前四年間互相敵對的國家，包括軍隊、文官體系、初期議會、財務資源與負債，其中涵蓋繼承自荷屬東印度國家的十一億三千萬美元債務，[26]還有眾多的機構記憶。此外，這項結合的兩「半」，都因為不同的原因而頗為孱弱：荷屬東印度這一半在政治方面染上了通敵的污點，內在的荷蘭骨幹又因為移交而被剝奪；共和國這一半則是尚未從一九四八至一九四九年間的潰敗當中恢復。後來，印尼聯邦共和國在一九五〇年因為國家外的民眾騷動而轉變為印尼共和國這個單一制國家之後，那種結合的脆弱性還是沒有大幅降低。我們大可主張議會民主之所以在印尼存續至一九五七年左右，純粹是因為**沒有其他可行的政權形式**。當時印尼沒有一致的文官體系，沒有出現居於主導地位的全國性政黨，也沒有中央集權而且職業化的軍隊（包括用於控制整個群島的強大海軍與空軍）

22 見喬治・凱亨，《印尼的民族主義與革命》（Ithaca, N.Y.: Cornell University Press，1952）；艾勒爾斯，《邁向紅色或綠色的獨立》；瑞德（Anthony Reid），《印尼民族革命》（*The Indonesian National Revolution*；Hawthorn, Victoria: Longmans，1974）。

23 關於民族主義領袖與國家高層代表在一九四五年八月三十日的單向協商，見安德森，《爪哇》，pp. 113-14當中的記述；至於蘇卡諾與他的同夥為何以自己的威望協助復興前殖民官僚體系的權威，見第十五章的分析。

24 此一大眾反抗有一段精彩的描述與討論，見奧黛麗・凱亨（Audrey Kahin），〈獨立抗爭：印尼民族革命當中的西蘇門答臘〉（Struggle for Independence: West Sumatra in the Indonesian National Revolution；Ph.D. thesis, Cornell University，1979）。

25 亞齊是這種情形的表徵。在獨立（一九五三年）之後，亞齊是第一個針對雅加達的干預發起反抗的大型區域。在革命期間，亞齊曾是中心最無私的支持者，對於爪哇那些背負了沉重財務壓力的共和國當局慨然捐贈大筆金錢（那些當局沒有立場透過國家徵稅）。

26 凱亨，《印尼的民族主義》，pp. 433-53。

能夠奪取權力。我們也許可以說，議會民主因為強調大眾代表以及國家外政治組織與活動，所以「合乎」既有現實，並且表達了民族與社會的重要性在當前超越國家的情形。

隨著獨立奮鬥的活力逐漸褪去之後，國家愈來愈趨明顯的孱弱可以見於三個面向：軍事、經濟與行政。

早在一九五〇年，由前共和國與前荷蘭皇家東印度軍結合而成的軍隊，就因為這兩種成員之間的敵意而在爪哇與蘇拉威西爆發暴力事件，導致「南摩鹿加共和國」企圖分離獨立。[27]不久之後，印尼群島上許多地方都發生了所謂的區域叛亂，尤其是在先前共和國色彩濃厚的地區。最後，一九五八年一場全面內戰爆發，一方是印尼共和國，另一方是個自稱為印尼革命共和國的團體，領導者當中有些是革命時期最知名的政治和軍事人物。這些衝突之所以有可能發生，原因是當初的革命乃是由地方游擊勢力進行，僅由一小群缺乏經驗的核心人員對那些游擊部隊握有一定程度的道德權威。結果就是，如同戰後的緬甸，獨立的印尼國家也有多年無法對大片疆域行使軍事控制。

在經濟方面，國家不僅面對一個遭到戰爭與革命摧殘的經濟，還承繼了沉重的債務，又沒什麼有效課徵稅收的方法。此外，直到一九五七年，所謂的「五大」荷蘭巨型企業集團都持續支配大部分的先進收益產生部門以及島際貨運。印尼的石油產業絕大部分都掌握在荷蘭、美國與英國人的手裡。難怪後殖民國家僅僅散發出時明時滅的黯淡光芒，就像是用手電筒電池供電的強烈弧光燈一樣。

一九五〇年代期間，文官機制的行政一致性與紀律持續崩頹。這種情形有一部分是一九五〇年之後那個由兩半結合而成的國家機制當中，彼此的積怨所造成的結果。另一部分則是因為官員在革命期間遭到驅趕下台、綁架甚至殺害的記憶導致士氣低落，並且鼓勵了自我保護的消極心態。不過，最重要的是國家受到社會滲入的情形。早在革命期間，官僚制國家裡部分職務與功能的擔任者，就已是過去在殖民時期必然會被排除在這些職務之外的人士：年老的伊斯蘭教奇阿依（伊斯蘭老師）成為地方官，青少年籌辦醫療與供食的公共服務，功能性文盲也當上重要的地方軍事指揮官。這類人士雖然加入了國家組織，但他們的根本效忠對象卻通常是民族、意識形態群體、民兵組織、地方社群等等。在一九五〇年之後，這樣的滲透持續進行，首先是透過政黨。在一個約有一億人口的民族國家當中建立全國性的政黨，自然成本極為高昂。領導人物發現，有個成本低廉的方法可以發展他們的組織，就是把支持者送進國家機制裡。於是，文官體系從一九四〇年約有二十五萬人膨脹至一九六八年的兩百五十萬人左右，在一個世代裡就增加了十倍。[28] 一個經濟薄弱的國家，自然無法為這個龐大的群體支付足夠的薪水，從而維持一定程度的內部制度紀律。如此一來，無可避免的後果即是貪腐的蔓延（有些是個人行為，有些是為了政黨的財庫）以及效能的衰退。一九五〇至一九五七年間的歷任政府雖然都是政黨聯盟，裙帶政治之下的部門區隔卻

27 西爪哇的「維斯特森事件」（Westerling Affair）與南蘇拉威西的「安迪・阿齊茲事件」（Andi Aziz Affair）可以找到良好的記述，見菲斯，《印尼憲政民主的沒落》（Ithaca, N.Y.: Cornell University Press，1962），pp. 62，66-68。

28 艾默森（Donald K. Emmerson），〈脈絡中的官僚體系：強大中的弱點〉（The Bureaucracy in Context: Weakness in Strength），收錄於卡爾・傑克森（Karl D. Jackson）與派伊（Lucian W. Pye）編，《印尼的政治權力與通訊》（*Political Power and Communications in Indonesia*，Berkeley: University of California Press，1978），pp. 82-136，在p. 87。

變得比以前還更加嚴重。到了一九五七年，最能顯示國家漏洞百出的事件，就是一九五七年第一號法令（Law No. 1/1957）的通過，把區域首長（kepala daérah）改為由政黨支持的選舉產生，而不是由中央任命。[29]

不過，滲透了國家機制的不只是政黨。在革命期間以及革命之後，外圍島嶼較落後地區的許多傳統通敵上層階級都失去了（或是害怕失去）昔日大部分的權力與財富。由於在選舉場域中感到脆弱無助，他們因此熱衷於把子女送進如雨後春筍般迅速冒出的文官學院，藉此保護自家世系的未來。這些年輕的少數族群貴族官員，為國家有如萬花筒般的內部生活又增添了一個經常積極展現保守與特殊主義姿態的族裔層面。[30]

不過，在議會時期的尾聲，兩股強大勢力卻同時對國家伸出了援手。這兩股勢力當中最重要的是陸軍。在這十年間，陸軍深受內部衝突所苦，但雅加達的最高司令部逐漸強化了本身的權威，[31] 採取提倡專業與團結的政策，方法包括海外訓練（主要在美國）以及在印尼本身發展愈來愈複雜而且由中央控制的教育制度。此外，最高司令部也在接受大量外來協助的情況下，建立了本身的菁英打擊部隊，後來在一九六〇年代達到成熟，成為陸軍戰略後備隊（Kostrad）。主要因為蘇聯援助，中心因此得以擁有龐大的海軍和空軍（這類組織因為需要大量資金，所以不太可能產生自分散的游擊部隊）。因此，陸軍領袖到了一九六二年已大體上壓制了區域軍事異議，並且將荷屬東印度的舊疆域納入統一控制，一九四二年以來首次達成的成就。每一次的軍事成功都代表消除了在軍隊內部爭奪支配地位的競爭對手。爪哇出身的軍官對於最高司令部的掌控與日俱增，而爪哇部隊也成為大多數外圍群島的實質占領者與控制者。

最後，陸軍領袖找到了方法，能夠抗拒那些造成國家機制的文官部門嚴重零碎化的力量。一九五七年是此一發展的轉捩點。三月十四日，蘇卡諾總統為了因應區域危機而對全國發布戒嚴令，給予軍隊極為龐大的緊急權力。這些權力一開始是用於抑制政黨活動，尤其是印尼共產黨，也用於壓制政黨控制的退伍軍人組織，並且封阻軍隊與政黨的連結。接著，激進的工會在十二月為了報復海牙在西新幾內亞問題上的冥頑不靈而攫奪了龐大的荷蘭企業帝國，促使最高司令部隨即介入而取代了工會。[32] 突然之間，最高司令部就這麼掌控了大部分的先進經濟領域。於是最高司令部首度擁有足夠的財力能夠讓軍官團緊緊依附，並且為整個軍隊提供一項集體經濟利益，不同於印尼社會的其他領域。自從一九四二年以來，印尼的主要經濟資源首度被統一的地方控制。

與陸軍領袖結盟的，是蘇卡諾這個魅力型人物。在一九五八年二月造成內戰爆發的區域動盪中，他察覺到一項日益增長的民族分裂威脅，而且這項威脅又因為美國（至少是中情局這個美國的左手）為異議者提供資助與武裝而更顯迫切。他透過經驗而愈來愈認定政黨聯合內閣無力克服

29 列格，《印尼的中央權威和區域自治：對於地方行政的研究，一九五〇年至一九六〇年》（Ithaca, N.Y.: Cornell University Press，1961），第九章。

30 此一過程詳實討論於馬干達，〈印尼殘存的貴族：外圍群島三個省份的政治〉（The Surviving Aristocracy in Indonesia: Politics in Three Provinces of the Outer Islands，Ph.D. dissertation, Cornell University，1989）。

31 麥維，〈印尼陸軍在革命後的轉變〉（The Post-Revolutionary Transformation of the Indonesian Army）pts. 1 and 2，《印尼》11（一九七一年四月）：131-76；13（一九七二年四月）：147-82。

32 丹尼爾．列夫，《過渡至指導式民主的過程：印尼政治，一九五七年至一九五九年》（*The Transition to Guided Democracy: Indonesian Politics, 1957-1959*），康乃爾現代印尼研究計畫專著叢書（Ithaca, N.Y.: Cornell University，1966），pp. 34，69-70。

此一威脅，甚至單靠他自己的個人威望也有所不足。只有陸軍擁有所需的權力和手段。因此，他必須給予陸軍領袖他們堅稱自己所需的東西：戒嚴令、抑制政黨、控制荷蘭企業，以及撤銷一九五七年第一號法令。他也可能認定要促使荷蘭把西新幾內亞交還給共和國，唯一的方法就是建立一支能夠迫使荷蘭人（還有美國人）必須認真看待的軍事力量。

不過，蘇卡諾相當清楚陸軍統一之後，將會首度帶來成功發動政變並且成立軍事政權的可能性。於是，他立刻利用自己的政治威望與一九四五年憲法（在一九五九年由他個人頒布的命令所恢復）賦予他的法律權限，預先壓制了政黨及其附屬群眾團體。[33] 陸軍最高司令部與蘇卡諾的結盟，使得「議會民主」轉變為「指導式民主」的過程相對平順。不過，這是一項權宜的結盟，結盟雙方的直接利益不再一致之後就隨即開始瓦解。這兩者以及雙方各自愈來愈擁護的勢力之間的衝突，先是造成一段極度不穩定的時期，最終則是導致一九六五至一九六六年間的災難事件。

從蘇卡諾的觀點來看，這項結盟的首要目的是要把整個前荷屬東印度納入共和國，並且在印尼群島上恢復統一的權威，而這項目的已在一九六三年初達成。當時藉著巧妙結合外交手腕和軍事方面的虛張聲勢，終於成功促使美國人透過暫時性的聯合國託管，將西新幾內亞歸還。不過，為這一切所付出的代價相當高，而且不只是陸軍的權力與內部團結都因此大幅增加。陸軍和美國之間經歷漫長時間才逐漸成熟的緊密關係，也讓美國這個支配此區域的外國軍事強權，擁有了一個深深位於印尼國家內部的危險據點。[34] 在蘇卡諾眼中，此一現象嚴重限制了印尼民族國家的主權，更限縮了印尼以最大的自主權管理國內事務的能力。此外，讓陸軍掌握前荷蘭企業，也惹怒了那些受雇於礦場、種植園以及其他大型商業組織當中的工人與農夫。蘇卡諾愈來愈覺得不只是他自己的個人地位遭到威脅，民族主義運動的原始目標也陷入了危險。[35]

我們可以把他對於這個問題的解決方法，視為帶有兩種不同但互相關聯的元素。第一個元素是鼓勵國家外群眾組織重新動員（「回歸我們革命的軌道」），追隨他個人的意識形態領導。（一九六三年五月一日，就在雅加達對於其所稱的伊利安巴拉特〔Irian Barat，即西新幾內亞〕取得主權之後，蘇卡諾隨即解除戒嚴，恢復政黨的活動自由。）矛盾的是，這種做法之所以容易，正是因為指導式民主下不舉行選舉。議會憲政的間斷式節奏以及立法焦點，受到了大眾政治逐漸加快的步調所取代，在印尼社會之中的擴散不僅更為廣泛，也更加深入。這個時期的主要政黨，像是印尼共產黨、印尼國民黨，以及保守的伊斯蘭教士聯合會，都不只致力於擴張黨員人數，也致力於擴張各種附屬團體，包括青年、婦女、學生、農民、勞工、知識分子以及其他族群的團體。造成

33 這麼說並不是要否認蘇卡諾對於一九五〇年憲法加在他身上的限制感到惱火，也沒有要否認他對於一九四五年憲法賦予總統職位大幅增加的權力樂在其中。此外，他之所以保護政黨和群眾團體（除了社會黨與伊斯蘭教的馬斯友美黨以外，他以這兩個政黨參與印尼革命共和國為由而予以禁止），原因是他覺得自己有必要獲得組織性政治支持以便和陸軍抗衡。實際上，他對於陸軍的意圖深感憂心，甚至特地向海軍、空軍和警方施加恩惠。

34 長期擔任美國駐印尼大使（一九五八至一九六五年）的鍾華德（Howard P. Jones）在他那部獨特的回憶錄裡充分闡明了這一點：「就權力政治而言，我們最佳的賭注應該是押在印尼陸軍上……藉以維繫陸軍高階軍官團體親美反共的忠誠度。」《印尼：可能的夢想》（*Indonesia: The Possible Dream*；New York: Harcourt Brace Jovanovich，1971），pp. 126-27。

35 列格，《蘇卡諾》，第十二至十三章；豪斯威德（Peter Christian Hauswedell），〈蘇卡諾：激進還是保守？印尼政治，一九六四年至一九六五年〉（Sukarno: Radical or Conservative? Indonesian Politics, 1964-65），《印尼》15（一九七三年四月）：63-82。

的結果就是，到了指導式民主結束之際，這幾個政黨都得以主張自己是一個巨大的組織性意識形態「家族」的核心，成員都各達兩千萬人左右，在每個生活領域都日夜不休地競逐著影響力。因此，大眾對於國家的滲透雖在一九五七年宣布戒嚴之後受到遏止或甚至逆轉，現在又重新恢復。就連軍隊也受到這種滲透的壓力，原因是蘇卡諾推行了所有國家機構的「納沙貢化」運動，並且在一九六五年推動成立第五軍，由志願民眾組成。（納沙貢是「Nasionalis-Agama-Komunis」的簡寫，也就是「民族主義—宗教—共產主義」。另外四軍自然是陸軍、海軍、空軍和警察。）

第二個元素是愈來愈強調經濟自給自足以及積極反帝國主義的外交政策。本文無力完整探究這項帶有強烈民族主義色彩的政策背後的理由，在此處只需指出這項政策的目的在於鼓勵蘇卡諾個人直接支持下的大眾動員，同時將解體的可能性降到最低。[36] 此外，這項政策也是意在減低美國對印尼國內政治的影響力。總統與他的政治支持者都非常清楚「美國關係」（訓練、資金、武器、情報等等）對於陸軍領袖有多麼重要，並且認為持續追求印尼的政治與經濟自主，是一種細膩而有效的方法，可讓他們朝著打破那種關係的目標逐漸邁進。[37]

不過，後來發生的事件很快就證明了蘇卡諾的政治措施難以長久持續，至少在當時的狀況下是如此。根本的原因在於經濟。印尼純粹就是太過貧窮，無力同時負擔以下這些事物：建立巨大的軍事力量，為強硬的外交政策賦予可信度；[38] 推行自給自足的經濟政策以排除大部分的外資，並且把既有的先進生產部門留在缺乏經驗又貪腐的軍事管理當中；還有大規模動員互相競爭的群眾運動。要因應由此帶來的財務壓力，唯一的方法就是印製愈來愈多的鈔票。這時出現的情形有如日本時期的翻版（也是因為類似的結構性原因），只見印尼盾的幣值滑落得愈來愈快，在一九六二年初至一九六五年底之間，印尼盾在黑市裡兌換美元的價值，從四百七十印尼盾兌一美元變為五萬印尼盾兌一美元，而且這個上升曲線在一九六四年中之後變得極為陡峭。[39]這場惡性通膨全面地影響了印尼生活，並且敲響了指導式民主的喪鐘。

就我們此處的討論目的而言，最重要的後果有二。一方面，如同在日本時期晚期，國家機制文官部分的功效隨著貪腐與曠職現象的激增而崩解，通訊、運輸以及徵稅也都停擺。（這樣的情形並沒有遏止官僚體系的成長，我們甚至幾乎可以說這種成長就像是惡性腫瘤的轉移。）唯一能夠自我維繫的機制是陸軍，部分原因是陸軍受到「法律」阻絕政黨滲透，另一部分的原因是陸軍控制了印尼的實質資產，而不只是紙上資產。因此，在指導式民主的最後幾年，只見陸軍的地位上升速度愈來愈快，勝過國家行政的其他所有部門。另一方面，惡性通膨導致國內的敵意惡化至爆炸邊緣。隨著貧窮人口的生活水準迅速衰退，印尼共產黨的支持者於是愈來愈大力要求該黨從事更加激進的抗爭，以便為他們爭取物質利益。法律對於所謂的必要企業（即國營企業）禁止罷

36 見亨德利，〈蘇卡諾總統與共產黨人：馴化的政治〉，《美國政治學評論》56（一九六二）：915-26。借用亨德利的觀點，我們可以主張蘇卡諾實際上的目標在於馴化所有印尼政治團體。參照拙作〈印尼：統一相對於進步〉，《當代歷史》48（一九六五）：75-81。

37 不意外，沒有人針對「蘇聯關係」發起任何類似的運動，不是因為印尼共產黨與蘇聯共產黨關係良好（實際上並不好），而是因為蘇聯的軍事物資都是流向陸軍的競爭對手：海軍和空軍。

38 尤其是一九六三年九月針對新成立的馬來西亞聯邦所推行的「對抗」政策。

39 麥基（James Austin Copland Mackie），《印尼通膨問題》（*Problems of the Indonesian Inflation*），康乃爾現代印尼研究計畫專著叢書（Ithaca, N.Y.: Cornell University，1967），pp. 98-99，tab. 3。

工的規定，使得工會採取鬥爭行動不僅困難，也背負高度風險。鄉下的前景看來比較樂觀，因此印尼共產黨在一九六四年展開「aksi sepihak」（單邊大眾行動），以迫使政府落實訂定於一九五九年與一九六〇年的那些頗為溫和的租佃分成與土地改革法律。[40] 這個時機實在是糟到了極點，原因是惡性通膨造成的後果之一，就是大量出脫現金買入土地（對於擁有現金的人而言），而原本就已擁有土地的人更是堅決不肯放棄資產。第一個群體包括了許多官員，不論文官還是軍官；第二個群體則是在伊斯蘭教士聯合會與印尼國民黨的區域領導階層當中占有重要地位的地方顯要人士。[41] 早在翁東中校的九三〇運動爆發的幾個月前，就已經出現反印尼共產黨的鄉下暴力現象，[42] 預示了一九六五至一九六六年間由陸軍領導階層下令的屠殺行動。指導式民主就因為這場屠殺而被掃入了歷史，蘇卡諾也在不久之後落入同樣的下場。

蘇哈托與國家，還有新秩序

本文最後一節的論點是，要理解新秩序，最好的方法乃是將其視為國家的復興，並且是國家勝過社會與民族的現象。這項勝利的基礎，在於印尼共產黨及其盟友被實質消滅、大眾運動被壓制、國家機制內部全面肅清異己，以及消除蘇卡諾總統的政治勢力，這一切都於一九六五年十月至一九六六年四月之間達成。不過，要瞭解這項勝利的**性質**，就必須看看蘇哈托將軍先前的職業生涯，接著再探討自從一九六六年以來持續採行的政策當中幾項比較引人注目的元素，因為兩者密切相關。[43]

蘇哈托在一九二一年出生於爪哇中部的日惹王國，是一名村莊官員的兒子，成長於經濟大蕭條期間。經濟危機、他父親卑微的社會地位，以及荷屬東印度政權下有限的教育機會，導致他在一九三九年從梭羅的一所穆斯林中學畢業之後，就沒有再接受進一步的正式學校教育。他在一九四〇年夏季報名錄取殖民地陸軍舉行的一項基本訓練課程，接著在十二月又繼續接受進一步的訓練。在日本於一九四二年三月入侵爪哇的時候，蘇哈托已經晉升為中士。如同與他差不多同時代的伊龍西（Aguiyi-Ironsi）、阿敏、博卡薩（Jean-Baptiste Bokassa）、艾雅德瑪（Gnassingbe Eyadema）與拉米扎納（Sangoulé Lamizana），他攀升至國家領導地位的過程，也是始於殖民國家的軍事組織

40 關於當時那個時空背景下的單邊大眾行動，見莫爾提梅（Rex Alfred Mortimer），《印尼共產黨與土地改革，一九五九年至一九六五年》（*The Indonesian Communist Party and Land Reform, 1959-1965*），Monash Papers on Southeast Asia no. 1（Clayton, Victoria: Monash University，1972）。

41 見同上；另見萊昂（Margo Lyon），《爪哇鄉下的衝突基礎》（*Bases of Conflict in Rural Java*），南亞與東南亞研究中心（Center for South and Southeast Asia Studies），研究專著 no. 3（Berkeley: University of California at Berkeley，1971），以及羅卡莫拉（José Eliseo Rocamora），《尋求意識形態的民族主義：印尼國民黨，一九四六年至一九六五年》（*Nationalism in Search of Ideology: The Indonesian Nationalist Party, 1946-1965*；Quezon City: University of the Philippines, Center for Advanced Studies，1975）。

42 莫爾提梅，《印尼共產黨》，pp. 48-50；以及沃金（Jacob Walkin），〈東爪哇的穆斯林與共產黨衝突〉（The Moslem-Communist Confrontation in East Java），《Orbis》13（一九六九年秋）：822-32。

43 以下的簡歷取自若干已發表及未發表的文獻，包括洛德（Otto Gustav Roeder），《微笑的將軍》（*The Smiling General*；Jakarta: Gunung Agung，1969），以及哈密胥．麥克唐納（Hamish McDonald），《蘇哈托的印尼》（*Suharto's Indonesia*；Blackburn, Victoria: Fontana，1980），第一、二章。

當中的士官階級，這個軍隊與荷蘭皇家陸軍沒有太大關係，而且其小型規模（一九四二年的兵員只有三萬三千人左右）也顯示這支部隊的主要任務不在於外部防禦，而是維持內部安全。爪哇如果沒有遭到日本侵略，蘇哈托的軍事生涯恐怕只會以士官長的階級作結，因為荷蘭皇家東印度軍裡的軍官職位基本上是屬於白人特權。在荷蘭皇家東印度軍慘敗而遭到解散之後，蘇哈托轉而加入警方。同樣的，日本要是贏得太平洋戰爭，蘇哈托也許會在日本殖民地的保安組織裡一路往上爬。然而，在一九四三年秋季，面對盟軍持續不斷進逼，爪哇的日本軍事當局決定成立一個土著輔助部隊，名叫鄉土防衛義勇軍（PETA，由六十六個營組成，人員全部招募自當地，沒有中央參謀，營長即是最高的階級），用於協助防衛這座島嶼。蘇哈托加入了這個分權部隊，當上連長（連隊成員約一百人）。後來，日本在一九四五年八月投降，這支部隊也隨之解散。這時候，荷蘭要是能夠立刻重拾控制，就像英國在馬來亞或者美國在菲律賓那樣，那麼蘇哈托就很有可能會回頭加入重起爐灶的荷蘭皇家東印度軍或者殖民地警方。完全**沒有**證據顯示他在印尼宣布獨立之前曾經參與任何民族主義活動。

不過，他很快就被捲入了革命當中。在大體上都是自發性成立、缺乏訓練而且武裝薄弱的共和國軍隊裡，他待過兩支殖民地軍隊的經驗以及與生俱來的先天能力，使得他晉升的速度極快。這個在一九四二年才二十一歲的士官，到了一九五〇年已是一位二十九歲的中校，不但擁有良好的軍事聲望，前景也一片光明。自此之後，他的主要任務即是參與壓制區域異議與穆斯林異議活動，還有領導軍事行動對抗西新幾內亞的荷蘭人，儘管這些行動並不成功。也許因為他是少數沒有到美國接受過訓練的高階軍官，所以蘇卡諾將他任命為陸軍第一支菁英打擊部隊（陸軍戰略後備隊）的首任指揮官。蘇哈托就是在這項職務任內，於一九六五至一九六六年間鎮壓了九三〇運動並且摧毀了印尼共產黨。（他在一九六六年三月十一日的武力政變之後，才掌握了實質總統權力，並且直到一九六八年才正式取代蘇卡諾擔任總統。）

以上敘述蘇哈托職業生涯中的這些細節，目的是為了突顯一項中心要點：他的這些成就完全是在國家裡達成，尤其是在內部安全組織裡，相反的蘇卡諾從來沒有擔任過任何形式的官員。但就另一面而言，這位官員卻也經歷並且近距離體驗了荷蘭與日本殖民政權的瓦解，以及國家組織在獨立印尼當中的非凡變化。這些經驗促使他對於國家的穩定與安全懷有長久的焦慮（不過，如同我們所見到的，蘇哈托卻也是因為國家的脆弱才得以獲得當前的顯赫地位）。[44] 因此，我們可以理解新秩序在治理方面的主導動機，為什麼一直都在於強化國家做為「國家」的地位。這項命題的最佳證據，就是新秩序在經濟、社會政治以及軍事領域當中的若干典型政策所帶有的目標。

經濟政策

我無意否認印尼的許多技術官僚規劃者所真心追求的目標，乃是提高人口生活水準、改善社

44 儘管如此，我們卻不該忽略這項事實：蘇哈托的生涯有一大部分都是處於大眾政治勢力與國家相對之下頗為強大的印尼歷史時期；因此，許多官員都為了生存而必須學習若干基本的政治技能。如果認為蘇哈托純粹只是個官僚，就算是個精明狡詐的官僚，也絕對是錯的。

會福利以及促成經濟結構現代化，就像殖民官僚制國家的許多官員，尤其是那些懷有「倫理」傾向的人，他們懷有這樣的意圖也一樣無可否認。不過，值得注意的問題是，蘇哈托與他最親近的軍事同僚為什麼會那麼快採用頭號技術官僚尼蒂薩斯卓教授（Widjojo Nitisastro）所提出的「發展策略」。我傾向於主張最初的基本決定是為了克服惡性通膨造成的嚴重問題，因為指導式民主最主要就是毀於惡性通膨之上。對於任何一個新政權而言，物價穩定絕對都是必要的前提要件（我們可以確定，印尼共產黨要是勝出，必然也會追求這個同樣的目標，儘管採取的方法也許有所不同）。不過，控制通貨膨脹不僅是穩定經濟以及恢復社會的正常生活所必需，對於重新建構官僚體系的紀律、團結、功效與權力也是不可或缺。官僚組織必須要有**穩定**的薪資階級制度（和殖民官僚制國家那段平靜專制時期在官僚體系上的支出相比），也必須能夠充分獲得全體一致的順服與效忠。由於國家本身在當時還太孱弱也太混亂，以致無法採取措施在國內籌集必要的資源，因此尼蒂薩斯卓輕而易舉地向蘇哈托證明巨大的外部支持確實不可或缺，而且要獲取這樣的支持，就必須採行能夠贏取西方資本主義強權與日本贊同的政策。因此，以下這些事件以極快的速度陸續發生：與馬來西亞的「對抗」在一九六六年取得和解，正式價格控制（當然沒什麼效果）也在同年畫下句點；許多國有化企業在一九六七年物歸原主，[45] 一項寬鬆的外國投資法（Foreign Investment Law）也在同年頒布；銀行業與利率在一九六八年合理化；複式匯率在一九六八至一九七一年間結束；如此等等。

結果也出現得相當快：印尼在一九六八年獲得五億美元以上的援助，此後還有規模龐大的「國際政府援助印尼銀行團每年注資」。到了一九七三年底因為石油禁運造成油價上漲而為印尼帶來意外收入的前夕，累積援助已超過三十億美元。要衡量這個金額的重要性，我們可以把國際政府援助印尼銀行團在一九七四年以前**最低**的援助承諾金額（一九六九年的五億三千四百萬美元），拿來和一九五七年（憲政民主的最後一年）與一九六〇年（指導式民主期間的一個豐年）的政府淨收支**總數**進行比較：一九五七年的支出是六億六千萬美元，收入是五億美元；一九六〇年則分別是兩億美元與一億八千萬美元。[46]

這些巨大的資金流入，在有些年足以支付百分之五十的所有進口成本，使得蘇哈托得以在一九七〇年代期間建立印尼自從荷蘭殖民時期以來最強大的國家。（石油禁運帶來的意外之財以及原料恢復出口，更是加速了此一過程。）這些資金流入也讓他在不需付出什麼重大短期代價的情況下，就得以解散當初協助他掌權的國家外反共聯盟。[47]

我們不該忘記「國際政府援助印尼銀行團每年注資」所帶來的另一項重要優點，就是那些錢

45 也許有人會主張，由於這些企業由國家移交給外國人，所以國家權力也因此出現了大幅流失。實際上，這些企業經過多年的軍方吸血以及經濟混亂之後都已搖搖欲墜，所以在一九六七年造成的實際成本其實很低。藉由這些歸還之舉，由軍方支配的國家在不久之後就獲得了價值高出許多倍的回報，如同以下所述。

46 這些以當前的黑市匯率換算而成的金額，採自麥基，《印尼通膨問題》，pp. 96-98，以及富蘭克林・溫斯坦（Franklin B. Weinstein），《印尼外交政策與依賴的兩難：從蘇卡諾到蘇哈托》（*Indonesian Foreign Policy and the Dilemma of Dependence: From Sukarno to Suharto*，Ithaca, N.Y.: Cornell University Press，1976），pp. 369-70，app. B。

47 對於此一聯盟的成員以及逐漸解體過程的簡短概述，見拙作〈印尼蘇哈托的末日？〉（The Last Days of Indonesia's Suharto?），《東南亞紀事》（*Southeast Asia Chronicle*）63（一九七八）：2-17。這項分析的缺點在於嚴重低估了官僚制國家在一九七八年的持久力。

會直接而且完全流向中心，不需要國家花費大筆支出建立課稅組織。換句話說，不只國家相對於社會的權力受到大幅增強，在國家當中，中心也對邊緣獲得了決定性的支配力。

大致相同的說法也可以套用於新秩序對於單國與多國外國投資通常頗為友好的態度，儘管接受外國投資看起來在政治上似乎頗為不利，不只會因此大幅疏離獨立本土企業家階級當中一大部分的成員，也會在全體人口當中引起更加廣泛的不滿，這種不滿源自民族主義運動的傳承，也來自對於外國經濟支配的擔憂。要理解這種長期以來的順從，[48]關鍵在於認知跨國公司對於鞏固國家作為「國家」身分所帶來的好處。由於跨國公司的階層性結構，因此為中心提供了可觀而且輕易可得的收入（稅收、手續費等等）。那些公司在一定程度上都願意扮演模範納稅人的角色，從而消除了從國內業主身上索取收入的必要性。那些跨國公司可以稱為「A級企業賤民」，意指其高階主管無意也沒有能力在印尼內部追求政治抱負。不同於強大的本土商業階級，這些公司不會對國家構成直接政治威脅。我們也應該記住，國家並不是把所有的那些財富都據為己有：那些財富有一大部分都藉由合約、補助、貸款等方式挹注於社會當中。因此，本土企業雖然在一方面遭到跨國公司嚴重打擊，卻可能在另一方面獲得可觀的利益，但純粹是來自於國家的施恩。這些本土企業也許能夠昌盛興隆，但這樣的興隆完全無法構成挑戰官僚體系的基礎。

社會政治政策

在這樣的分類下，有三種政策特別值得注意：國家為印尼的政治未來提出的處方；國家對於

「華人」的對待方式，包括身為公民還有外國人的華人；以及國家和其首要「階級基礎」的關係。

引人注目的是，新秩序從來不曾公開宣稱自己是緊急政權、臨時政權，或甚至是守護式的政權。新秩序不帶有回歸文人統治或者恢復代議政府的前景。就此一意義上而言，新秩序屬於諾德林格所謂的「統治者式軍人干政」類型，是軍事主導政權當中明顯的少數（他估計這種政權的占比不超過百分之十）。[49] 國家領導階層試圖說服聽眾這種「不變」的未來是正當的，方法是堅稱印尼早已實施了一種特有的民主形式，也就是班查西拉民主（Pancasila Democracy）。國家領導階層指出幾項事實：選舉定期舉行、反對黨在中央與地方議會當中都有代表，而且蘇哈托本身擔任的職務也是透過（間接）選舉機制而取得。

實際上，選舉都受到精心操控，而且還調節得頗為細膩：專業集團黨（Golkar，也就是國家政黨）在一九七一年贏得百分之六十・八的選票，在一九七七年是百分之六十二・一，一九八二年則是百分之六十四左右。[50] 反對黨的領導階層不只遭到穆爾多波將軍（Ali Murtopo）的特別行動

48 這種立場並非沒有其細微差異之處，而且如果把新秩序政策視為無條件的「開放」，也絕對是錯誤的看法。在此一情境中，我們可以把以下這兩點銘記在心：一是強制耕種的官僚制國家對抗私有殖民地資金的二十年抗爭（一八四八至一八六八年），以及二十世紀殖民地國家的獨占事業以及其與非荷蘭企業集團之間經常曖昧不明的關係。

49 諾德林格（Eric Nordlinger），《穿便服的軍人：軍事政變與政府》（*Soldiers in Mufti: Military Coups and Governments*；Englewood Cliffs, N.J.: Prentice-Hall，1977），p. 26。

50 關於其中的細節，見西原正，《專業集團黨與一九七一年的印尼選舉》（*Golkar and the Indonesian Elections of 1971*），康乃爾現代印尼研究計畫專著叢書（Ithaca, N.Y.: Cornell University，1972）；沃德（Ken Ward），《印尼的一九七一年選舉：東爪哇個案研究》（*The 1971 Elections in Indonesia: An East Java Case Study*），Monash Papers on Southeast Asia no. 2（Clayton,

局削弱，而且反對黨的議會代表所面對的實際上也是國家任命的萬年多數。[51] 從來沒有人參加過總統選舉挑戰蘇哈托。此外，還有「雙重功能」（dwifungsi）的原則現在已被奉為班查西拉民主的一個基礎，主張印尼軍隊在國家安全與社會政治經濟發展這兩個領域當中都負有恆久的責任。在此一名義下，軍方的勢力因此廣泛深入國家組織的所有層級以及絕大多數社會生活。[52] 最後，「浮動群眾」（floating mass）這項半官方原則（創於一九七一年）則是在實際上主張印尼單純的鄉下民眾不該受到政黨打擾而從發展工作上分心，唯一的例外是在國家界定的投票前競選活動這段短暫時期。一九七五年訂定的一項法律，正式禁止政黨在縣級以下建立分部，「實質上把政黨活動限縮於大型城鎮與都市」。[53] 這些意識形態處方主要都是為了迎合做為國家的國家所懷有的權力利益。

在今天的印尼，一般廣泛認為「華人」（不區分公民與外國人）支配了國內經濟，而且他們憑恃的乃是國家的保護，還有來自臺灣、香港與新加坡的華人資金以及資本主義世界的經濟巨擘所提供的支持。然而，蘇哈托的領導卻也壓抑了華人文化、關閉華人學校、禁止華語出版品，而且最重要的是，還把「cina」這個帶有貶義的種族歧視詞語訂定為華人的正式稱呼，取代一般慣用的中性詞語「Tionghoa」。此外，祖籍為中國的公民被排除在官場政治之外的情形，也比一九四五年以來的任何一個時期都還要嚴厲。在蘇哈托擔任總統的十四年間，完全沒有一位「華人」內閣首長，儘管這樣的首長在革命時期、議會時期以及指導式民主時期都相當常見。[54] 不僅如此，在將領與高階公務人員當中，也找不到明顯帶有華人血統的人士。這種對於華人公民的隔離化（亦即排除於政治之外，但給予經濟特權），令人聯想到的不只是殖民時代與弗尼瓦爾的「複合社會」，還有東歐猶太人在十九世紀專制政權下的地位。這種政策在民眾當中雖然引起廣泛的不滿（在一九八〇年於中爪哇引起遍及全省的種族暴動），在新秩序時期卻持續施行，而我們也必須將其視為領導策略當中的核心元素。經濟偏袒政策在實際上及於所有華人，包括外國人與公民，但這種政策很難定位在任何明顯可見的「民族」利益當中。不過，從國家的觀點來看，這種政策具有充分的道理，因為這樣可以在不必交出任何政治權力的情況下增加國家的經濟資源。「華人」愈是淪為賤民，就愈是依賴國家機制。（此外，也可以藉此轉移西方與日本跨國公司所遭受的大眾排外情感。）

Victoria: Monash University，1974）；利德爾（R. William Liddle），〈一九七七年的印尼：新秩序的第二次議會選舉〉（*Indonesia 1977: The New Order's Second Parliamentary Election*），《亞洲調查》（Asian Survey）18（一九七八）：175-85；以及《遠東經濟評論》，一九八二年五月十四日至二十日，p. 15。

51 克勞屈（Harold Crouch），《印尼的陸軍與政治》（*The Army and Politics in Indonesia*；Ithaca, N.Y.: Cornell University Press，1978），第十章；艾克瑪迪（Heri Akhmadi），《打破印尼人民的壓迫鎖鏈》（*Breaking the Chains of Oppression of the Indonesian People*），康乃爾現代印尼研究計畫翻譯叢書（Ithaca, N.Y.: Cornell University，1981），pp. 58-76。

52 艾默森的〈脈絡中的官僚體系〉（pp. 101-5）當中的資料，引人注目地受到麥克杜格（John A. MacDougall）的量化分析所證實，見其〈印尼高層中央官僚組織的軍事控制模式〉（Patterns of Military Control in the Indonesian Higher Central Bureaucracy），《印尼》33（一九八二年四月）：89-121。

53 麥克唐納，《蘇哈托的印尼》，p. 109；參照麥基，〈印尼排華暴動，一九五九年至一九六八年〉（Anti-Chinese Outbreaks in Indonesia, 1959-1968），收錄於麥基編，《印尼的華人：五篇論文》（*The Chinese in Indonesia: Five Essays*；Melbourne: Nelson，1976），p. 119。

54 少數具有華人血統的公民，例如林綿基、曾春福與馮來金，在穆爾多波的特別行動局裡發揮了不少非正式的政治影響力。以他們的能力，在別的政權裡大概早就已經當上了內閣成員。

新秩序的階級基礎仍未受到系統性的研究。[55]不過，我們沒有充分理由認為階級結構在（舉例而言）一九五五年至一九七五年間有任何劇烈變化。一般認為爪哇的主導階級向來都是所謂的博雅易，在世系上源自前殖民時期的宮廷、省級與村莊菁英，而且絕大多數在本世紀都從事白領職業。如同先前提過的，在外圍群島的許多地方，小封建領地都完整存續至獨立之後。在一九五〇年代期間，這些階級紛紛把他們的子女送進國家組織裡（在爪哇是一直這麼做，在外圍群島則是開始這麼做）。不過，國家與民間組織（尤其是政黨）相對之下的孱弱狀態，也鼓勵了那些階級加入這些組織，並且獲取地方領導地位（僅限於在這種做法顯得可行的地方）。這方面的典型例子是印尼國民黨，其領導階層充斥許多博雅易，並且逐漸吸納了外圍群島上層階級的部分群體。[56]該黨許多全國層級的領袖所擁有的戰前民族主義資歷、蘇卡諾總統明顯的偏袒，以及精明利用主導該黨的階級所殘餘的社會威望與恩庇網絡，使得印尼國民黨在一九五五年成為印尼唯一一場自由的全國議會選舉當中最成功的政黨。[57]不過，該黨在那年百分之二十二．三的得票率，到了一九七一年卻縮水為百分之六．九。一九七七年，在蘇哈托強迫該黨與兩個基督教政黨以及另外幾個非穆斯林的小黨合併之後，這個「政黨」也只贏得百分之八．六的選票，[58]到了一九八二年，得票率約為百分之八。

印尼國民黨衰微之後，明白可見的得益者就是為了一九七一年的選舉而出現的**國家**政黨專業集團黨。專業集團黨在一九七一年、一九七七年與一九八二年的選舉中成功，主要都是因為國家兩個最強大的部門所從事的活動：國防部（利用軍隊的區域指揮系統）以及內政部。[59]我主張專業集團黨和印尼國民黨的社會基礎相似的論點如果沒錯，那麼就很難交代印尼國民黨的消滅，為什麼會導致專業集團黨在**階級**方面付出代價。（除了舊印尼國民黨的選民之外，專業集團黨也善加利用印尼共產黨先前的支持者當中那些因為害怕而噤聲的殘餘人士，只見他們藉著服從官僚體系而尋求安全保障。）看起來明顯可見的是，這兩個組織之間的關鍵差異，以及其中一者勝過另一者的基礎，就是專業集團黨為做為國家的「國家」爭取利益，而印尼國民黨則只是為國家的許多工作人員所來自的那個「階級」爭取利益。實際上，那個階級被告知，階級利益唯有透過國家機制的中介才能夠滿足。

安全政策

鑒於這個政權乃是受到軍方主導，新秩序政策當中最奇特的一個面向就是對於做為軍隊的軍

55 一個不完全的例外是羅比森（Richard Robison），〈印尼的資本主義與官僚國家，一九六五年至一九七五年〉（Capitalism and the Bureaucratic State in Indonesia, 1965-1975；Ph.D. thesis, University of Sydney，1978）。

56 羅卡莫拉，《尋求意識形態的民族主義》，第四至五章；以及馬干達，〈印尼殘存的貴族〉。

57 菲斯，《一九五五年的印尼選舉》（*The Indonesian Elections of 1955*），康乃爾現代印尼研究計畫期中報告叢書（Ithaca, N.Y.: Cornell University，1957）；關於印尼國民黨扮演的角色，見羅卡莫拉，《尋求意識形態的民族主義》，第四、五章。

58 麥克唐納，《蘇哈托的印尼》，pp. 107，239。

59 因此，內政部長馬哈茂德將軍（Amir Machmud）安排發布一九七〇年第六號總統行政條令，規定公務人員「不得參與政治活動（意即政黨活動），並且必須向政府（亦即專業集團黨）展現『單一忠誠』」（艾默森，〈脈絡中的官僚體系〉，pp. 106-7）。在一九七一年的選舉之後，就成立了印尼共和國公務員組織（Korpri）這個屬於**所**有公務人員的工會，以便藉由組織的方式推行這種「單一忠誠」。

隊疏於照顧，包括在基層官兵的基本便利設施以及裝備和訓練方面。[60] 軍事預算在一九七〇年代頗為有限，通常不及官方總支出的百分之二十。不過，另有龐大的額外資金來自於非官方的來源：包括軍方控制的獨占事業、制度性的貪腐，以及透過國營石油公司帕塔米納（Pertamina），直到這家公司於一九七五年破產。克勞屈引用官方軍隊報紙《武裝部隊報》（*Angkatan Bersenjata*）在一九七〇年三月四日刊登的一篇社論，指稱軍方的預算只夠支付軍隊運作需求的一半。[61] 大量的新武器直到一九七六年才取得。要衡量這種情形對於軍方職業作戰能力造成了多大的影響，最清楚可見的就是一九七五年十二月七日對於東帝汶發動的首次侵略行動所陷入的混亂狀態，還有在一九七七至一九七八年間雖然採取了駭人的反人口措施，東帝汶獨立革命陣線（Fretilin）這群民族主義者的反抗卻在七年後還沒受到鎮壓：一九八一年更為激烈的戰鬥就見證了這一點。直到最近，主要的武裝採購標的都是像 OV-10 野馬戰機這類武器，對於反叛亂作戰極有幫助，對於外部防禦卻一無所用。這種輕忽無法以國家財務資源的稀缺加以解釋，尤其是在一九七三年的石油禁運帶來的意外之財之後。事實是，以印尼的疆域、人口與戰略位置而言，其員額為二十五萬人左右的軍隊仍然是小得驚人，而且武裝和訓練也都不足。

許多觀察者肯定這種節約的表現，認為這點代表了蘇哈托決心把印尼大部分的資源投入經濟發展以及改善人民福祉。我個人則是傾向強調當代印尼軍隊與昔日荷蘭殖民時期的荷蘭皇家東印度軍這兩者之間引人注意的類比之處。荷蘭皇家東印度軍由當時的標準看來，不僅規模相當小，而且訓練和武裝也都很拙劣。殖民國家有本錢保持這樣的狀態，原因是其外部防禦可以依賴與當時的海上霸權英國所建立的緊密關係，而英國也因為本身的地緣政治因素願意提供這樣的保護。

（英國刻意與英吉利海峽對岸的荷蘭與比利時還有位於地中海開口的葡萄牙這幾個小國建立友好關係。）但儘管如此，荷蘭皇家東印度軍還是有能力在這座巨大的殖民地裡維持秩序，助力包括由眾多部門組成的警力以及一套龐大的線民網絡。

同樣的，當代官僚制國家的真正外部安全乃是由美國巨大的海軍和空軍所提供，而我們先前也看過，印尼陸軍長久以來一直與美國保有極為密切的關係。自從一九七一年以來，國家的安全又因為華府、北京、東京三方的協約而更受強化。在這些情況下，印尼因此沒有遭遇任何可觀的外來軍事威脅，而且在日本於東南亞成為美國的海軍和經濟競爭對手之前，這種狀況也不太可能會改變。因此，從國家的觀點來看，建立大型的傳統武力根本沒有意義。此外，對於國際政府援助印尼銀行團當中有些在東南亞沒什麼戰略利益的歐洲捐款者而言，這種做法也恐怕會引發它們的負面反應。

如同荷蘭皇家東印度軍，印尼軍隊有一大部分的時間、資源與精力也都投注於國家的內部防禦。這種情形明白可見的徵象，就是軍隊當中的權力中心：治安回復作戰司令部（Komando Pemulihan Keamanan dan Ketertiban，簡稱為「Kopkamtib」，其中所謂的治安回復，就相當於以前荷蘭人說的「rust en orde」）。這是蘇哈托在一九六五年十月成立的組織，目的為主導消滅印尼共產黨

60 布吉人貴族尤瑟夫（Andi Muhammad Yusuf）在一九七八年春取代龐加比安將軍（Panggabean）當上國防部長之後，因為突襲檢查普通士兵的宿舍與裝備，並且對於自己發現普遍存在的窳陋狀況公開表達擔憂，而突然間人氣高漲。

61 克勞屈，《印尼的陸軍》，p. 274。

的行動。十七年後，治安回復作戰司令部仍然存在（可能是因為其恢復性任務永遠無法達成？），而且可能比成立之初更加強大。為這個司令部提供助力的來源，有巨大的官方國家情報組織國家情報局（Bakin）、穆爾多波的特別行動局網絡，以及其他許多情報暨內部安全階層組織。

一如荷蘭皇家東印度軍，蘇哈托領導下的軍隊所從事的活動也涉及地方上的擴張。侵略東帝汶的行動就是一個例子。客觀而言，就算是一個由左派控制的獨立東帝汶，為印尼帶來的威脅也不會比「狂熱穆斯林」的亞齊對於一個世紀前的荷屬東印度所造成的威脅更大。此外，征服東帝汶帶來的經濟收穫也比不上征服蘇門答臘北端。如同巴達維亞眼中的亞齊，雅加達眼中的東帝汶也是放肆而惹人厭，所以應該用維繫內部安全的方法予以壓制，包括政治操弄、大眾控制、反叛亂掃蕩，以及經過精心策劃而讓人心生恐懼的行動。[62]（在這兩個例子裡，結果都發現「敵人」比原本以為的還要強悍得多。）

結論

我在本文一開始就主張**民族國家**這種綜合體是頗為晚近的發明，而且經常把大眾參與的民族和比較古老的敵對國家結合在一起。這個論點如果合理，那麼我們就應該預期這個綜合體的政策行為會隨著此一綜合體當中的哪一個成分占上風而改變其性質。我在本文裡試圖闡釋此一論點的方法，就是概要陳述印尼的國家從殖民晚期到當今這段時期的變遷。最後，我企圖證明此一基本區分的有效性，做法是分析新秩序的政策行為當中的關鍵面向，這些面向從新民族的利益來看也許難以理解，但從舊國家的觀點來看則是頗為理性。我在提出此一論點的同時，也依然明白比較純粹奠基在階級上的分析方式所帶有的吸引力。不過，新馬克思主義理論家在近年來針對「國家」從事的那些激烈卻又缺乏結論的爭辯，顯示有些東西並不直接符合這種分析。我希望這篇論文能夠為此一議題的不同探究方式有所貢獻。

62 穆爾多波的特別行動局所從事的暗中操弄，受到麥克唐納的精彩描述（《蘇哈托的印尼》，第九章）。反叛亂運動造成的重大傷亡，則是詳盡記述於美國眾議院的國際組織與亞太事務等小組委員會自從一九七七年開始舉行的一連串聽證會當中（一九七七年三月二十三日）；一九七七年六月二十八日、七月十九日；一九七八年二月十五日、十六日、二十八日；一九七八年三月七日、八日；一九八〇年二月四日、六日、七日）。

第二部　語言

PART II LANGUAGE

4

印尼政治的語言[1]
The Languages of Indonesian Politics

當代印尼政治的語言在近來遭到鎖定為批評的對象。著名的瑞士史學家暨記者呂希（Herbert Luethy）把印尼語（bahasa indonesia）描述為一種「合成」語言，「大量而且毫不鑑別地借用了現代世界的各種技術用語和意識形態抽象用詞」，而且「其較新的部分對於一般的印尼人口而言幾乎無法理解，但官方言論卻因為空泛無意義而更受民眾仰慕」。[2] 呂希主張當代政治的公眾語言是「一大團不合理的胡說八道」，導致「意識形態中毒」以及「魔幻混合」，這一切所表達的，乃是爪哇菁英的「執迷」，這群「爪哇菁英因為認同一個經由人為打造出來的民族而失去了自己的個性。……整個印尼政治都是由衍生自爪哇宇宙起源傳說的魔幻過程所構成」。面對呂希的這項論點，克利弗・紀爾茲承認「不理性」已在印尼爆發，而且蘇卡諾總統近期的重大演說都是「徹底的空話」，但他認為「退回文化復興、種族嫁禍以及製造外

1 最早發表於一九六六年。《印尼》1（一九六六年四月）：89-116。經許可翻印。

2 見呂希，〈面對印尼〉（Indonesia Confronted），pts. 1與2，收錄於《邂逅》（*Encounter*）25（一九六五年十二月）：80-89，以及26（一九六六年一月）：75-83；以及紀爾茲，〈爪哇人瘋了嗎？〉（Are the Javanese Mad?），收錄於《邂逅》26（一九六六年一月）：86-88。

部敵人」的這些現象，不是「任何對於《摩訶婆羅多》那個世界的古老回憶」所造成的結果，而是因為國家領導階層對於自己未能因應印尼龐大的人口、經濟、社會與政治問題感到「驚慌」。

這兩位學者在其他事務上雖然意見強烈不同，卻似乎都把印尼政治的語言視為一種深刻病態的徵象或者反映。至少在這方面，大多數經驗豐富的現代印尼觀察者都與他們意見一致。至今還沒有人嘗試過把當代印尼的語言視為因應一項巨大文化危機的**事業**，並且是一項半下意識的計畫，企圖在土生土長的自主社會政治傳統模式當中獲取「現代性」。然而，這項努力對於未來世代來說卻具有決定性的重要性，因為隨著每十年過去，印尼語都愈來愈成為各式各樣的印尼人因應現代與古代現實的語言。殖民時期與革命後初期的東西方多語人士已開始緩慢消失。因此，「新印尼語」對於形塑年輕印尼人的民族意識重要性必然非常高。

現代「政治」印尼語（也就是我們特別關注的對象）的非凡性質，來自於這種語言無可避免地承繼了三種不同語言與兩種不同的語言文化傳統這個事實。那三種語言是荷語、爪哇語和「革命馬來語」，而兩種傳統則是荷蘭和西方傳統與爪哇傳統。因此，現代印尼語的事業，乃是從殖民時期與後殖民初期的零碎化當中合成出新的政治文化智慧與觀點，以及恢復一種自從初次面對荷蘭殖民主義以來就不曾存在過的意識統一性。新印尼語必須發展成為一種溝通手段，不只能夠表達印尼民族主義，也能夠表達印尼人的抱負、印尼傳統以及國際現實，並且是在一套單一語彙的限制當中這麼做。這種做法涉及的巨大文化努力，以及因此達到的驚人成果，在我看來都沒有受到應有的肯定，而且其中那種轉變的形態也尚未受到充分研究。

殖民時期的印尼是個官僚樂園：一叢雖然會相互交流但基本上各不相同的語言與文化世界，

由現代官僚體系與技術組織這種奇蹟連結在一起。每一種語言，不管是巴塔克語（Batak）、巽他語（Sundanese）、爪哇語還是荷蘭語，都是不同的歷史經驗、社群組織、文學與文化特化發展還有形上觀點所造成的產物。這些語言文化世界之間的斷裂乃是殖民結構的基礎。「印尼」文人對於這些斷裂的回應，自然不免是主要以雙語能力來表現，因為唯有藉著精通他者的語言，才能夠把這些不同的世界銜接起來，也才有看似穩固的基礎能夠挑戰殖民體系。

不過，例如從巴塔克語跳到荷蘭語，代表的意義卻不僅是取得一套新的技術語彙以及有能力窺探荷蘭支配的奧秘，而是也會發展出兩種彼此互動或者相互衝突的意識模式。新一代的雙語文人（興起於十九世紀末前後）因此成為文化掮客，但這種掮客不只促成兩種心理世界的溝通，也不免涉入對於這兩種心理世界的控制。在殖民地的處境裡，雙語能力不僅是一種技術問題，也是一項嚴重的心理問題，終究更是宗教問題。

因為，習取殖民語言就隱含了意識模態的改變。習取殖民語言遠遠不只是發現了一套與自己的語言極為不同的語音。荷蘭人的思想與意識結構（以及透過他們所接觸到的歐洲思想與意識），和印尼各個傳統語言的思想與意識具有根本上的不同，因此進展至雙語狀態*本身*就會造成一種深刻的心理與靈性移位，也就是我們現代的經濟文化傳教士喜歡稱為「文化衝擊」的那種現象，但層次更為深遠。對於習取的語言所獲得的知識愈深入，而且這種語言愈是取代本土語言而成為思想與論述的媒介，文人的雙重心智也就具有愈大的破壞力或者創造力（依據個人的天賦與處境而異）。

殖民歷史的其中一項反諷之處在於，因為在兩種世界之間維持平衡所需付出的心理努力極度巨大，幾乎沒有人能夠承擔得起，以致在早期跳入荷蘭語並且「征服」殖民社會的組織與行事方法的那些激進人士，因此與本土印尼世界漸行漸遠，他們原是開創新局的先驅，後來卻發現自己在文化上被困在了西岸外圍地區。一個新的世代接著出現，對他們而言，「征服」已是過去的事情，他們基本的任務乃是針對荷語發展出一種反制語言，一種現代的民族主義語言，這種語言本身就能夠與印尼傳統重新建立連結，而不必強制要求每一名個人透過征服雙語而掌控自己的內在危機。當上一個世代致力於擺脫傳統思考模式，下一個世代卻試圖與傳統思考模式重新建立聯繫，並且在那些模式上進一步發展。這種嘗試涉及了一項巨大的社會與民族創造行動。

這種對於根本民族統一的追求（基本目標不是區域間的同質化，而是精神上的一致），其中帶有的含意太常遭到忽略，不然就是被簡化為以合成方式表面上維護「民俗文化」。太多人都把焦點聚集在傳統的外部象徵如何受到官僚體系保存（如服裝、習慣法等等），卻太少有人注意到深層的集體追尋，尋求一種有根的認同。人口當中的所有層級，都透過民族語言的冒險與轉變而表達了這種追尋。

因此，以下的要旨，就是要找出這種創造行動的整體做法。主要焦點將會放在爪哇人身上，因為他們的政治權力、人數，以及文化認同的力量，使得他們成為新印尼語的發展當中最具創造力的一股力量。「革命馬來語」如何約束以及團結官僚殖民語彙、西方民主社會主義語彙、民族主義革命語彙，以及爪哇傳統的語彙？這項融合受到了怎麼樣的延展或轉變，以調適於當今都會印尼的現實？我認為理解這項發展最令人滿意的觀點，就是視之為在「革命馬來語」的骨架上增添愈來愈多的爪哇特色。

我們也許可以先探究爪哇人在更早之前與另一個外來文明（中東伊斯蘭教）的衝突，因為那場久遠衝突的解決模式，從現在看來已是明白可見。

舊爪哇的政治權力雖然大部分都掌握在統治者的官僚人員手中，宗教與知識權力卻是掌握在奇阿依（伊斯蘭宗教教師）手裡，尤其是在王室權威最弱的地區。奇阿依主要可見於「pasisir」（爪哇北部沿海地區）以及傳統反叛地區（例如波諾羅戈〔Ponorogo〕這座偏遠山谷堡壘）。奇阿依基本上是一位宗教智慧勝過自己同胞的人物，因此通常會進入伊斯蘭習經院或者鄉下伊斯蘭學校任教。伊斯蘭習經院的教育宗旨在於引領人邁向更高的智慧。伊斯蘭習經院的社會結構，是由奇阿依手下等級較高的學生協助，而這樣的結構所反映的概念，即是把教育視為通往智慧（而不是知識）的道路。奇阿依的聲望立基在許多因素上，包括他號稱的世系、法力、經驗，還有個人性格，但最重要的是他對於一套深奧語彙的掌握。一般而言，這套語彙當中最重要的元素就是阿拉伯語。

在伊斯蘭習經院裡，指導男童與少年的一般方法是藉著背誦灌輸《古蘭經》的大量內容，再由老師予以闡釋。有些人聲稱這種對於《古蘭經》的填鴨學習方式代表了伊斯蘭教在爪哇的頹廢或者僵化，但比較明智的觀點似乎應該是將其視為一種徵象，代表了爪哇對於阿拉伯文化的抵禦，並且終究征服了這項外來的滲透。這項爪哇文化衝動對於伊斯蘭教與阿拉伯語的馴服，乃是藉著把《古蘭經》轉變為一部閉鎖、充滿謎語和悖論的教科書而達成。阿拉伯語之所以被保存為「啟蒙」的語言，正因為阿拉伯語是一種**聽不懂**的語言，因此以一種無法理解的語言舉行靈性儀式的重點，就在於這樣的做法能夠彰顯權力，並且暗示了一種刻意非理性的認知模式。伊斯蘭教禁止繼續使用濕婆教與怛特羅密教的**真言**，而爪哇的回應則是把《古蘭經》轉變為一本真言書。（在最近之前，

《古蘭經》都一直受到**伊斯蘭教法本身**禁止翻譯的這項事實，只是為一項衍生自當地文化的原則賦予了正當性而已。）

因此，伊斯蘭習經院的學生都是藉著背誦學習《古蘭經》，而傑出的學生就是能夠憑著記憶正確朗誦出經文的人。由於學生顯然根本不懂自己朗誦的內容，因此朗誦錯誤被賦予的重要性就帶有顯見的「魔幻」色彩，因為朗誦錯誤不只是單純的失誤，而是嚴重的過錯，如果不有效矯正，就會為整個社群帶來災禍。

伊斯蘭習經院教育的第二個面向，則是「解譯」古蘭經文和爪哇語的謎語及悖論。這個部分在十九世紀初期的爪哇「百科全書」巨著《真提尼之書》（*Serat Centhini*）中有充分描寫，其中大部分的內容都涉及「santri」（其原本意義即是「學生」）這種流浪伊斯蘭教信徒，他們遊走於一座座伊斯蘭習經院之間，測試彼此解開謎題與宗教難題的能力。

宗教雙關語或難題的功能，在於銜接兩種認知層次。舉個專屬於爪哇的例子，最知名的一個宗教雙關語涉及堅陣王（哇揚皮影戲的主角）的神奇武器「卡利瑪薩達」（Kalimasada）的名稱。卡利瑪薩達不是弓箭，不是棍棒，也不是長矛，而是一份晦澀的文書，雖然無法理解，卻具有強大的力量。（重要的不是卡利瑪薩達的「內容」，而是因為特定音節受到某個特定人在一個特定時間以某種法力強大的特定順序書寫於其中。）然而，卡利瑪薩達雖是前伊斯蘭文化傳統的一個真實象徵，在虔誠的伊斯蘭圈子裡卻也很常用來指涉，只是在這種情況下會以「卡利瑪薩哈達」（Kalimah Sahadat）的樣貌出現，也就是《古蘭經》信仰告白的五項元素之一。（甚至還有一則傳說，描述堅陣王把這件武器交給爪哇九位伊斯蘭「先驅」之一的蘇南卡里加賈）。關於這件武器的謎語是：「卡利瑪薩達在什麼情況下不會是卡利瑪薩達？」答案：「在它是卡利瑪薩哈達的情況下。」

這個雙關謎語對於爪哇伊斯蘭傳統極為重要，原因是這個謎語代表了一種「封閉式」的直覺。歷史和語言分析對於這種直覺都沒什麼影響力，因為這種直覺乃是內含於此一謎語本身的神奇特質裡（這怎麼有可能是巧合呢？巧合的概念是不是只在特定文化裡有意義？），揭露了另一個層次能夠自由進出於現象當中的存有。（從外人的觀點來看，這個謎語似乎表達了爪哇文化傳統的統一意志，也就是透過語言象徵統一或吸收相互衝突的文化流。）

因此，伊斯蘭習經院所教導的那種內在智慧（中爪哇南部那種比較屬於印度教與佛教的「掛名派」〔abangan〕宗教思想更是如此），幾乎完全是藉由苦修、儀式以及研究難題與悖論（prenèsan）而獲得。其中的相同之處，就是認為現象不一定都是表面上看起來的模樣，實際上的情形可能不是表面呈現出來的樣貌。舉例而言，一項簡單的悖論可以見於這句老話裡：「Sing ana, ora ana; sing ora ana, ana」（是者，非也；非者，是也）。這種情形經常由「longan」一詞表達，意指椅子、桌子或者床底下的空間。存有與非存有之謎，充分呈現於這個難題當中：longan存在，卻又不存在。椅子不可能沒有longan而存在，但longan沒有椅子也不可能存在。

伊斯蘭習經院教育的第三個重要面向，在於其中總是有個形上面向，因為這種教育被視為漫長靈性訓練過程中的一部分，能夠引領人進入某種極度深奧的境界，是一把鑰匙，可以讓人打開一扇上鎖的門。所以，傳統爪哇世界觀當中知名的「相對主義」才會帶有那種特殊性質。悖論向來都表達了一種深奧的真理。（相對之下，在這種終極意義的「確定性」已經愈來愈罕見的大西洋社會裡，悖論不只是遊戲，而是會引起如履薄冰的感覺。）由於傳統爪哇哲學的普通相對主義立基在本體論的確定性之上，所以現象不需要受到「拯救」，因為現象從來就不是事實的總和。真實與看似真實雖然關係緊密，卻絕不相同。

由此應該可以明白看出舊爪哇的伊斯蘭教與現代中東的伊斯蘭教形成強烈對比。自從穆罕馬迪亞（Muhammadiyah）這個受到開羅影響的改革派伊斯蘭組織在二十世紀初年興起以來，爪哇的伊斯蘭社群（ummat）就出現了愈來愈自覺性的分裂。「改革派」（「現代主義者」）甚至大膽指稱《古蘭經》的字面意義即是其真實意義，而且就是如此而已。《古蘭經》不是一把通往奧秘的鑰匙，而是一種宗教公路規則。

對於真正的伊斯蘭現代改革者而言，阿拉伯語是真理和理性的語言，因此必須受到**直接理解**。對於伊斯蘭習經院的傳統派人士而言，真理和理性的語言仍然是爪哇語，一部分是因為爪哇語是他們的母語，帶有其本身的各種祕密語調變化與共鳴，另一部分是因為這種語言被深深視為爪哇認同的主要表達媒介。爪哇語富有典故的押頭韻習慣、高度發展的擬聲詞，以及充滿感官色彩的語彙，提供了一座深奧因果關係的寶庫，以及一種可長可久的感受，讓人覺得有一種肉眼不可見的連續性穿透於現象當中，及於一般人生活中最私密的領域。哇揚表演中的「pesindhèn」（女歌手）如果想要休息，而希望提示操偶師（dhalang）接手，就會在她的歌曲中唱出「ron ing mlinjo」（倪藤樹葉）這個詞語。由於這種樹葉又稱為「so」，而休息的爪哇語動詞是「ngaso」，兩個詞彙之間的連結立刻顯見，於是在不知情的人士困惑不解的情況下，操偶師就會立刻接替歌唱的工作。

要瞭解爪哇的政治風格，根本要件就是必須理解爪哇人認為現象交互相關，卻又對其終極真實性抱持懷疑的觀點。在爪哇人的社會互動裡，傳統上都極度強調臉部表情與內心態度之間必須保持很大的空間。不論個人的情緒如何，臉上都應該表現出完全平靜的「適當」感受。許多旅人以及爪哇生活的學者，都曾經提及這種把臉部當成某種天生面具的做法。不過，這種做法經常被誤解成：真實的是情感，虛假的是臉部表情／面具。實際上，根本沒有這麼簡單。舉例而言，在面具舞蹈當中，舞者與面具的關係高度模糊：面具有可能正式呈現出舞者內心感受到卻不敢表達的情緒（面具提供了一個擋箭牌）；也可能只是一種偽裝；或者可能具有吸引力（有一種普遍的認知，認為女人會瘋狂愛上戴面具的舞者，但這個舞者只要沒戴面具，女人就會對他毫無感覺）；又或者，面具可能會附身舞者，造成人與面具合而為一。因此，真實與看似真實之間的關係其實難以理解又錯綜複雜。操偶師一旦在布幕後方坐下來，操弄自己選擇的戲偶、模仿各個戲偶的聲音、傳達他們的熱情與性格，他就會變成所有那些戲偶，同時又完全不是那些戲偶。

區域公務人員

最本土的爪哇當權者（例如我們剛剛探討過的）雖是單語人士，或者至少是只有在非常特殊的意義下才算是具備雙語能力（亦即他習得了一批深奧晦澀的阿拉伯語），但世俗殖民官僚體系的發展卻需要培養雙語或甚至是三語能力。早在現代民族主義知識分子興起之前，在殖民政府當中擔任行政人員的爪哇人士就已開始藉著緩慢習取荷語還有荷蘭－西方的思考模式以面對荷蘭統治所帶來的挑戰。特別值得注意的是其中階級最高的縣長（bupati），尤其是在遠離於梭羅與日惹這兩座古老王室首都的地區任職的縣長（哲帕拉〔Jepara〕、南旺〔Rembang〕、圖班〔Tuban〕、萬由馬士（Banyumas）以及萬丹都是很好的例子）。由於縣長是鄉下爪哇人口與殖民政府之間的主要聯繫，因此也是兩個互不瞭解的世界之間的中間人，所以從一開始就被迫培養雙重心智。縣長在荷蘭人面前雖然職位不高而且明顯居於臣屬，但在爪哇人口面前卻仍是社會秩序的頂點，置身在那個對於地位階級懷有強烈意識的社會裡的最上方。荷蘭人雖然竭盡全力（在殖民體系的邏輯範圍內）為縣長職務維持外在的堂皇顯赫，但與此舉關係最密切的人士都能夠明白看出這只是一種表演，因為「形式」權力機制與「真實」並不相同；舉例而言，荷蘭人的「contrôleur」雖然階級與尊榮都低於縣長，實際上卻是地方政府的主導者。類似的發展也早就可見於那兩座王室首都裡：蘇南與蘇丹雖然擁有形式上的威嚴榮耀，大家卻都知道實際上的權力掌握在荷蘭人任命的「patih」（一種高級大臣）手中。Contrôleur與縣長的關係還有patih與蘇南的關係雖然在許多面向都不同，但在一個關鍵面向當中卻頗為相似，也就是這兩種關係都把正當性與行政功能脫鉤。在這兩個案例裡，魔幻宗教人物在日常生活中沒有權力，但他的權威卻又是那套由他的對等人員所控制的體系能夠順暢運作的必要元素：這是一種模稜兩可的共生關係，令人聯想起面具和戴面具的人，還有操偶師與他的哇揚偶戲。

從殖民觀點來看，縣長雖然基本上是一名行政官員，但在爪哇人的觀點中，他卻是他所屬那個區域裡最顯赫的博雅易，而博雅易最好的定義，也許就是一位品格高尚的文人。在一個可能有百分之九十的人口都不識字的國度裡，識字能力所帶來的威望不難受到理解。在識字者與不識字者眼中，書寫帶有完全不同的性質。對於其中一者而言，書寫是一種溝通手段；對於另一者而言，書寫則是象徵了自己無法取得的權力。這就是為什麼縣長的支配權在根本上是識字者對於不識字者的支配。在爪哇人的語言當中，這種分層反映於兩種主要言說層級的結構劃分當中（這種劃分的出現可能不早於十七世紀末）：「krama」（高爪哇語）和「ngoko」（低爪哇語）。典型上屬於博雅易使用的高爪哇語，是一種刻意仿古的梵語子語言，其發展目的主要是為了強調爪哇社會在荷蘭人的壓力與控制影響下愈來愈趨階級化的現象，以及把這種現象「加入」整體的爪哇語言當中。高爪哇語基本上是一種敬語，所以大體上都是面對社會階級較高者使用，而且要完全精通其中的語彙也需要接受過高等教育。直到今天，爪哇人的社會聲望最明確的徵象，仍是個人對於這種敬語的掌握程度。高爪哇語當中那些音調優美流暢的多音節詞語，本身就強調了爪哇社會階級之間的距離與隔閡。另一方面，低爪哇語則是簡短、尖銳、幽默又性感。使用這種語言的情境，都是面對社會階級較低者，以及關係緊密的平等地位者、朋友或者家人。這兩種子語言的二元性不只反映了爪哇社會結構的分層狀態，也反映了爪哇人心智的二元性。高爪哇語帶有正式以及力爭上游的色彩，有點像是面具；低爪哇語則是私密、憤世嫉俗，充滿熱情，有點像是內心。不過，這兩者都必須要有聆聽的受眾才能夠充分欣賞，而且兩者也都「存活」在這種互補性當中。

縣長在自己與爪哇世界的關係裡，受到爪哇語結構的束縛與制約。那個語言的價值觀和取向持續存在於他的人生中，因為那些價值觀和取向在這個大體上仍然相當傳統的社群裡具有真正的用處。不過，在縣長與荷蘭上司的關係，還有他與自己的博雅易同僚以及身在「pamongpraja」（區域公務機構）以外的同階級、接受過相同荷蘭教育人士之間的關係當中，他（尤其是十九世紀末與二十世紀初那些比較年輕的縣長）則是不得不把爪哇語拋在腦後。習取一定程度的荷語（還有馬來語，儘管馬來語角色特殊），是他對自己的角色當中愈來愈技術性而且管理性的面向充分扮演好的必要條件，尤其是在倫理政策於世紀之交推出之後，因為這種政策要求在經濟與社會這兩個領域當中大幅擴張政府活動。

相對於單純的爪哇世界，在東印度群島的世界裡荷語因此發揮了高爪哇語的部分功能，也就是一種地位崇高的語言，能夠展現個人的「識字」程度，也能夠以充滿尊敬的方式表達各種運作，尤其是政府的運作。[3] 對於身在爪哇的荷蘭人而言，荷語在他們之間雖然仍是一種不特別帶有尊崇地位的語言，在年輕爪哇區域公務人員的世界觀當中卻具有相當不同的地位。正因為荷蘭教育政策（相對於其他殖民地的政策，例如英國在印度實施的政策）的目的，在於把荷語使用人數限制在殖民政權行政所需的範圍內，荷語於是產生了一種「深奧」的光環，是屬於核心菁英的語言，而且這種光環直到今天也還沒褪去。此外，由於荷蘭教育的接受對象通常都是出身良好、來自「高貴家族」的人士，懂得荷語也因此被反推為代表一個人出身自文人世家。

不久之後，年輕區域公務人員的家庭就開始風行起在家中說荷語的潮流，經常帶有濃厚的爪哇口音，而且也混雜了許多爪哇語的詞語。大城市的專業人士尤其習於在看似不適合使用爪哇語這種古老區域語言的場合當中使用荷語，例如寫情書，以及討論女性的時裝還有愈來愈普及的西方娛樂與家電。

不過，這種新式雙語狀態的政治效應最能令人直接感受到的地方，卻是在殖民官僚體系的辦公室裡。年輕爪哇官員從他們的荷蘭上司口中接觸到一套新的政治語彙，於是立刻吸收。在傳統的殖民官員眼中，世界向來分為兩種人物：「praters」（動口者）與「werkers」（動手者）。動口者包括議員、編輯、理想主義者、「紅色人士」與理論家。動手者則是忙碌而且務實的人，他們不多話、

「紀律嚴明」、懷有強烈的階級意識，也極為安分守己。這種分類在許多方面都是傳統上對於行政人員與政治人物的一種帶有貶義的劃分。此外，荷蘭官員把他們的偉大社會（Great Society）視為立基在「rust en orde」（平靜與秩序）之上，但一再遭到「relletjes」（騷亂）、「opstanden」（叛亂）以及「revolutionnaire uitbarstingen」（革命行動爆發）所威脅，這三者乃是依嚴重程度由輕至重排列。只要看看荷蘭殖民文獻，就會讓人不禁訝異於其中對於威脅秩序的事物有多麼執迷。[4] 在所有嚴肅的事務當中，社會都分為法律訂立者與法律接受者、監管者與被監管者。政治人物是外來的入侵者。危險向來都在於階級體系會因為「低層」元素標舉集體、革命或民主勢力的名義爭取權力而遭到擾亂。[5]

一種奇特的互相涵化發生於荷蘭與爪哇官僚階級體系之間，奠基在雙方利益與展望愈來愈多的交流之上。在十九世紀初期，這種潛移默化的現象經常是以荷蘭人受到爪哇化的這種形式發生，最常出現的地方是在廚房或者床上，透過荷蘭官員的管家或者同居本土情婦。爪哇人展現地位的

3 直到今天，還是經常可以聽到荷語被人開玩笑地稱為「krama inggilnya Jakarta」，即雅加達的高級敬語。「Krama inggilnya」是高爪哇語一種特別高級的形式，通常只使用於舊王宮首都。

4 在那段全盛時期，受到重視的仍是「orde」，還不是「tata-tertib」（法律與秩序）以及「keamanan」（安全）。

5 艾勒爾斯對於現代印尼政治所寫的那部引人入勝但備受忽略的研究著作，就是奠基在這種緊張關係之上。那部著作裡的基本衝突，即是在於「綠色」與「紅色」力量之間。見艾勒爾斯，《邁向紅色或綠色的獨立：十年的國內政治：印尼，一九四三年至一九五三年》（Eindhoven: Vulkaan，1956）。這兩種顏色不代表伊斯蘭教與共產主義，而是統治—秩序—階級以及革命—自發—社群這兩股力量。艾勒爾斯對於「紅色人士」暗中帶有的同情，掩飾不了他的分析架構基本上就是把殖民統治者的觀點顛倒過來的事實。

各種華麗衣著用品，例如黃金雨傘，都受到荷蘭行政人員欣然採用。但在後來，尤其是在蘇伊士運河開通使得荷蘭婦女得以大量移入之後，這種爪哇化就畫下了句點，其徵象是范赫茨總督（van Heutsz）的「尊敬」命令，禁止荷蘭官員採用爪哇典禮與華服，還有先前那種跨種族納妾現象的迅速衰微。潛移默化的作用開始翻轉過來，變成（有些）受過教育的爪哇人娶荷蘭妻子（主要都是在荷蘭結婚），並且採用荷蘭人展現權威的典型穿著打扮。[6]

荷蘭與爪哇行政官員的涵化又更加容易，原因是荷蘭與爪哇官僚文化的若干面向相似得令人意外。許多年紀較大的荷蘭「ambtenaren」（公務人員）對於東印度群島新近崛起而且盛氣凌人的資產階級（他們不但受到海牙重視，對於官員的權力獨占也愈來愈造成威脅）所抱持的敵意，和爪哇博雅易對於「dagang」（貿易）的鄙視頗為類似（尤其是那些荷蘭官員經常喜歡擺出貴族姿態）。荷蘭人對於細節、統治與階級、分類與分級的執迷，與爪哇博雅易喜愛吹毛求疵的禮儀以及繁複的階級也是如出一轍。尤其是在倫理政策世代的荷蘭行政官員興起之後，由於他們滿心懷抱習慣法的浪漫觀念，也認定必須保護**內地人**（本土人口）不受西方化的摧殘，因此雙方的相互關係變得相當緊密。爪哇區域公務人員因為自己的職位理當奠基在習慣法之上，所以自然傾向於認同這種觀點；而倫理政策統治對於「道德」的強調，以及對於被統治者的福祉所懷抱的關注，也呼應了老一代爪哇人認為統治階級應該負擔哪些義務的觀念。面對博雅易行政官員的傳統座右銘「*sepi ing pamrih, ramé ing gawé, mangayuayuning buwana*」（客觀中立，勤奮認真，改善世界），倫理派的荷蘭公務人員也必定欣然認同。萊登與日惹在這方面相當契合，而且完全能夠互相瞭解。理想的博雅易官員，就是一位正直有禮的人士，認真執行自己對於國家的職責，同時又只懷有最小的（公開）野心。這樣的形象與強調「eer」（榮譽）和「hoffelijkheid」（禮貌）的老式荷蘭公務人員的相似，不僅僅止於表面。

因此，對於博雅易而言，他們習得的荷語經常傾向於強化傳統態度。荷蘭公務體系的內部語言對於政治現象的分類方式（在宏觀層面上）與爪哇官僚早已熟悉的那種方式差異並不太大，因為這兩種組織在功能上具有的互補性，也有助於促進雙方的互相同化，或者應該說是在二十世紀促成爪哇人緩慢受到荷蘭統治模式的同化。荷蘭官僚勾心鬥角與辦公室謠言的內部語彙，迅速滲入了爪哇人之間。爪哇區域公務機構的官員也可能會（在相當罕見的情況下）「ruzie met zijn baas」（與上司吵架）、抱怨有些同事「erg koppig」（冥頑不靈）、對於勇敢發聲的朋友遭到「strafovergeplaatst」（懲罰性轉調至偏遠駐地）而搖頭嘆息，並且對於伊斯蘭聯盟（Sarekat Islam）難以解釋的擴散所造成的「herrie」（麻煩）感到憂心。這麼一名官員可能會在作物歉收之後為「het volk」（人民）感到擔憂，也絕對會忙著保持辦公室的「netjes」（整潔），把一切東西都收拾得「in orde」（井然有序）。

6 艾勒爾斯對於他所謂的殖民社會的「莫可洛」（mokolo）提出了一項引人入勝的分析。莫可洛是南蘇拉威西部分社群裡明顯外來的貴族統治者，艾勒爾斯將其視為特定類型的「綠色」統治的典範。這些莫可洛通常是個封閉種姓，抱持「尼采式」的優越意識，鄙夷社會其他成員，並且予以管理、保護以及剝削。他們不與社會其他成員往來，而是依據自己特有的規範生活，也不把這種規範施加於社群其他成員身上。艾勒爾斯把荷蘭官僚體系描述為典型的莫可洛（「綠色」的終極形態），只是以種族色彩取代了貴族的集體認同。荷蘭殖民統治的「內在」資產階級性質因此在棕色皮膚的人口面前帶有「外顯」的貴族莫可洛特色。外國觀察者在非爪哇島嶼上的後革命爪哇行政官員身上，就注意到他們的行為具有明顯的莫可洛式趨勢。

不過，爪哇區域公務人員的雙語能力最重要的面向，在於這種能力在大部分的情況下都提供了一種方式，可以讓人因應這個階級真正的社會政治地位，包括面對荷蘭上司以及爪哇下屬。爪哇區域公務人員這個群體的保守心態，以及捍衛既有秩序合乎他們利益的事實，也表示從荷語世界可以輕易吸收只有必要的東西，當做沙包擋住舊爪哇世界觀當中愈來愈大的裂縫。爪哇區域公務人員階級僅有維護既有秩序這項任務，因此和民族主義知識分子階級相較之下，不但能夠對自己的雙語能力做出遠遠更加「穩定」的調適，在過程中承受的壓力也遠遠小得多。儘管如此，由於許多年輕民族主義知識分子都和區域公務人員具有親屬關係，在某些方面也的確只在博雅易整體階層當中形塑了新的部分，因此老一代的區域公務人員所擁有的經驗就形成一道橋樑，銜接了傳統爪哇經驗與未來民族主義革命的經驗。主要受到各職業吸收的年輕知識分子，為了強化爪哇傳統，並不是單純在局部程度上吸收以及調適荷語，而是在上一代的經驗上進一步發展，而進展至激進吸收「完整」的荷語以及殖民母國範圍內的荷蘭文化，從而長期從內部摧毀荷蘭殖民力量。

民族主義知識分子

爪哇區域公務人員在最後雖然充分適應荷蘭統治的維護與延續，殖民地保守人士卻很早就認知到，即便是由殖民當局提供的有限荷語教育，也開始創造出了一個新的階級，而這個新階級的存在即有可能預示了荷蘭統治的終結。這群新進人士被輕蔑地稱為「half-intellectuelen」（半知識分子）、「gladakkers」（無賴）、「ruziemakers」（麻煩製造者），甚至是「sloebers」（臭鼬），在荷蘭殖民者的心目中，這些人與受到美化的「adel」（貴族）以及「eenvoudige tani」（沒有受到腐化的農民）完全相反。

對於這些知識分子而言，由於他們在殖民體系的結構裡沒有穩定的功能，卻可能在後殖民社會當中成為領袖，因此雙語能力並不是將區域傳統現代化的關鍵，而是開啟了一條道路，可讓人獲得對殖民社會的整體批判性概念，並且對於殖民政權本身消失之後的未來社會產生想像，雖然可能只是最簡單也最抽象的想像。在這一點上，荷語的重要性十分關鍵，因為荷語提供了必要的工具，能夠向印尼一群潛在革命菁英傳達西歐與俄羅斯探討殖民主義與帝國主義的馬克思理論。當然，此一傳達過程乃是反殖民民族主義研究當中的陳腔濫調。不過，經常沒有受到充分強調的是，這種革命性思考模式在充滿困惑的殖民世界裡所帶有的**明晰性**：這種思考模式一致、簡潔而且全面，不像種族劃分、習慣法的特殊性以及宗教對立那樣帶有虛假（以及真實）的複雜問題，導致要在本土語言的架構裡系統性思考荷蘭權力極為困難（即便是像爪哇語這麼高度發展的語言也不例外）。正因荷蘭權力延展得比任何族裔語言群體都還要廣，又與傳統社會的完整階級分層一樣深，因此只能在其本身設定的條件當中予以回應。所以，理解的媒介必然是荷語，而攻擊的媒介則必須是印尼語（革命馬來語）。矛盾的是，只有在荷語成為知識分子的內部語言之後，印尼語才能夠以民族語言之姿傳播開來，只有在這個時候，印尼語才能夠受到發展以接收新思維，從而於殖民社會裡將這股新思維更廣泛散播。

我們可以可靠地指出，公然持保守立場的荷蘭思維雖然對印尼人幾無影響（當然，「倫理」公務人員受到掩飾的保守主義確實影響了爪哇區域公務人員），荷蘭的社會主義與共產主義書寫卻影響了一九二〇與一九三〇年代幾乎全體的民族主義知識分子。由於這個原因，一套馬克思主義語彙成了那些年間所有民族主義知識分子的共同財產。這套語彙具有雙重的重要性，一方面針對既有秩序提出批評，另一方面也提議了一項取代既有秩序的方案。由於馬克思主義提供的分析貼切又明白，因此受到了那群正在崛起、所有受過良好教育的重要菁英全心接納。

一九二〇與一九三〇年代的所有印尼知識分子，都面對了最嚴苛的文化與靈性二元問題。極少有人能夠把這兩個世界徹底分開或是保持平衡。一般都是個人會把觀點側重於其中「一方」，有些是側重荷蘭那一方，有些側重區域傳統這一方。側重荷蘭那一方的人士，後來發現與荷蘭敵人進行對話與交流有時還比面對地方與鄉下印尼大眾來得容易。這些人有許多都在荷蘭或者歐洲其他地區居住過至少幾年，也有許多人成了荷蘭左派的活躍成員，不論是身為社會主義者還是共產主義者。他們返回印尼之後，自然不免採取在接受過荷蘭教育的年輕知識分子之間「培養骨幹成員」這種政治策略，因為他們能夠以自己和荷蘭的社會主義或共產主義人士對話的那種語言，和這些年輕知識分子對話。哈達—夏赫里爾團體在三〇年代初期採取的策略，主要就是建立一個由通行荷語的激進知識分子所構成的菁英圈子，這點並不是巧合。另一方面，有些知識分子受到荷蘭同化的程度則比較淺。他們和荷蘭人沒有建立多少緊密的關係，而且在傳統環境裡也覺得比置身於「國際性」的社會主義與共產主義知識界當中來得自在。對於這類人士，政治行動的意義不是來自和荷蘭人進行批判性的對話，而是來自於那些行動與他們出身的社群之間的關係。上述的第一群知識分子比較親近的對象是思想相近的荷蘭人，而不是思想不同的爪哇人或異他人，但第二群知識分子則是恰好相反。在很大的程度上，他們雖然扮演了將「外部」觀念引進傳統世界的翻譯者這種角色，卻極少能夠有效或者自在地在傳統世界以外活動。由於這個原因，他們採取的政治策略自然是動員大眾，在一個對於荷蘭人而言大體上無法理解的文化世界裡動員。正因為這是他們的長處，所以他們對於程序化馬克思主義的掌握一直都很弱，實際上，後革命印尼的意識兩難主要就是此一事實造成的結果。[7]

儘管如此，在這項分析裡以抽象方式呈現的這兩個群體（其實沒有這樣的群體，只有介於兩個極端「類型」之間的各色不同人物），還是透過殖民統治者的語言而整合為一。由於荷語是成長於日本占領之前的那一整個世代的知識分子在學校裡使用的語言，因此一直是菁英論述的內部語言，尤其是在不同族裔群體的民族主義者之間。他們利用荷語這個媒介，向西方（包括俄國在內）吸收那些可望促使印尼人民擺脫白人主宰者的觀念與指示。荷語也凝聚了菁英，使他們成為一個不同於荷蘭人與本土大眾的群體。此外，由於荷語教育的接受對象主要是博雅易家庭的子女，因此後來即便在**傳統社會**裡也成了一種高地位的象徵。直到今天，劃分雅加達政治圈「binnen」（以內）和「buiten」（以外）人士的那條模糊界線，仍然是使用殖民語言的流利程度。

儘管菁英對於荷語都有完整或局部程度的精通，殖民政府的教育政策卻明白顯示荷語不可能

7 我們可以說差異在於一方基本上以荷語思考，另一方則是不論荷語說得多麼流利，在潛意識裡還是會把荷語譯入他們自身語言的結構。我們接著將會看到，後來這兩者都把自己使用的語言翻譯成印尼語，有些譯自荷語，有些譯自爪哇語。比較夏赫里爾（Sutan Sjahrir）的宣言《我們的奮鬥》（*Perdjoeangan Kita*；一九四五年十一月）與蘇卡諾針對基本印尼政治原則所發表的著名聲明：班查西拉（一九四五年六月）。要完全理解這兩部文本，就必須對其中涉及的母語有些基本的瞭解。

用來把區域民族主義團結成一道堅實的反荷陣線（不像英語在印度受到的使用方式）。因此，必須找到另一個能夠跨越族裔與地位界線的語言，像荷語凝聚菁英那樣在大眾層次發揮相同的凝聚功能。由於這個語言是由民族主義奮鬥所召喚而成，因此本身就代表純粹的抵抗精神，抵抗荷語霸道獨占通往「現代性」的橋樑這項角色。這個語言本身的出現，就宣告了即將打敗荷語在文化上的支配地位。

一般所稱的市場馬來語，也就是長久以來在印尼群島上的通用語言，成了一種新語言的基礎，也就是**本質上充滿政治性**的印尼語（革命馬來語）。這種語言帶有足夠的簡單性與彈性，能夠迅速發展為現代政治語言，不但類似於荷語，又可以和荷語並列，而且也沒有強烈的傳統性質（主要是句法和敬語）可以產生反革命。而馬來語這個「跨族裔」語言在實際上幾乎毫無地位，這點更是使其充滿了可能性。這麼一來，這種語言從一開始就給人一種自由、「民主」的感受，從而對知識階級深具吸引力，原因是這個知識階級在某個層次上（渴望與殖民菁英平起平坐）一心追求平等規範。[8] 經常有人說（主要是後來的爪哇人）以印尼語做為全國語言是近乎居於多數的爪哇人寬宏大量的讓步。不過，實際上比較可能的情形是，由於民族主義在當時仍有一部分被視為重點在於擺脫「爪哇主義」以及爪哇社會交流的階級性模式，因此印尼語的簡單情態也就在意識形態上帶有吸引力。這種語言也讓人能夠從事基本上屬於荷蘭式的社交互動，但不必透過荷蘭語的中介。這種新語言的彆扭與陌生性質，正是反映了採行「社會主義」以及追求平等的生活方式當中所涉及的創意與探索。

新語言的冒險

印尼語的主要公共功能，即是促成民族的統一。印尼語雖然在一九二〇年代開始扮演這個角色，卻是直到日本占領之後才正式成為國家語言，在官方政策的規定下必須教導於學校裡以及使用於辦公室當中。在一九四五至一九四九年的革命期間，印尼語是抵抗荷蘭人回歸的語言，也是對於未來表達希望的語言。革命也為印尼語加速填補了充滿情感的詞語，這類詞語不但能夠為語言賦予文化身分與光環，也似乎能夠表達語言使用者最重要的經驗。其中的幾個關鍵詞，諸如「Rakyat」（人民）、「merdéka」（自由）、「perjuangan」（奮鬥）、「Pergerakan」（運動）、「kebangsaan」（國籍）、「kedaulatan」（主權）、「semangat」（活躍的精神），當然還有「révolusi」（革命）：這些詞語全都產生自共和國的發展時期，而共和國也是在這段時期最深切知覺到自己代表了一種充滿希望的新努力與團結。印尼語當中幾乎所有情感強烈的詞語都與實體革命的奮鬥與暴力有關，而且大部分都帶有高度的政治含意與英勇色彩。這些詞語之所以存活躍動，原因是它們屬於一個仍然存活著的世代所擁有的歷史記憶，而且是在現代印尼生活最重要的經驗當中被創造。這種情形與爪哇語的對比極為鮮明，因為在爪哇語當中，情感強烈的詞語都是音調響亮的擬聲詞，其深度與引人共鳴的性質在世世代代以來不斷成長，並且與審美還有宗教情感有關。

8 這個語言扮演的統一角色又因其跨族裔性質而更加成功，因為這個語言並沒有和參與追求跨區域支配地位的任何一個主要族裔語言群體的利益綁在一起。

除了產生於革命期間以及革命之前那段奮鬥時期的關鍵詞語之外，印尼語也是一個沒有大量歷史記憶與意涵的語言。印尼語的目光朝向未來，因此是青春與反抗的典型語言。在對於荷語和爪哇文學傳統所帶有的壓迫性深感厭惡的大多數文學藝術家眼中，印尼語也是一種深具吸引力的表達媒介。印尼語的平淡與簡樸，令寫作者覺得自己能夠依據本身的形象與抱負予以形塑。儘管如此，就算少數印尼菁英分子的缺乏既予性（givenness）在文學與政治方面創造了一種解放感，其中卻也總是隱藏一種潛在的文化風險。尤其在革命之後，這個缺乏文化共鳴以及缺乏堅實傳統的語言，已造成了我們後續將會看到的意外變化。

此外，正因為印尼語是一項計畫、一股追求統一與平等的抱負，也是在面對某些愈來愈棘手的社會事實時對於未來的放手一搏，因此這個語言在一九五〇年之後已逐漸發展出一種截至目前為止都極少受到評論的「正式」性質。當代印尼語具有某種奇特的客觀中性特色，從而在這個語言的使用者之間造成心理距離。這種改變不是來自任何「內建」於此一語言裡的社會分層，而是因為這個語言雖然具有民主平等性質，其所置身的社會的最基礎思考邏輯中，卻仍然懷有傳統的地位導向。由於印尼語的活力不是來自於其歷史前身，而是來自其做為反殖民計畫的一種表達方式所具備的象徵性質（此一反殖民計畫包括了把整個前荷蘭殖民帝國團結為一個和諧的民族、全國社群的民主化，還有培養一種自由的同胞精神），因此這項計畫在革命之後的命運決定性的影響了印尼語。這個語言在印尼文化上方形成一層薄薄的新表土，結果事實證明這層表土一受到風的吹拂，就極易遭到侵蝕。

重點不在於這個語言持續不斷獲取新詞彙（儘管這種情形確實存在），而是舊詞語產生了「惡性」的相反意義，反映了從革命年間那段充滿希望的時光過渡到後續比較嚴酷的時期。這種翻轉最著名的例子，就是「bung」（兄弟）這個詞語的命運。在革命期間，這個詞語表達了民族奮鬥的真實同胞情誼，並且受到那場奮鬥的所有活躍參與者大量使用。今天，除了蘇卡諾、哈達與瑟托莫（Sutomo）等少數全國性人物之外（稱呼他們的時候，「bung」都是寫為「Bung」），幾乎沒有別的重要人物會受到這麼指稱（除了為數不多的懷舊左翼小團體之外）。「Bung」雖然至今仍是個充滿敬意的高等詞語，「bung」的地位卻滑落得愈來愈低，現在已通常是個蠻橫而帶有輕蔑意味的詞語，用於招來人力車、服務生、門房或者香菸小販。另一個例子是「aksi」。這個最早由著名的共產黨領袖陳馬六甲（Tan Malaka）所普及的詞語，意指行動、革命行動，直到現在也還是可見於像是印尼學生行動戰線（Kesatuan Aksi Mahasiswa Indonesia，簡稱KAMI）這類組織的名稱裡。不過，當今更普遍的乃是「aksi」的惡性意義，意指「表演」（矯揉造作、虛偽、不自然）。其他進一步的例子也唾手可得。重點不在於這些詞語現在受到充滿偏激態度的使用方式，而是一般人都是在毫無自覺的情況下使用已經脫離「Bung」與「bung」以及「Aksi」與「aksi」原意的詞義。

發生在印尼語部分最重要的情感詞語當中的這種分裂，反映了後革命印尼的社會學與文化性質。這種情形顯示了當代印尼社會的重新分層，也顯示了一種決心，亦即堅決要在變動中的社會情境裡藉著二元化的過程維繫印尼語的抱負與理想。我們只要想想看，即便到了距離革命開始已有二十年後的今天，印尼語仍然只是一小部分人口的日常語言，即可更清楚看出這種情形。我們可以頗為自信地指出，在印尼全國當中，印尼語只有在兩座城市裡是官方管道以外的正常溝通媒介。各大地方首府，諸如望加錫、巴塘（Padang）、巨港（Palembang）、萬隆、泗水、梭羅與三寶瓏，全都通行當地的區域語言，不管是望加錫語、米南佳保語、巽他語，還是爪哇語。只有在棉蘭和雅加達，印尼語才是真正的都會語言。而且，即便在這裡，棉蘭語由於和馬來半島關係密切，所以也比較屬於馬來人而非印尼人所有，並且頗有方言的性質。

在革命之後的這些年間，印尼語主要是在雅加達這個都市大熔爐裡發展以及展現其創意。這種活力來自於為了追求財富而大量湧入的人口，其中以來自爪哇為多，但也有來自其他各個島嶼的人，原因是許多的權力與財富都集中在這座首都。當代印尼語也反映了雅加達的奇特性格，包括這裡不同於地方上的團結感受，以及這裡的日常生活所帶有的那種野蠻、商業化、權力導向又憤世嫉俗的性質。

雅加達對印尼語的影響當中最獨特的面向，就是從所謂的雅加達語當中借用而來的詞句。又稱為貝塔維語的雅加達語已經存在了很久，在數十年來不斷受到在雅加達定居下來的峇里人、巽他人、布吉人、爪哇人與華人發展影響。這是一種粗俗的下層階級都市語言，完全沒有在道德或地位方面自命「高人一等」的姿態。使用雅加達語幾乎不可能表現出傲慢自負的模樣，因為這種語言帶有極度樸素而幽默的感受。不過，由於歷史上一項出人意料的轉折，這種低俗的語言卻愈來愈成為雅加達年輕菁英的「時髦」語言，特別是在五〇年代晚期與六〇年代期間。對於政治人物、新聞從業人員以及學生而言，經過稍微修飾的雅加達語尤其成了社會交流的尋常媒介。這種語言之所以廣受喜愛，明顯是因為其親切、花俏而且憤世的性質，和公共傳播使用的正式官方印尼語形成一種吸引人的對比。雅加達語比其他語言都更能夠表達革命後的雅加達所帶有的危險、興奮、幽默與粗俗等特點。其中尖酸刻薄的擬聲詞和低爪哇語的風味有異曲同工之妙，而印尼語則是發展得愈來愈近似於高爪哇語。

這種變化最引人注目的外在表現，就是雅加達的都會區報紙。就此處的探討所需，我們可以將這份報紙區分為兩個明顯不同的部分：第一是採用印尼語的部分，其中涵蓋了所有的新聞、所有的專題報導、所有的廣告和所有的評論文章（占了整份報紙的百分之九十五左右）；第二是採用雅加達語的部分，這部分只有「pojok」（角落專欄）。那些角落專欄占用的空間雖然很少超過半欄，卻是雅加達讀者翻開報紙後首先閱讀的部分。角落專欄的本質，就是對最新的新聞或者一般政治經濟情勢提出一針見血的匿名評論。角落專欄經常會間接指涉那些其實是公開的祕密，卻因為言論審查而導致報紙不可能公然提及的事件。專欄內容經常會採取簡短的對話形式呈現，對話的雙方是兩個（看似的）無產階級者或是小販：邦篤（Bang Dul）、歐通先生（Pak Otong）等等。角落專欄的寫作技巧在於暗示、影射、諷刺以及假裝驚訝。舉例而言，一則角落專欄可能會引用一名高階部長或者軍官在印尼發表的演說，激勵眾人簡單生活、勤奮工作，並且避免貪腐。然後，下一行隨即接著回應：「Bener dèh!」（確實沒錯！）表面上看來顯然是對那位大人物所說的話單純表達同意。不過，雅加達的讀者立刻就會注意到作者使用的不是印尼語的「benar」，而是雅加達語的「bener」，而這個詞語則是帶有「少來了」的強烈含意，並且還加上「dèh」這個無法翻譯但帶有憤怒語氣的雅加達語助詞（意思差不多是「確實如此」），因此簡潔表達了嘲諷或者不相信的態度。所以，這則角落專欄只用兩個詞語就一面正式讚揚了那名部長或者軍官，但同時又暗示他虛偽、懶惰、腐敗而且自以為是。或者，專欄裡對於引述內容的回應也可能是：「Hasilnjé adé juga. Ikan gedé ketangkap. Alhamdulillah!」（終於有效了，他們抓到了一條大魚。謝天謝地！）藉著阿拉伯語的「謝天謝地！」加上雅加達語的字尾這個充滿諷刺意味的詞語，讀者立刻就會知道有個重要的政治人物因為貪腐被捕，儘管這件案子本身，甚至是那個政治人物被捕的消息，都可能永遠不會受到公開。

報紙當中的印尼語和雅加達語有著徹底而且直接的對比。印尼語的部分情操高尚、態度嚴肅、充滿道德色彩，刊登的通常是總統、將領、部長或編輯的說教。這部分的內容無疑很有助於提升品格，但也充斥官方說詞與濃厚的意識形態，並且呈現出一副高高在上的威權姿態。一切都是沿著社會政治階級體系由上而下傳遞，由「pemimpin」（領袖）或「tokoh」（大人物）對著「rakyat」（人民）、「wong cilik」（小人物）或者「massa」（大眾）發話。至於雅加達語的部分，則是尖酸、民主、幽默，而且更重要的是深富親切感。印尼的空洞距離，縮小成了雅加達那心照不宣的緊密環境。如同雅加達語的使用者所說的，角落專欄傳達了「TST」（tahu sama tahu，意為我們對彼此都非常瞭解）的感受。

除了音調變化以外，印尼語和雅加達語的詞彙也帶有強烈的對比。社論喜愛使用「imperialisme」（帝國主義）、「pembangunan」（發展）、「kemajuan」（進步）、「amanat penderitaan rakyat」（人民受苦的訊息）、「kontra-révolusionèr」（反革命）以及「perjuangan」（奮鬥）這類詞語。角落專欄使用的詞語則是「masuk kantong」（把口袋填滿）、「sépak ke atas」（明升暗降）、「nyatut」（欺騙）、「jatuh ke kasur」（跌落在床墊上，意為雖然遭到拔官，卻另外獲得一個肥缺做為安慰獎）、「main kayu」（採用骯髒手段），以及「ngakunyé」（這是他的說法）。社論也許會提及「démokratis」（民主），角落專欄的呼應則是「dia mau gratis」（他想要免費獲得）。

我們要怎麼解釋雅加達語崛起成為大都會政治語言當中的一個關鍵元素這種現象呢？雅加達語的**用詞**在印尼歷史上顯然史無前例，源自後革命情境，也就是印尼人控制了自己的政府，於是統治者與被統治者（層級較高的被統治者）能夠從事某種型式的真實對話。雅加達語令人不禁將其視為「真實」語言，而印尼語則只是用於充門面、宣傳，或者自我膨脹。角落專欄與都會流言網絡那種憤世的機鋒很容易被視為「真實」，直到我們意識到雅加達語畢竟仍然只是一座城市的語言，在那座城市以外幾乎沒有根，而且對於大多數的印尼民眾而言，印尼語仍是未來的象徵與承諾。因此，印尼語也帶有一種真實，超越了當前統治菁英的希望與恐懼。

這麼一來，我們又回到了面具的問題。公眾的面具，私下的面具，哪個才是真實？面具為什麼這麼重要？什麼是沒有戴上公眾面具的私下面貌？面具會誤導、吸引、象徵，還是附身？

爪哇語的情態與當前的文化危機

這場不斷深化的危機，至少自一九五六年以來，就令所有關注政治的印尼人心懷擔憂，雖然具有許多面向，其核心卻是環繞於革命衝動在後革命菁英身上的消退。就社會學方面而言，這種情形展現在印尼社會的日益分層化、菁英與大眾的愈趨分離，以及寄生式官僚結構在社會生活各領域當中的發展。在政治方面，政權的政治支持基礎緩慢窄化、其政策缺乏創意的保守立場，以及為了保護各種既得利益而愈來愈慌亂的措施，都反映了相同的狀況。經濟情勢也完全沒有比較樂觀。這些變化對於印尼政治語言造成的衝擊極為重要。目前發生的這些狀況，有一部分是印尼語無可避免的爪哇化過程，包括詞彙與情態。另一部分則是印尼語（革命馬來語）已逐漸不再是重新產生創意的泉源。最重要的發展很可能是最後這一項：印尼政治核心的革命發展逐漸減緩。不過，這兩者密不可分，因為印尼語和爪哇語的關係本身就顯示了印尼的心理與政治狀態，以及印尼菁英所踏上的道路。在革命衝動愈來愈趨癱瘓的情況下，革命馬來語已愈來愈讓人覺得與時代脫節，在新興的體系裡幾乎已失去溝通功能。要在語言方面因應這種變化，最簡便的做法就是依賴過往的傳統。一般雖然常說問題出在爪哇語的文化帝國主義，但實際上卻不是如此。真正的問題是印尼語即將遭遇的落敗（至少就目前而言），但不是做為語言，而是做為一種自主的思想媒介。

印尼語的爪哇化有幾個方面，全都與實際上的社會與政治情境密切相關。

一、大眾印尼語的高等化。隨著革命馬來語的「真實性」愈來愈遭到各種事件削弱，這個語言已逐漸成為一種政治禮貌的語言，任何受過教育的現代博雅易都應該精通，而這項能力就會將他和「rakyat yang bodoh」（愚蠢的大眾）區分開來。[9] 這種禮儀有助於讓博雅易擺脫當代政治比較粗野的面向，並且投入比較理想化的領域。習取高印尼語的詞彙這件事情本身，就涉及達到政治嫻熟度上較高層次的啟蒙。其中暗示了某種紀律，也就是徹底知覺到公眾語言的細微之處。

正如高爪哇語原本代表了對於低爪哇語基本詞彙的美化與仿古化，印尼語的高等化也是朝著相同的方向進展，因為美化與仿古化的目的，向來都是要把當下和宏偉的過往畫上等號。那些古詞和敬語通常來自爪哇語和梵化的舊爪哇語，因為不論是響亮的發音還是輝煌的歷史迴響，都可以在這兩個來源當中找到最豐富的寶藏。因此，獨立於印尼政治意識形態之外的班查西拉，原本是一套佛教原則，來源自現存最古老的爪哇文學典籍之一：《爪哇史頌》（*Nagarakrtagama*）。警察機動部隊的現代高爪哇語名稱巴揚卡里（Bhayangkari），就是舊爪哇語當中指稱「宮殿守衛」的詞語。做為印尼陸軍意識形態憲章的「Sapta Marga」，也是舊爪哇語的詞語，意為「七原則」。數十個這類古詞都在指導式民主晚期成為當下通行的詞語：包括「Tri Ubaya Sakti」、「Pancatunggal」、「Pancawardhana」、「Mandala」、「Satya Lencana」、「Pramuka」等等。其中許多都是真正的高爪哇語字眼，因為那些字眼都有同義的低爪哇語日常詞彙（例如與「巴揚卡里」同義的「Mobrig」）。所有這些字眼最常使用在具有高度典禮重要性的場合上，並且是適用在具有最高政治聲望的物品或機構上。這些字眼雖然幾乎全都不是以其原本的詞義受到理解，但其來自梵語或舊爪哇語的源頭卻廣為人知，因此那些現代機構都可以被視為承繼了原始機構的聲望與威嚴。

二、新的低等語。我在先前已經提過，雅加達語之所以受到政治印尼語的吸收，至少有一部分是為了扮演低等語的角色，原因是革命馬來語已逐漸上升至高等語的地位。這樣的改變顯示了爪哇語的情態滲入印尼語的程度，更甚於爪哇語這個語言本身。不過，低爪哇語的詞語也確實在各個層級持續不斷湧入印尼語（但印尼語中幾乎完全沒有詞彙來自當代高爪哇語）。這樣的湧入

9 新手經常忍不住會注意到博雅易如何毫不自覺地把大眾稱為「bodoh」（即便是「左派」博雅易也一樣如此），因為這個字眼通常被譯為「愚蠢」。這種表現看起來像是一種令人無法忍受的勢利姿態，而且實際上也經常是這樣。不過，我們如果聽到同一個人指稱人民「masih bodoh」（仍然愚蠢），事情就會變得比較清楚。在西方，愚蠢是命定的，並且是固定不變的性格當中的一種特徵。我們從來不會說別人「仍然」處於「愚蠢」的狀態。在爪哇人眼中，「愚蠢」則是「受過教育」或者「覺醒」的相反。因此，那是一種在理論上可以矯正的缺陷。

有一部分反映了爪哇語以及總統蘇卡諾自從一九五六年以來在印尼政治中心日益成長的力量。由於蘇卡諾與擁有大量爪哇人成員的印尼共產黨，是唯二有意識地發展印尼政治語言的創新勢力，因此這種**口語**的爪哇語化（即便在目前還是相當風行）明白顯示了其源頭何在。由爪哇語輸入最廣為人知的詞語，不只帶有爪哇語那種典型的強烈感官刺激（藉由擬聲詞），而且幾乎全都是暗示了危險、災難與暴力的詞語，諸如「ganyang」（吃掉）、「krumus」（嚼碎）、「gontok-gontokan」（爭吵）、「nggrogoti」（蠶食鯨吞）、「bobrok」（腐敗得無藥可救）、「plintat-plintut」（三心二意、不真誠）、「berkiprah」（趾高氣揚）。此外，這種特徵也是個明白可見的徵象，代表了過去十年來不斷深化的社會衝突與緊張關係，只見印尼人民的經濟與社會困境大幅惡化，仇恨的情緒也朝內轉向社會本身，而不是朝向外部的世界。

三、消除革命象徵的效力或者予以收編。這項過程可以描述為把這些象徵吸收入非革命或甚至反革命性的傳統主義當中。採取的方式有二：

(1) 把具有強大象徵力量的字眼，例如「révolusi」（革命）、「sosialisme」（社會主義）與「démokrasi」（民主）這類擁有真實歷史根源的詞語，埋進晦澀的縮寫詞當中，例如「Jarèk」、「Resopim」以及「Usdèk」。[10] 這些組合詞的「功能」和當初的「Nep」（新經濟政策）或「Sovkhoz」（國營農場）等詞語在蘇聯所具有的功能不一樣，不是用於指涉特定政策以及具體機構的簡稱，而是可以用半矛盾的說法稱之為觀念的人造合成產物，不指涉具體現實，但藉著口語操弄有可能讓人覺得這些組合詞本身獨立存在。「Jalan Révolusi Kira」仍是以合乎句法的方式運用詞語傳達一項觀念或者訴求，但由此縮寫而成的「Jarèk」卻根本不是詞語，而只是一個**東西**，其中攪入了

「révolusi」（革命）這個元素。「Jarèk」已經成為一個口號，其中的任何外顯意義已不再重要。因此，這個口號可以成為蘇卡諾在沒有自覺的情況下所稱的革命護身符（Azimat）。若以稍微不同的角度觀之，這個口號也代表了外國象徵與訊息的轉變，類似於我們在古代的阿拉伯語和伊斯蘭語當中見過的狀況。如同阿拉伯語，革命社會主義的正式語言也受到挪用並且賦予一種晦澀的意義。藉著死記的方式習取這些新的政治縮寫，於是被類比為在伊斯蘭習經院裡背誦無法理解的古蘭經「ayat」（經文），因為兩者都代表了接觸某種奧秘。這就是為什麼我們可以把「Jarèk」視為和「bismillahirochmanirochim」（奉仁慈悲憫的阿拉之名）這個傳統阿拉伯伊斯蘭語構詞具有相當類似的功能。

(2)藉著把行動與過程具體化成為本質與性質。蘇卡諾的西方批評者一再指控他「背叛」社會主義、民主與革命。那些人沒有意識到的是，這些詞語在今天已不再等同於「sosialisme」、「démokrasi」與「révolusi」，因為後面這三者已產生了其本身自由浮動的意義。蘇哈托中將嚴肅談及「革命的階級體系遭到擾亂」，或者把共產主義者稱為「反革命分子」的時候，這些用語顯然都帶有一種當地人才懂的地方意義。革命不再是一種社會過程，而是一種心態或者戰鬥記錄。一個人有可能「是」革命人士（依據職權所獲得的身分，因為參與過民族主義抗爭），或者「成為」革

10 這些都是蘇卡諾創造的縮寫詞，其完整形態分別為「Jalan Révolusi Kita」（我們的革命道路）；「Révolusi-Sosialisme-Pimpinan」（革命—社會主義—領導）；以及「Undang-undang Dasar 1945, Sosialisme à la Indonesia, Démokrasi Terpimpin, Ékonomi Terpimpin, Kepribadian Nasional」（一九四五年憲法、印尼社會主義、指導式民主、指導式經濟，以及民族認同）。

命人士（如同前國防部長納蘇琛將軍〔Nasution〕簡潔指出的：藉著「心理重組」而成為），但不可能表現出革命人士的「行為」。受到社會認同的是心態，而不是一連串的行為。同樣的，一位官員可以一方面大聲讚許「gotong-royong」（互相幫助與合作）這句口號，同時又對「sama rata sama rasa」（所有人地位平等，也懷有平等的感受）這句口號提出譴責，原因是後者（在左派圈子裡廣受喜愛）仍然保有部分的原始意義，而前者則是已經僵化成為「當前政府模式的語句」。因此，「gotong-royong」在實際上不但令人嚮往，而且也獲得實行。

類似的過程也可見於「démokrasi」與「sosialisme」這類詞語的轉變當中。我們如果把民主與社會主義視為是實際存在的事物，即是落入了唯名論的陷阱，因為社會主義與民主只是單純依據我們的界定而變。我們如果想像印尼的「musyawarah」（諮詢？）概念或者爪哇的「gotong-rotong」概念受到美國教育體制吸收，而灌輸給美國的年輕一代，即可比較深切理解西方政治概念受到印尼—爪哇心理結構吸收與轉變的整個過程。在任何這類跨文化的轉移當中，不可避免的要旨都是挪用外來概念，而試圖將其暫時定位在傳統思考方式以及行為模式當中。結果是由外來還是傳統的觀念與情態取得優勢，端看菁英的觀點及其決心而定：在大多數的大型非共產社會裡，至少就短期而言，幾乎不可避免的結果都是由傳統情態勝出。

四、爪哇人的政治想像。經常有人主張爪哇人的歷史觀是循環性而不是線性的，我自己的看法是這種說法在整體上確實沒錯。至少，在我們傾向於看出相似性的地方，爪哇人卻會將其視為重複或者反映。這個主題很複雜，無法在本文裡充分探討；但儘管如此，類似以下這樣的例子還是值得思考：革命的概念在循環性的歷史直覺裡會有什麼樣的命運？最後的結果難道不會是前外交部長蘇班德里約博士所提出的那個奇特公式：「革命即是延續」？[11] 在爪哇歷史編纂的古典循環週期當中，遠古的黃金時代逐漸瓦解成為愈來愈低劣而且悲慘的時代，最後形成災難時代，也就是「爭鬥時代」或者「瘋狂時代」，所有的價值都受到重新評價，所有的社會制度都遭到翻轉，而且社會也陷入崩解。不過，時間的巨輪還是會持續轉動，於是從瘋狂時代的黑暗當中，又會再度展開一個新的黃金時代，由一位新的「Ratu Adil」（公正的王）所統治。這可是「革命即是延續」這句話的極致表現！在這種觀點當中，循環與革命的隱喻結合在一起而沒有造成太大的震驚。蘇卡諾的印尼式社會主義在所有面向上都比較接近於黃金時代，而不是馬克思的無階級社會。最重要的是，這是一種**復興**：舊秩序套上技術性的現代外表重新出現，因為這個黃金時代的人均所得比過去高出許多，但以往的真實性與結構都幾乎沒有受到改變。

爪哇人對於爪哇社會成員的想像也是另一個例子。主要的劃分無疑被認為是在於「阿利蘭」（文化宗教社群）之間，而不是在於階級或甚至**政治**立場之間。阿利蘭基本上是不連續的心理世界以及生活方式，跨越了階級界線，而且無法歸入「意識形態」這個分類底下。阿利蘭是政黨的基礎，但不屬於政黨。舉例而言，伊斯蘭教士聯合會、伊斯蘭聯盟黨與伊斯蘭教育聯合會等穆斯林政黨都可以被視為伊斯蘭阿利蘭的一部分，但這種阿利蘭也包括了不屬於政治的農民、教師與商人。現在（仍然）有個共產主義的次要阿利蘭，與一個由博雅易所領導的民族主義次要阿利蘭

11 引用於卡索斯，〈漫談貢托的伊斯蘭學校〉（Notes on the Islamic School at Gontor），《印尼》1（一九六六年四月）：30-45，這句話出現在33。

（兩者都歸屬於掛名派阿利蘭這個比較大的阿利蘭當中）。由阿利蘭劃分社會是爪哇人特有的概念，但在印尼對於自身政治的觀點上也愈來愈常見。然而，這些阿利蘭卻是爪哇政治的「既定事實」（儘管有當前對於共產黨人士的殘暴屠殺）。沒有人真的預期這些阿利蘭會從社會中消失，這個永恆的群體有時興盛有時沒落。

最後，還有在本文裡不時提到的面具和戲偶的意象。印尼政治語言的詞彙已愈來愈受到明確或含蓄地喚起這些意象的詞語所支配，諸如「dhalang」、「mendalangi」、「wayangnya」、「lakon」、「gara-gara」、「prang tanding」、「jejer」、「Bratayuda」、「Durna」，這些全都是取自皮影戲世界的政治詞語。[12] 在「terbuka kedoknya」（他的面具被人摘下）和「dengan kedok」（戴著某種面具）等語句裡可以看到的「kedok」（面具）一詞，指涉了面具的意象，包括在托賓（topèng）面具舞以及爪哇社會關係的二元結構當中。這些用語全都能夠對爪哇人引起特殊的共鳴，而且這些用語本身也幾乎全都源自爪哇語。這些意象深植於爪哇人的心智當中，因此「政治遊戲」的概念不免染上這些詞語的色彩。對於爪哇人而言還有住在大都會的所有印尼人也愈來愈是如此，實在很難相信任何形式的政治自發性，很難相信任何的碰巧或偶然。隨時總是有些什麼事情在「幕後」發生，因為那裡有外人看不見的操偶師在進行操弄。大人物的公開「露面」所受到的看待，比較不是懷著憤世嫉俗的態度，而是深信這樣的行為至少在一定程度上會是一種面具。深深執迷於陰謀詭計、政治的「sandiwara」（舞台表演），甚至是政治行為的審美面向（玩弄政治的技藝），都是這種政治觀點的特性；而在這種政治觀點中，突然的轉變與角色倒轉都是受到接納的政治價值。政治是一齣繁複宏偉的戲劇，而不是達成特定目標以及滿足具體利益的過程，這種觀點至少就其象徵而言，乃是源自傳統戲劇（哇揚皮影戲）在爪哇經驗當中所扮演的中心角色。[13]

不過，我們在此處也可以看出印尼語（可能也包括現代性在內）的報復。面具的意象雖然還是極為強大，模糊性卻似乎有所衰退，因為兩者是相反事物的傳統概念（也就是把那些事物視為彼此互補並且視為潛在團結的表達方式），在當代印尼情境當中備受打擊所帶來的結果。可見與不可見、真實與真正的真實之間的關係已愈來愈不確定。因此，面具的概念愈來愈成為「掩飾潛藏目的」這種概念，戴上面具就是為了欺騙或者隱藏真相。描述虛偽的字眼愈來愈熱門的現象因此相當重要，諸如「munafik」、「gadungan」、「sok」、「palsu」、「bermukadua」皆是如此。這些字眼全都隱含了背叛真正的真實。爪哇傳統的語言和意象在這方面存續了下來，不過是存在於一種印尼—西方的情態裡，而遭到那種情態剝除了原本豐富的形上意義。

因此，總結以上的探討，印尼政治的語言顯然已接近熔點，而且那個熔點在通行荷語的舊菁英凋零之後將會更快達到。爪哇語及其傳統還有革命印尼語及其抱負這兩者之間的巨大隔閡，似乎注定將會藉著同化以及印尼經驗改變中的性質而消失。印尼語在結構上的爪哇化，以及爪哇語

12 翻譯如下：操偶師；像戲偶一樣操弄；他的或他們的戲偶；偶戲或者故事；宇宙中的動盪（在哇揚皮影戲裡），所以代表了政治危機；決鬥（在哇揚皮影戲裡），所以代表了針鋒相對的衝突；開場戲（在哇揚皮影戲裡），所以代表了政治事件的開場；《摩訶婆羅多》裡兄弟之間的最後大戰，所以代表了任何血腥的決戰；俱盧兄弟那位狡詐的老師暨顧問，所以代表了狡詐的政治知識分子（尤其是蘇班德里約博士）。

13 關於政治情景透過哇揚教育發展的進一步討論，見拙作《爪哇人的神話與寬容》（*Mythology and the Tolerance of the Javanese*），康乃爾現代印尼研究計畫專著叢書（Ithaca, N.Y.: Cornell University，1965）。

情態強加在印尼語之上的情況，並不會改變全國語言仍是印尼語的事實，而且印尼語計畫當中帶有的抱負在印尼社會裡不可能抹除。這整個過程晦澀、複雜，而且重要無比，因為此一過程象徵並且表達了透過一種新語言征服現代性的做法，而同時這種新語言也逐漸於傳統的世界觀當中立基。

5

漫畫與紀念碑：政治溝通在新秩序之下的演變[1]

Cartoons and Monuments: The Evolution of Political Communication under the New Order

隨著《印尼政治思想》在一九七〇年出版之後，印尼社會與政治的研究者首度獲得一部包羅廣泛的文集，收錄了後一九四五年時期的重要印尼政治人物與知識分子的文章與演說。[2] 這部文集的出版時機並非巧合，而是明顯反映了學界對於印尼意識形態與政治論述愈來愈高的興趣。[3] 達姆（Bernhard Dahm）、列格、

1 最早發表於一九七三年，當時的標題為〈漫談印尼的當代政治溝通〉（Notes on Contemporary Political Communication in Indonesia），《印尼》16（一九七三年十月）；更新及翻印於一九七八年，收錄於卡爾．傑克森與派伊編，《印尼的政治權力與通訊》（Berkeley: University of California Press，1978），pp. 282-31。經許可翻印。

2 菲斯與卡索斯編，《印尼政治思想，一九四五年至一九六五年》（*Indonesian Political Thinking, 1945-1965*；Ithaca, N.Y.: Cornell University Press，1970）。關於一篇值得參考的批評，見奧菲安（Alfian），〈《印尼政治思想》書評〉（'Indonesian Political Thinking': A Review），《印尼》11（一九七一年四月）：193-200。

3 除此之外，印尼政治領袖的重要著作也有若干譯本受到出版，包括：夏赫里爾，《擺脫放逐》（*Out of Exile*），沃爾夫（Charles Wolf, Jr.）譯（New York: John Day，1949）；哈達，《過去和未來》（*Past and Future*），康乃爾現代印尼研究計畫翻譯叢書（Ithaca, N.Y.: Cornell University，1960）；蘇卡諾，《貧民與無產階級》（*Marhaen and Proletarian*），霍特譯，康乃爾現代印尼研究計畫翻譯叢書（Ithaca, N.Y.: Cornell University，1960）；艾地，《艾地選集》（*The Selected Works of D. N. Aidit*），共兩冊（Washington, D.C.: U.S. Joint Publications Research Service，1961）；納蘇琛，《邁向人民軍》（*Toward a People's Army*；Jakarta:

穆雷查克、莫爾提梅與韋瑟比（Donald Weatherbee）的作品都對印尼政治思想當中的重要部分提出了深思熟慮而且開創性的分析。[4] 他們的著作不但顯示了這個研究領域有多麼豐富，而且也顯示了還有多少研究尚待進行。

另一方面，我們也有需要認知到這個研究類別當中使用的材料帶有一種專門的性質。整體而言，那些材料的形態是多多少少被研究的半文學性**印刷**立場聲明，不管那些材料是以印刷演說稿、印刷文章還是印刷書本的形式被學者取得。那些材料幾乎總是帶有注解性質，向特定聽眾發表，藉以對抗其他的解釋、論述以及訴求。在這樣的情境裡，即可理解菲斯為什麼在《印尼政治思想》的引言裡試探性的把整體印尼政治思想描述為「具有廣泛的道德性」、「樂觀」，並且「傾向於把社會視為沒有分化」。[5] 然而，這些特徵雖然很可能是他探討的那些政治溝通所帶有的性質，卻可以主張這些特徵並不是「印尼的典型特色」（或者像菲斯所提議的那樣，是「亞洲」或「第三世界」的典型特色），而是特定言說類型的典型特色。在這樣的觀點當中，這些特徵可能不比講道中的道德說教或者諷刺作品裡的反諷來得令人訝異。我們也可以提議指出，由於學者完全把注意力集中在一種特定類型的政治溝通上，以致藉著無意識的提喻而把部分誤以為是整體。其他重要的政治溝通與表達模式都被忽略，而若是加以分析，即可發現印尼人對於他們的政治所抱持的概念並不是那麼一回事。以下將探討其他那些模式的其中兩者，為了方便起見暫且稱之為「直接話語」與「象徵話語」。由於我手邊的材料所帶有的本質，只有第二種模式受到詳盡分析。

直接話語

任何一個社會裡絕大多數的政治溝通，其實都是由「直接話語」構成：包括八卦、謠言、討論、爭辯、審問、陰謀。然而，這類溝通雖然為數龐大，卻幾乎全都沒有受到學者關注。就算有人觀察到，也極少直接加以探討，而是以間接的敘述提及：「流傳於雅加達的謠言指出……」、「受訪者向作者表示，在黨員會議上……」等等。在這樣的過程中，稍縱即逝的現場溝通就變成了一種例示或者象徵代表。只有在罕見的情況下，這種溝通才會被當成話語看待，肯認**本身**就有能力直接談論印尼的政治擔憂。然而，只要稍微觀察或者參與過印尼政治，即可發現這類言說只不過

Delegasi，1964）；《游擊戰基礎》（*Fundamentals of Guerrilla Warfare*，New York: Praeger，1965）；夏赫里爾，《我們的奮鬥》，班納迪克・安德森譯，康乃爾現代印尼研究計畫翻譯叢書（Ithaca, N.Y.: Cornell University，1968）；蘇卡諾，《民族主義、伊斯蘭教與馬克思主義》，瓦盧與威爾登譯，康乃爾現代印尼研究計畫翻譯叢書（Ithaca, N.Y.: Cornell University，1970）；以及塔希・博納・西瑪杜邦（Tahi Bonar Simatupang），《來自巴納蘭的報導》（*Report from Banaran*），班納迪克・安德森與格雷夫斯（Elizabeth Graves）譯，康乃爾現代印尼研究計畫翻譯叢書（Ithaca, N.Y.: Cornell University，1972）。

4 達姆，《蘇卡諾與追求印尼獨立的奮鬥》（*Sukarno and the Struggle for Indonesian Independence*，Ithaca, N.Y.: Cornell University Press，1969）；列格，《蘇卡諾政治傳記》（New York: Praeger，1972）；穆雷查克，〈陳馬六甲：一位政治人物的經驗結構〉（Tan Malaka: A Political Personality's Structure of Experience），《印尼》14（一九七二年十月）：1-48；莫爾提梅，《蘇卡諾治下的印尼共產主義：意識形態與政治，一九五九年至一九六五年》（*Indonesian Communism under Sukarno: Ideology and Politics, 1959-1965*，Ithaca, N.Y.: Cornell University Press，1974）；韋瑟比，《意識形態在印尼：蘇卡諾的印尼革命》（*Ideology in Indonesia: Sukarno's Indonesian Revolution*），東南亞研究專著叢書 no. 8（New Haven: Yale University，1966）。

5 菲斯與卡索斯編，《印尼政治思想》，p. 18。

是另一種模式的政治溝通，也就是在《印尼政治思想》的「krama」（高爪哇語）面前扮演「ngoko」（低爪哇語）。[6] 如同一般對於低爪哇語的預期，這種話語極少具有「道德性」或者「樂觀性」，也不把印尼社會呈現為「沒有分化的整體」。

這種溝通之所以遭到忽略，有一部分是源自於學術傳統。高爪哇語的溝通經過整理與印刷，看起來比較恆久、比較易於複製，所以也就顯得比較可信，因為不同的學者如果極少能夠聽到相同的論述或者目睹相同的會議或陰謀，那麼他們至少可以閱讀相同的文本。以無法複製的訪談或者無意間聽到的閒聊做為基礎分析，看起來頗為單薄又充滿問題。因此，除非受到高爪哇語參考資料的核實，否則低爪哇語訊息的價值就不盡可靠。這種訊息最常被聚集起來用於描述一項政治勢力或者現實（「流傳的謠言指出……」），不然就是直接引用於分析當中，做為「實地記錄的引文」，亦即色彩繽紛的例子，用於闡釋從高等語文件的研究當中衍生而出的主題。

這個問題不只是禮儀問題而已。學者，尤其是外國學者，都難以有效接觸許多類型的低爪哇語溝通。口說的話語稍縱即逝，而這項事實本身就對觀察者暨分析家構成了語言和記憶能力的高度要求。除此之外，大部分的低爪哇語言說也不可能在外國人旁觀的情況下發生，因為外國人在場經常會造成言語趨向高等化。即便是在私人訪談的親密情境裡，訪談「對象」也通常會猜測自己所說的話可能會出現在注解性的印刷文本當中，從而以高爪哇語向訪談者傾吐自己的想法。

然而，有些低爪哇語的言談顯然能夠以多多少少未經轉變的形式取得。在這些言談當中，外國人可以**隨時**觀察到印尼人的話語，不是對著世界或者虔誠信徒說話，而是彼此之間相互交談以及爭辯，有時甚至是自言自語。這類言說以印刷形式呈現的情形雖然罕見，但這麼一來即可擺脫稍縱即逝的特性，從而獲得記錄文件的地位。幾個引人注目的例子，包括日本占領時期的「Sanyō-Kaigi」（顧問團）、「Badan Penyelidik」（調查委員會）與「Panitia Persiapan Kemerdékaan Indonesia」（印尼獨立籌備委員會）的討論所留下的速記記錄；[7] 還有獨立之後的「DPR」（國會）與「Konstituante」（立憲會議）的記錄。[8] 在所有這些文本當中，低爪哇語和高爪哇語的話語都混雜在一起，那些話語的自發性與非正式性差異極大，但其中的低爪哇語元素尤其重要，甚至經常居於優勢。（在大部分的這些案例裡，印尼人都是相互進行著真實的對話，而且沒有外國人在場扮演懷有同理心的審查者這種角色。）篇幅最多的是特別軍事法庭的速記程序記錄，這些法庭自從一九六六年以來已經審判與定罪數十名左翼軍官與文人政治人物。[9] 這些文件雖然有許多都早就能夠取得，但一般的傾向都是挖掘其中的內容（歷史事實），而不是探究其中的形式與意義（政

6「Krama」與「ngoko」分別是爪哇口語的「高等」（有禮、正式）與「低等」（親密、不正式）層級。關於「krama」與「ngoko」這兩種形式與印尼政治論述的關係，見先前第四章的進一步討論。

7 顧問團一場冗長討論的局部譯本可見於〈稻米問題〉（The Problem of Rice），《印尼》2（一九六六年十月）：77-123。另外兩個組織當中的辯論有個稍微受到改動的版本，可見於亞明（Muhammad Yamin）編，《一九四五年憲法草稿》（*Naskah persiapan Undang-Undang Dasar 1945*，Jakarta: Jajasan Prapantja，1959-60），vol. 1。

8 見《Ichtisar Parlemen; Risalah Perundingan Dewan Perwakilan Rakjat; Tentang Dasar Negara Republik Indonesia dalam Konstituante》（Jakarta?: n.p. n.d. [1958?]）。

9 說來令人難過，能夠讓外國人對於低爪哇語獲得最深切感受的文件，竟是這類司法審問的記錄。畢竟，這些審問當中涉及的利害關係極為巨大，至少對被告而言是如此，而且相關各方也都因為各自的理由而致力於提出質疑、辯護以及指控。

治思想）。

象徵話語

如果說直接話語因為其易於變化與稍縱即逝的本質而經常沒有受到學者重視，那麼象徵話語就是因為相當不一樣的理由而遭到忽略。我們明白公共紀念碑還有儀式、漫畫、影片以及廣告代表一種政治溝通模式。不過，這種溝通模式的文法可能令人困惑難解，形式與內容的關係一方面更顯著，但同時也更曖昧。比起印刷言論，這些重要的視覺濃縮當中的意義更容易隨著時間過去而變動、深化、翻轉，或者消失。由於這種溝通模式的觀眾必然轉瞬即逝而且不知名，因此上下文也就至關重要，但是對於有意予以解譯的人士而言卻又極度困難。舉例而言，蘇卡諾在一九四五年八月十七日朗讀《印尼獨立宣言》的時候，他的身邊飄揚著一面新製的紅白國旗。二十三年後，在一九六八年八月十七日，卻是同一面國旗最後一次被升起。在此同時，這面國旗已成為「pusaka」（具有魔力的祖傳遺物）。國旗上的紅色已褪色成為血液凝固之後的顏色，白色也變為灰色。這面國旗的周圍飄揚著數百面新製的國旗，在早晨的陽光下明亮耀眼。這面國旗在一九四五年表達了非凡的希望與前景，這無可置疑。一九六八年，這面國旗飄揚在無數的複製品之間，不管是對於升起這面國旗還是觀看著這面國旗飄揚的人來說，有誰能夠確定這樣的飄揚代表了什麼意義呢？

以下，我將嘗試探究新秩序時期的象徵話語當中不同元素的部分意義，一方面闡釋一種解讀方法，不論這樣的闡釋帶有多麼高的試探性，同時也提議這樣的解讀如何影響那個時期的「政治思想」所受到的理解。在其中幾個例子裡，我將會與一九六五年以前那個時代的象徵話語做出明確的對比，不只是為了突顯新秩序象徵話語的部分典型特徵，也是為了證明後者如何在許多面向上乃是基於前者或者對立於前者而發展出來。

漫畫

在所有的視覺政治溝通當中，漫畫也許是容易解譯的一種。由於漫畫經常使用文字，因此看起來最接近於傳統的印刷文件。由於漫畫通常是對於特定歷史事件做出的回應，因此至少在一個層次上可以讓人從中挖掘「事實」內容。[10] 舉例而言，政治漫畫家赫布洛克（Herblock）的漫畫集，能夠讓讀者具體明確的瞭解第二次世界大戰結束後那個時代若干階段的美國政治。不過，我認為我們如果只從這種觀點研究那些漫畫作品，將會錯失掉一些東西。形式透露的訊息有可能不亞於內容。為了證明這一點，且讓我們看看兩位非常成功的印尼漫畫家所繪製的作品，不只觀察他們抨擊的目標，也觀察那些漫畫的形式如何傳達另一種類型完全不同的意義。

這兩位漫畫家當中年紀較大的是席巴拉尼（Sibarani），他因為在一九五〇年代末與六〇年代初為煽動性的左翼報紙《東星報》（*Bintang Timur*）擔任社論漫畫家而打出名號。年紀比較輕的是希

10 這種做法的一個典型例子是亨德森（Ernest F. Henderson），《法國大革命的象徵與諷刺》（*Symbol and Satire in the French Revolution*，London: Putnam's Sons，1912）。

達亞特（Johnny Hidajat），也許是新秩序時期最受喜愛的漫畫家，曾為《城市郵報》（*Pos Kota*）這份由雅加達城市當局資助的煽動性右翼報紙作畫，也為幾份週刊作畫過，尤其是非常成功的《停》週刊（*Stop*，在一定程度上仿效美國的《瘋狂》雜誌〔*Mad*〕）。[11] 在我嘗試分析這兩位漫畫家的部分典型作品之前，先簡短解釋每個例子也許會有所幫助。

諷刺或滑稽藝術在印尼的歷史雖然非常悠久，但如果沒有認知到漫畫形式的新奇之處，可就是個錯誤了。我們所知的漫畫，必須仰賴高度發展的印刷科技，也必須仰賴一個部分貨幣化的經濟，以便創造出有能力並且願意購買這種工業商品的大眾。但除此之外，漫畫在歷史上似乎也對應於一種特定意識類型的發展，這種意識從世俗角度把政治視為一種獨立而且半自主的人類互動領域，可讓平民大眾參與其中。漫畫傳統中通常帶有的對抗主義面向，看來很有可能不是源自譏諷的本能，而是來自這項歷史事實：平民大眾早在能夠獲取權力之前，就已能夠接觸現代的政治溝通類型。漫畫是無法獲取官僚體系或者其他機構化形式政治實力的人，用來創造集體良心的方法。[12] 在印尼，以上概述的情形直到二十世紀初期才出現，因此我雖然沒有印尼漫畫出現日期的最早資料，但顯然不太可能比一九三〇年代早上太多。

因此，就形式上而言，席巴拉尼與希達亞特傳承自相同的先輩，包括十八世紀的傑出英國漫畫家吉爾雷（James Gillray）與羅蘭森（Thomas Rowlandson），還有法國大革命的多產諷刺畫家，並且融合了荷蘭漫畫傳統以及後來的美國漫畫作品。[13] 不過，這點雖然可讓人對他們採取單格漫畫或連環漫畫形式的做法獲得若干瞭解，卻無助於洞悉個別畫家的風格與訊息。

席巴拉尼那種強而有力又粗獷的畫風，不難找到本土的前例。時序上最接近的，就是在日本占領期間由官方資助而迅速發展的漫畫與海報，還有在後來的民族革命期間不那麼受到官方資助的作品。[14] 再更早一點，則是會想到席巴拉尼的巴塔克祖先。[15] 在許多印尼人的心目中，巴塔克

11 關於席巴拉尼以及他的作品，我都沒有找到任何書面研究著作；至於希達亞特，則是有一篇資料豐富的文章，見《時代報》（*Tempo*），一九七六年一月三十一日。奇特的是，這兩人都屬於印尼相當小眾的新教徒少數群體。

12 這點也許能夠解釋漫畫被當成官方政治宣傳工具的做法為什麼會比較罕見，而且也出現得比較晚。這個少數群體當中最為人所知的例子，也許就是蘇聯的官方幽默雜誌《鱷魚》（*Krokodil*）。有一批精選的《鱷魚》漫畫可見於史威林根（Roger Swearingen），《同志，什麼東西那麼好笑？》（*What's So Funny, Comrade?*，New York: Praeger，1961）。

13 關於漫畫的歷史，有些值得注意的材料可見於萊特柏格（Reinhold Reitberger）與福赫斯（Wolfgang Fuchs），《剖析漫畫這種大眾媒體》（*Comics, Anatomy of a Mass Medium*，Boston: Little, Brown，1971），尤其是在pp. 7，11，29，174-75。這兩位作者雖然宣稱「從政治諷刺畫到連環漫畫的演變只是一個短短的步伐，卻也指出「漫畫【只有】過去這短短七十五年的歷史」。他們也指出，連環漫畫的主要讀者在歷史上向來是下層中產階級。即便在歐洲，最早的「本土」連環漫畫（亦即不是從美國輸入的產物）也是直到一九二〇年代才出現，並且是等到第二次世界大戰結束後才真正蓬勃發展。印尼報紙最早刊登的連環漫畫也是美國輸入的作品。

14 關於這方面的一些例子，見《新爪哇》雜誌（*Djawa Baroe*）各期；匿名，《用鮮血捍衛我們的家園！》（*Marilah membela tanah air kita dengan darah daging kita!*，Jakarta: n.p.，1945），以及啟蒙部（Departemen Penerangan），《革命畫，一九四五年至一九五〇年》（*Lukisan Revolusi, 1945-1950*，Jakarta: n.p., n.d. [1954?]）。此處必須指出其中的一些分別，但相關解讀則是留待本文稍後再談。在占領期間，漫畫與海報都廣泛受到使用，但完全只在軍事當局的支持下出現。那些漫畫的嘲諷目標通常都位於社會之外，包括荷蘭人、英國人與美國人。在革命期間，海報與塗鴉是最常見也最受喜愛的視覺言論形式，漫畫則是變得較為罕見。我檢視了那個時期的四十份報紙與雜誌，發現其中只有八份刊登過漫畫，而且即便是這些漫畫也不是定期刊登，刊登頻率更是相當低。部分的原因無疑是那些年間的物資短缺與混亂所造成的技術問題。不過，由於這些漫畫絕大多數所刊登的報紙都是發行於受到荷蘭占領的雅加達，而不是在受到共和國控制的城鎮，可見政治文化的因素並不亞於技術問題。

15 舉例而言，見德羅姆（Abraham Johannes de Lorm）與提謝爾曼（Gerard Louwrens Tichelman），《巴塔克人的視覺藝

1a 杜勒斯（John Foster Dulles）正在放一個政治風箏，而那個風箏就是印尼革命共和國總理普拉維拉內加拉（Sjafrudin Prawiranegara），他的政府是在一九五八至一九五九年間由中情局支持的叛亂政府。不過，那個風箏卻卡在人民之樹上動彈不得。

1b 在美元太陽的照耀下，外國資金貪婪地吞食印尼土地的產物，消化之後再排放出來。印尼資本家以那些糞便為食，同樣在消化之後排放出來。另一個沒有文字標示的人物，大概是代表平民百姓，就只能吃最後剩下的東西。

Hatt ...... tjjiiimm !

1c 說明文字告訴我們，這個打著噴嚏而且標示有反共字樣的陰險面容是前副總統哈達的臉。在腦部的泡泡裡，可以看到以下這些想法：捍衛荷蘭資本！摧毀印尼共產黨！推翻蘇卡諾政權！加入東南亞公約組織！打倒政府！伊利安niet nodig（這是荷語，意為「沒有必要」）！哈達的牙齒由印尼革命共和國領導人物的諷刺肖像構成，從中可以辨識出（上排）：松巴少校（Somba）、阿威（Des Alwi）、拉哈德中校（Saleh Lahade）、盧比斯上校（Zulkifli Lubis）、詹貝克上校（Dahlan Djambek），以及倫圖朗畢（Runturambi）；（下排：）胡塞因中校（Achmad Husein；被畫成一頭豬）、辛博隆上校（Simbolon）、蘇穆亞爾中校（Ventje Sumual）、普拉維拉內加拉、佐約哈迪庫蘇莫（Sumitro Djojohadikusumo）（？），以及哈拉哈普（Burhanuddin Harahap）。

圖一・席巴拉尼的漫畫

1d 在拉當拉瓦斯（Ladang Lawas，位於西蘇門答臘，印尼革命共和國部隊在一九五八年將許多左翼激進人士關押在那裡）的集中營外面，馬斯友美黨領袖納席爾（在漫畫中標示為「希姆萊／納席爾」）踢著正步。他的身體以及馬斯友美黨的黨徽（伊斯蘭星月圖形），都被轉變成了納粹黨徽。他的劍上標示了「聖戰」的字樣。

1e 自由女神像以艾森豪總統的面容呈現，手中高舉著吉米．威爾森（Jimmy Wilson）的頭顱，那是一名黑人少年，在一九五〇年代晚期因為竊取了一．九五美元而遭到處死。自由火炬成了一顆滴著血的頭顱，頭上的光環閃耀著美元標誌，左手的書本變成了一把沾滿血污的劍。

1*f* 印尼革命共和國這部板車由一頭名叫普拉維拉內加拉的驢子拉動。板車上搭乘著波普（*Allan Pope*，中情局探員暨飛行員，在一九五八年五月於安汶附近遭到中央政府的部隊擊落）、塔斯里夫（據認為是一九五七年十一月刺殺蘇卡諾總統未遂案件的主使者），還有希土尤（Situjuh）與拉當拉瓦斯（西蘇門答臘的兩座戰俘營）的劊子手。

1*g*一座紀念碑，紀念遭到印尼革命共和國殺害的左翼激進人士。說明文字寫著：「起來吧！」

2a 吉恩・多米諾（Djon Domino）在一家高級餐廳演唱班頓詩歌（pantun；民俗四行詩）賺錢。歌詞內容是：

喀拉萬（Krawang）市集扒手橫行……
他們搭乘火車，在勿加泗（Bekasi）四散離去。
人民債台高築，不得溫飽……
大人物卻以非法手段填滿自己的荷包！

餐廳經理一臉沒好氣的神情，轉過身來說：「夠了！給你十分錢！」吉恩咧嘴笑著收了下來。

2b 吉恩與他的朋友正在打牌。朋友：「霸道的官員……？」吉恩：「我們要打倒他們！」朋友：「懶惰的官員……？」吉恩：「我們要開除他們！」朋友：「腐敗的官員……？」吉恩：「我們要和他們當好朋友，因為他們很有錢！」朋友：「噓！」

圖二・希達亞特的漫畫

2c 吉恩拜訪女友的父親。女友父親：「吉恩！你對艾妲是認真的嗎？」吉恩：「伯父，我當然是認真的！只是我需要三年的時間完成學業而已！」女友父親：「既然這樣，那就給我五十萬訂金，這樣我才不會把她嫁給別人！」

2d 吉恩和他的朋友看著一輛豪華的公務轎車轟隆駛過。吉恩：「喂，大人物，想想人民的命運！不要滿腦子只想著『回扣』和小老婆！」朋友：「吉恩，他怎麼可能聽得到你說話？」吉恩：「你以為我瘋了嗎？他要是聽得到我說話，絕對會把我痛打一頓！畢竟，我可是他的親戚哪！」

2e 吉恩騎機車載著他的女友艾妲。艾妲：「吉恩，你真的愛我嗎？」吉恩：「艾妲，我百分之百愛你！」艾妲：「吉恩，我要是出賣自己的肉體呢？」吉恩：「那我就當你的皮條客，只要你讓我抽成就行！」

2f 吉恩正在教導幾個孩子梵化詞語的意思。吉恩：「『Bina Marga』是什麼意思？」第一個男孩：「『Bina』的意思是豎立、建造；『marga』的意思是道路，所以『bina marga』的意思是鋪路。」吉恩：「『Bina Ria』呢？」第二個男孩：「『Bina』的意思是豎立、製造；『ria』的意思是開心，所以『bina ria』的意思就是會讓你開心的東西！」*吉恩：「『Binatu』呢？」**第三個男孩：「『Bina』的意思是豎立；『tu』的意思是那個東西，所以『binatu』的意思就是那個東西豎立了起來！」

*　此處指涉的是雅加達的比納里亞遊樂園（Bina Ria），是情侶和妓女熱愛造訪的地方。
**「Binatu」（洗衣工）是尋常的馬來語詞語，不是梵化的敬語，可是因為開頭的兩個音節剛好是「bina」，所以在此用於製造滑稽效果。

人都以面向和個性顯得「serem」（陰狠、嚇人）著稱，而席巴拉尼的漫畫正可受到這樣的描述。不過，本土傳統本身並不足以讓人對漫畫家作品的歷史意義獲得多少理解，因此要更整體探究這一點，就需詳細檢視他的風格。

席巴拉尼許多最傑出的作品所具有的情緒感染力，都是由強烈的明暗對照所造成。劊子手、盜用公款者、帝國主義者，還有間諜，在他的作品裡都是一個晦暗環境裡的陰鬱人物。道德與畫面的黑暗彼此互補。席巴拉尼不只是單純把納席爾或者塔斯里夫標示為屠夫，而是以簡單的設計元素強化這種評判。乍看之下，席巴拉尼似乎只是採用了一種標準的漫畫技巧，也就是把自己懷有敵意的對象「塗黑」。然而，藉著檢視他筆下作品的環境以及主角，即可對這種明暗分布所帶有的意義獲得更多瞭解。席巴拉尼的讀者生活在一個充滿了陽光、沙塵與色彩的實體環境裡，也在那個環境裡閱讀他的漫畫。他描述並且譴責的行為都發生在光天化日之下多多少少屬於公開的場合裡，經常是在擁擠混亂的都市政治當中。然而，在他的畫面裡完全看不到這些東西。這點表示他筆下的明暗對照不是用來批評的政治表現主義工具，而是政治教育的手段。真實世界當中的陽光和漫畫裡的黑暗所形成的對比，可為席巴拉尼的讀者揭露社會政治秩序日常運作的不透明性以及推動這種秩序的力量所帶有的真實面貌。因此，席巴拉尼的明暗對照乃是一件政治去神秘化的工具。[16]

席巴拉尼的風格當中還有另一個關鍵要素，就是高密度的圖像，典型表現是刻意堆疊象徵元素。這種堆疊本身是特定類型的社論漫畫當中的一個傳統面向。[17]不過，席巴拉尼採用這種手法的方式以及目的卻頗具啟發性。要理解他的方法，圖一 d 就是一個很好的例子。席巴拉尼利用納席爾與納粹在發音上的相似，做為建構一個精細象徵圖像的基礎。[18]在納席爾的帽子上明確指出的重點——希姆萊／納席爾——又藉著把馬斯友美黨的星月標誌以及納席爾踢著正步的身體畫成納粹黨徽的形狀而予以強化。拉當拉瓦斯集中營入口的標示牌將這座營區和納粹主義畫上等號，因為上面寫的是德文而不是印尼文；最後還有一個象徵性的細節，就是席巴拉尼將「Konzentrationslager」（集中營）的結尾從「kamp」巧妙地改為「kampf」，令人聯想到希特勒的《我

術》（*Beeldende Kunst der Bataks*，Leiden: Brill，1941），還有提謝爾曼，〈Toenggal Panaloean, de Bataksche Tooverstaf〉，《印度語言、土地與族裔雜誌》（*Tijdschrift voor Indische taal, land- en volkenkunde*）77（1937）：611-35，以及德博爾（D. W. N. de Boer），《托巴巴塔克之家》（*Het Toba Bataksche huis*，Batavia: Kolff，1920）。

16 我們可以主張指出，即便是個人的諷刺肖像畫也有同樣的目的。他之所以把胡塞因畫成豬，把普拉維拉內加拉畫成驢子，並不是因為這些人的面相易於「動物化」（在圖一c裡，只有胡塞因被畫成動物，在圖一f裡也只有普拉維拉內加拉被畫成動物），而是受到挑選的動物和特定的道德性質具有口語上的關聯。簡單說，席巴拉尼的意思彷彿是說：「普拉維拉內加拉雖有法律學位，卻是頭蠢驢；胡塞因雖是陸軍軍官，卻是一頭骯髒的豬。」

17 法國大革命的諷刺畫家尤其善於建構繁複的漫畫象徵。見亨德森，《象徵與諷刺》，書中各處。

18 關於印尼人對第三帝國的著迷，我找不到令人滿意的解釋。一九六〇年代初期，以駭人聽聞的手法講述納粹的暴行、間諜活動與恐怖統治的廉價小書在書店裡相當暢銷。在政治菁英的書寫當中也經常可以看到對於納粹主義的指涉，而且不全然都是充滿驚恐的態度。一個值得注意的例子是蘇卡諾，《以科學知識做為成就事物的工具》（Jakarta: Departemen Penerangan Republic Indonesia, Penerbitan Chusus no. 253，1963）。另參照巴林桐岸（Mangaradja Onggang Parlindungan），《*Pongkinangolngolan Sinambela Gelar Tuanku Rao; terror agama Islam mazhab Hambali di tanah Batak, 1816-1833*》（Jakarta: Tandjung Pengharapan，1964）。在左派於一九六五年的「政變」之後所發動的心理戰當中，最有效的一項工具就是創造出「Gestapu」這個縮寫（意指「Gerakan Tiga Puluh Septémbér」，即九三〇運動），從而將政變陰謀分子和「Gestapo」（蓋世太保）的殘暴連結在一起。

的奮鬥》（*Mein Kampf*）。在圖一e裡，同樣的方法用於拆解自由女神像原本的象徵圖像，並且為了教育目的而予以重組。我們已經提到火炬變成了一顆被砍下的頭顱、書本變成一把沾滿血污的劍、閃耀著美元光芒的頭頂光環、祥和的女性面貌變成艾森豪的臉。我們可以再一次看到席巴拉尼利用語言強化圖像象徵的做法：那顆頭顱掛著一張標籤，上面的印尼文字寫著：「Jimmy Wilson, pentjuri $1.95」（吉米．威爾森，偷竊一．九五美元）。不過，這張標籤位在圖像外圍，彷彿是圖畫的注釋文字；而「Statue of Liberty」（自由女神像）的字樣則仍是英文，並且位在圖像裡。此處受到批評的是美國的「liberty」，而不是「merdéka」或者「kemerdékaan」，實際上，這種做法以沒有明言的方式突顯了「merdéka」與「liberty」的對比。在圖一g裡，左翼激進人士喪生的意義也被濃縮成十字架的意象，而圖說文字則是影射耶穌的復活。

在所有的這些例子裡，仔細建構的高密度圖像都具有和明暗對照一樣的目的：藉著扭曲以及設計手腕，揭露可見與公認現實的虛假本質，從而展現出真正的真實。（對比的一方是席巴拉尼的猛烈象徵性以及「人工式」風格，另一方則是希達亞特的自然主義。如果說希達亞特的作品彷彿對讀者說著：「看，我的畫就像真實生活一樣。」那麼席巴拉尼就是說著：「只有我的漫畫能夠讓你看見日常表象掩蓋了什麼。」）

席巴拉尼的風格當中的第三個引人注目的元素，就是使用外國語言和符號。這點在某些案例中清楚可見。舉例而言，在圖一c裡，席巴拉尼批評前副總統哈達與他的反共同僚那種麥士蒂索式的荷蘭心態，因此刻意用混合的語言寫成「Irian niet nodig」，而不是單純用印尼語寫成「Irian tidak perlu」，或是單純以荷蘭語寫為「Nieuw-Guinea niet nodig」。在其他的例子裡，意義則是沒有那麼明確。舉例而言，在圖一f裡，普拉維拉內加拉被畫成一頭驢子。要瞭解這幅漫畫的用意，讀者幾乎必須知道歐洲人對於驢子的刻板印象，以及荷語和英語如何用「ezel」與「ass」描述愚蠢或頑固，因為這種動物本身在印尼極為少見，而且印尼語的驢子（「keledai」）也似乎直到近期才受到荷語影響而產生了這種含意。此外，這種用法主要都出現在都市中心。席巴拉尼有多麼知覺到這幅漫畫的意義帶有多麼濃厚的歐洲色彩？在圖一e裡，他顯然是在頗為沒有自覺的情況下使用了十字架的意象，基督教的象徵已經完全融入了像他這樣的托巴巴塔克人的當代風格與認同當中。另一方面，在此處沒有翻印的眾多漫畫作品裡，席巴拉尼巧妙利用在雅加達戲院裡播映的美國西部片當中的場景，嘲諷西方帝國主義者的詭計與威脅。我們可以得到一種鮮明的印象，也就是與外國象徵還有標誌的這種曖昧角力，恰恰顯示了席巴拉尼是「民族主義者」，也就是說他把民族視為一項事業。對這類人士而言，界定哪些東西屬於自己的民族所有，只能夠是一項複雜的計畫，必須將「外來」與「本土」的事物並置並且予以區分。[19]

席巴拉尼的作品所帶有的「民族」性質，又強化了此一判斷。他的漫畫作品當中的環境雖然充滿黑暗與威脅，但仍然是在印尼民族的環境，且分布著印尼民族的人物：謀殺行為發生在西蘇門答臘鄉下的拉當拉瓦斯，但拉當拉瓦斯在漫畫裡呈現出來的樣貌，乃是印尼道德政治地理當中的一個地方，而不是屬於蘇門答臘，也不屬於米南佳保；艾森豪站在紐約與雅加達的門戶之前；

19 這是戰前「pergerakan」（反殖民運動）智識傳統當中的一項中心主題。關於這一點的一項精湛探討，見麥維，〈學生樂園與印尼民族覺醒〉，《印尼》4（一九六七年十月）：128-49。

杜勒斯的不幸遭遇是由全體印尼人民構成的樹木所造成；伊利安是「nodig」（必要的）。此外，漫畫人物也被揭露姓名，那些人物就算只是活躍於鄉下與地方舞台上，也會因為他們在民族奮鬥中扮演的角色而在席巴拉尼眼裡深具重要性。他們受到指名道姓，不只是因為席巴拉尼想要而且膽敢這麼做，而是因為指出姓名表明了責任歸屬、揭露了真實，並且明白呈現了漫畫家、讀者與諷刺目標在政治空間裡的關係。這項特徵接著又連結於漫畫家本身的存在。他從來不會出現在自己的漫畫當中，而彷彿是站在漫畫的旁邊或是後面，以食指向讀者指出那些作品。不過，要明確看出這種姿態的重要性，就必須和希達亞特在他的作品中所扮演的角色做出對比。

如果說希達亞特的作品看起來和席巴拉尼差別極大，那麼我們可能會忍不住把這點歸因於傳承與類型的不同。希達亞特的形式似乎源自一種至少可以追溯至日本占領時期的連環漫畫傳統。連環漫畫類型有其本身的傳統，而希達亞特也嚴格加以遵循：連環漫畫探究情勢與行為，單格漫畫則是對一個狀況提出總結。[20]連環漫畫不是藉著闡述空間以探索意義，而是在時間當中迅速朝著結局邁進。印刷文字「包含在圖畫裡」，推動著連環漫畫前進，只有在極為罕見的情況下才會發揮象徵圖像式的功能。因此，我們在部分程度上也許可以藉此解釋連環漫畫的圖畫為何如此簡陋、為何欠缺對於環境的描繪，以及其類型傳統當中為何如此缺乏象徵意義，但如此並無法讓我們知道這些傳統為什麼會受到採用。此外，這些傳統也無助於解釋希達亞特的作品所受到的廣泛喜愛。此外，連環漫畫裡的笑話雖然通常相當出色，卻也不足以解釋這種作品所獲致的成功。因此，解讀者都會傾向於把焦點轉向風格，最後並且轉向作品的背景環境。

一個有用的探討方式，也許是從希達亞特作品裡的中心人物開始談起，也就是有著長長的鼻子、頭戴鴨舌帽並且身穿T恤的吉恩．多米諾。長鼻子是在印尼人當中極為少見的臉部特徵，因此一見可知是影射了佩楚克（Pétruk），也就是哇揚皮影戲裡的長鼻小丑（punakawan；圖三）。[21] 在各式各樣的小丑當中，佩楚克為什麼會雀屏中選，是後續將會討論的問題。目前重要的是，就小丑而言，佩楚克扮演了雙重角色。不論在什麼樣的哇揚戲裡，小丑都一方面是劇情軸線裡的滑稽角色，置身於劇情的空間與時間裡，另一方面又是負責直接向觀眾提出嘲諷與批評的傳聲筒，所以和劇情形成對映，並且超脫於其空間與時間之外。[22] 所以，我們看見佩楚克在連環漫畫裡扮演他的角色，但彷彿又有個「dhalang」（操偶師）隱身在紙幕後方，或是有個演員藏在面具後面。在希達亞特的作品裡，佩楚克名叫吉恩．多米諾，因此可以輕易解讀如下：吉恩等於希達亞特；多米諾等於面具，或者應該說是半罩面具。[23] 所以，吉恩．多米諾就是戴著面具的希達亞特。

20 這種差別也許可以類比於印尼報紙頭版的社論與「pojok」（角落專欄）之間的關係。

21 此一關聯明確提出於前注10提及的《時代報》文章裡。

22 這點適用於最熱門的兩種當代哇揚形式哇揚翁戲（wayang wong）與哇揚皮影偶戲（wayang kulit）。在歷史比較悠久的哇揚皮影偶戲裡，高度類型化而且具有特化象徵圖像的皮影戲偶由單獨一位操偶師（dhalang）操弄以及配音，而操偶師則是坐在受到燈光照亮的布幕後方。大部分的觀眾都看不見操偶師，但他的存在從所有戲偶中窺探而出，尤其是小丑所說的俏皮話。比較晚近才出現的哇揚翁戲是一種舞台劇，原本由戲偶演出的角色都改由人類演員飾演，扮演小丑的演員會在臉部化上高度類型化的妝容，仿效哇揚皮影偶戲的象徵圖像。經常由劇團明星出任的演員，就在這些「面具」的掩飾下，對著樂不可支的觀眾說出那些跳脫劇情時空的諷刺旁白。

23 「多米諾」（Domino）當然可能指涉了骨牌遊戲（domino），這種遊戲深受有許多空閒時間的街頭小販及其他窮人所喜愛。無論如何，我這種解讀對不對對於此處的主要論點無關緊要。

然而，另外還有其他曖昧不清之處，而這點也正合乎演員與面具的關係。吉恩・多米諾在連環漫畫裡總是有著相同的穿著打扮（我們看到的是一種在象徵圖像方面受到慣例化的裝扮），不管他扮演的角色是餐廳裡的歌手、路邊的無業遊民、學生、摩托車騎士、老師，還是一名高階政府官員的親戚。這些角色相互之間沒有關聯，在「現實生活」中更是很可能彼此互斥。明顯可見的是，這些角色乃是為了特定的笑話以及諷刺評論而創造出來。不過，我們會注意到吉恩・多米諾不只沒有明確的社會角色或者地位，也沒有朋友或者敵人，沒有家人或者可以辨識的同伴，和美國連環漫畫裡的許多固定角色頗為不同。在吉恩・多米諾不斷變化的出場身分當中，只有他的面具能夠把這些身分連結在一起。由此可見，這個面具傳達了漫畫作者的操偶師意識。

圖三・佩楚克

這項特徵直接涉及連環漫畫裡另一個半隱藏的秩序及連續性元素。這些連環漫畫幾乎全都揭露了吉恩・多米諾與作者的諷刺目標之間的一種對稱關係。因此，在圖二 a 裡，吉恩是個蹭飯吃的傢伙，他敲詐盜用公款的餐廳經理，就只為了拿點小錢；在圖二 b 裡，他一心想要成為貪腐官員的共犯；在圖二 c 裡，他和女友的父親進行一場唯利是圖的鬥智，結果敗下陣來；在圖二 d 裡，他和那個奢侈的高官「masih famili」（仍是親人）；在圖二 e 裡，他的女友是妓女，而他則是皮條客；在圖二f裡，他一面假裝震驚，一面慫恿著那些性早熟又與他心照不宣的學童。實際上，在幾乎每一則連環漫畫裡，吉恩都與漫畫批評對象如出一轍，只是比較不成功而已；要不然就是批評對象的共犯，幾乎是個逢迎攀附的人物。其中的關鍵詞是「masih famili」暗示了親屬關係，但又是從屬或依賴形式的那種關係。這種地位又與佩楚克暨吉恩．多米諾這個人物的傳統與當代意義有所關聯。

哇揚戲裡的小丑是僕人、跟隨者以及依賴者，因為他們總是跟在自己的「satria」（武士）或者其他主人身後形影不離。他們與自己的主人關係極為親近（堪稱是「masih famili」），卻又永久處於從屬地位。他們的笑話經常都是拐彎抹角地挖苦主人的矯揉造作，但這種挖苦並沒有造反的意圖，因為哇揚世界的主僕本質沒有受到質疑。不過，如同我們看到的，小丑也扮演了與觀眾直接交流的角色。在傳統的社會環境裡，他們訴諸的對象正是觀眾當中那些處於從屬地位的人，而最欣賞小丑的也正是那些人：諸如僕人、兒童、婦女。實際上，對於任何一名觀眾而言，對那些笑話產生反應即是對於從屬者與被支配者產生認同，就算只是暫時而已。因此，哇揚表演會創造出一套親密關係、依賴關係與團結關係的複雜網絡。而將這一切連結在一起的，正是小丑的象徵圖像。

希達亞特的多米諾也具有大致相同的功能，但與哇揚世界卻有一項關鍵差異：即便是在這種古老戲劇的現代形式裡，從屬也不等於共謀。在適當的時刻武士也許會遭到嘲笑，但他的道德宇宙卻是自成一格，而且小丑與觀眾也都認知到這一點。[24] 武士是不同類型的人，不只是擁有比較

24 見拙作《爪哇人的神話與寬容》，康乃爾現代印尼研究計畫專著叢書（Ithaca, N.Y.: Cornell University，1965）對於爪哇

高的權力與地位而已。小丑不是武士，也不可能成為武士。每當他們偶爾嘗試這麼做，結果總是一團混亂。在這個主題當中，最廣為人知的一齣戲（lakon）是《佩楚克當上國王》（*Pétruk Dadi Ratu*）。這是一齣滑稽鬧劇，佩楚克在劇中戴上「面具」，扮成國王，短暫掌權，結果造成各種令人捧腹大笑的混亂狀況，最後終於「卸下面具」（重新戴上他原本的面具），這齣戲也就在平靜與秩序重新降臨的狀況下結束。不過，「Pétruk Dadi Ratu」這句話在現代卻成了常見的諺語，用於描述真實的社會與政治失序狀況、貪腐情形，以及黑暗鬧劇。[25] 我們也許會傾向於把希達亞特的連環漫畫視為此一主題的變奏：每個出現在漫畫裡的權威人物，都可以被視為佩楚克扮演著不屬於他的角色。不過，只要仔細檢視這些漫畫作品的世界，就會發現其中的主題可能其實是「國王成為佩楚克」這種在傳統世界裡無可想像的概念。道德地位模糊不清，每個人都是小丑，從屬者與主人的關係不是互補，而是共謀。佩楚克在每一則連環漫畫的結局不是卸下面具，而是根本就是國王。

在希達亞特的連環漫畫裡，另一項與爪哇的過往以及印尼的現今有關的風格元素，則是淫穢的內容。這一點和席巴拉尼的對比同樣深具啟發性。希達亞特的許多漫畫在性方面的露骨程度都是在短短幾年前無法想像的。這種新奇現象有一部分反映了這項事實：在當代的雅加達，性與黃色笑話受到大眾接納的程度都遠比先前高出許多。夜店與按摩院都是大都會生活中根深蒂固的機構。在蘇卡諾的時代，唯一獲准公開呈現性與黃色笑話的領域，就是在大眾傳統劇場，不管是哇揚、盧德魯克（Ludruk），還是克托普拉（kethoprak）。至少在哇揚裡，性與黃色笑話主要是屬於小丑的領域。[26] 因此，只要我們接受吉恩・多米諾就是佩楚克，也就難怪希達亞特的連環漫畫會是這類笑話的自然表現管道。不過，笑話的風格以及說那些笑話的情境，則是顯示那些笑話有了新意義。

哇揚戲裡的性元素有個怪異但又合乎邏輯的面向，就是其嚴格的社會分層。爪哇傳統領域當中與性有關的流言蜚語雖然一直都聚焦於跨地位的性活動（主人與僕人上床、貴族與妓女、官員與演員），舞台上的性關係卻都侷限於同地位的群體內，至少會嚴格維繫僕人（小丑）與主人（武士）之間的區別。貴族與貴族交合，僕人與僕人。惡魔和巨人經常被呈現為慾求著貴族婦女，令觀眾大感莞爾，但除了極少數非常特殊的例外，他們都絕對不會成功得手。這種**性無敵**是武士群體的威望當中的一個重要元素，不只其本身具有重要性，也因為這種元素在某些方面是一種自制力的徵象，所以代表了權力。[27] 相對之下，在希達亞特的連環漫畫裡，則是沒有人是「無敵」的。在圖二c裡，性是吉恩與他女友的父親討價還價的標的；在圖二d裡，吉恩與艾妲一方面是情侶，同時也是成形中的皮條客與妓女；在圖二f裡，吉恩老師慫恿學生以葷腥的俏皮話回答問題。性在此處顯然不是用來區分，也不是用來顯示相反雙方之間的互補性，而是用於揭露弱點與共犯。

傳統當中的自主「地位」道德所從事的分析。

25 另外還有關於其他小丑成為國王的類似戲劇，全都具有相同的特色。不過，那些戲劇受歡迎的程度都比不上佩楚克這齣戲。我們不禁猜測，希達亞特之所以選擇佩楚克做為吉恩．多米諾的樣板，原因就是佩楚克具有在諺語當中和混亂以及翻轉聯想在一起的獨特性質。

26 在某些傳統主義者的理解當中，這種情形在商業哇揚翁戲裡（劇中角色由人類演員而不是戲偶演出）已經緩慢出現改變。偶爾也可見到武士階級的女性互開黃腔說笑，例如芭諾瓦蒂（Banowati）與束髮。

27 關於爪哇人的權力觀點與性觀點之間的關係，見先前第一章的進一步評論，在pp. 42，45，57-9。

情侶、老師和女友的父親「都和其他所有人一樣」。流言蜚語已然成為形式。

這類的性內容大體上並不存在於席巴拉尼的漫畫裡，但他也為了非常不同的目的而描繪污穢的事物。圖一b就是個很好的例子。這幅漫畫完全沒有席巴拉尼典型的那種明暗對照，也許是因為他在這幅作品裡探討的不是特定人或特定事件的本質，而是一種基本社會狀況。樸素的線條看起來幾乎帶有表格或公式的性質，而不是符號或象徵。《紐約時報》通訊記者史特巴（James Sterba）充分描述了這幅漫畫的後半段主題：

> 運河沿線……村莊裡的人口……藉著在門騰區（Menteng）富裕居民的垃圾桶裡翻找物品謀生。門騰區是雅加達的高級住宅區，位於鐵軌的另一側。垃圾桶裡一切有價值的物品都完全被人取走，主要是在夜裡或者清晨時分，就在女傭和童僕把垃圾拿出門外丟棄之後。這些戰利品紛紛裝在籃子裡推回運河邊整理販售。泥土地上的那些棚子，大部分都是用撿拾自垃圾當中的紙板搭成。五個飲料罐或啤酒罐可以賣得一美分。破玻璃和破盤子一公斤可以賣得一分錢……還有舊骨頭也是。各種破損的塑膠用品一公斤可以賣得四分錢。沒有破損而能夠重複使用的瓶子，依據大小和顏色不同可以賣得半分錢乃至五分錢；透明白玻璃的價值比綠色或褐色的玻璃來得高。一夸脫的啤酒瓶算是個小小的珍寶，可以賣得五分錢。拾荒者平均一天可以賺得一百印尼盾，相當於二十五美分。[28]

前半段的主題則是描繪了另一種對稱的關係，介於強大的外國資本家（泛指富裕的外國人）

與依賴寄生式的印尼都會中產階級之間。席巴拉尼以食糞的隱喻突顯他在當時印尼的政治與經濟關係當中所見到的恥辱。描繪污穢事物是一種談論支配與從屬的方法。因此，希達亞特利用性意象描述親密與共犯關係，席巴拉尼則是以糞便描繪疏離和屈辱。（只有外國資本家「不吃屎」。）

最後，還有地點的問題。希達亞特的圖畫裡沒有周遭環境。畫面裡的空白空間令人聯想起哇揚戲劇的背景棉布「kelir」（螢幕）。正如布幕圍起的範圍內自成一個世界，也就是哇揚的世界，所以希達亞特的連環漫畫也界定了一個特定的背景環境，也就是一九七〇年代初期的雅加達。這不是昔日的雅加達—巴達維亞，不是那座大多數人口都是虔誠的穆斯林「orang Betawi」（巴達維亞人）的殖民城市，而是在獨立之後發展而成的新城市，絕大多數的人口都是由印尼各地移入，尤其是來自爪哇腹地。語言和服裝明白展現了這一點。希達亞特的對話框裡使用的都是印尼語，混雜了大批移入人口帶入舊都會俚語當中的爪哇話。吉恩・多米諾的女友父親身上所穿的「surjan」（條紋織布夾克）、「jarik」（單片裙），尤其是頭上的「蛋」尾「balngkon」（頭巾），都毫無疑問是來自日惹，但他說話卻是使用與吉恩相同的印尼語。這點指出了希達亞特的連環漫畫當中一個最引人注意的面向：語言同質性。席巴拉尼刻意使用不同語言以建構象徵圖像，並且以不同的方式談論民族計畫；希達亞特則是一律維持單語，外語字眼幾乎從不出現，而且所有角色都使用相同「層級」的語言，也就是低等雅加達語。他為何採取這種做法原因並不明顯，但有個可能的原因是，比席

28《紐約時報》，一九七三年三月二十日。

巴拉尼年輕的希達亞特，長大於希爾蕊．紀爾茲（Hildred Geertz）所謂的「印尼都會超文化」[29]當中，因此語言對他而言並不像是對於席巴拉尼那麼充滿問題以及具有政治色彩。[30]換句話說，民族性對於希達亞特而言已不再是一種刻意追求的計畫，而是一種公認的現實。這點雖然可能確實沒錯，另一種觀點卻也顯得頗為可信，也就是把連環漫畫裡使用的雅加達語視為在使用性元素。這兩者都是一種工具，用於談論統治者與被統治者（至少是特定部分的被統治者）的當代關係。就像沒有人在性方面能夠完全無敵，所以也沒有人在語言方面能夠毫無弱點。如同性暗示，堅決使用粗俗而且親切的雅加達語也指向一種對於權力的承認，同時也結合了對於任何道德地位的拒絕。至於這種立場，又與我在本文結尾將會回頭探討的一件事情有關，亦即希達亞特的雅加達雖然深受外國影響（遠甚於席巴拉尼的時代），而且外國人也經常接觸吉恩．多米諾那個充斥妓女、計程車司機、小販、學生等等的世界，卻為什麼被完全排除於他的漫畫作品之外。

紀念碑

在蘇卡諾於指導式民主之下掌權的期間，印尼建造了許多的紀念碑。在一九六〇年代初期之後來到雅加達的遊客，必然很難不注意到國家紀念塔、格羅拉蓬卡諾體育場（Gelora Stadium）、伊斯蒂克拉爾清真寺（Istiqlal Mosque），以及其他比較實用性的建築物，因為它們的身影占滿了市中心的天際線。不過，要是以為建構紀念碑是蘇卡諾執政年間的特殊現象，那可就錯了。如同我們即將見到的，新秩序就某些方面而言甚至更注重紀念碑，儘管紀念碑的類型與風格有所不同，而且地點也比較分散。蘇卡諾建構的那些紀念碑所帶有的政治用意，雖然經常受到記者與學者的注意，但相關分析卻極少超出這樣的論點：「X是一項威望計畫，目的在於讓印尼人與外國人驚豔於蘇卡諾的國內與國際政治成就」，或者「Y」基本上是一座「紀念碑，象徵了印尼新近獲得的自信」（或者缺乏自信）。實際上，紀念碑被視為操弄性裝置或者心理症狀，但無論如何，這種觀點乃是純粹就表面來診斷。極少有觀察者認知到紀念碑是一種言語類型，或者試圖具體辨別其所表達的內容，以及特定的形式與內容為何受到採用。

要探討紀念碑的風格，也許可以先在指導式民主與新秩序這兩個時期之間做出概略的對比：一部分是因為這兩個時期的政治非常不同，但也是因為在新秩序的建構活動當中明顯可見的若干主題，在先前的那個政權當中早已開始萌芽，而且這些主題都與「印尼政治思想」的長期轉變有關。我在以下所討論的最主要是非實用性的紀念碑，也就是象徵性明顯勝過功能性的建築物。

這類紀念碑有個特點，就是大致上都具有時間上的雙面性。這些紀念碑通常紀念了過往的事件或者經歷，但同時這種耐候性的建築物又是意在供後代觀看。大多數這類紀念碑的存續時間都

29 見希爾蕊．紀爾茲，〈印尼文化與社群〉（Indonesian Cultures and Communities），收錄於麥維編，《印尼》修訂版（New Haven: HRAF Press，1967），pp. 24-96；在其中的35-37：「印尼都會超文化仍在形成的過程中，頂多只有兩、三個世代的歷史。……都會超文化的內容發展程度最高的領域，是在政治意識形態、藝術風格以及物質文化當中。這種超文化最首要的性質，就是印尼語言的日常口語使用。……遵循這種超文化最主要的外在象徵，就是獲取高等教育、熟悉外國語言、外國旅行經驗，以及習於西方奢華用品，例如摩托車。……大城市的知識分子、政治菁英以及富裕人士，即是完整都會超文化的承載者。」

30 關於希爾蕊．紀爾茲所指的那種文化語言運動，有一項不同類型的分析可見於先前第四章，在pp. 167-9，177-185。

被預期會遠遠超越其建構者的壽命，因此帶有遺贈物或者證言的色彩。由此可見，紀念碑其實是特定類型的過往與未來之間的中介。

蘇卡諾時代最知名的兩座紀念碑矗立在雅加達的中心：位於雄牛廣場（Lapangan Bantèng）的西伊利安解放紀念碑，以及位於獨立廣場（Médan Merdéka）的國家紀念塔。前者是個粗獷的人物，站在兩根豎立的水泥柱頂端，雙臂上舉，腳上可以見到斷裂的鎖鏈。這個人物雕塑採用寫實風格，或者應該說是日惹社會主義式的寫實風格。[31] 國家紀念塔的構思則是比較抽象：一根高聳的石柱，頂端有一簇金色「火焰」，石柱矗立在一個平頂基座上，而且基座大得能夠容納幾間廳堂，其中展示了愛國浮雕與場景，還有若干「民族國寶」。伊利安解放紀念碑的風格比較現代，也比較「個人化」。這座紀念碑並不會令人快速聯想起傳統印尼紀念碑藝術，而且其形態本身也顯然是為了特定歷史事件而設計出來的結果。紀念碑頂端的雕塑直接象徵了伊利安人從荷蘭殖民統治當中獲得解放。[32] 這種創新與獨特性，向觀者提醒了這項在超過半個世紀之前發動的歷史任務，也就是把印尼重新統一於印尼人的統治之下的任務終於成功。因此，說來頗為矛盾，新奇的形態強調了過往的成就，同時卻又紀念了建構者及其觀眾以不同方式直接參與的一項計畫（從而回頭指向他們一度共有的未來）。就算這座現代雕像平庸俗氣，畢竟仍是一座**傳統**紀念碑，因為這座紀念碑是印尼歷史真實流動當中的一部分，而不是對於印尼歷史的評注。[33]

國家紀念塔的性質比較模糊不清，而且在某些值得注意的面向上似乎預示了新秩序的紀念碑。這座紀念碑的形式風格乃是麥士蒂索式的：其中借用了歐洲愛國方尖碑的慣例，同時又令人聯想起遠古爪哇藝術中象徵男女生殖器的「林伽約尼」（lingga-yoni）。[34] 林伽約尼的主題是刻意挑選的結果（蘇卡諾據說曾經開玩笑指稱這座紀念碑見證了他自己還有印尼無窮無盡的生殖活力）：這座紀念碑因為傳統所以代表全國，而不是因為代表全國所以傳統。實際上，這座紀念碑沒有紀念任何特定的事件或成就，而是對於印尼過往的概要或者評論。因此，其形式所隱含的動向與伊利安解放紀念碑的方向正好相反：傳統象徵圖像似乎利用過往表達印尼志得意滿的現代性，但實際上卻是指向過去，因為這個傳統象徵圖像只不過是對於過往的評注。換句話說，遠古爪哇人構築林伽約尼紀念碑，是因為這種紀念碑**本身**代表某種意義（坎伯斯指稱那種紀念碑代表「二元性……溶解在一切存有的至高統一性或整體性當中」），並且是遠古現在與未來的一部分，但蘇卡諾建造他的紀念碑卻是為了展現當下的印尼與過往有所關聯。因此，國家紀念塔不是傳統的一部分，而是對傳統主張所有權的方式。獨立廣場的這座林伽約尼本身不帶有任何意義，而是一個「延

31 關於印尼現代藝術流派的深入討論，見霍特，《印尼的藝術：延續與改變》（Ithaca, N.Y.: Cornell University Press，1967），第九章。

32 因此，這座紀念碑類似於日惹的馬力歐波羅大街（Malioboro Boulevard）那座精美而憂鬱的蘇迪爾曼將軍（Sudirman）雕像，這是為了紀念他晚年在革命當中擔任游擊戰領袖的英勇表現。

33 在這方面，這座紀念碑類似於新生共和國的第一座民族紀念碑，也就是一九四六年在雅加達佩剛沙東街（Pegangsaan Timur）五十六號矗立而成的石柱暨牌匾，用於紀念一年前在那裡做出的獨立宣告（關於這座紀念碑的一張照片與一篇描述文章，見《人民聲音報》（*Ra'jat*），一九四六年八月十九至二十日）。這兩座紀念碑同樣引人注意的一點是，建造時間都非常接近於其所紀念的事件或情境。這點與本文討論的紀念碑之間的對比極為強烈。

34 舉例而言，比較坎伯斯（August Johan Bernet Kempers），《古印尼藝術》（*Ancient Indonesian Art*，Amsterdam: van der Peer，1959），p. 19與plate 166；還有霍特，《印尼的藝術》，plate 18。

續」的標誌。

新秩序的紀念碑遠遠更加清楚地展現了這種模式。奇怪的是，新秩序最著名的紀念碑，卻至今尚未建造：所謂的「迷你美麗印尼計畫」(Proyèk Miniatur Indonesia Indah)，一般人都稱之為「迷你」，預計將由「我們的希望基金會」(Yayasan Harapan Kita)興建，其主席是蘇哈托總統的夫人。不論這項計畫最初的靈感是來自她在一九七〇年三月走訪曼谷的旅程(那裡有一項類似的計畫已經完工，稱為提姆樂園〔Timland〕)，[35]還是出自總統夫人從事美化建設的風潮，總之在一九七一年秋季向大眾公告的訊息當中，迷你將會是一座占地一百公頃的封閉園區，內有一片八公頃的人工湖，湖面上設有代表印尼群島的小島嶼。此外，還會有二十六間分別來自印尼各省的傳統屋(每間占地一公頃)、一家一千個房間的觀光旅館、一座仿造瀑布、一座纜車、一間旋轉戲院與一間戶外戲院，如此等等。[36]那些傳統屋裡將會展示來自各該區域的手工藝品。

由於在此不需多談的原因，迷你從一開始就不受歡迎，不但在若干城市引發一波學生抗議運動，雅加達的媒體也紛紛刊登了措辭嚴厲的批評社論。[37]不過，這場爭議確實驅使該項計畫的資助者說明他們這麼做的目的。蘇哈托夫人在一九七一年十二月一日於省長工作會議(Working Conference of Provincial Governors)發言，敦促他們為這項計畫捐贈資金，原因是這項計畫將會把他們的區域文化「投射」到雅加達的舞台上，讓國際遊客看見。不過，她也接著指出：「如果說我們的祖先在往昔共同合作【bergotong-royong】建造了婆羅浮屠這座在當今吸引了全世界注意的建築物【她此處所言不曉得是指婆羅浮屠的優美壯觀，還是目前破敗失修的慘況】，那麼我們今天也可以合作建造迷你美麗印尼計畫。」[38]為了回應她眼中的過度批評，這位總統夫人在十二月十五日向記者表示：

> 不管發生什麼事，我絲毫都不會退讓！這項計畫一定要完成！這項計畫的執行絕對一步都不會退縮！因為這項計畫不是威望計畫，部分目的是為了裨益人民。這項計畫的建造時機也非常適當，只要我活著就是這樣。一個人的構想絕不可能由別人付諸實踐，只能由產生構想的人自己實行，除非是我蒙主寵召了！[39]

不過，反對聲浪仍然持續不歇，於是國家元首終於不得不親自處理這個問題。在一九七二年一月六日的著名「帕塔米納」演說當中，蘇哈托表示：「老實說，我會收拾他們！不管他們是什

35《時代報》，一九七一年六月五日。

36《時代報》，一九七一年十一月二十七日。

37 早在一九七一年五月，因為這項計畫而遭到驅逐的部分居民就向法律援助機構（Lembaga Bantuan Hukum）提出申訴，指稱他們被迫把自己的土地以不及市價一半的價格賣給我們的希望基金會，而且獲得的補償土地品質也低落得多。（詳見《時代報》，一九七一年五月二十日。）學生抗議運動在一九七一年十二月十六日始於雅加達，接著在十二月二十三日蔓延至萬隆，然後在十二月二十八日擴散至日惹。（詳見《希望之光報》〔*Sinar Harapan*〕，一九七一年十二月十六、二十二、二十八日。）

38《希望之光報》，一九七一年十二月一日。

39《我們日報》（*Harian Kami*），一九七一年十二月十六日。蘇哈托夫人在這個情境裡使用了爪哇詞語「mumpung」，結果這個詞語從此成為印尼政治用語當中的一個諺語。「Mumpung」的意思大概是：「只要我有機會。」關於「mumpung」的進一步討論，見本書pp. 246-7。

麼人！如果有人拒絕瞭解這項警告，我絕對會收拾他們！他們要是繼續製造麻煩，對我並不是問題！我會動用三一一總統令！」[40] 他接著指出，這項計畫的用意在於讓觀光客認識印尼，並且提升民族意識。他說，由於滿者伯夷與三佛齊（Sriwijaya）這兩座王國留下的遺跡如此之少，因此需要有新的東西來提高民族意識與自豪。

要更完全理解迷你的重要性，也許可以檢視新秩序的其他若干紀念碑。在此處，我們只需要注意總統及其夫人如何將迷你與印尼古代的榮光連結。如果有遊客在近年來回到東爪哇，必然不免會注意到那個區域大幅增加的公共紀念碑。而滿者伯夷現存的遺跡也位在那個區域，並不全然只是巧合。這些建構物呈現出各式各樣的形狀。舉例而言，在波諾羅戈外圍可以見到勿里達（Blitar）附近的帕納塔蘭（Panataran）寺廟群當中一座主要廟宇的大型水泥複製建物。[41] 在圖隆阿貢（Tulungagung）這座城鎮，主要入口的兩側都有以黃漆塗繪的守護神「拉塞克薩」（raseksa），是守衛在信訶沙里廟（Candhi Singhasari）大門口的巨大怪物雕像的縮小版，也類似於中爪哇皇宮入口處的小型巨人妖魔。[42] 在通往賽萊塔（Selecta）這座山上度假村的主要道路上，聳立著一道永久性拱門，由兩座「東爪哇」風格的神壇構成，再以繁複的橫向金屬格柵連結於往來車輛的上方。[43] 在這個省分的公路沿線的無數村莊裡，我們的目光也不禁受到一種奇怪的新式門戶所吸引。這種門戶矗立在村莊入口處，還有比較奢華的路邊住宅門前，而這之所以奇怪，原因是這種門戶由與人同樣大小的水泥數字構成，並且漆成紅色，左側是一和九，右側則是四和五（圖四）。

這些不計其數的建築物所累積而成的結果相當驚人：其所代表的是一項長期持續的紀念碑建構與分布計畫，遠遠超越了蘇卡諾年間的做法，在前殖民時代以來的印尼歷史上可能也是前所未見。然而，為什麼採取這些形態？我們不禁要問。這些紀念碑表達了什麼？首先，我們注意到許多的紀念碑乍看之下都是古代遺跡的複製品。不過，只要仔細檢視，就會發現那些遺跡一方面受到模仿，同時又沒有受到模仿。通常受到複製的是遺跡的「整體形狀」，所以路人一眼就可看出其所**指涉**的對象。（「當然，是帕納塔蘭的廟宇！」）另一方面，建造計畫雖然明顯不乏資金，而且東爪哇也不缺才華洋溢的工匠，那些紀念碑卻沒有嘗試重現那些古代建築的精美浮雕與裝飾，做工看起來拙劣而草率。於是，那些仿造物開始顯得比較像是標誌，而不是複製品。就某方面來說，也的確是如此。

另一座引人注意而且風格相同的紀念碑，是目前正在日惹外圍興建的特加雷霍（Tegalrejo）建築群。這個地點據信是蒂博尼哥羅（Pangéran Diponegoro）在爪哇戰爭（一八二五至一八三〇年）期間的「puri」（宮殿／住處），儘管目前唯一留存下來的似乎只有一棵山竹樹。這座由蘇羅諾將軍

40《我們日報》，一九七二年一月七日。三一一總統令是蘇卡諾在一九六六年三月十一日簽署的一份文件，印尼文名稱為「Surat Perintah Sebelas Maret」，簡稱「Supersemar」，文件中宣示將一切行政權移轉給時任將軍的蘇哈托。「Supersemar」這個縮寫也是一個哇揚字謎：「super」意為「超級」，「Semar」則是全能的資深小丑，也是巴塔拉．古魯（Bathara Guru，即濕婆）的哥哥。

41 關於這座廟宇的原始建築，見坎伯斯，《古印尼藝術》，plates 271，274；以及霍特，《印尼的藝術》，plate 65。

42 坎伯斯，《古印尼藝術》，plate 239。

43 比較霍特，《印尼的藝術》，plate 47，其中顯示了一個滿者伯夷時期的神壇大門（在多烏蘭〔Trawulan〕）。東爪哇布勞威加雅陸軍師（Brawijaya Army Division）的標誌就是一座這種神壇，頂端有個星星。（東爪哇大部分的建築都是在這支部隊的協助下完成。）

圖四・瑪琅（Malang）與賽萊塔之間的路邊村莊

圖五・《婆羅浮屠》，厄凡迪作（照片：霍特）

（Surono）在一九六九年八月啟用，並且由蒂博尼哥羅家族（中爪哇蒂博尼哥羅陸軍師的「家族」）出資的紀念碑，是一座長一百五十公尺、寬六十公尺的封閉園區，內有一幢寬敞的「pendhapa」（爪哇傳統表演廳），裝飾著蒂博尼哥羅眾多功業的浮雕，還有取自日惹宮殿的兩具甘美朗琴，以及幾張古董哲帕拉椅；除此之外，還有一間博物館、一間圖書館、一棟行政辦公大樓，以及一座清真寺。這些建築物的形狀都很傳統，「以便激發大眾對於古代的記憶」。那裡還有一段特殊的銘文（prasasti），內容寫道：「蒂博尼哥羅師家族的所有成員，蒂博尼哥羅英勇戰鬥精神的承繼者，在蒂博尼哥羅的先前住處建造了這座蒂博尼哥羅紀念碑，藉以永久尊崇以及記錄蒂博尼哥羅這位英雄的戰鬥精神。」[44]

44 詳見《時代報》，一九七二年二月二十六日。這段銘文雖然充滿了刻意為之的擬古手法，蒂博尼哥羅家族卻非常清楚當下這個時代的需求。表演廳後方將會建造一棟賓館，提供想要前來觀看表演或者冥想（nyepi）的遊客住宿使用。目前已有計畫要在後續興建一間現代的旅館和一座購物廣場。

這座紀念碑可以和藝術家厄凡迪（Oesman Effendi）創作於一九五〇年代中期的一幅奇特畫作從事一項有趣的比較。那幅畫是一系列委託作品的其中一件，委託目的是要將那些作品翻印展示於印尼的學校教室裡，讓學童理解自身歷史的進展。那幅畫呈現出婆羅浮屠「以前可能的樣貌」，塗上灰泥的表面白得閃閃發光，毫無損壞，高挺聳立，完美對稱，宏偉壯觀（圖五）。不過，這幅畫有兩個奇怪的地方。第一，婆羅浮屠最直接可見的壯麗特色，也就是其無與倫比的浮雕，在畫裡卻連模糊呈現都沒有。第二，儘管這幅畫描繪的應該是夏連特拉王朝（Shailéndra）那個光輝時代的景象，寺廟裡卻完全沒有人。因此，我們看到的只是一個壯觀但空無一人的形狀，不是昔日的呈現，只是昔日的標誌而已。這幅畫的怪異性質並非偶然，這點可從此一系列當中其他不是由厄凡迪繪製的畫作看得出來。舉例而言，馬塔蘭這座十七世紀的輝煌王國由蘇馬吉歐（Trisno Sumardjo）與柴尼（Zaini）繪製的兩幅作品呈現：其中一幅描繪庫薩蓋德（Kutha Gedhé）空無一人的辛納巴帝之墓，另一幅描繪他的孫子蘇丹阿貢位於伊莫吉利（Imogiri）

我們不禁聯想到一項奇特的事件，亦即西哈努克親王（Norodom Sihanouk）下令建造一座相當大（而且醜陋）的吳哥巴楊寺縮小版複製品，展示於金邊的國家體育場，做為一九六八年十一月九日柬埔寨獨立十五週年紀念日慶祝活動的一部分。這座複製品真正派上用場，是在皇家高棉社會主義青年組織（Royal Khmer Socialist Youth）「向『獨立之父』致敬」的活動當中。[45] 這位柬埔寨領袖建造的這件複製品，在這個情境當中尤其合適，因為巴楊寺是由闍耶跋摩七世所建，目的是要做為吳哥市的中心，而那座城市就有如「迷你」，是眾神居所的縮小版。[46] 不過，闍耶跋摩與他的雕塑家以及建築師是依據自己心目中的想像建造他們的這座迷你，「仿效」一座肉眼看不見的上天城市創造了一座極度宏偉壯麗的紀念碑。因此，西哈努克的縮小版巴楊寺不僅是一座迷你的迷你版本，而且代表的意義也和其範本不同；是藉此主張對於民族過往的所有權，而不是發揮創意對於民族過往做出進一步的闡揚。如同我們先前探討過的那些印尼紀念碑，縮小版巴楊寺也是一項評注，產生自一種經過改變的意識，而在一個次要的意義上，如同印尼的紀念碑，縮小版巴楊寺也是宣揚統治者正當性的廣告。不過，這種正當性比較不是在於法律方面，而是就文化世系而言。[47]

現在，我們可以回頭探討迷你美麗印尼計畫，以類似於縮小版巴楊寺、特加雷霍還有其他種種紀念碑的許多方式加以解讀。如同闍耶跋摩的傑作，爪哇人、巴塔克人、米南佳保人或者托拉查人的傳統房屋也是因為產生自當代活生生的文化而獲得其真實力量。就某個意義上而言，這些建築物全都是為了現在與未來而建。這些建築物就算是於今天興建，在誕生其形式的環境當中，也還是持續體現那些長久以來的意義。整體形式已牢牢確立，但裝飾、質地和比例上總是會有無數個人化的小差異。對於這些建築的住戶以及鄰居而言，那些差異並不是問題，也不代表其本身之外的其他意義。但在其他案例當中，這些房屋則成了紀念碑，也就是說不再用來居住，而是成了博物館，或是建造成制式的樣態藉以宣揚傳統的精華。在雅加達、泗水、棉蘭與望加錫，興建中的新式都市住宅在往昔的「rumah adat」（傳統屋）與迷你美麗印尼計畫的「rumah adat」之間提供了明確的風格連結。舉例而言，我們也許會看到一名發達的米南佳保商人為自己興建一棟住宅，但不是米南佳保人的傳統屋，而是「米南佳保式」的房屋，彰顯這一點的特色乃是積聚於房屋上的各種米南佳保裝飾，或是某個抽象主題（例如典型的翼狀屋頂）。這些形式元素可讓屋主向鄰居和路人顯示這裡住著一位發達的米南佳保人：翼狀屋頂代表米南佳保人，而生活空間所採取的

同樣空無一人的陵墓。以墳墓展現那座王國的輝煌已經夠奇怪了，但更奇怪的是這兩幅畫裡的陵墓所呈現出來的，不但不是當今的遊客與朝聖者所見到的樣貌，也不是具有可信度的歷史面貌。其樸素、空洞與閃閃發光的模樣，顯示了這些畫其實是一種標誌。這三位一九五〇年代的「殯儀館畫家」，後來都在一九六〇與七〇年代成為新秩序的忠實擁護者，也許不是巧合。

45 見《柬埔寨》(*Kambuja*)45（一九六八年十二月十五日）。感謝巴特爾斯（Dieter Bartels）告知我這份文獻。

46 關於這座東南亞皇家城市是神聖宏觀世界的微觀呈現，見格爾頓（Robert Heine Geldern），《東南亞的國家與國王概念》（*Conceptions of State and Kingship in Southeast Asia*），東南亞學程資料論文 no. 18（Ithaca, N.Y.: Cornell University），尤其是 pp. 3-4。

47 關於爪哇人以特殊類型的「文化」世系做為權力象徵的做法，見先前第一章，pp. 54-6。相對於西方把世系傳承強調為一種法律概念，爪哇人則是著重於「文化」連結。這種傳統的當代演變則是，對於權力的主張除了奠基在擁有一把曾經屬於蘇丹阿貢所有的短劍之外，還會製造一件那把短劍的複製品，做為權力的一項「無權」象徵。

荷蘭殖民式、新加坡現代式或者其他新式風格，則是代表了屋主的發達。[48]這類案例當中的主題已和功能徹底分離，唯一的作用就是傳達米南加保身分的訊息。在建造完成的迷你當中，這一切則是又更進一步，因為那些房屋都是「純粹的傳統屋」，而且其中**無人居住**。那些房屋都是存放區域文物的倉庫，所以基本上是族裔的象徵，而迷你整體則是藉著將這些族裔正式並置在一起而成為「印尼性」的象徵。實際上，由於迷你當中的建築物去除了具體而且直接的活力，所以迷你帶有的意義又因此更顯重要。就一方面而言，這個印尼象徵，坐落在印尼正成形於其中的這座大都會生機盎然的中心地帶，實在是再沒有比這更令人痛心的事情了，也就是說，充滿生命力的印尼人竟然必須讓出空間給「印尼性」。

總而言之，新秩序的許多公共紀念碑所共有的一項元素，似乎都在於一種複製風格，目的是揭露本質與延續性，而不是記錄存有與變化。不過，為了證明這種概念不需要完全以擬古方式表達，也許可以指出一座非常不一樣的紀念碑。這座紀念碑就是亞尼博物館（Yani Museum），為了紀念在一九六五年十月一日事件中遭到謀害的前印尼陸軍司令而成立。我們不能說這座博物館位於亞尼將軍豪華的宅邸裡，因為博物館實際上就是這棟宅邸，因為這棟宅邸藉著兩種相反類型的改造而轉變為一座紀念碑。第一，其中放進了幾件特定的紀念品：用於處決共產黨領袖艾地的槍枝，展示在亞尼床舖上方的一個玻璃櫃裡；亞尼遇害的地點，有一塊銘牌嵌在大理石地板當中；另外還有其他類似的物品。第二，亞尼的個人物品幾乎全部都被移除。宅邸內的牆上掛滿了來訪顯要人物的簽名照片、亞尼出國訪問獲得的贈禮、各個印尼軍事單位的標誌與徽章、幾幅傳統印度風景畫，以及一些獎盃等等。這棟房屋是亞尼的宅邸，但已經有了「傳統屋」的感覺。亞尼的生活痕跡已經被消除殆盡。參觀這棟房屋的遊客絕對猜想不到他著名的魅力與智慧、他暴起暴落的職業生涯、他高調顯擺的生活方式，甚至是他的習慣與信念。受到紀念的那些事件雖然過去還不到十年，加上這座紀念碑的形式在各方面也都「不傳統」，但我們還是可以看出這座紀念碑與特加雷霍的擬古呈現之間的連結：兩者都是傳統的象徵。我們不難想像一段專屬於這座博物館的銘文：「印尼陸軍家族的所有成員，亞尼英勇戰鬥精神的承繼者，在亞尼的先前住處建造了這座亞尼博物館，藉以永久尊崇以及記錄亞尼將軍這位英雄的戰鬥精神。」

遺留與承繼：傳統的問題

最後，我們要把焦點轉向我們嘗試辨識的那種風格所受到的直接歷史解讀。根廷斯將軍（Djamin Gintings）與總統商討過後，在一九七二年三月二日向大眾宣布指出，蘇哈托已針對「一九四五年【即一九四五至一九四九年間的革命】的精神與情操可以怎麼傳承給年輕一代」提出了一些準則。[49] 一個星期之後，陸軍副參謀長亞辛將軍（Jasin）透露即將舉行的陸軍研討會將會討論

48 比較羅蘭．巴特對於巴黎市郊住宅的巴斯克建築主題所提出的討論，見其文筆簡練的《神話學》（New York: Hill and Wang，1972），pp. 124-25。不過，巴黎與雅加達的差別似乎在於，巴黎人有可能在自己與巴斯克人毫無關係的情況下，採用帶有巴斯克色彩的事物，在雅加達卻只有米南加保人才會建造「米南加保式」房屋，也只有巴塔克人才會建造「巴塔克式」房屋。

49《我們日報》，一九七二年三月三日。根廷斯是所謂的一九四五年世代諮詢委員會（Musyawarah Angkatan '45）當中的

如何把陸軍年輕世代組織（Army Younger Generation）與普通（亦即平民）年輕世代組織整合起來，使這兩者和諧共存並且灌輸愛國心。如此一來，「拉近社會與軍隊的距離」這項目標即可達成。[50]蘇哈托總統在三月十三日為這場研討會揭幕，指稱科學與技術知識雖然能夠從海外取得，但是「在民族打造自身未來的過程中，領導、人格與決心的來源卻必須持續從我們自己的奮鬥與認同歷史當中獲取」。當前的嚴重危機在於「年輕世代出現疏離於民族奮鬥與民族認同歷史的徵象。……所以，他們才會經常認同外來文化，而不是他們自己的文化」。這種進程如果不受遏止，那麼他們本身的文化與認同在一個世代裡就會無可挽回地消失。他向一九四五年世代的成員警告指出，他們必須認知自己的行為與生活方式，檢視自己在多少程度上落實了自己的價值觀。要不然，他們的榜樣只會造成年輕人的進一步疏離：

> 我們必須遵循芒古尼伽羅一世在他的《三法》（*Tri Darma*）當中教導的那種為國家與民族全心奉獻的哲學。第一法是「rumongso handuwèni」，也就是覺得自己在國家與民族的財產或者利益當中占有一份。從這種感覺當中，即會產生第二法「wajib mèlu hangrukebi」，意為對於守護以及維繫這種共同財產或利益共同負有責任。而要落實第一與第二法，則是需要第三法，也就是「mulat sariro hangrosowani」，意為擁有勇氣隨時自我檢驗，看看自己為了守護共同財產與利益而採取了多少行動。[51]

其他軍官的發言則是不那麼帶有哲學性。「陸軍知識分子」薩吉迪曼將軍（Sajidiman）指出：「問題在於怎麼說服年輕世代，促使他們像一九四五年世代那樣對於一九四五年價值觀的真實性深信不疑。」他的世代是因為在革命期間與人民一同抗爭以及受苦，並且理解到一旦偏離班查西拉這五項原則就會導致毀滅，所以才能夠真正理解這些價值觀的真實性。達加特摩將軍（Darjatmo）指出，一九四五年的價值觀是「為了人民利益而戰的堅定決心、一種不屈不撓的精神、包含在一九四五年憲法前言與班查西拉當中的基本原則。……這一切的價值觀在目前都充盈於新秩序當中」。最後，佐約哈迪庫蘇莫將軍直接向年輕世代喊話：「年輕世代沒有充分理由不對老一輩懷有完全的信心，因為老一輩**已將自己的信條遺留給了他們**，而那些信條乃是經驗的產物。不過，年輕世代還是有權在教育機構裡測試這些信條的真實性。」[52]

　　這些無疑都是古老的主題，至少乍看之下是如此。蘇哈托不是第一位引用爪哇諺語的領導人，佐約哈迪庫蘇莫也不是把價值觀轉變為信條的先驅。我們不禁聯想起蘇卡諾呼籲印尼人「回歸我

一位著名領袖。這個組織成立於指導式民主時期，目的在於把一九四五年革命的老兵聚集起來。

50《我們日報》，一九七二年三月十日。當時明確指出這場研討會的出席人數為五百人左右，包括陸軍高階長官、陸軍指揮參謀學院的校友、部分平民知識分子，但不包含「pejuang diluar ABRI【印尼軍隊以外的自由鬥士】」。

51 同上，一九七二年三月十四日。

52 同上，一九七二年三月十六日。字體強調為我所加。看起來不是所有的研討會參與者都像佐約哈迪庫蘇莫那麼洋洋自得。不久之後，納蘇珽將軍就被人引述指稱，在萬隆指揮官會議上（召開於研討會前夕的區域指揮官會議），他觀察到與會將領坐在座位上，有許多人的肚子都隆起得比他們面前的桌面還高。「在我擔任陸軍參謀長的時候，從來沒有見過這種情形。」（《大印尼報》〔*Indonesia Raya*〕，一九七二年三月二十八日）。納蘇珽在一九五〇至一九五二以及一九五五至一九六二年間擔任參謀長。

們的革命」，回歸「我們革命的軌道」，並且「永遠不要放棄歷史」。不過，另外也有一項明顯可見的差別。蘇卡諾提出呼籲的對象是曾經「參與革命」的人，曾經在革命的「軌道」上並且「創造了歷史」。他訴諸的是一個社群的記憶和良心，因為這個社群**共同享有**一項精彩的歷史經驗，但在他看來卻任由自己陷入分化、腐化以及士氣低落的狀態。不過，蘇哈托與他手下的將領所呼籲的對象，則愈來愈是沒有經歷過這項經驗的群體，頂多只是對這項經驗有些微皮毛的關聯。現在這個世代與那項經驗的關聯已不再是共同的政治奮鬥，而是模糊不清的親屬關係，所以才會出現「傳承」與「遺留」的這種新語言。

不過，親屬關係卻有兩種不同的思考與使用方式。一方面，親屬關係隱喻了印尼歷史當中不同世代之間的整體關係，也隱喻了把當下這個時代和革命連結在一起的東西。[53] 印尼的年老與年輕一代之間不論可能存在著什麼衝突，都如同吉恩．多米諾所說的：「masih famili.」（仍是親人）。在另一個意義上，親屬關係又有一項比較直接的社會學意義。只有一群極少數生活優渥的都市印尼青年能夠合理被視為高度認同外國文化，以致有喪失「其文化與認同」的危險；而這個少數族群大體上都是由印尼當代掌權者的家族成員組成。因此，在許多面向上，那些將領在那種全印尼人的修辭當中其實是在對他們自己的子女喊話。

印尼統治者的立場確實存在著一項真實而且令人痛苦的矛盾。他們對全國人民的政治生活握有極大的權力，但是卻發現他們的年輕親屬在文化、道德觀與價值觀等方面愈來愈脫離了他們的掌控。[54] 現普遍認為既有的價值觀在若干青年圈子裡已迅速消失。這種情形主要不是表現在著名案件當中（例如蘇姆．庫寧〔Sum Kuning〕輪姦案，涉案人包括了幾名日惹菁英階級成員的兒子，因此案情一直未能真相大白），而是一種整體的趨勢。兩起惡名昭彰的事件也許有助於闡明這種擔憂。在泗水，一九七二年的新年慶祝活動舉行了一場選出怪胎國王與王后（orang ékséntrik）的競賽。競賽過程似乎相當激烈。參賽者穿上各式各樣的古怪服裝，有些青年和一群年輕的變裝癖者擺出模擬性交的姿勢；還有一個名叫烏江的參賽者，甚至在台上脫光衣服裸體示眾。這起事件的諷刺之處，在於主辦單位挑選的場地：丹巴薩利體育場（Tambaksari Stadium）。這座體育場又名「十一月十日的熾烈精神」，藉以紀念泗水人抵抗英國的那場開打於一九四五年十一月十日的英勇

53 以世代劃分印尼政治與文化歷史是一種長久以來的傳統。一九二八年世代（著名的青年誓言在那一年提出）、一九四五年世代（獨立宣言在那一年發表）還有一九六六年世代（蘇卡諾在那一年遭到推翻）的政治次序，與新作家（Pujangga Baru，一九三〇年代的作家）、一九四五年世代（日本占領與革命年間的作家）以及一九六六年世代（後革命年間的作家）之間具有粗略的對應。這個主題有些引人注意的爭辯文章，尤其是在文學領域當中（以世代劃分的做法在文學領域裡尤其問題重重）。關於一九六六年世代的概念所引起的爭議，部分的探討文章為：耶辛（Hans Bagué Jassin），〈一九六六年世代，一個世代的崛起〉（Angkatan 66. Bangkitnja satu Generasi），《地平線》（*Horison*）1（一九六六年八月）：36-41；胡里（Saryagraha Hoerip），〈文學裡的一九六六年世代〉（Angkatan 66 dalam kesusasteraan kita），《地平線》1（一九六六年十二月）：188-89；哈米加亞（Aoh Karta Hamidjaja），〈Daerah dan Angkatan 66〉，《地平線》2（一九六七年二月）：58-60；以及普拉多波（Rachmat Djoko Pradopo），〈世代劃分與文學裡的一九六六年世代〉（Penggolongan angkatan dan Angkatan 66 dalam sastra），《地平線》2（一九六七年六月）：165-68。

54 雅加達居民經常評論知名戰士的子女有多麼少人「jadi orang【闖出一番像樣的事業】」。他們對於那些權貴子女有多少人成為樂團團長、時裝模特兒、罪犯、旅行代辦人、公關人員、應召女郎等等而大搖其頭。這種情形通常被歸咎於兩種原因，一是父母的寵溺，二是獨立之後帶來的眾多社會流動機會，因此「外人」得以達到這些權貴子女在先前的時代能夠直接繼承的地位。這兩種說法也許都有其真實性。

悲劇戰役。[55]第二起醜聞在一九七二年五月發生於日惹，這裡傳統上是一座保守而且備受敬重的爪哇文化中心，在一九四六年至一九四九年間是革命首都，也是蘇哈托總統的出生地。那時候，當局核准八支樂團在當地的一座足球場演出，結果這些樂團在表演結束之後準備打包回府的時候，觀眾卻開始激烈抗議。全國性週刊《時代報》這麼描述現場的狀況：

> 鈕扣被扯開，眾人被往前推擠到舞台前方。一個男孩爬上舞台旁邊的折疊梯，露出他的生殖器，並且頂著梯子的金屬表面摩擦。另一個人拉開內褲，在眾人面前撫摸「自己」。還有一個人跳上舞台，開始親吻身穿半女性服裝的鼓手。警察就在這時候現身於舞台上。在【警察指揮官】的命令下，這場表演就此終結。[56]

此一事件當中令人震驚之處，自然是上層或中產階級人士公然的性展示，而不是他們私下的性行為（傳統爪哇對於私下的性行為通常頗為寬容）。

這類事件使得印尼的統治者發現未來恐怕會脫出他們的掌握之外，於是召喚過去幫助。他們大多數人都深深明白自己在人生中經歷了漫長的旅程，從晚期殖民爪哇的鄉下小鎮來到「國際都會」雅加達，浸淫於其中的繁盛城市風貌。鑒於這種幾乎可說是幸運的突然轉變，難怪他們有時候不免會覺得自己當下掌握的權力並不穩定。我先前提過的那種「mumpung」心態有一部分就是奠基在這種感覺之上。[57]（另一部分是中年帶來的死亡暗示，這點可從蘇哈托夫人的話裡看得出來。）不過，除了權力的不穩定之外，還有其他的因素。他們的過往並沒有在道德上幫助他們為自己目前所過的這種生活做好準備。他們大多數人都成長於鄉下爪哇社會的領域裡，而那個社會的常規與價值觀在他們的意識核心留下了強大的殘跡。對於這類鄉下人口而言，從《三法》或是芒古尼伽羅四世的《三典範》（*Tripama*）當中取出的標籤，確實代表了爪哇傳統的真實具體基礎。蘇哈托引用芒古尼伽羅一世的話語，並不是像迷你那樣是對傳統的評注，而是對於傳統的真實表述。此外，對於蘇哈托那個政治世代大多數的成員而言，一九四五年的革命的確是一項深刻的道德經驗，也是一項具有根本價值的創造行為。薩吉迪曼將軍在陸軍研討會上提及的平等團結不是虛妄的修辭，而是革命精神的一項基本元素。[58] 然而，那項經驗距今已是二十五年前的事情了，因為薩吉迪曼將軍和他的同僚現在都生活在遠離一般大眾的富足之中。另一方面，他們的後革命經驗讓他們得以創造一種新的道德立場，而能夠以平靜的內心因應他們當下的情境。「Pembangunan」（發展）所帶有的只不過是工具性的含意，而且如果有任何道德要旨，也是來自於

55 詳見《時代報》，一九七二年一月二十九日。

56 同上，一九七二年五月二十日。

57 在這方面頗具啟發性的一段話語，是印尼共產黨資深領袖蘇迪斯曼在一九六七年七月二十一日提出於特別軍事法庭上的辯詞：「為了讓我們意識到自己的限制，從而促使我們腳踏實地，我們爪哇人會說『odjo dumèh』，我認為這句話很難精確翻譯成印尼語。如果要說為什麼很難翻譯，原因是『*dumèh kuasa*』的人，也就是『被權力沖昏了頭』的人，通常都會受到別人以『odjo dumèh』這句話委婉勸戒。」蘇迪斯曼，《責任分析》，班納迪克．安德森譯（Melbourne: The Works Cooperative，1975），p. 14。「Dumèh」非常接近於「mumpung」，所以「dumèh kuasa」的意思是「只因為【我】剛好有權力」；「odjo dumèh」則是「不要只因為你剛好【有權力】就這麼做」。

58 見拙作《革命時期的爪哇》（Ithaca, N.Y.: Cornell University Press，1972），尤其是第二、三、七、八、十五章。

過往的革命精神。因此，情境與精神之間的對比造成了一九四五年的價值觀凝結成一九四五年的價值觀信條，而班查西拉民主與班查西拉經濟，這些令人聯想起蘇卡諾在一九四五年為獨立印尼國家宣告了道德基礎的那場歷史性演說的名詞，也一樣是信條，是證明當前與過往一致的象徵，儘管有許多人都認為這些信條在根本上否定了自己，包括軍事威權以及受制於外國資本的經濟。

不過，他們的子女卻是成長於父親的旅程結束之後的那個領域裡。他們不是來到大都會的鄉下人，而是新城市中心的原生居民。他們看到別人與自己都一同過著那種並沒有明確與革命或者《三法》的精神連結的生活。對他們父母的生活具有重大影響的那種道德緊張關係，例如原本的班查西拉相對於班查西拉信條、「wajib mèlu hangrukebi」相對於「mumpung」，對於他們而言根本沒什麼意義。他們與父母那一代的連結比較不在道德或政治方面（他們有自己在城市裡培養出來的精神特質，包括競爭、個人主義、自我表達等等），而是在於血緣關係上。畢竟，他們「masih famili」。如此一來，我們就開始可以看出散布於東爪哇鄉間、那眾多紅色數字所帶有的部分意義。那些數字就像是特加雷霍、國家紀念塔，甚至是迷你，是對於歷史經驗的一種薄弱評注。藉著將時間扁平化，一九四五年感覺起來幾乎就像是一八三〇年那麼遙遠。正如蒂博尼哥羅家族是蒂博尼哥羅的「繼承者」，所以年輕世代家族也是革命的「繼承者」。那些數字是延續傳統的象徵。

在陸軍研討會結束後，幾個星期於雅加達首映的一部引人好奇的電影，充分勾勒出了此處所概述的這些主題。《午夜過後》（*Léwat Tengah Malam*）的主角是一名革命時期的前「pejuang」（自由鬥士），他對當代雅加達的貪腐與投機深感厭惡，於是成了一名技術精良的職業竊賊。他的革命經驗使他被視為雅加達人所謂的「binnen」（當紅）人物，並讓他得以進入首都那些新富階級的時髦住宅，於是利用這樣的機會把他們的保險箱與珠寶盒當中的財物竊取一空。連同昔日的忠實同志，他把這些劫掠所得，用來在爪哇鄉下的一個貧困地區成立了一家富有生產力的工廠，以父親般的關懷照顧勞工。他以經營管理者的身分贏得當地人口的忠心與仰慕，因為他無私地致力於讓他們參與真實的發展。他後來之所以栽了跟斗，原因是他愛上一名臥底的美麗女警，而派遣那名女警前來臥底的首都警察局長，就是他剛正不阿的哥哥。這對兄弟終於為此正面相對。雙方都認知到對方的行為背後所帶有的真誠動機，於是主角同意自首並且入獄服刑，而那名女警則是承諾要等待他出獄。

這部電影最引人注目之處，就是其精神與劇情走向之間的對比。電影中的道德主導動機是堅持「pejuang」的理想，也就是一九四五年的理想；但在電影前段經常被稱為神秘的「bandit intelèk」（知識分子【受過教育的】盜賊）的主角，卻在劇情的**要求**下必須假裝自己是腐敗而富裕的統治階級成員，做法包括在服裝、喝酒、開車與度假等方面都表現出顯擺豪奢的模樣。（如果說主角裝出頹廢腐敗的模樣以欺騙他的受害者，那麼那名女警也是裝成時尚品味過人而且思想解放的女性，藉此欺騙主角！）因此，主角對於人民福祉的基本關注，也就一再與他的華服還有帥氣跑車並置在一起。只有他憂鬱的神情代表了他真正的價值觀，因此也就是一張真實的傳統面具。另一方面，如果說當代情勢使得盜賊必須竊取所得以推行一項發展計畫，那麼其道德衝動並不是要達成「加速現代化」，而是延續一九四五年的精神。盜賊團體內的角色甚至沉思了薩吉迪曼提出的主題，亦即自由鬥士在革命中仰賴人民才得以成功，因此必須回報他們對人民所背負的道德債務。除此之外，另一項典型的「傳統」主題也出現在一段浪漫的回想情節裡，亦即主角回想起自己兒時的村莊生活，無憂無慮地在池塘裡玩水，以及在金黃閃亮的稻田裡奔跑。他想起這段回憶，正是他在峇里島度假，與那名女警住宿在一間豪華海濱飯店的時候，這點並非巧合。

最後，我們可以注意到血緣關係主題的再度出現。盜賊與警察局長終究是兄弟。把他們連結在一起的紐帶是家人的羈絆。不過，主角在犯罪行業當中的成功卻是仰賴於他與雅加達新富階級的緊密社交聯繫。他可以竊取他們的財富而不受懲罰，原因是他獲邀參加他們的派對。所以，他可以說和他們「masih famili」。[59]矛盾的是，血緣關係與一九四五年之間的連結乃是犯罪與發展的結合。這部電影彷彿說著：「沒錯，雅加達有許多富裕鋪張的前自由鬥士，而且權貴當中也確實有許多犯罪行為，但可別被誤導了！昔日的革命與傳統價值觀仍然存在。看那張面具！看那項發展！無論如何，保持耐心吧，等著看這一切會有什麼樣的結果！」

結論

就一方面來說，我們檢視的各種視覺政治溝通方式，都和可以廣泛稱為「革命世代」的這個群體的事業與歷史脫不了關係。在今天的印尼，一個重大的社會與文化轉捩點已然接近：也就是這個世代的逐漸消逝。幾乎每個月都可以看到報紙報導又一位知名的自由鬥士告別人世。這個世代的即將逝去，連同當前印尼沒有劇烈政治衝突的情形，令人不禁省思起這個世代居於主導地位的二十五年間所出現的巨大改變。在社會層次上，我們可以觀察到一個完全屬於印尼的階級結構成形於鄉下地區（隨著土地改革與農業重分配在一九六五年以來遭到捨棄之後，地主所有制與債奴現象就開始顯著增加）還有比較大的城市裡（在這些城市當中，一個勢力薄弱但是明顯可見富裕發達的本土中產階級已然出現）。[60] 在政治層次上，權力則是集中並且鞏固於一群還算團結的軍事菁英手中。[61] 在文化層次上，一種麥士蒂索都會文化受到發展並且擴散開來，而且新世代不再是採用這種文化，而是成長於這種文化之中。這就是「革命世代」的後繼者所承襲的現實。另一方面，如同一九七二年的陸軍研討會所顯示的，這種情形遠非「革命世代」認為自己遺留給下一代的東西（至少他們公開表現出來的態度是如此）。

這種明顯可見的落差，包括在遺贈與承襲之間，以及在遺贈者所想像的歷史與受贈者所體驗

59 然而，主角雖然必定已經接近中年，卻沒有子女，也顯然不太可能在近期內生育，所以也就沒有傳承的問題，而這點可能也不是偶然。

60 經過一段時間之後，階級在部分程度上將會由婚姻界定。一個統治階級的鞏固通常都以內婚制為特點。在這方面，印尼媒體的社會版讀來不免令人興味盎然。「家族」權力在社交方面發揮的功能，就像是經濟與官僚權力在經濟與政治領域裡發揮的功能一樣。關於階級分化與壓迫在鄉下地區與日俱增的跡象，尤其在一九六五年之後，見穆比亞托（Mubyarto），〈糖業〉（The Sugar Industry），《印尼經濟研究公報》（*Bulletin of Indonesian Economic Studies*）5（一九六九年七月）：37-59；杜埃斯特（Paul R. Duester），〈印尼通膨的鄉下後果：日惹區域個案研究〉（Rural Consequences of Indonesian Inflation: A Case Study of the Jogjakarta Region：Ph.D. thesis, University of Wisconsin，1971）；弗蘭克（Richard William Franke），〈一座爪哇村莊的綠色革命〉（The Green Revolution in a Javanese Village：Ph.D. thesis, Harvard University，1972）；佩尼（David Harry Penny）與辛加利本（Masri Singarimbun），〈鄉下貧窮的一項個案研究〉（A Case Study of Rural Poverty），《印尼經濟研究公報》8（一九七二年三月）：79-98；蒙哥馬利（Roger Dee Montgomery），〈日惹的就業與失業〉（Employment and Unemployment in Jogjakarta：Ph.D. thesis, Cornell University，1974）。

61 關於這個主題，見麥維，〈印尼陸軍在革命後的轉變〉，pt. 1，《印尼》11（一九七一年四月）：131-76；pt. 2，《印尼》13（一九七二年四月）：147-82。

的歷史之間的落差，就把我們帶回了先前談到的那兩位漫畫家。席巴拉尼屬於（也許至今仍是如此）「革命世代」。一部分由於他對左翼的同情，一部分由於他最知名的作品所推出的時期，所以在他的漫畫裡並沒有遺緒和遺贈的問題。他筆下的圖畫雖然經常充滿黑暗與恐怖，卻矛盾地具有樂觀基礎。在那個時候，真正的衝突發生於印尼社會裡，未來也尚未定型。一九四五年的承諾或者說其延續性是真實的，儘管尚未實現。革命絕對還沒有「結束」。正由於這個原因，所以他的漫畫具有直接的政治性，甚至是教育性。他的作品向知識分子顯示了誰才是「真正」的盜賊，而不是那些「實際上」是知識分子的盜賊。一九四五年的精神與價值觀必須付諸實踐，而不是編碼起來遺留給後代。如果說他的漫畫當中的衝動是來自於過去，那麼那些作品乃是直接指向未來。換句話說，他的作品相當傳統，原因是那些作品沉浸於歷史當中，而不是對於歷史的評注。

到了指導式民主的中期，情況已開始出現改變，而對於「革命世代」而言，那種改變的方向在一九六五年之後終於確定了下來。在蘇卡諾的統治下，問題仍然在於「回歸」做為真實政治行動與可能性的革命。在新秩序之下，則是沒有任何東西可以回歸，「一九四五年的精神」也不再受到實踐，而是成了遺留給後代的東西。紀念碑、電影與信條都見證了這種意識的改變。《午夜過後》是一個形式，顯示不論當下是什麼，實際上都是過去。迷你、特加雷霍以及東爪哇的紀念碑也都以不同方式傳達了相同的訊息；基本上，一切都沒有改變：蒂博尼哥羅的精神、一九四五年的精神、滿者伯夷的精神向來都與我們同在。我們沒有必要回歸那些精神，因為依照定義而言，那些精神就在這裡。

在希達亞特的作品中，可以看到革命世代的受贈者的輪廓。他的漫畫當中的白光，揭露了逗趣和滑稽表象底下存在著一種根本的悲觀。他的作品裡完全看不出改變的可能。其中呈現的世界沒有真正的衝突，所以也就沒有一股能夠改變那個世界的力量。他的作品中如果出現年紀比較大的人物，我們絕對不會認為那個人物是自由鬥士或者前自由鬥士。不同世代受到一種同質的道德束縛連結在一起。在他的作品裡，世代之間雖然沒有明確的衝突或者爭執，卻不該因此而掩飾了這個事實：「沒有爭執」本身就是一項根本爭執的濃縮表現。革命、民族抗爭以及一九四五年的精神，並不是真實經驗或現行傳統當中的一部分，因此在目前頂多只能以閃閃發光但空無一人的婆羅浮屠呈現，而最糟則是被理解成難以理解的信條。

如此一來，就又回到了先前提過的一個問題：在外國人於希達亞特的雅加達當中占有顯著的支配性地位的情況下，我們要怎麼解釋希達亞特的漫畫裡完全看不見外國人身影的狀況？我認為這個問題的答案是，外國人在基本上不會造成任何差別。把外國人納入漫畫的世界裡，並不會改變其中的人物，只是會讓那些人物在空間當中進一步延展。席巴拉尼之所以畫出美國人，原因是他們的存在與行為是他所見到發生於他的世代及其社會當中的衝突的關鍵之一。杜勒斯與波普，和人民乃是互為對比；他們共同代表了兩種在根本上相互敵對的政治力量和道德宇宙。在希達亞特的作品裡，詹森、尼克森、季辛吉，或者，依據他的雅加達風格，更好的選擇是當地的美國外交官與生意，則是沒有和任何對象形成對比，他們只會是一個沒有確切界限的大「家族」當中的進一步分支。[62] 原因是，現在已經不再有國王，有的只是佩楚克的世界。雅加達在今天的樣貌實

62 為免有人認為他的作品裡看不到外國人的情形，是因為印尼統治者在當前與美國關係緊密，所以基於謹慎才做出這

際上就是世界的樣貌，因為這座城市本身即是一座貨真價實的「迷你」。我們在此處可以察覺一種新觀點經常被人稱為實用主義，但在希達亞特的作品裡看起來比較像是一種複雜的混合體，混合了諷刺與認命的態度。不過，我們觀察到的是，隨著希達亞特的作品，我們又回到了歷史的流動當中。他的作品以其本身的方式完全帶有席巴拉尼的那種立即性，因此風格與內容也一樣傳統。

樣的選擇，我應當在此指出，即便是國家的敵人共產黨人（包括國內、俄國、中國以及其他各國的共產黨人），也從來不曾出現在他的連環漫畫裡，不管是以其本來面目出現，還是以破壞者與間諜的樣貌出現。如果說希達亞特筆下的人物有知覺到印尼政府一再提出的警告，聲稱他們居住其中的那個世界面臨了顛覆性的威脅，那麼至少他們完全沒有表現出來。

6

森峇禮與咒罵：語言政治與爪哇文化[1]

Sembah-Sumpah: The Politics of Language and Javanese Culture

我感受到一件長形的物體輕敲著我低垂而且沒有戴帽的頭頂。我被迫向他致敬的這個傢伙竟然如此傲慢！隨著每一下輕敲，我都必須以充滿敬意的「森峇禮」(sembah；一種表示尊敬的動作，兩手合掌，以垂直於臉部的角度舉在面前）予以迎接。真是該死！

敲擊五下之後，他才收回那件物體，垂掛在他的椅子側邊：那是一根短馬鞭，由公牛的生殖器製成，手柄包覆著輕薄精緻的皮革。

「你！」他以輕柔粗啞的嗓音叫了我一聲。「敬重的主上，我是您卑微的僕人。」我的嘴巴說出這句話，同時雙手也像機器一樣，自動舉起再度行了一個森峇禮，而我的內心則是又咒罵（sumpah）了不曉得第幾次。

——帕拉莫迪亞，《人類的大地》(*Bumi Manusia*)，p. 109

1 最早發表於一九八四年。隆恩（Roger Long）與柯赫霍法（Damaris Kirchhofer）編，《東南亞的變化與延續》(*Change and Continuity in Southeast Asia*)，亞太研究中心（Center for Asian and Pacific Studies），東南亞論文（Southeast Asia Paper）no. 17（Honolulu: University of Hawaii at Manoa，1984），pp. 15-57。經許可翻印。

我習於把這種情形視為黑洞。這裡有一項可以追溯到一千年前的文學傳統，和法語還有英語文學一樣古老，比俄語文學更加古老。這裡有一套高深的著作，由數百名或甚至數千名的男男女女為同樣多達數百或數千人的男男女女撰寫而成。在撰寫過程中的數百年間，總數不超過兩三百萬的人口當中大概有百分之九十都不識字。這裡有一套豐富無比的詞彙：皮若的爪哇語—荷語辭典含有超過四萬個條目（伊格斯的印尼語—英語辭典只有一萬兩千個左右的條目，甚至是波瓦達爾敏達（Poerwadarminta）的印尼語詞庫也只有兩萬七千個左右的條目）。[2] 此外，這裡還有一種語言在我們這個時代當中通行於無數的家宅、辦公室、市集與學校當中，在哇揚表演裡，在廣播裡，在歌曲裡，在儀式裡。然而，在人口數已經超過六千萬，而且不識字率已無疑下降到百分之四十以下的今天，普拉班扎（Prapanca）、坦圖拉爾（Tantular）、加薩迪普拉父子以及朗喀瓦西塔（Ronggawarsita）等作家的文化後代，諸如帕拉莫迪亞、達莫諾（Sapardi Djoko Damono）、卡托迪克羅摩（Marco Kartodikromo）、倫德拉（Rendra）、司馬溫（Semaun）、古納汪・穆罕默德以及其他許多人士，為什麼都不以爪哇語寫作？對於他們大多數人而言，兒時在家裡使用的語言、年輕時談戀愛使用的語言、與好友共同使用的語言，還有婚後與配偶使用的語言，無疑都是爪哇語吧？在他們大多數人的腦海裡，無疑都還迴盪著哇揚故事與聽邦（tembang；一種爪哇歌曲類型）的片段吧？過往的民族主義領袖蘇托莫醫師曾說：「kacang mangsa ninggal lanjaran」（豆子怎麼可能離開豆桿呢？）[3] 不過，這些豆子要是沒有離開豆桿，看起來也絕對不像是環繞生長在豆桿上。那麼，爪哇文學到底是消失於什麼黑洞當中？[4] 為什麼？又是在什麼時候？畢竟，異他語文學看起來是留存了下來。畢竟，在印尼人所寫的五、六本最傑出的小說裡，其中之一的《擺脫束縛》（*Buiten Het Gareel*）原本即是以異他語寫成。[5]

這個黑洞最明顯可見的解釋，是在政治與經濟方面。我雖然不認為這些解釋本身算得上是充足的理由，但還是值得先簡短探討一番，再把焦點轉向另一種我希望會有所幫助的分析。

第一種解釋強調荷蘭帝國主義的性質與要旨、印刷資本主義的發展，以及一種本土島際通用語言（有些荷蘭人惡意地稱之為「brabbel-Maleisch」，意思為亂七八糟的馬來語）的可得性這三者之間的交會。這種論點的內容大致上是這樣：在一八三〇至一九一〇年間，荷蘭人不但得以保有他們在十八世紀於東南亞所獲得的小小屬地，而且還能夠大幅擴張，實在是極為幸運的事情，因為當時荷蘭已成了第四流的歐洲強權，與葡萄牙還有比利時同等。[6] 荷蘭的幸運（如同比利時與

2 這是我自己粗略計算的結果。

3 蘇托莫，《回憶》（*Kenang-Kenangan*，Surabaya: n.p.，1934），p. 4。

4 我不希望造成讀者的誤解。截至目前為止，爪哇語的詩文、短篇故事、小說以及其他著作的數量雖然不多，還是持續不斷出現。不過，有多少人認為這些作品的品質足以長久傳世，或者能夠真正引起爪哇社會的注意？有一個抱持這種想法的人是昆恩（George Quinn），他為現代爪哇文學大力辯護，並且對大多數爪哇學者的偏見提出猛烈抨擊，見其〈隱形文學：權力、學術研究與當代爪哇書寫〉（The Case of the Invisible Literature: Power, Scholarship, and Contemporary Javanese Writing），《印尼》35（一九八三年四月）：1-36。我認為其中的抨擊比辯護更具說服力。

5 我同意蒂烏（Andries Teeuw）的說法。他寫道：「我會毫不猶豫地將蘇瓦希女士（Soewarsih Djojopoespito）的小說……稱為戰前最傑出的印尼人小說。」蒂烏，《現代印尼文學》（*Modern Indonesian Literature*，The Hague: Nijhoff，1967），p. 64。

6 荷蘭在蒸汽時代的陸軍或海軍，都不足以對抗任何一個重要的歐洲對手，就連日本都比不上。實際上，荷蘭直到

葡萄牙）在於其本身對於英國這個十九世紀的超級強權具有戰略重要性。英國為了維持本身的軍事安全、進一步推行在歐洲北部的權力平衡政治操作，以及捍衛自己對於地中海的支配，因此有充分理由保護這些孱弱的小國。這些小國如果不是隔著英吉利海峽與英國相對，並且控制了通往歐洲中心地帶的河流門戶（萊茵河、默茲河與斯海爾德河），就是掌握了直布羅陀海峽的通行權。在東亞，荷蘭是個有用的附屬盟國，可以用來對抗英國的主要對手：法國。這就是一八二四年英荷條約背後的考量。在這項條約裡，倫敦把海牙在拿破崙戰爭期間輕易占領的亞洲帝國大部分都歸還給了他們。[7] 此外，荷蘭人在一八三〇至一九一〇年間擴張對於蘇門答臘、加里曼丹、蘇拉威西與東印尼的控制，英國也沒有認真試圖予以阻擋。[8] 荷蘭的權力在十九世紀大有可能只侷限於爪哇，而要是真的那樣的話，那麼二十世紀的前殖民地爪哇民族國家所使用的語言，大概就會是爪哇語。然而，到了一九一〇年，荷蘭在東方的巨大帝國已涵蓋了許多重要的族裔語言群體，以致「爪哇選項」基本上已遭到消除。如同霍夫曼（John Hoffman）充分指出的，荷蘭殖民政權是後來的印尼語最早也最積極的倡導者，部分原因是荷蘭無意讓荷語成為種族混雜的殖民地的通行語言，另一部分是因為荷蘭需要為其異質性帝國尋求一個單一的溝通媒介。[9] 因此，爪哇語早在

二十世紀才真正成為工業化國家。從荷蘭在一八七〇年代以前一直無力打破皇家在東印度群島由荷蘭貿易公司（Nederlandsche Handelmaatschappij）做為代表的商業獨占局面，即可充分看出荷蘭資本主義有多麼孱弱。

7「時任外交部次長的沃德豪斯勳爵（Lord Wodehouse）無疑受到法國近來在越南得到的收穫所影響，他於一八六〇年如此稱許一八二四年的條約：『在我看來，那項條約在許多面向都非常利於荷蘭占據這座群島。這座群島如果不受荷蘭掌握，就會落入其他海上強權的手中，而且很有可能是法國，除非我們自己出手占領。法國如果擁有這麼一座

東方帝國，對於印度與澳大利亞可能會非常危險，但荷蘭相當弱小，也必然會繼續維持這樣的狀況，所以不至於引起我們的任何擔憂。』他並且指出，荷蘭專屬政策已經有所放鬆，所以不但沒有強烈的理由反對，更是有真實的理由接受荷蘭在那座群島的擴張。」塔林（Nicholas Tarling），《東南亞簡明史》（*A Concise History of Southeast Asia*，New York: Praeger，1966），p. 125。

8 英荷關係的基本性質可見於以下這幾項事實：一、荷蘭在一八七三年決定征服亞齊之時，必須請求倫敦解除他們尊重亞齊獨立地位的義務；二、英國資本必須獲准在東印度經濟當中扮演重大角色（沃德豪斯得意洋洋地這麼指出）。除了英國在巨大的殼牌石油集團握有龐大的股份之外，我們還可以指出，到了一九一二年，投注於東印度橡膠業的資本有將近半數都是英國資本，還有投注於茶樹栽培的一大部分資本也是。見考德威爾（Malcolm Caldwell），《印尼》（*Indonesia*，London: Oxford University Press，1968），p. 54。弗尼瓦爾，《殖民政策與實踐》（*Colonial Policy and Practice*，New York: New York University Press，1956），p. 254，提及英國到了一九四〇年在東印度的投資已達四億五千萬荷蘭盾左右，而荷蘭的投資總數則是二十五億左右。

9 霍夫曼，〈殖民地的投資：到一九〇一年為止的馬來印度群島〉（A Colonial Investment: Indies Malay to 1901），《印尼》27（一九七九年四月）：65-92。在博克塞的《葡萄牙海洋帝國，一四一五年至一八二五年》（*The Portuguese Seaborne Empire, 1415-1825*，Harmondsworth, Middlesex: Pelican Books，1973），pp. 128-29當中，他提出一項引人注意的建議，指稱荷語早在十七世紀就已敗下陣來，但打敗荷語的不是「馬來語」，而是葡萄牙語，因為葡萄牙語早就已在此處深深紮根，成為亞洲海洋貿易的語言：

> 在亞洲，葡萄牙語，或者應該說是克里奧式的葡萄牙語，在抗拒荷蘭官方壓力與立法方面獲得了……驚人的成功……望加錫的當代穆斯林統治者也精通葡萄牙語。……摩鹿加總督德莫（Gerrit Demmer）在一六四五年四月指出，葡萄牙語，「或甚至是英語」，對於安汶人而言似乎比荷語容易學習，也比荷語更吸引人。荷蘭殖民首都巴達維亞，所謂的「東方海域的女王」，為賈梅士（Luís Vaz de Camoes）的語言勝過馮德爾（Joost van den Vondel）的語言這種現象提供了最引人注目的證據。葡萄牙人從來不曾踏上過那裡，頂多只有戰俘或者偶爾到此稍事停留的訪客。然而，奴隸與家僕卻從孟加拉灣地區帶來了一種克里奧式的葡萄牙語，而且荷蘭人以及生長在巴達維亞的混血女性也都使用這種語言，有時甚至捨棄了他們自己的母語。這種行為備受官方批評，但正如……馬綏掘總督（Johan Maetsuyker）與他在巴達維亞的諮議會於一六五九年向荷蘭東印度公司董事所說明的：「葡萄牙語是一種很容易說也很容易學的語言，所以從阿拉干（Arakan）被帶到這裡的奴隸（甚至連我們自己的子女也是如此），才會捨棄其他各種語言而採

十九世紀就已成為單純只是一件便利的工具，用於管理一部分殖民地，儘管也許仍是最重要的部分。換句話說，到了強制耕種時代（一八三〇至一八七〇年代）末期，爪哇語已降至地方語言的地位。在二十世紀初期日益擴張的學校體系裡，「馬來語」的重要性水漲船高，用於招募下級本土幹部以因應迅速擴張的國家與企業官僚體系所需，因為這兩種官僚體系當中的人員都必須處理具有島際重要性的事務，而且服務地區經常遠離於他們自身的族裔語言故鄉。最後，根據這項論點，印刷資本主義也對這項進程有所貢獻，因為「馬來語」印刷品的實際與潛在市場顯然大於爪哇語印刷品。

這項論點的第一個部分具有若干可信度。爪哇要是在一八一一至一九四五年間持續是英國殖民地（也許在行政上結合於馬來亞與蘇門答臘），那麼那裡所出現的現代文學有可能不像迦納、奈及利亞、印度以及其他英國屬地那樣以英文書寫嗎？或者，荷蘭帝國要是侷限於爪哇，那麼爪哇語在今天有可能不成為一個民族國家的語言嗎？不過，我對這項論點的最後一部分則是沒那麼信服。市場真的有那麼重要嗎？關於這個問題，歐斯里馮瑟的著作極具啟發性。[10] 他雖然強調殖民政權的圖書編譯局（Balai Pustaka；正式成立於一九一七年）在印刷以及傳播本土文學作品方面所扮演的核心角色，卻也另外指出，即便到了一九三八年，在為數約七千萬的總人口當中，只有不到四十萬人曾到該局設立的三千間左右的圖書館借書，在人口當中的占比不到百分之〇．六。這些圖書館在一九四〇年的全年書籍流動量只有三百萬冊，約是每人每年七．五本書。因此，即便是「免費」書籍的使用量也非常低。另一方面，文學作品的尋常商業版本則是一千五百本左右。[11] 如果市場規模就是這樣，非常近似於十八世紀歐洲的方言印刷市場，[12] 那麼實在很難相信馬來語書籍的獲利會比爪哇語書籍多出多少，這兩種書籍的市場都非常小。[13] 這項論點在新聞媒體方面比較具有說服力。[14] 不過，此處的反常現象是，馬來語的地位壓過爪哇語的現象（明顯是在第一次世界大戰之前，也遠早於一九二八年的青年誓言）顯然主要是因為這項事實：這個市場當中的一個對生產者或消費者都關鍵的要素，乃是大型城鎮與都市裡沒有「峇峇娘惹」（印尼出生的）華人社群。[15]

另一項重要的論點強調印尼民族主義的崛起，其論述內容大致如下：第一代的現代印尼民族

用葡萄牙語，並且發展出屬於他們自己的葡萄牙語，儘管他們以前從來沒聽過這種語言。」

10 歐斯里馮瑟，〈歷史中的小說：對於戰前印尼小說與小說家（一九二〇年至一九四二年）的研究〉（Fiction as History: A Study of Pre-War Indonesian Novels and Novelists (1920-1942)：Ph.D. thesis, University of Michigan，1975），pp. 43-45。

11 同上，p. 127。圖書編譯局印刷的書籍通常在五千冊左右，三千冊分發於其圖書館，兩千冊放上公開市場販售。

12 見費夫賀（Lucien Febvre）與馬爾坦（Henri-Jean Martin），《印刷書的誕生》（*The Coming of the Book*：London: New Left Books，1976），pp. 218-20。

13 圖書編譯局出版的書籍包括「馬來語」和爪哇語的著作，所以沒有理由認為其中一類比另一類更有利可圖。

14 歐斯里馮瑟，〈歷史中的小說〉，pp. 32-33。阿瑪特·亞當（Ahmat Adam），〈本土語言媒體與現代印尼意識的興起（一八五五年至一九一三年）〉（The Vernacular Press and the Emergence of Modern Indonesian Consciousness (1855-1913)：Ph.D. thesis, University of London，1984）在這一點上頗具啟發性。

15 峇峇娘惹華人在印尼語言與文學發展當中扮演的重要角色，雖然長久以來幾乎完全遭到忽略，近來卻是不少珍貴研究的主題，例如薩爾蒙（Claudine Salmon），《印尼華人創作的馬來語文學：一份暫時性的書目》（*Literature in Malay by the Chinese of Indonesia: A Provisional Bibliography*：Paris: Editions de la Maison de l'Homme，1981）；以及克維（John B. Kwee），〈印尼峇峇娘惹華人的華人馬來語文學，一八八〇至一九四二年〉（Chinese Malay Literature of the Peranakan Chinese in Indonesia, 1880-1942：Ph.D. thesis, University of Auckland，1977）。

主義者決心不讓自己繼續遭到「分而治之」，因此很早就認為必須要有一個不是殖民語言的民族語言。馬來語是一種具有數百年歷史的跨島通用語，正適合此一目的。爪哇出身的印尼民族主義者除了認知到爪哇語的「困難」之外，也擁有足夠的遠見與無私，而沒有把自己的母語強加於印尼的其他族裔語言群體之上。因此，才會有青年誓言。這個論點有些道理，但其中忽略了一項事實：青年誓言實際上不是一個新時代的開端，而是至少三十年來的語言轉變帶來的合理結果。在這項轉變當中，就算是在通行爪哇語的地區，爪哇語在商業、政治與文學等領域當中面對馬來語也是節節敗退。實際上，就是**因為**這段漫長的轉變，眾人在一九二八年才能夠以平靜的森峇禮宣誓青年誓言。換句話說，其實不是民族主義創造了一個共通的語言，而是一個共通的語言協助創造了民族主義。此外，這項論點無論如何也沒有真正解釋爪哇人為什麼紛紛使用不是自身母語的語言撰寫給**他們的爪哇**同胞閱讀的作品。

因此，我傾向於從爪哇社會與文化**內部**尋求解釋，主張爪哇作家之所以轉向印尼語，部分原因無疑是為了讓自己的作品能夠接觸到非爪哇語讀者，但更深刻的原因則是藉此對抗爪哇語的力量。我會提議這項矛盾論點：正是因為爪哇語傳統與傳統文化的沉重包袱，以及此一包袱充滿威脅的社會文化意涵，才華洋溢的爪哇作家才會從事這種可以算是內部放逐的行為。就這個意義上而言，本文探討的這整套文學與類文學傳統都可以被視為「karya pulau Buru」(布魯島的產物【布魯島是帕拉莫迪亞遭到蘇哈托政權監禁十年的那座島嶼，而他也正是在那裡以印尼民族起源為主題創作了他的小說四部曲傑作】)。

我這項論點的背景是爪哇文化當中早在「現代時期」以前就已明白可見的雙重危機：其中一

項危機是爪哇人和其他被殖民民族共有的危機，另一項在我看來則可能是爪哇獨有的危機。

政治文化危機

蘇卡諾不斷堅稱他的印尼承受了三百五十年的殖民，這種說法向來都帶有某種痛苦、甚至是病態的色彩。他這麼說，不只是看起來幾乎像是在宣稱某種世界記錄（可惜的是，印尼在這方面遠遠落後於菲律賓和拉丁美洲，更遑論東帝汶）。蘇卡諾以及他的許多聽眾在內，無疑地深知這項宣告並非事實。印尼許多地區只有在二十世紀才經歷了殖民統治，甚至連爪哇的許多地區，也只在十八世紀才真正遭遇了殖民主義。然而，我們還是有可能理解蘇卡諾的語氣中那種充滿自豪的痛苦，前提是我們不能單純把他視為爪哇人或是印尼人，而是身為爪哇人的**統治者**。實際上，自從十七世紀初期開始，爪哇統治者確實經歷了一連串幾乎不間斷的失敗、羞辱以及災難。[16]到

16 列舉一份簡化的清單：一六二九年，阿貢蘇丹在巴達維亞前方遭到荷蘭東印度公司擊潰。一六七四年，馬塔蘭遭到楚納加亞燒殺擄掠。爪哇在其歷史上首度遭到「wong Sabrang」（來自海外的人）軍事征服，包括布吉人、峇里人、馬都拉人、荷蘭人。一六七七年，阿莽古拉特二世被打敗了楚納加亞的荷蘭東印度公司送上卡塔蘇拉（Kartasura）的新王位。一七〇七年，阿莽古拉特三世遭到荷蘭東印度公司罷黜，並且被放逐到錫蘭。身為傀儡的帕庫布沃諾一世對荷蘭東印度公司做出大幅讓步。一七四〇至一七四三年的紅溪慘案。卡塔蘇拉遭到華人與爪哇人反抗分子攻陷。帕庫布沃諾二世把整個北部「pasisir」（沿海地區）割讓給荷蘭東印度公司，換取梭羅的新王位。一七五五與一七五七年，荷蘭東印度公司把這片疆域強制劃分為梭羅蘇南國、日惹蘇丹國與芒古尼伽蘭（Mangkunegaran）。一八〇九年，哈孟古布沃諾二世遭到丹德爾斯（Herman Willem Daendels）罷黜。一八一二年，哈孟古布沃諾二世遭到萊

了十八世紀末，帕庫布沃諾、哈孟古布沃諾與芒古尼伽羅等世系都已成了微不足道的小君主，在荷蘭人的勉強容忍下遂行「統治」，經濟上也必須依賴荷蘭補助。就連東印度公司的瓦解也沒有為他們帶來任何好處。一九四五年的民族主義者得以善用日本帝國瓦解的情勢，但一八〇〇年的爪哇統治者卻無法拋開荷蘭的枷鎖。蒂博尼哥羅王子的起義本身其實不真的是反抗荷蘭的事件，而是一場爪哇內戰，只不過荷蘭支持了他的敵人而已。[17] 在一八三〇年以後，唯一在實體上與殖民者發生衝突的爪哇人只有小群體的哈芝（haji，從麥加返回的朝聖者）、地方暴徒、農民，以及其他平民百姓。[18] 爪哇上層階級成了荷蘭人聽話的工具，建立了殘暴剝削的強制耕種制度，也在自由時期促成私人農業資本主義的掠奪，如此等等一直持續到殖民時代結束。從這個觀點來看，蘇卡諾可以被視為將近三百五十年來第一位真正獲得若干獨立的爪哇統治者。

不過，荷蘭人最後採取籠絡爪哇統治階級的做法，而不是像英國人在緬甸那樣消滅了統治階級，結果造成爪哇社會體系特別嚴重的僵化情形，也就是統治階級藉著愈來愈浮華的表象掩飾他們愈來愈軟弱無力的真相。借用德尼斯（Breton de Nijs）的話，那些蘇南與蘇丹已成了「levende wayangpoppen」（活生生的哇揚戲偶），我們也許會想起那張著名的照片，也就是帕庫布沃諾十世看起來有如一個懵懂的少妻，挽著一個高大肥胖又醜陋的梭羅荷蘭居民的手臂。[19] 愈來愈強烈的無力與僵局感受，明顯可見於那個時代的部分宮廷文學裡。岱伊在他對於《安汶編年史》（*Babad Ambon*）這部世紀中葉的非凡著作所從事的討論當中，就充分展示了這一點。[20] 這部編年史雖以傳統的英雄式風格寫成，內容卻是記述帕庫布沃諾六世遭到放逐於安汶的痛苦經歷。王室華麗莊嚴的一切傳統用語都可見於這部詩裡，卻帶有獨特的顛倒性質，因為那些用語首度描述了一位孤獨的爪哇國王，渴望著他位於數千英里外的宮殿與妻妾，因為這位國王在他的平房監獄裡只有荷蘭守衛在旁看守，而不是一大群王室侍從服侍著他。

不過，統治階級的軟弱無力最具揭露性的表現，無疑是朗喀瓦西塔最後一首詩當中的一個著名段落。這首詩名為〈黑暗時代之詩〉（Serat Kala Tidha），是他在一八七三年逝世前不久的作品：

Ratuné ratu utama

佛士（Stamford Raffles）放逐至檳城。一八一四年左右，日惹蘇丹國因為萊佛士創立帕庫阿拉曼（Pakualaman）而遭到分割。一八三〇年，蒂博尼哥羅戰敗並且遭到放逐。如此等等。

17 我認為蒂博尼哥羅王子在他的「回憶錄」裡（《*Babad Dipanegara*》）完全沒有提到驅逐荷蘭人；實際上，我們並不清楚他是否把「荷蘭人」視為一個群體。哈里．班達與拉金（John A. Larkin）編，《東南亞的世界：歷史讀物選集》（*The World of Southeast Asia: Selected Historical Readings*；New York: Harper & Row，1967），p. 158，引述他提及一道聲音對他說：「我告訴你，在三年的時間裡，日惹【不是巴達維亞】的王國將會滅亡。」後來，「Ratu Adil」（公正的王）對蒂博尼哥羅說，他「必須領導我的全部軍隊踏上戰場，以那支軍隊征服【不是解放】爪哇。」這一切有個稍微不太一樣的版本，可見於庫瑪爾，〈蒂博尼哥羅（一七八七？年至一八五五年）〉（Diponegoro (1787?-1855)），《印尼》13（一九七二年四月）：69-118，相關部分在77，103。

18 卡托迪吉歐，〈爪哇的農業激進主義〉（Agrarian Radicalism in Java），收錄於霍特等編，《印尼的文化與政治》（Ithaca, N.Y.: Cornell University Press，1972），pp. 71-125。

19 德尼斯（紐溫胡斯〔Robert Nieuwenhuys〕的筆名），《往日時光》（*Tempo Doeloe*；Amsterdam: E. M. Querido，1961），p. 101。

20 戴伊，〈變化在十九世紀爪哇詩作裡的意義〉（Meanings of Change in the Poetry of Nineteenth Century Java；Ph.D. thesis, Cornell University，1981），第三章。

Patihé patih linuwih
Pra nayaka tyas raharja
Panekaré becik-becik
Parandéné tan dadi
Paliyasing kalabendu.

國王具有王者的完美無瑕，
首席大臣奉真理為首，
攝政王忠心不貳，
低階官員也是傑出的英才，
然而卻沒有人能夠遏止
毀滅的時代來臨。[21]

這些詩句在爪哇歷史上的先前任何一個時代都是無法想像的，因為其中的意思指出，即便是一套完美無瑕的傳統君主制度，在當今也無法實現其自我界定的古老任務，亦即阻止毀滅來臨。如同我在其他地方寫過的，「『parandéné』（然而）這個可怕的字眼，表達了朗喀瓦西塔充滿絕望而且頗不傳統的感受，認為過去對於世界的概念已不再適用，宇宙節律已然瓦解，而且爪哇的『力量』也已陷入無能」。[22] 這種無用與停滯的感受也不僅限於宮廷的圈子裡。帕拉莫迪亞在世紀之交對於「敏克」(Minke)以及他在「Hoogere Burgerschool」(菁英高級中學)一堂課上的荷蘭老師所進行的描寫，帶有相當程度的虛構真理：

[Tuan Lasterndienst] bilang: di bidang ilmu Jepang juga mengalami kebangkitan. Kitisato telah menemukan kuman pès, Shiga menemukan kuman dysenteri—dan dengan demikian Jepang telah juga berjasa pada ummat manusia. . . . Melihat aku mempunyai perhatian penuh dan membikin catatan Meneer Lastendienst bertanya padaku dengan nada mendakwa: Eh, Minke, wakil bangsa Jawa dalam ruangan ini, apa sudah disumbangkan bangsamu pada ummat manusia? Bukan saja aku menggeragap mendapat pertanyaan dadakan itu, boleh jadi *seluruh déwa dalam kotak wayang ki dalang akan hilang semangat hanya untuk menjawab.*[23]

【拉斯騰迪恩斯特老師】說：「在科學領域裡，日本也經歷了復甦。北里發現了瘟疫微生物，志賀發現了痢疾病菌，所以日本人對人類也有所貢獻。……」接著，拉斯騰迪恩斯特老師注意到我聽得非常專心，而且努力記著筆記，於是以帶有指控意味的語氣問我：「敏克，你在

21 朗喀瓦西塔，〈黑暗時代之詩〉(Surakarta?: Persatuan，1933?)。英譯是我自己的翻譯。
22 見本書第七章。
23 帕拉莫迪亞，《人類的大地》(Jakarta: Hastra Mitra，1980)，p. 99。字體強調為我所加。

這個班上是爪哇人的代表，你的民族對人類有什麼貢獻？」這個突如其來的問題不只讓我不知所措，**就算是操偶師的哇揚戲偶櫃裡所有的神明**，恐怕也都提不出回答。

文學和語言危機

如果說拉斯騰迪恩斯特提出的問題也大可向爪哇人以外的其他許多民族的代表提出，以上概述的政治文化危機如果是爪哇統治階級和殖民世界其他許多地區受到籠絡的統治階級所共有的，那麼爪哇語言與文學的危機在我看來即是他們所特有。要理解為什麼，我們必須轉向爪哇語言及其文學的獨特性質與歷史，以及印刷資本主義自從一八八〇年代以來對於文學生產造成的革命性影響。我認為這項危機具有三項個別肇因，而且這三項肇因在十九世紀期間開始出現互動。

第一項肇因是古文學傳統當中的深刻斷裂。造成此一斷裂的原因，先是信奉印度教佛教的滿者伯夷滅亡（十五世紀中葉），接著是後繼的伊斯蘭爪哇北岸文明遭到兩種不同的野蠻人痛擊：一是荷蘭東印度公司，二是如同成吉思汗的爪哇蘇丹阿貢。[24] 我們可以把一五〇〇至一七五〇年之間的時期視為一種不斷深化的爪哇黑暗時代，遭到不間斷的戰爭、掠奪、屠殺與饑荒所摧殘。[25] 這段時期的毀壞情形有多麼嚴重，可從這一點看得出來：當今對於舊爪哇文明的瞭解，仰賴的手稿有許多都不是於爪哇發現，而是於峇里島與龍目島。[26] 等到爪哇文學文化在十八世紀晚期開始復甦，舊爪哇梵語文學的一大部分早已佚失，不然就是變得幾乎無法理解，因為直到荷蘭文獻學在十九世紀末盛行之後，這些作品才開始能夠受到閱讀。在此同時，紳士廷臣作詩的傳統已基本上消失無蹤。[27]

24 霍爾（Daniel George Edward Hall）在《東南亞史》（*A History of South-East Asia*：London: Macmillan，1968）當中寫道，在一六一七年，「沒有認清情勢的帕章王朝（Pajang）發起反抗，結果成了阿貢的下一個受害者，並且因為此一盲動之舉而慘遭蹂躪」。在一六二〇年至一六二五年間的泗水圍城戰期間，「每年收成之後，馬塔蘭部隊都會全面劫掠周遭的鄉間」（p. 284）。「他在一六三九年征服了峇蘭巴雁（Balambangan），並且驅逐了當地大多數的人口」（p. 310）。現代爪哇政治人物與歷史學家對於阿貢的神化，不論有多麼可以理解，都顯示了即便是新爪哇文學的巨作都已極少有人閱讀。在其中最傑出的作品《真提尼之書》當中，主角阿蒙格拉加教長（Sèh Amongraga）是泗水遭到阿貢的軍隊摧毀之後逃難的難民。（值得注意的是，在這部篇幅極長的長詩裡，沒有任何一幕是發生在王室宮廷裡。）另一方面，瑞德也正確地向我們提醒了阿里（R. Mohammad Ali）在其《印尼歷史概論》（*Pengantar Ilmu Sedjarah Indonesia*；Jakarta: Bhratara，1963）當中針對阿貢所提出的那項令人敬重的異議。見瑞德，〈對印尼過往的民族主義追尋〉（The Nationalist Quest for an Indonesian Past），收錄於瑞德與馬爾（David Marr）編，《東南亞的過往認知》（*Perceptions of the Past in Southeast Asia*：Singapore: Heinemann，1979），pp. 281-98，在p. 298。

25 關於黑暗時代的結束時間，一七五〇年可能太早了。關於荷蘭人在一七六七至一七八一年間征服峇蘭巴雁行動的野蠻凶猛，見庫瑪爾，〈「殖民時期」的爪哇歷史編纂學：個案研究〉（Javanese Historiography in and of the "Colonial Period": A Case Study），收錄於瑞德與馬爾編，《過往認知》，pp. 187-206。她在p. 192引用博許（C. J. Bosch）在一八四八年於朋多窩索（Bondowoso）寫下的文字，指稱「在爪哇當中，可能只有這個區域曾有為數眾多的人口遭到**完全**消滅。」（字體強調為我所加）

26 參照蘇波莫（S. Supomo），〈滿者伯夷在後代爪哇與印尼書寫當中的形象〉（The Image of Majapahit in Later Javanese and Indonesian Writing），收錄於同上，pp. 171-85。他在p. 182提醒了我們，賽代斯（Georges Cœdès）的文章〈室利佛逝王國〉（Le Royaume de Çrivijaya），《法國遠東學院學刊》（*Bulletin de l'École Française d'Extrême-Orient*）18（1918）：1-34，不只證明室利佛逝早在滿者伯夷出現之前就已存在，並且讓我們得知了「一座遭到後代徹底遺忘的昔日偉大帝國」。

27 有一部著作為感性而精緻的舊爪哇文學文化樹立了一座充滿深情的紀念碑，即佐埃穆德，《喀朗萬：探究舊爪哇文學》（*Kalangwan, A Survey of Old Javanese Literature*：The Hague: Nijhoff，1974）。

這項文化斷裂當中最奇特的一個例證，就是哇揚貝柏的消逝。這種古代的哇揚類型不是以可動的戲偶演出，而是採用繪製精美的捲軸。[28] 哇揚貝柏之所以消逝，原因是在黑暗時代之後，已不再有人知道怎麼以佐埃穆德神父（Petrus Josephus Zoetmulder）描寫得極度感人的那種繁複敘事以及抒情刻劃來表演。（我們是否可以稱之為滿者伯夷風格的表演方式？）因此，哇揚貝柏在當代唯一「可以想像」的表演方式，就是採用哇揚普爾瓦（wayang purwa）的那種可動戲偶，因為哇揚普爾瓦是唯一留存下來的哇揚戲劇類型，原因是這種戲劇植根於大眾口語文化，而不是宮廷文學文化。不過，哇揚貝柏當中那種美麗而靜態的繪畫捲軸完全不適合這種表演方式。於是，一種古老的藝術形態就這麼消逝了。

這種傳統的斷裂有如一種文化失憶，並沒有因為一項與過往的另類語言連結存續下來而得到緩解（比較中世紀拉丁文對於盎格魯撒克遜文學與英文所扮演的角色）。就這個意義上而言，爪哇文化失去了一種高雅宮廷文化與文學，相當於越南人、中國人與日本人等民族保存至現代時期的那種文化。有些手稿雖然持續受到抄寫與研究，但是對於十九世紀的爪哇人而言，古老文學不但文本已大體上無法取得，其中的語言也難以理解。

危機的第二項肇因，就某些面向而言是第一項肇因造成的後果。爪哇文學文化在十八世紀開始復興之時，[29] 已經失去了掌握先前那種晦澀宮廷語言的能力，因此必須在一個以方言為主的基礎上重建其奧秘或者權力。換句話說，要把新爪哇宮廷語言與文學抬升至尋常話語之上，不能仰賴都會菁英對於一種外國語言與文學（梵文）的熟悉，必須是仰賴所有爪哇人多多少少共有的一種語言製作出人工的仿古變異。在此一過程中，最引人注目的莫過於「krama」與「krama inggil」

的發展，也就是爪哇言語當中的高級敬語以及特別高級敬語。就我們所知，此一發展出現在黑暗時代的尾聲。當然，就前現代爪哇社會的階級結構來看，這種情形也許無論如何都會發生。[30]不過，我們有充分的理由認為，爪哇的語言發展之所以帶有如此極端的性質，主要是爪哇上層階級的重要性提升所帶來的影響，同時也受到荷蘭殖民政府鼓勵的間接影響，換句話說，就是對於真實權威流失的一種補償。[31]我們可以從相同的角度看待梭羅與日惹的「kraton」（宮殿）周圍的高

28 關於進一步的細節，見拙著〈最後一場演出：哇揚貝柏〉（The Last Picture Show: Wayang Bèbèr），收錄於琴恩・泰勒（Jean Taylor）等編，《現代印尼文學研討會記錄》（*Proceedings, Conference on Modern Indonesian Literature*），一九七四（Madison: Center for Southeast Asian Studies, University of Wisconsin，1976），pp. 33-81。

29 見蘇巴迪，〈梭羅宮廷詩人加薩迪普拉一世：生平與著作〉（Radèn Ngabèhi Jasadipura I, Court Poet of Surakarta: His Life and Works），《印尼》8（一九六九年十月）：81-102。他在一七五五年簽署基安地條約（Treaty of Gianti）之後寫道：「梭羅似乎活了過來，進入一個有秩序又平靜【「rust en orde」？】的時期，鞏固了王國，幾年前的抗爭所造成的損害已受到修補。此外，爪哇文化生活也出現了明顯的復興。許多人都致力於為爪哇文學生產新著作，並且取代在華人反抗與芒庫布米戰爭（Mangkubumi war）當中遭到摧毀的書籍」(p. 83)。我本身的觀點是，摧殘毀壞的情形持續了兩百年之久，不只是「幾年」而已。

30 比較泰國文化在同時期發展出來的「rajasap」這種高級敬語形式。

31 十九世紀爪哇博雅易（行政文人，所以也就是爪哇統治階級）對於「hormat」（尊敬，服從，地位）的狂熱廣為人知，而這種狂熱無疑受到殖民政權在職級與官位上引進歐洲式的世襲權利制度所強化。帕拉莫迪亞尖銳諷刺過這種現象，也就是描寫「Sastro Kassier」（收銀員薩斯托）準備把女兒賣給荷蘭種植園主普利肯柏（Plikemboh）之時的內心思緒：

Tapi jabatan: dia segala dan semua bagi Pribumi bukan tani dan bukan tukang. Harabenda bolèh punah, keluarga bolèh hancur, nama bolèh rusak, jabatan harus selamat. Dia bukan hanya penghidupan, di dalamnya juga kehormatan, kebenaran, hargadiri, penghidupan sekaligus. Orang berkelahi, berdoa, bertirakat, memfitnah, membohong, membanting tulang, mencelakakan sesame,

牆，這些高牆絕不是為了抵禦荷蘭人的軍事設施，而是一種物質上的高級敬語，把宮廷和尋常百姓區隔開來，從而予以抬升並且賦予遠遠高於爪哇社會的神秘性。因此，我們可以在相當程度上採用布蘭德斯（Jan Laurens Andries Brandes）的觀點：「科學研究……明白顯示……不論高爪哇語當中可以找到多少傳統元素，只要仔細探究還是不免發現高爪哇語是一種病態現象，是爪哇語言這根莖桿上的贅生物，經常是一種巨大的畸形，因為高爪哇語只在表面上與爪哇語有所關聯，而且高度矯飾。」[32]

不過，就我的論點而言，關鍵在於殖民地高爪哇語並不是像舊爪哇語那樣享有優勢地位的文學語言，而主要是一種口語以及社交語言。因此，高爪哇語也就遠比舊爪哇語更深植於爪哇人的日常生活裡。其散播與發展完全來自於一段漫長的時期（差不多是在一六八〇至一九四〇年間），荷蘭人的權力在這段時期裡一方面僵化了爪哇統治階級，同時也把他們與社會其他成員的關係「封建化」。統治階級可以要求更崇高的「hormat」（尊敬，服從，地位），原因是他們有外來而且所向無敵的荷蘭人撐腰，並且愈來愈不仰賴爪哇社會的常規。[33]因此，殖民爪哇社會的類封建制度深深影響了爪哇的語言，而且口語溝通也和文化的其他部分一樣僵化。這點本身則又表示，十九與二十世紀那龐大的本土化運動，發生地點雖然遍布世界各地，包括芬蘭與中國、越南與捷克斯洛伐克，卻不可能出現在爪哇。[34]在那些社會裡，統治階級如果不是使用外國語言，諸如德語、瑞典語、華語，那麼至少也維繫了一種高級行政語言，和社會其他成員使用的語言具有鮮明的差異（例如中國就是如此）。後來與大眾民族主義以及社會改革畫上等號的那些勢力，都可輕易採用一種相對比較沒有受到污染的「本土語言」或者方言，藉以推翻統治階級的文化霸權（當然，

demi sang jabatan. . . . Semakin jabatan mendekatkan orang pada lingkungan orang Eropa, semakin terhormatlah orang. Sekali pun bolèh jadi penghasilan tidak seberapa dan yang ada padanya hanya satu belangkon belaka. Orang Eropa adalah lambang kekuasaan tanpa batas. Dan kekuasaan mendatangkan uang. Meréka telah kalahkan raja-raja, para sultan dan susuhunan, para ulama dan para jawara.

官位！對於那些不是農民也不是工匠的土著而言，官位乃是一切。財貨和動產有可能消失，家庭有可能遭到摧毀，名譽也可能掃地，但官位無論如何一定要保住。官位不只是生計來源，也代表了尊敬、價值，以及自尊。為了官位，男人不惜爭吵、祈禱、靜修、誹謗、撒謊、拚命工作以及互相毀滅。一個人的官位愈是能夠讓他與歐洲人接觸，就愈受人敬重。就算他只領有微薄的薪水，頭上只圍著一條頭巾，也都沒有關係！歐洲人象徵無窮的權力，而權力就會帶來財富。歐洲人打敗了國王、蘇丹與蘇蘇胡南，還有烏理瑪【宗教學者】以及賈瓦拉【鄉村暴徒】。

帕拉莫迪亞，《萬國之子》（*Anak Semua Bangsa*；Jakarta: Hasta Mitra，1980），p. 130。

32 布蘭德斯，〈Een Jayapattra of acte van eene Rechterlijke Uitspraak van Caka 849〉，《印度語言、土地與族裔雜誌》32（1889）：98-149，此處引用的內容在p. 134。這段引文必須歸功於烏倫貝克（Eugenius Marius Uhlenbeck），《爪哇語形態學研究》（*Studies in Javanese Morphology*；The Hague: Nijhoff，1968），p. 294（不過，烏倫貝克把這段引文的來源誤植為布蘭德斯在同一本期刊裡的另一篇文章）。布蘭德斯接著又簡短指出：「造成這種現象的部分原因，是所有爪哇人面對學問都多多少少帶有的那種迂腐古板姿態，以致所有人不論地位高低，都認為文雅的高爪哇語比他們自己那種全然健康的低爪哇語更加優美，也更討人喜歡。」

33 這點也許有助於解釋那種氛圍的巨大改變，從喀朗萬文學強健而自信的感官性，轉變為十九世紀後大部分宮廷文學的那種憂鬱、充滿不祥預兆而且又嚴肅的內省姿態。

34 關於這些本土化運動，見賽頓華生（Hugh Seton-Watson），《民族與國家》（*Nations and States*；Boulder: Westview Press，1977）；以及克米露能（Aira Kemiläinen），《民族主義》（*Nationalism*；Jyväskylä: Kustantajat Publishers，1964），尤其是pp. 208-15。

統治階級使用的語言如果可以被貼上外來的標籤，就會更容易推翻）。這種解放性的本土化運動對於爪哇人而言極度困難，原因是統治階級使用的口語和文學語言都是本土語言，也因為其權力在荷蘭人的協助下滲透得極為深入。為了生存，幾乎每個爪哇人都懂得、也必須懂得些許高爪哇語。[35]

投注於將爪哇文化「高爪哇語化」的精力，很有可能受到抗拒此一發展的群體所強化。烏倫貝克清晰闡述了這一點：

> 高爪哇語在爪哇人的生活中扮演重要角色雖然已有四百年之久，卻有一個領域幾乎完全沒有出現敬語【即高爪哇語】，這個領域就是穆斯林宗教。此一空缺無法由這個領域大量使用外來語的現象加以解釋，原因是如同眾所皆知的，外來語絕對沒有被排除於敬語之外。[36]

伊斯蘭詞彙沒有受到高爪哇語化壓力的這種絕緣現象，在極高程度上無疑和伊斯蘭教本身的內在價值觀脫不了關係，因為伊斯蘭教帶有強烈的平等主義元素。[37] 伊斯蘭教也帶有一種自我知覺的橫向團結概念，可見於「ummat」（信徒社群）這個衍生自阿拉伯語的字眼。[38] 不過，重點是這種語言絕緣現象明白顯示爪哇社會裡有一個重要區塊頑強拒絕被完全吸收進類封建社會體系當中，因為對於主流文化而言，這個區塊一直如鯁在喉，吞不下去也吐不出來。極具啟發性的一點是，在一九〇〇年以前的時代，最激烈的爪哇文學辯論文章，諸如《德瑪干杜之書》（*Serat Dermagandhul*）、《蓋陀洛可傳》（*Suluk Gatholoco*），甚至是《務朗・列》（*Wulangrèh*），都是以「不像爪哇人」的爪哇伊斯蘭為抨擊對象，而**不是**荷蘭人。實際上，在我有限的理解當中，二十世紀以前完全沒有任何一部爪哇文學著作對於荷蘭人抱持根本上的公開敵意。換句話說，爪哇社會危機的**這個**部分在爪哇文人眼中乃是存在於社會**內部**，於是這一點造就了深刻的焦慮及憤怒。（且這種焦慮和憤怒至今仍未消失。）從另一個角度來看，伊斯蘭詞彙沒有受到高爪哇語化的絕緣現象，顯示前現代時期早已存在一種從內在批評既有文化的語言基礎。然而，這種基礎卻是狹隘並且強烈地和一個社會區塊畫上等號，而這個區塊也許是為了生存起見，總是傾向於排外並且把目光聚焦於自己內部。

在探討語言與文學危機的最後一個元素，亦即印刷資本主義的衝擊之前，有必要針對高爪哇語預先提出一些評論。眾所皆知，高爪哇語的詞彙並不多，詞語數量總計也許只略多於一千個。[39]就這方面而言，高爪哇語完全比不上低爪哇語，也就是爪哇言語當中比較「低等」親切的層級，因為高爪哇語當中的每個詞語都可以在低爪哇語當中找到相等的詞語，但低爪哇語當中卻有數千個詞語是其所獨有，由此就足以看出高爪哇語的政治起源。不過，高爪哇語有三個特別值

35 以下提到兩個引人注意的例外。

36 烏倫貝克，《爪哇語形態學研究》，p. 284。

37 這麼說並不是要否認在伊斯蘭社群裡，書面阿拉伯文偶爾扮演了一種深奧的角色，就像先前時代的梵文一樣。見第四章，pp. 170，173-4。

38 一直到最近之前。爪哇語都沒有可以指涉「社會」的詞語。

39 波玖索達莫（Soepomo Poedjosoedarmo），〈非低爪哇語的爪哇語詞彙表〉（Wordlist of Javanese Non-Ngoko Vocabularies），《印尼》7（一九六九年四月）：165-90，其中列出了一千個左右的高爪哇語詞語以及三百個特高爪哇語詞語。

得注意的特點。第一是詞彙除了名詞與代名詞以外，也包含動詞在內，也就是說高爪哇語的詞彙不只涵蓋事物的名稱，也涵蓋事物之間的動態關係。第二，高爪哇語的詞語及其在低爪哇語當中的相等詞語，有許多從詞法觀點來看都互不相同（因此，「馬兒」的低爪哇語、高爪哇語以及特高爪哇語詞分別為「jaran」、「kapal」與「turangga」，但並不能在這三者之間相互推敲得出）。第三，延續這個例子，究竟該使用「jaran」、「kapal」還是「turangga」，其實和說話的內容無關，而是顯示了對話雙方的關係。「Aku arep mangan」以及「kula badhé nedha」這兩句話的「意思」都是「我要吃飯了」，但是第一句只能用在親友與社會地位近乎相等的人之間，或是由地位高者對地位低者使用；第二句的使用對象只能夠是陌生人或者地位比自己高的人。這兩種詞彙在詞法上的隔閡，加上對話雙方的階級關係所帶有的含意，產生了以下這樣的狀況：在長久以來有其自身語言層級的英語當中，我們可以說：「先生，請給我一些東西吃」；「請給我一些東西吃」；「給我一些東西吃」；還有「你這個白痴，給我一些東西吃！」「給我一些東西吃」這句話從頭到尾沒變，只有藉著些微的調整表達對話雙方的不同關係。爪哇語當中並沒有這樣的詞法穩定性。在「aku arep mangan」這句話裡，只要有任何一個詞語改變，其他詞語就必須跟著變。如果說成「kula sampun mangan」、「aku wis nedha」、「kula wis nedha」，或是其他類似的組合，都會變得毫無意義。[40] 這樣的語句純粹是錯的，或是拙劣的爪哇語。這樣的語句沒有侮辱、卑屈或者嘲諷的意思，也算不上是創新，只是單純令人難堪而已。實際上，高爪哇語的社會政治意涵極為強烈又深刻，因此不同語言層級之間的「混雜」基本上不被接受。

高低爪哇語體系的形式僵固性，以及潛在的對話雙方階級意涵，因為印刷資本主義的興起而開始受到質疑，而我認為這些質疑的方式和黑洞的出現很有關係。要瞭解為什麼，首先必須考慮爪哇文學在印刷革命出現之前是於什麼樣的社會與文化情境當中生產以及傳播。在先前的那種文化裡，文學在相當程度上仍是一種私密的社會藝術。散文著作雖然存在，並且隨著時間過去而逐漸普及，詩文卻仍然是主流的文學形態。此外，儘管有一定數量的人士從事「私下」閱讀，大多數文學作品的創作用意卻是要對著一小群人現場表演，因為這種詩文總是以吟唱的方式呈現。詩文採用的各種格律，主要是顯示一首詩作該以什麼旋律或者音調吟唱，而不是在尋常言語的韻律之上所強加的約束。我曾經做過實驗，請我的爪哇友人用唸誦的方式背出芒古尼伽羅四世的著名詩作《三典範》，結果每個人都沒有辦法做到。他們總是不免忘記部分內容，而必須藉著吟唱的方式喚起記憶。（英語人士如果要體會這種感覺，也許可以試著「唸」出〈天佑女王〉或者〈叢林流浪〉〔Waltzing Matilda〕的歌詞，日語人士可以試著唸出日本國歌〈君之代〉的歌詞。）由於吟唱詩作的表演環境保有人數稀少的私密性，因此新爪哇語的雙人關係核心並沒有遭到嚴重違反。表演者不論吟唱出「ingsun」（我）還是「sira」（你），現場那一小群聽眾的每個成員都會把這類代名詞「視為」日常雙人對話的延伸。最後，在詩文與歌曲密不可分，而且兩者都與廣義上的音樂（還有舞蹈）脫不了關係的這種環境裡，難怪這些領域當中的創作者都能夠密切往來，互相交流想法，並且經常在宮殿職級體系裡擁有相當的等級與薪酬，例如「Nyai Lurah Bedhaya」（舞者）、Nyai Bèi Madusari」（歌手）、「Radèn Tumenggung Warsodiningrat」（樂師）。

40 實際上不是百分之百如此，但例外的情形相當罕見，所以我認為就此處的論述而言可以略去不計。

※

印刷書籍的出現，以及在許久之後隨之而來的唱片與錄音帶，大幅改變了這一切。對於文學界而言，印刷資本主義帶來了一種突如其來的巨大靜默。一位作者的文字出現數以千計一模一樣的複本，透過市場散播給數以千計個別而且不知名的讀者。爪哇作家首度面對了一群無法直接看見而且各自孤立的大眾。靜默的散文迅速取代吟唱的詩文而成為常態。不過，對於在當前以爪哇語書寫的人士而言，他們面對的核心問題乃是所謂的「代名詞問題」，因為在市場的世界裡，他們已愈來愈難維繫以往的代名詞形態。這點可見於「我」和「你」此一區隔的兩側。以往的「ingsun」（我）有可能是指吟唱者、作者、受到頌揚的君主，或是詩文裡的某個特定角色，但每一位聽眾對於這個「我」的身分都非常清楚。然而，在市場的靜默當中，「ingsun」（或者「aku」以及「kula」）指的是誰呢？沒有人能夠確定，除非這個「我」藉著自己的話語突顯自己的形象，也就是發展出個人化的聲音與風格。一旦成功，即可將「身為X作者的我」這個人物突顯於讀者的心目中，儘管大多數的讀者除了在書本的頁面上都不會有機會遇見這位作者。「你」也是如此，因為市場造就了許許多多的「你」，可能是貴族、打雜小弟、美髮師、官員、女學童，甚至是荷蘭人。對於這種社會多樣性，爪哇語沒有提出明顯可見的答案，因為爪哇語當中沒有一個詞語能夠指涉這種同質性、集體性而且公共性（亦即在作者面前一律平等）的「你」，甚至也可能沒有詞語能夠真正指涉「你們」。因此，印刷市場創造了一種完全不存在於既有語言慣例的對話雙方。對於這些社會地位較高、較低以及平等的集體對象，什麼詞語才是合適的「你」？隨著市場出現，其他過往的連結也因此斷裂。富有才華的作者以作者的身分打出名號；傑出歌手的地位不斷滑落，直到錄音帶出現才止跌回升；傑出的爪哇樂師迅速喪失了光環；富有才華的畫家則是轉入資產階級市場，與作者競逐重要人物的地位。（甘美朗樂團極少出現在現代散文文學裡，但鋼琴與小提琴的能見度卻相當高，這點也許不是巧合。）

接下來，這一切又與文學主題的問題密不可分。大部分昔日宮廷文學的主題都是統治者的榮譽，尤其是軍事方面的榮譽，還有宗教的奧秘。不過，爪哇的統治者在一八三〇年以後就不曾上過戰場，因此他們所謂的榮譽顯然空無實質。隨著伊斯蘭教獲致比較正統而且反傳統的性質、基督教傳教團打入爪哇，對於歐洲世俗文化的懷疑也擴散開來之後，昔日宗教的說服力因此開始受到質疑。寫作者到底該寫些什麼？又該為誰而寫？採取什麼語調？而這些問題又帶來了這個問題：該用什麼語言寫作？

事實證明最後這個問題的答案是印尼語。印尼語對於爪哇作家有如天賜，不是因為這個語言讓他們得以逃脫死氣沉沉的爪哇語世界，而是因為這個語言提供了一座堡壘，讓他們得以展開一種爪哇文化內戰。我想要證明這一點，做法是勾勒出一種「傳統」（除了主幹之外，還有各種支線），而為了方便起見，我將會把此一傳統界定為從朗喀瓦西塔延伸至努格拉哈（Yudhistira Ardi Noegraha）。

我挑選朗喀瓦西塔做為起點，原因是他現在頗有道理的被視為「pujangga panutup」（最後一位宮廷詩人），他雖然認識荷蘭與歐亞爪哇學者，也至少稍微接觸過他們的著作，但仍然完全是一位舊爪哇宮廷世界的人物。我之所以挑選他，原因是只有把他銘記在心，才能夠有用地思考一名能幹的爪哇男孩的職業生涯。這個名叫雷斯亞（Lesya）的男孩，在朗喀瓦西塔去世十一年後的一八八四年出生，後來成為著名的普爾巴扎拉卡教授。我挑選朗喀瓦西塔的最後一個原因，則是如同我在本文先前試圖證明的，他可能是第一位用爪哇語說出「不可能」事物的作家，他寫道：Ratuné ratu utama⋯⋯Parandéné tan dadi paliyasing kalabendu（國王具有王者的完美無瑕⋯⋯然而卻沒有人能夠遏止毀滅的時代來臨）。這種「不可能性」代表一項傳統的終結，也就是能夠追溯到數百年前的那種書寫完美王者的傳統。畢竟，如果現代的完美王者無法遏止毀滅來臨，那麼又何必書寫他以及他的同類？在這樣的情境當中，*utama*可以有什麼意義？絕對不是什麼明白可見內嵌於世界本質當中的東西。也許該把*utama*放在引號當中？不過，把任何詞語放在帶有反諷意味的引號裡（引號要怎麼吟唱出來？），對於爪哇語傳統而言是全然陌生的做法，因為這種做法隱含了一種閱讀文化，以及作者與讀者之間的細膩串通，共同嘲笑描寫對象。

朗喀瓦西塔的矛盾修辭其實是文化陣痛的一種自發性表達。我們如果認為這位瀕死的詩人筆下的文字所散發出來的絕望，與「Sinom」（青春！）這種詩歌吟唱格律的誘人美感所形成的對比，強化了這項修辭的嚴苛意味，這麼想難道是個錯誤嗎？我認為不是，因為這種矛盾修辭至少有十九世紀的先例。比較《蓋陀洛可傳》的這個詩節，同樣也是以Sinom格律譜寫而成，並且呈現出了這首詩的典型風格：

Santri tiga duk miyarsa
Sareng misuh silitbabi
Ki Gatholoco angucap

Apa ta silité babi
Digawa kang darbèni
Nora gepuk raganingsun
Santri tiga angucap
Biyangamu silitbabi
Gatholoco mojar iku ora kaprah

聽聞這點之後，三名敬虔派穆斯林
隨即辱罵他，高呼著：「豬的屁眼！」
蓋陀洛可反問道：
「你們為什麼要提起豬的屁眼？
那是屬於豬的東西，所以
和我毫無關係！」
那三名敬虔派穆斯林高呼：
「你媽是豬的屁眼！」
蓋陀洛可說：「這真的是一件很奇怪的事情。」[41]

41 我對第五十八節第五段的拙劣翻譯。原文可見於范艾克倫（Philippus van Akkeren），《雖是怪物，卻又是完美之人：

我們也許可以說，由於沒有能夠表達憤怒、厭惡或絕望等感受的詩歌吟唱格律，所以這部作品的作者「不得不」採用Sinom格律。不過，他難道沒有意識到這麼一個詩節當中的吟唱聲音和意義之間具有奇特的對立關係？

對於我所發明的這種傳統，朗喀瓦西塔也深具重要性，因為他是一位具有自知之明的復興主義者，自行研究舊爪哇文學，也許是想要在「Jaman Édan」（瘋狂時代）尋求一項古老的力量來源。[42]不過，刻意復興古老的事物，即是與當下的事物並置，從而疏遠了古老的事物，卻又同時預示了他那位傑出後繼者的作品。

普爾巴扎拉卡要是早一個世紀出生，無疑會成為一位著名的宮廷詩人，因為他擁有出色的語言天賦、源源不絕的智識精力、絕佳的記憶力，並且透徹理解爪哇文化。不過，出生在一八八四年，身為梭羅蘇南國一位高階官員的兒子，他就讀了王宮附設的荷印學校，學習馬來語和荷語，經常與蘇南的荷蘭人貼身護衛聊天，並且閱讀了亨德里克．柯恩（Hendrik Kern）針對古典爪哇文本所撰寫的一部研究著作。[43]他利用自己在柯恩的著作裡讀到的內容，而在文學議題上論辯得令王宮裡的長輩啞口無言，結果惹上了政治麻煩。他對王宮智識生活的僵化愈來愈感不滿，於是開始纏擾某些荷蘭官員，要求他們幫助他的舊爪哇語的研究。一九一〇年，他的能力與堅持不懈為他贏得了一項位於巴達維亞的職務任命（那年他二十六歲）。他在那裡獲得的成功，後來促使他得以前往萊登大學，協助哈祖教授（Hazeu）教導爪哇語。一九二六年，四十二歲的他以〈印尼群島上的阿加斯提亞〉（Agastya in den Archipel）這篇論文取得博士學位。

這篇論文是首度由爪哇人對於爪哇過往從事文獻學研究，而其中最引人注意之處，就是這篇論文乃是以荷語寫成。這項語言選擇主要並不是萊登大學強加在他身上的要求。早在一九一四年，他就已經開始以荷語發表學術文章，在殖民時期也持續不斷出版荷語著作。直到印尼獨立之後，邁入老年的他才開始用印尼語和爪哇語寫作。他選擇以荷語寫作，是考量讀者是荷蘭學者與年老的公務人員的結果嗎？無疑有部分是如此。不過，我深信這不是唯一的原因。普爾巴扎拉卡對朗喀瓦西塔懷有激烈的敵意，認為他是個裝模作樣的騙子，是個無知又迷信的傢伙，只不過對舊爪哇文學稍有一知半解而已。相對之下，他認為自己是一名專業而且開明的二十世紀人士，但在某種意義上又是舊爪哇的真正繼承人。（他雖然會取笑若干荷蘭學者，尤其是伯格教授，但在我的記憶裡，他對於自己接受的文獻學教育總是充滿感恩與敬意。此外，他對於自己生長於其中的那

爪哇的蓋陀洛可傳》（*Een Gedrocht en toch de Volmaakte Mens, De Javaanse Suluk Gatoloco*，The Hague: Excelsior，1951）。這部作品的完整譯文曾以兩部分刊登於《印尼》32（一九八一年十月）：109-50，以及33（一九八二年四月）：31-88。

42 這種復興主義精神早在加薩迪普拉身上就已明顯可見（在東南亞本土也有平行現象，尤其是十九世紀的暹羅）。不過，這畢竟還是一種新東西。喀朗萬時代的詩人深深喜愛破敗的廢墟和雜草叢生的神殿，但他們喜愛的是廢墟的氛圍，而不是抱著懷舊的心情或者恢復昔日榮光的渴望。十九世紀的爪哇精神則是與此天差地遠。

43 這一段裡大部分的生平資料都是取自皮若，〈緬懷普爾巴扎拉卡教授〉（In Memoriam Professor Poerbatjaraka），《東南亞人文暨社會科學期刊》（*Bijdrage tot de taal, landen volkenkunde*）122（1966）：405-12，其中含有普爾巴扎拉卡的完整著作書目。另外還有值得參考的額外資訊，見德魯維斯，〈「發現」普爾巴扎拉卡〉（De 'Ontdekking' van Poerbatjaraka），收錄於同上129（1973）：482-91。

種王宮環境也大致上都抱持鄙夷的態度。）[44]

我認為，在普爾巴扎拉卡眼中，荷語的美就在相對於爪哇語之下的所向無敵，一位只要使用荷語，即可對爪哇與爪哇文化從事毫無禁忌的探討，不論是多麼神聖的主題都可以談。在荷語的句子裡，「Sinuhun」（「國王陛下」）不過就是一個詞語而已；但在爪哇語的句子裡，這麼說則是表達恭敬之意。我們可以在他最早發表的一篇學術文章的標題裡看出這種荷語的美麗之處：〈Een pseudo-Padjadjaransche kroniek〉（一部偽帕加加蘭編年史）。[45]此處值得注意的是，藉著在帕加加蘭的榮光前後加上諷刺性的「pseudo-」（偽）以及「-sche」，一件理當帶有神聖性的祖傳遺物，就因此受到疏遠並且去除了神秘性。荷語和本土物品之間的強烈分裂，使得這位學者（而他必然希望他的爪哇讀者也包括在內）得以對獲得普遍接受的傳統，持續保有一種批判性的立場。（想像看看，〈印尼群島上的阿加斯提亞〉這篇文章如果以爪哇語寫成會是什麼模樣！）

儘管如此，普爾巴扎拉卡在我們的傳統中仍然只是個支線，原因是他用來對抗爪哇語的語言是荷語。他之所以這麼做，原因是他在印尼民族主義的大浪潮展開之前就已長大成人，而荷語是在後來的這場浪潮當中才愈來愈被打成政治賤民；此外，他的人生乃是投注於學術，不是政治，而在印尼各個領域當中，荷語存續最久的領域就是學術界。

然而，存在於普爾巴扎拉卡的著作當中的衝動，對於爪哇社會的不少重要區塊造成了影響，而且不只是在富有文化修養的社會頂層。我們在此只能簡短指出，活躍於普爾巴扎拉卡青年時期的薩米運動人士[46]堅持只以低爪哇語和其他爪哇人交談，不管對方的社會或官職地位有多高。不意外，最激怒了爪哇貴族官員的行為，莫過於這種語言上的抗拒（荷蘭人身處於荷語的高牆後面，所以遠遠沒有那麼惱火）。實際上，他們曾經偶爾以人身暴力懲罰薩米運動人士的「無禮」。[47]

當然，薩米運動人士是爪哇偏遠內陸一小群身分低微的農民。不過，在一九一〇年之後，爪哇社會對於整個高爪哇語議題卻出現了愈來愈大的爭議。最早出現的改變衝動，呈現出來的形態是充滿遲疑而且個人化的「向上」民主化嘗試。蘇托莫醫生回憶指出，他的父親在「Binnenlandsch Bestuur」（內政部）擔任「wedana」（區長），所以是職級非常高的本土人，但是對「幾乎所有人」說話卻都堅持使用高爪哇語。[48] 蘇托莫的傳記作者指出，他也追隨父親的行為，對他的司機說話都習於用高爪哇語。[49] 不過，另一項稱為「爪哇迪波」（Djawa Dipo，興起於一九一八年）的運動背後則是有比較組織化的社會力量，致力於要求廢止高爪哇語，也就是「向下」降級。

爪哇迪波的領導人物是個下層貴族出身的年輕爪哇人，名叫佐克羅蘇達莫（Radèn

44 我想他應該會喜歡敏克的這句話：「Ya Allah . . . nènèk moyang yang keterlaluan!」（「老天，各位祖先……你們太誇張了！」）帕拉莫迪亞，《人類的大地》，p. 108。

45 這篇與普雷特（Cornelis Marinus Pleyte）合寫的文章，發表於《印度語言、土地與族裔雜誌》56（1914）：257-80。

46 這項運動似乎在一八九〇年前後展開於布洛拉附近。一九〇七年，殖民政權在驚恐之餘放逐了據信是這項運動的領導者：薩米（Surontiko Samin）。見喬治・凱亨，《印尼的民族主義與革命》（Ithaca, N.Y.: Cornell University Press，1952），p. 43。

47 見哈里・班達與卡索斯，〈薩米運動〉（The Samin Movement），《東南亞人文暨社會科學期刊》125（1969）：207-40，這篇文章至今仍是對這項運動記述得最為細膩又生動的英語著作。

48 蘇托莫，《回憶》，p. 42。他的父親在一九〇七年出乎意料地去世。

49 蘇帕蒂（Imam Supardi），《蘇托莫醫生的生平與奮鬥》（*Dr. Soetomo-Riwajat Hidup dan Perdjuangannja*，Jakarta: Djambatan，1951），pp. 36、38。

Tjokrosoedarmo），早在一九一三年就是伊斯蘭聯盟的高層領袖，也是該團體在泗水的首席代表。[50] 蘇爾徹（P.J. Zürcher）生動描寫了這名年輕反抗者以及低爪哇語和高爪哇語在那個時代所帶有的政治意涵。他記錄了佐克羅蘇達莫一度因為某項罪名而受到法院傳喚：

> 他一走進法院，就立刻犯下了一項罪行。他站在「Jaksa」【公訴人】面前。那名個性老派的公訴人向他提醒道，根據習慣法，受到法院傳喚者必須蹲坐（silo）下來。不過，身為被告的他卻以原則為由拒絕從命。聽證會於是依據被告的意願開始進行。不過，佐克羅蘇達莫並未止步於此。他受到提問之後，就隨即開口回答，但不是以高爪哇語回答，而是以低俗的低爪哇語，也就是在上位者用來對下位者說話的那種語言。公訴人的震驚在此時達到高峰，詢問被告是否不知道自己應該以高爪哇語答話。蘇達莫非常明白這一點，但是再度訴諸自己的原則，宣稱不願使用高爪哇語，原因是在這個場域裡，公訴人的地位不是基於他的爪哇人身分，而是基於他的政府官員身分。所以，蘇達莫不可能採用這種只對爪哇人帶有意義的敬重表達方式。公訴人對此無話可答，但是深感惱火。他立刻把「opas」【工友】叫過來，問道：「我要是問你問題，你會用什麼語言回答我？」「用高爪哇語。」工友答道。公訴人說：「很好，那就把被告用低爪哇語說的話翻譯成高爪哇語說給我聽。」[51]

不同於薩米運動人士，佐克羅蘇達莫沒有因為「無禮」而遭到毆打。不過，這個滑稽但令人難過的小故事明白呈現了殖民與封建文化根深蒂固的力量。

一九一八年初，佐克羅蘇達莫在泗水的一場會議上發起了爪哇迪波運動，以低爪哇語發表意思如下的致詞：[52] 現在造物主既然把光明帶到了沉睡的東方，就不該繼續生活在不相關的不平等這種令人無法忍受的狀況下。從平等的觀點來看，也為了避免造成外國人的頭痛，揚棄高爪哇語不僅吸引人，甚至也有其必要性。低爪哇語是爪哇人思考以及對子女說話所使用的「bahasa asli」（原始語言或起源的語言？）。低爪哇語必須成為「未來重生的爪哇人民」所使用的語言。

爪哇迪波很快就贏得伊斯蘭聯盟領導階層及其報紙《印度群島信使報》（*Oetoesan Hindia*）的正式支持。這項運動的成員都致力於隨時隨地說低爪哇語（他們也建議別人用低爪哇語對他們說話，但不會堅持對方一定要這麼做）。依照這樣的邏輯，他們自然也認為必須把爪哇的頭銜系統民主化，自此以後，稱呼男性的頭銜都是「威洛」（Wiro），已婚女性是「瓦拉」（Wara），未婚女子則是「拉拉」（Rara）。因此，伊斯蘭聯盟領袖佐克羅阿米諾托及其夫人有一陣子在《印度群島信使報》上都被稱為佐克羅阿米諾托威洛與瓦拉。[53]

50 感謝白石隆提供這項資訊以及以下五個注釋所引用的文獻。

51 蘇爾徹，〈爪哇迪波〉（Djawa Dipo），《東印度指南》（*De Indische Gids*）42（一九二〇）：691-95，此處的引文在692-93。

52 帕維托赫迪諾托（Pawitrohadinoto），〈爪哇迪波運動〉（De Djowodipo-Beweging），《東印度指南》41（1919）：220-23。這項運動的名稱衍生自「阿吉迪波」（Aji Dipo）這件魔法武器，據說屬於《羅摩衍那》裡的維毗沙那王子（Wibisana）所有。在羅波那（Rahwana）的部隊與羅摩的猩猩大軍之間的戰爭中，羅波那的兒子因陀羅耆特（Indrajit）利用自己的魔法武器瓦納巴拉（Warnabara）催眠那些猩猩，讓黑暗籠罩於牠們的內心與頭腦上。不過，維毗沙那隨即利用阿吉迪波把光明帶進牠們的靈魂當中，從而喚醒了牠們（221）。

53 同上，p. 222。

不意外，這項運動遭到了大部分爪哇官員的激烈反對，而基普托・曼根庫蘇摩醫生（Tjipto Mangoenkoesoemo）乃是出人意料但聲量極大的反對者。[54] 儘管有一名對這項運動抱持友善態度的爪哇評論家指出，高爪哇語於東爪哇的騰格爾人（Tenggerese，這個族群經常被視為古爪哇文化最忠實的保存者）當中完全不存在，在東勃良安（East Priangan）某些非常古老的爪哇村莊裡也相當罕見，更遑論就連偉大的哇揚英雄畢瑪（Bima）面對全宇宙的統治者亞加納塔（Sang Hyang Jagadnata），說的也仍是低爪哇語，[55] 但官僚體系仍然公開堅稱廢止高爪哇語將會導致「文學的毀滅」，[56] 因為高爪哇語乃是文學的語言，低爪哇語則是整體上不適合文學。[57] 私底下，「國王、王子、攝政王、公訴人、村莊頭目、地方首領等等都害怕自己的權力將在未來遭到削弱，原因是他們的權力**深深仰賴於這兩種語言以及『尊敬』**」。[58] 蘇爾徹的分析在最後以樂觀的筆調結尾：「事實是，這一切的尊敬與高爪哇語都來自另一個時代，當時的小人物在貴族面前都必須匍匐在地，向他們表達尊敬。不過，那種時代早就過去了。爪哇人已經覺醒，已經成為人【is mensch geworden】，而這種意識與持續遵從嚴格尊敬的奴性傳統很可能並不相符。不過，傳統消失的速度緩慢，改變發生的速度也很慢，必須要由不再懂得『tida brani【我不敢】』這句話的人士領導。」[59]

實際上，爪哇迪波在短短幾年內即告消逝，儘管其中的部分精神持續存在於早期的印尼共產黨當中。不過，這個黨經常採用普爾巴扎拉卡那種訴諸荷語的做法，而不是堅持以低爪哇語創造平等氛圍。[60] 此外，我們也都非常清楚，在佐克羅蘇達莫那項充滿熱情的致詞過了六十年以上的今天，高爪哇語仍然持續存在。爪哇迪波失敗的原因，無疑在於爪哇的類封建文化所持續具有的

54 同上。蘇爾徹，〈爪哇迪波〉，p. 692把這一點歸因於曼根庫蘇摩的「一種保守心態」，源自他的「童年」。有些荷蘭報告指稱爪哇迪波在伊斯蘭聯盟以及《印度群島信使報》和《爪哇之光》（*Sinar Djawa*）這兩份報紙以外即毫無影響力；此外，即便是在伊斯蘭聯盟本身以及梭羅的穆斯林「圈子」裡，也有強烈反對這項運動的聲音。海牙國家檔案館，〈一九一八年土著媒體的一般觀點〉（Algemeene beschouwingen over de Inlandsche pers in 1918）（一月至三月中；四月至七月），*Mailrapport* 264x/18 (Secret)。

55 帕維托赫迪諾托，〈爪哇迪波運動〉，p. 222。騰格爾人的案例相當廣為人知，勃良安村莊的例子則是比較沒有那麼著名。作者指稱這些例子的資料來源是魯道夫・柯恩（Rudolf Aernoud Kern），〈勃良安的爪哇語人口〉（Een Javaansch sprekende bevolking in de Preanger Regentschappen）（未引述出版地）。

56 同上，「de afschaffing van het 'kromo' de vernietiging beteekent van de Javaansche letterkunde」。

57 當然不只是文學。爪哇上流人士認為高爪哇語表達了爪哇文明的本質，因此應該是爪哇愛國者的自豪來源。敏克與他和藹而保守的母親之間的以下這段對話，就引人發噱地描繪了這種心態：

"Itu tanda kau bukan Jawa lagi, tak mengindahkan siapa lebih tua, lebih berhak akan kehormatan, siapa yang lebih berkuasa."

"Ah, Bunda, jangan hukum sahaya. Saya hormati yang lebih benar."

"Orang Jawa sujud berbakti kepada yang lebih tua, lebih berkuasa, satu jalan pada penghujung keluhuran. Orang harus berani mengalah, Gus."

「你如果不管誰的年紀比較大，誰應當獲得尊敬，以及誰擁有比較大的權力，就表示你不再是爪哇人了。」

「哎唷，媽，不要這樣隨隨便便譴責我嘛。我確實尊敬……那些有理的人。」

「我們爪哇人總是以敬重的態度服侍那些年紀比較大以及比較有權力的人，因為這是通往最高榮耀的唯一道路。我的孩子，我們必須要有讓路的勇氣。」

帕拉莫迪亞，《人類的大地》，p. 116。在別的地方（p. 53），敏克提及自己不想要「menganiaya」（折磨）自己的女友（一個名叫安娜莉絲的歐亞美女），「以這種語言強迫她在社會方面把自己置身於爪哇生活方式這種獨特的複雜網絡裡」。

58 蘇爾徹，〈爪哇迪波〉，p. 692（字體強調為我所加）。

59 同上，pp. 694-95。

60 在蘇曼特里（Soemantri）的激進小說《自由的感受：蘇堅莫的故事》（*Rasa Merdika, Hikajat: Soedjanmo*：Semarang:

力量。然而，語言的選項如果一直只有爪哇語和荷語，我相信必定會出現遠遠更加持久的攻擊。印尼語的成功散播無意間造就了一個第三選項，這個語言和低爪哇語一樣「民主」，又和荷語一樣不具爪哇色彩，但又另有一項無可估量的優勢，也就是能夠成為一種本土的全國語言。在我看來，爪哇迪波背後的許多動力都單純轉向推動印尼語的傳播。（我深深記得一九六〇年代一名高階爪哇官僚的憤怒樣貌，原因是他以低爪哇語向一名年輕的爪哇人部屬問了一個問題，結果對方竟然像佐克羅蘇達莫那樣大膽無禮地用印尼語這種「新式低爪哇語」直接回答！）

在普爾巴扎拉卡於萊登取得博士學位的前一年，有個嬰兒誕生在布洛拉，長大之後成了印尼最偉大的作家，或者應該說是印尼語最偉大的作家？帕拉莫迪亞的風格雖然迥異於普爾巴扎拉卡，卻和他一樣反抗自己從小受到灌輸的爪哇文化。就我所知，帕拉莫迪亞從來不曾以自己的母語發表過任何作品，不過，這不表示爪哇及其文化沒有盤旋在他的心頭上。實際上，我會主張帕拉莫迪亞的印尼語就像普爾巴扎拉卡的荷語一樣，是一座文化堡壘，可讓他藉以和自身的傳承交鋒。

要討論帕拉莫迪亞，也許可以從他的短篇故事〈房屋後面的人物〉（Machluk Dibelakang Rumah）當中兩個傑出的段落說起，其中談到在房屋後面從事髒污工作的「babu」（女傭），而那些房屋的屋主則是在獨立之後來到雅加達的爪哇暴發戶：

Barangkali patut pula kutjeritakan, bahwa rumahku tergolong pada petak jang terdiri atas duapuluhtiga pintu—duapuluhtiga keluarga! Dapat dikatakan semua petak mempunjai babunja masing-masing. Dan para prijaji dari udik ini tak djarang datang kekota ini setelah lebih dulu mendjadi babu atau djongos. Didaérah petak ini! Untuk mengabdi! Sedjalan dengan adjaran paraprijaji tua didjaman beheula: Berendahrendah akan luhur achirnja. Djuga prijaji-prijaji udik jang datang ke Djakarta ini dahulu mengabdi. Pengabdiannja mémang membawanja keharkat jang lebih tinggi: djadi prijaji dikota. Tetapi kadang-kadang meréka lupa pada pengabdiannja dulu. Karena itu sering terdengar teriakan histéris didaérahku ini: Sekali lagi, gua seterika perut luh!

【關於那名女傭的命運】Djiwanja mengembara kemana-mana sewaktu tubuhnja mentjutji, berdjalan, atau makan, atau tidur. Dapat dipastikan tiap minggu sekali ia kena bentjana: terpelését disumur, paku terbenam dalam kakinja, tersetrika lengan, terbalik menumpuk bangku, bahkan sekali waktu sedang beristirahat disebuah kursi rotan jang telah péot, ia kedjatuhan sepéda, kursi mendjatuhi dérétan piring, dan setelah itu ia *kedjatuhan pulung* diatas kepalanja dari djuragan.

也許我也應該要說，我家位於一排相連的住宅之間，二十三扇前門……二十三個家庭！我們可以說每一排這樣的房屋都有其本身的女傭。而這些來自窮鄉僻壤的博雅易【紳士官員】，在

Drukkerij V.S.T.P.，1924），pp. 92-93，有一段對於一場早期「vergadering」（政治會議）充滿趣味的陳述，其中在集體層次上使用了「saudara-saudara」一詞（印尼語的「兄弟姐妹」），在「同志間」的層次上則是使用「broer」與「zus」（荷語的「兄弟」以及「姐妹」）。

> 來到城市之前經常都曾經擔任過女傭或男僕。在這個相連住宅的鄰里當中！從事服務工作！完全符合昔日的老博雅易所提供的教誨：現在低頭彎腰，最後你將會飛黃騰達。沒錯，這些從窮鄉僻壤來到雅加達的博雅易在先前都曾經是傭僕，而他們從事傭僕的工作也確實把他們抬升到比較高的地位，也就是城市博雅易。不過，他們有時候會忘記自己先前從事傭僕工作的經歷。所以，在我的鄰里經常可以聽到這種歇斯底里的吼叫聲：下一次我就用熨斗燙你的肚子！
>
> 在她的肉身洗衣、燙衣、行走、進食或者睡覺的時候，她的內心卻是不知神遊到了何處去。你可以確定每週都會發生某種災難，她可能會在井邊滑倒，可能腳底會刺到釘子，可能會被熨斗燙到手臂，或者被凳子絆倒……實際上，她有一次坐在一張破舊的藤椅上休息，卻有一輛腳踏車翻倒在她身上，導致椅子撞破了一排盤子，結果她主人的「pulung」就落在她的頭上。[61]

這些段落所帶有的悲傷與憤怒再怎麼強調也不為過，但我們距離《蓋陀洛可傳》的「silit babi」（豬的屁眼）或者朗喀瓦西塔的「parandéné」（然而）已經相當遙遠。只要不是沒有受過教育的印尼讀者，絕對都看得懂第一個段落。這個段落似乎是在嘲諷暴發戶的新富階級以及「新」的公務人員，他們忘卻了自己為前殖民統治者擔任「babu」與「jongo」（男僕）的卑微過往，[62] 而以粗暴的態度對待自己的僕人。不過，只有爪哇讀者才完全體會得到作者的報復怒火（儘管故事裡從頭到尾沒有提過「jawa」（爪哇）一詞），原因是「博雅易」這個字眼概括了十九世紀類封建理想中那種高雅、有修養而且從容的上層階級爪哇人。[63] 因此，「prijaji dari udik」（來自窮鄉僻壤的博雅易）就像朗喀瓦西塔那無助的完美王者一樣「不可能」，但現在這項矛盾修辭卻帶有完全的自覺與惡毒，因為曾經是女傭與男僕的博雅易，這更加「不可能」！此外，也別忽略了「paraprijaji」這個詞語的細膩爪哇語化；「berendah-rendah akan luhur achirnja」這句標準爪哇箴言所受到的諧仿式印尼語化；[64] 以諷刺的意味使用雅加達異他語的「baheula」取代一般常用的「dulu」或「lama」；還有與這一切並置在一起而以雅加達語寫成的「下一次我就用熨斗燙你的肚子！」這句粗暴的話語。這個段落的完整力量，來自於不同語言在印尼語這種媒介當中的繁複運用。這個段落完全無法翻譯

61 這兩個段落都出現在帕拉莫迪亞，《雅加達故事集：環境以及其中那些人的諷刺速寫》（Jakarta: Grafica，1957），p. 121。

62 這兩者是殖民時期指稱家僕的典型用語。「Jongo」的出現在社會學方面深具啟發性。在傳統的爪哇上層階級家庭裡，成年男性幾乎從來不會被雇用為屋內的僕人，因為他們與貴族的妻女發生跨階級性行為的風險太高了。是荷蘭人創造了在隱含意義上「受到閹割」的成年男性家僕，這樣他們的女兒即可安全地和這種男僕共處一室。我們不禁聯想起賴特（Richard Wright）的著名故事，描寫一名黑人男性在妻子病倒之後穿上她的衣服接替她在一個白人家宅裡的女傭工作，結果那些白人完全沒有發現。

63 我經過審慎考慮之後才寫下「十九世紀」一詞。在一篇探討一七九〇年代芒古尼伽蘭宮廷的傑出文章裡，庫瑪爾顯示了「博雅易」如何在那裡被用來鄙夷地對比於（爪哇迪波的！）「wira」（男人，男性）。見庫瑪爾，〈十八世紀末的爪哇宮廷社會與政治：一名女士兵的記錄〉（Javanese Court Society and Politics in the Late Eighteenth Century: The Record of a Lady Soldier）【第二部分：「Political Developments: The Courts and the Company, 1784-1791」】，《印尼》30（一九八〇年十月）：67-111當中的108。

64 參照敏克的母親所言（如前引）：「我們爪哇人總是以敬重的態度服侍那些年紀比較大以及比較有權力的人，這是通往最高榮耀的唯一道路。」

成爪哇語，但又完全必須依賴爪哇語以及爪哇讀者的存在。

我猜帕拉莫迪亞大多數的非爪哇人讀者都抓不到第二個段落的重點，儘管「kedjatuhan pulung」這兩個詞語在部分版本當中以斜體加以強調，而在其他版本當中，「kedjatuhan」則是由明確屬於爪哇語的「ketiban」取代。由於「pulung」在印尼語當中意為「彈丸」，因此他們甚至可能會感到困惑不解。不過，每個爪哇讀者都會一眼就看得出來帕拉莫迪亞在此處引用了古典爪哇語的「topos」，描述降落在注定成為新國王者頭頂上的那團神秘光球，這樣的英雄被稱為「ketiban pulung」。[65] 帕拉莫迪亞無所不譏刺：腳踏車等同於pulung，而且女傭取代了英勇的未來國王。相同的詞語可以用來描寫新王朝的崛起以及家僕遭到的粗暴虐待。我會再度強調這句話乃是以印尼語寫成，因為只有在非爪哇語當中，才能夠以這種說悄悄話的方式說爪哇語。而這一切本身就深具爪哇特色！我們幾乎可以看見作者臉上帶著微笑，同時重重踢了爪哇傳統文化一腳。

另一個著名段落，是〈Djongos + Babu〉（男僕＋女傭）（不是「Djongos dan【與】Babu」，而且也無法輕易翻譯成爪哇語）這個幽默尖銳的故事當中的開頭段落。這一段的內容如下：

Sedjak Jan Pietersz. Coen turun-temurun keluarga itu memang berdarah hamba. Hamba jang tak tanggung-tanggung—setia sampai bulubulunja. Mungkin djuga bukan sedjak Coen sadja. Besar kemungkinan sudah sedjak Pieter Both atau disaat-saat Houtman mengelana disemua samudera. Orang tak ada jang tahu dengan pasti. Jang sudah njata, keluarga itu dikenal dikala Coen belum djadi artja jang diusir Djepang dari depan gedung Financiën.

Keluarga pertama ini dikenal karena tertjatat dibuku besar dengan huruf latin, inlandsch sergeant . . . stb. no. . . . Pangkat sersan waktu itu sangat tinggi. Dengan pangkat itu orang bisa berbiak. Dan keluarga itu menurunkan empatpuluh anak. Entah berapa biangnja. Orang tak ada jang tahu. Soal ini tak bolèh masuk buku besar.

Turunan kedua—hamba djuga, serdadu tak berkelas!

Kemudian dari turunan keturunan, derdjat hambanja turun djuga. Kian ketjil kian ketjil. Achirnja sampai tahun 1949 sampailah keluarga itu pada Sobi dan Inah—titik derdjat hamba jang penghabisan. Setahun jang lalu mereka masih hamba-hamba negeri. Keduanja tak tahu: Bahaja mengawang diatas kepala. Derdjat hambanja akan turun satu derdjat lagi—hamba-hamba distrik-fédéral-Batavia! Sobi djongos, Inah babu. Sekiranja Tuhan masih bermurahhati seperti didjaman dulu, sudi memandjangkan keturunan hamba itu, pasti keturunan jang ketigapuluh bukan manusia lagi, tapi—tjatjing jang mendjulurdjulur didalam tanah.[66]

65 見莫爾托諾，《古爪哇的國家與治國技巧》，康乃爾現代印尼研究計畫專著叢書（Ithaca, N.Y.: Cornell University，1968），pp. 56-57。

66 帕拉莫迪亞，《雅加達故事集》，p. 7。顧恩在一六一九年創建了巴達維亞（雅加達）這座荷蘭東印度公司的堡壘。波託是東印度群島的第一位總督（一六〇九至一六一四年）。郝特曼在一五九五至一九九七年間率領了荷蘭第一支前往東印度群島的海上探險隊。在日本占領爪哇期間（一九四二至一九四五年），荷蘭殖民的顯著象徵，包括顧恩的雕像，都受到移除，並且經常遭到摧毀。財政大樓是殖民政府財政部的總部，地點位在當今的獨立廣場東側。在一九四六至一九四九年間，巴達維亞（雅加達）重新受到荷蘭殖民控制，成為荷蘭人為了與內陸的印尼共和國抗衡而試圖建立的「聯邦」國家的首都。

> 自從顧恩那時以來，這個家族的一個個世代身上都一直流著真正卑屈奴性的血液。卑屈到了極致，從頭到腳都忠實不已。也許不只可以追溯到顧恩的時代，而是有很高的機會可以追溯到波託的時代，或是郝特曼航行七海的時候。沒有人知道確切的答案。可以確定的是，這個家族在顧恩尚未成為財政大樓前方那座被日本人踢走的雕像之前就已為人所知。
>
> 原本的家族之所以為人所知，原因是他們被記錄在一本寫有拉丁文字母的大書裡……土著中士……公報期數……在那個時代，中士是個很高的階級。男人只要取得這樣的階級，即可大量生育。此外，此一世系在那個世代就產生了四十個子女，誰曉得是來自多少個母親。完全沒有人知道。這類事情不准記錄在大書裡。
>
> 第二代又是僕人，擔任士兵，沒有階級的士兵！
>
> 接著，隨著一代一代過去，他們的卑屈地位愈降愈低，愈降愈低，直到一九四九年，這個家族世系傳到了索比和伊娜，他們成了最終極的僕人。在一年以前，他們還是自己國家的僕人。他們完全不曉得籠罩在自己頭上的危險，亦即他們的僕人地位還會再進一步下滑。他們將會成為巴達維亞聯邦市的僕人！索比擔任男僕，伊娜擔任女傭。
>
> 要是上帝能夠像古時候那麼仁慈，而且願意讓這個卑屈的世系不斷延續下去，那麼他們的第三十代無疑將不會再是人類，而是在泥土中蠕動的蛆。

這段精彩的批判所帶有的力量，有一大部分都是來自於其內容以印尼語寫成，不可能使用爪哇語，而且只有爪哇語讀者才能夠（痛苦地）完全體驗其中的意義。因為，這是一段充滿嘲諷的諧仿（karikatur！），諧仿對象是古典紀事，連同其中世系繁複的眾多著名英雄。這是一份僕人的「silsilah」（族譜），只要「上帝能夠像古時候那麼仁慈」，此一世系即可從身為人類衰退成為蛆蟲（注意作者利用「turun」〔沉淪〕與「turunan」〔後代〕這兩個詞語所玩的文字遊戲）。這是古典計時系統的滑稽版本，不是由爪哇的各個偉大朝代標記，而是採用十六世紀末與十七世紀初的若干荷蘭冒險家，也就是辛納巴帝與蘇丹阿貢的時代！（此外，古典文獻裡通常以間接方式指涉時代的做法，帕拉莫迪亞則是以這個我最喜歡的句子加以諧仿，像是「在顧恩尚未成為財政大樓前方那座被日本人踢走的雕像」，其中的語句轉折一再向讀者承諾提出「日期」，但接著又隨即推翻那個承諾）。[67] 古典文獻裡對於偉大爪哇統治者子女眾多的記載，在此處以身為「開宗始祖」的那位中士予以嘲諷：他同樣可以「berbiak」，誰曉得對象包括了多少個「bijang」（這些詞語都帶有指涉畜生的粗俗意味，我們也許會聯想起那三個敬虔派穆斯林所說的「biyangamu silit babi」〔你媽是豬的屁眼〕）。此外，這個段落當中也有些值得注意的排版特色：「Pietersz.」與「stb. No.」都是荷語，還有「huruf latin」，這些慣例不只帶有其本身的嘲諷性，而且也無法譯成古代的文字。

至於帕拉莫迪亞利用印尼語對抗爪哇語的另一種方式，且讓我們轉向〈復仇〉（Dendam）這個

67 分別是一、「Di kala Coen」；二、「Belum djadi artja」；三、「(Achirnja) djadi artja」；四、「Artja diusir Djepang」，也就是一六一九至一九四二年間的任何一個時間點。注意混用不同語言的「gedung Financiën」一詞和其他類似詞語例如「Departemen Keuangan」的差異。

著名的故事。[68]這個故事的背景是革命，其中心情節是一名哈芝因為看似為荷蘭人擔任間諜而遭到逮捕、審訊、刑求而終究死亡。這個故事的奇特力量，以及其中令人幾乎無法忍受的懸疑，乃是來自於在故事的最後一刻之前，各種酷刑都傷害不了那名哈芝，只見他的臉上一直帶著微笑，「presis seperti gadis mendapat mimpi bagus」（就像是個做著美夢的女孩一樣）。[69]他被綁在電線桿上，被人用一根「bambu runcing」（削尖成長矛的竹竿）刺進肚子裡：

> Udjung tombaknja mengedjap hilang, menjelinap kedalam perut hadji itu. . . . Bambu itu ditarik tjepat. . . . Udjung bambu itu meliuk sedikit dan tetap kering. . . . Kunantikan isi perutnja keluar. Tak keluar. Ia tetap tersenjum sabar. Dan ia tak luka.

> 長矛的尖端一閃，隨即消失無蹤，滑入了那名哈芝的肚子裡。……竹竿立刻被抽出。……尖端微微彎曲，沒有沾上任何液體。……我等著他的內臟流出來，但是並沒有。他臉上還是掛著平靜的微笑，而且絲毫沒有受傷。

不久之後，那名哈芝又被刺了眼睛：

> Aku lihat udjung tombak bambu masuk kedalam matanja dan lari pula dengan tiada meninggalkan bekas.

我看見竹竿的尖端刺入他的眼睛又抽出，卻沒有留下任何痕跡。

然後，突然之間：

Aku melihat senjum hadji itu tiba-tiba hilang. Kedua tangannja jang terikat kebelakang bergerak-gerak. Dan tali pengikat, jang telah rantas-rantas kena samurai, putus. Orang-orang jang mabok itu tiba-tiba djadi insaf akan keselamatannja. Ketjemasan tergambar pada muka meréka. Pelan-pelan orang mundur kebelakang. Kedua tangan kurban itu telah bebas.[70]

我看到那名哈芝臉上的微笑瞬間消失。他被綁在身後的兩隻手開始掙扎，結果被武士刀砍出了幾道割痕的繩子就被他掙斷了。那些酒醉的傢伙突然開始擔心起自己的安全。他們的臉上流露出恐懼的神情。眾人慢慢後退，受害者的兩隻手已掙脫了束縛。

不過，那名哈芝的雙腳還是被繩子綁在一輛卡車的後斗，於是有人高喊要求發動車子的引擎。

68 收錄於《黎明》(Jakarta: Balai Pustaka，1950)，pp. 38-61。
69 同上，p. 55。以下兩段引文也摘自p. 55。
70 同上，p. 56。

哈芝遭到一扯而撲倒在地，被加速前進的卡車拖在後面，「ia masih Nampak tenang djua. Dan ia belum lagi mendapat luka berat oleh asahan batu dan aspal djalan raja」（但他還是顯得全然平靜，而且在地上的石頭與公路的柏油路面刮磨之下，他也還是沒怎麼受傷）。[71] 直到後來，一個士兵以一把特定的武士刀刺入他身上，並且同時喊出這段奇怪的話語：「Kembali djadi tanah!」（再度成為土壤！），他的刀槍不入才終於遭到破解。[72] 在那個士兵說出這句「mantra」（魔咒）之後，哈芝立刻就死了。

這個故事當中沒有任何元素顯示那名哈芝或者那群意在刑虐以及處死他的人士是爪哇人。故事的發生地點可以推定是芝甘北（Cikampèk），位於西爪哇北部，那裡是一座重要的鐵路交會點、供應站，也是與巴達維亞的荷蘭人對峙的共和部隊的軍事基地，而故事中的士兵說起話來都是使用一種簡化的雅加達方言。儘管如此，讀者要看得懂這個故事，就必須知道傳統爪哇揚文化裡的一系列著名畫面：毗濕摩滿身傷口，躺在一張由尖端朝上的箭所構成的床上；阿比曼尤（Abimanyu）遭到一群高聲吶喊的俱盧族敵人包圍，全身被砍得血肉模糊；蘇尤達納最後一次高傲但無望地對決畢瑪；[73] 連神明都殺不死的尼瓦塔卡哇卡（Niwatakawaca），在蘇普拉巴（Supraba）的輕柔嗓音誘騙下透露了自己刀槍不入的祕密；此外，最重要的也許是阿周那遭到「raseksa」或「buta」（巨人），尤其是有著尖牙的布塔卡基（Buta Cakil），群起圍攻的這個廣受喜愛的場景，阿周那靜靜站著，看似毫無防衛，臉上帶著一抹平靜的微笑。他那群尖聲怪叫的敵人對他又刺又砍，一心想要對他造成嚴重傷害，但是他刀槍不入的光滑薄膜卻挫敗了他們每一次的嘗試。最後，阿周那「收起笑容」展開攻擊，於是那群巨人「tiba-tiba djadi insaf akan keselamatannja」。

非爪哇語讀者可以從明顯可見的表面故事而把〈復仇〉視為描寫了革命期間一起殘酷的事件。

不過，爪哇讀者會感受到那些隱含的典故與反諷的平行元素所帶有的獨特語言暴力：共和國的士兵／圍攻的巨人；被懷疑是間諜的哈芝／阿周那。然而，對於這樣的爪哇讀者而言，這個故事的暴力正是來自於以印尼語寫成，而不是爪哇語。這個故事如果翻譯成爪哇語，就會深植於爪哇世界裡，於是那個刀槍不入的哈芝就一點都不顯得陌生，而可以輕易被納入爪哇式「cerita silat」（廉價驚悚故事）的類型當中。正是因為印尼語那種若無其事的**陌生性**，才使得帕拉莫迪亞能夠利用這兩個世界和語言之間的鴻溝，並且「引用」爪哇文化，而不是從爪哇文化當中發話。

在我們告別帕拉莫迪亞之前，也許值得再稍微談一談印尼語和爪哇語的古怪關係當中一項比較重要的元素，也就是所謂的「詞語的分量」，或者說語言和現實之間的連結。爪哇語讓人感受到的古老性質，以及嚴謹的階級秩序，使得這種語言和直接經驗以及世界的本質密不可分。相反的，印尼語的現代性以及驚人的吸收能力，則是使其疏遠了與直接經驗的距離，擺脫了現實世界的掌握。〈復仇〉就對這一點提供了若干闡釋。在我看來，這個故事裡的一個缺陷（儘管可以看得出來帕拉莫迪亞為什麼做出這樣的選擇）就是破解那名哈芝刀槍不入之身的魔咒，是以印尼語呈現。希望我這樣的想法不會錯得太離譜，但我認為印尼語魔咒不可能是真的魔咒，因為魔咒背後的概念是特定詞語一旦以特定順序排列，就會對現實世界產生積極的「力量」，也就是除了明顯

71 同上，p. 57。
72 同上，p. 58。
73 他知道自己必將一死，但畢瑪唯有藉著不光榮的方法才能夠克服他的「kasektèn」（魔力）。

可見的語義之外，還帶有危險的祕密意義。這種詞語具有「力量」的感覺，對於印尼語而言似乎是完全陌生的概念，因為對於我們以及印尼語的使用者來說，這種語言的魅力乃是在於其中完全沒有祕密或者危險，這種語言跟著世界輕盈滑行，不容易落入褻瀆的問題，原因是這種語言極少有什麼神聖不可侵犯的元素。

爪哇語的莊重嚴謹性，至少是就爪哇語的後期而言，不但使得「aku sampun mangan」這麼一句話毫無意義，而且可以對比於印尼語所提供的各種詞語搭配的細膩可能性。（舉例而言，以下這些語句都各自有其含意：「saya sudah makan」、「aku sudah makan」、「saya sih sudah mangan」、「gua udah makan」等等。幾乎所有的用語都可以互相代換，不像爪哇語那樣幾乎完全排除了這些可能性。）在帕拉莫迪亞的散文所帶有的種種細膩光輝當中，包括了他對於新詞的發明、對於舊有詞語的運用、對於既有意義的扭曲，以及藉著把印尼語的詞語放進他筆下那些徹底屬於爪哇人的農民口中而造成的各種效果，例如由距離造成的突顯。他總是深深知覺到印尼語所帶有的自由與創造力，使得這種語言趨向未來，而不是與過去產生共鳴。以下是〈復仇〉裡那位不知名的「我」內心的一些沉思：

Aku berangkat kesetasiun dengan uniform pradjurit…… Dan aku bangga pada uniform-hidjauku buatan pendjara Tjipinang itu. Akupun bangga pada pangkatku: pradjurit belum berkelas dan berpangkat……[74] Karena itu akupun pergi kesetasiun. Mengapa 'kan tidak? Selalu dan selalu manusia suka memperlihatkan kelebihannja. Apalagi kalau kenjataan jang telandjang itu diberi fantasi sedikit: aku pemuda revolusionèr……Dan bila hati ini mulut pasti akan terdengar teriak fantasi itu: “Lihatlah—aku djuga seorang patriot.”[75]

> 我穿著我的士兵制服朝車站出發。……我對這件製作於井皮楠監獄的綠色制服深感自豪。我也對自己的階級深感自豪：二等兵，沒有任何軍階條。……於是，我前往車站……有何不可呢？男人向來總是喜愛炫耀自己的優越性，尤其是現實如果受到一點幻想的妝點：我是個支持革命的年輕人。……而這顆心要是我的嘴巴，那麼這項幻想無疑會高喊：「看啊！我也是個愛國志士！」

「Patriot」（愛國志士）、「permuda revolusionèr」（支持革命的年輕人），這些幻想同時也是語言上的新發明。在此一意義上，這些詞語正與魔咒完全相反，不是迴盪著宇宙奧秘的音節，而是如同一位才華洋溢而且受到推銷的作者所寫下的文字，從自己身上汲取自己所能夠發揮的力量。這些詞語就是帕拉莫迪亞在他的許多故事當中所稱的「istilah」，也就是在歷史時間與情境當中的人類發明，由於本身的新奇性以及在現實世界當中的缺乏定位，而能夠吸引男男女女透過想像力展開行動。我們也許可以用稍嫌誇大的方式指出，正因為許多年輕人都懷有自己是（或者可以是）

74 想想索比與伊娜的傑出祖先：「第二代，又是僕人，擔任士兵，沒有階級的士兵！」《雅加達故事集》，p. 7。

75 帕拉莫迪亞，〈復仇〉，pp. 42-43。

「permuda revolusionèr」以及「patriot」的幻想，所以革命才會爆發而且成功。

※

在普爾巴扎拉卡於萊登大學取得博士學位以及帕拉莫迪亞誕生的半個世紀之後，有一部小說出版於雅加達，其開頭如下：

Disebuah pagi yang merangsang, Arjuna bertolak pinggang. Hatinya gundah dan penasaran. Semalam papinya marah-marah karena melihat anaknya yang satu itu berciuman dengan seorang perempuan didalam mobil dinasnya,
"Anak tak tahu aturan! Siapa perempuan itu?" hardiknya.
"Salah seorang pacar saya," jawab Arjuna dengan hati kesal karena merasa diusik urusan pribadinya.
"Salah seorang pacarmu? Salah seorang?!" Papinya mendelik. Tadi malam. Dan Arjuna bertambah tak senang pada sikap Papi itu[76]

在一個令人惱火的早晨，阿周那雙手叉腰站著。他覺得沮喪又生氣。在前一天晚上，他的爸爸因為撞見自己的孩子在他的公務轎車上和一名女孩卿卿我我而大發雷霆。
「你這個小賊！那個女生是誰！」他怒罵道。

「哦，是我的其中一個女友。」阿周那心不甘情不願地回答，心裡覺得自己的私人生活受到了干預。

「你的其中一個女友？其中一個……？」爸爸氣得眼睛凸出。昨天晚上。阿周那對於爸爸的態度已愈來愈無法忍受。

這毋庸置疑是努格拉哈（*né* Mulyana）的筆調，他在一九七七年才二十出頭（就像帕拉莫迪亞於一九四七年開始發表作品的時候一樣），這種筆調帶有極度柔軟又漫不經心的輕率無禮。關鍵詞語當然是其中的第五個詞「Arjuna」（阿周那），我們要是把阿周那取代為哈桑、亨克或者蘇瑪迪，一切的惡毒意味就會消失無蹤，這個場景也會變得平庸至極，只是一名乏味的中年印尼官員與他那個幼稚而叛逆的兒子之間的衝突。不過，藉著竊取爪哇經典當中的阿周那，將他放在當代雅加達那個狹隘的資產階級世界裡，努格拉哈即是以他自己的方式接續了他的祖先，把他們的內戰延續下去。這段文字裡的詞語都經過精心挑選：「bertolak pinggang」（雙手叉腰）是一種極度「kurangajar」（傲慢）的身體姿勢，哇揚裡的阿周那（以下稱為阿周那一世）從來不會擺出這種姿勢。阿周那一世最不能夠抱持的情緒，就是「gundah dan penasaran」（沮喪又生氣）。至於「salah seorang pacar saya」（我的其中一個女友）這句話的絕妙之處，則是在於阿周那二世和他父親板著臉

76 努格拉哈，《阿周那尋求愛情》（*Arjuna Mencari Cinta*；Jakarta: Cypress，1977），p. 7。我後續的分析深深受益於薛爾，〈介紹努格拉哈〉（Introducing Yudhistira Ardi Noegraha），《印尼》31（一九八一年四月）：31-52。

孔的神情，原因是他們完全不曉得作者與所有爪哇讀者都非常清楚的事情，也就是阿周那一世正是以他在性方面征服了無數女性而備受仰慕。

小說後續的內容也是沿著基本上相同的路線進行：一連串頗為清純的戀愛故事，一方是阿周那二世與他的朋友以及競爭對手（克里希納，應該說是克里希納二世，還有阿比曼尤二世與帕古納迪〔Palgunadi〕二世），另一方是他們的同學賽提歐瓦蒂（Setyowati）二世、阿琳碧（Arimbi）二世以及安格賴妮（Anggraeni）二世，當中間雜了他們與父母以及其他親屬長輩的爭吵。[77] 對於哇揚人物名字的惡毒運用（取自《摩訶婆羅多》與《羅摩衍那》）有兩種不同方式。第一，在電話上以及日常對話當中，這些神聖的名字都簡化為「Ar」（阿周那）、「Kresh」（克里希納）以及「Set」（賽提歐瓦蒂）。第二，這些名字雖然表面上看來似乎是隨機挑選，實際上其安排卻可讓（爪哇人）哇揚愛好者看出作者並未犯下「aku sampun mangan」這種類型的錯誤。一切都「錯」得一場糊塗，但卻是經過精心策劃的結果。舉例而言，哇揚世界裡只有少數女性沒有和阿周那一世發生過性關係，但在阿周那二世所有的女友當中，其名字全都是取自這群女性。「反派」的俱盧族名字極少出現，但只要一出現，主要都是用在極為正派或者至少是中性的人物身上（見下述）。此外，努格拉哈也刻意以帕古納迪（二世）這個名字命名阿周那二世的情場對手（他以可恥的手法欺騙這名對手），原因是這樣可以令人聯想到阿周那一世與帕古納迪一世之間的關係，儘管《帕古納迪》這齣哇揚劇算不上非常熱門或者知名。（如此一來，熱愛哇揚的讀者就會知道努格拉哈對於哇揚的涉獵相當深入。）

在這整部小說裡，其活力都是來自於書寫的雙重性，也就是努格拉哈一方面對讀者提出暗示，同時書中的人物又過著他們的資產階級生活，對於自己說出的話語所帶有的弦外之音毫無知覺。以下這段對話就是一個典型的例子：阿琳碧二世的父親布里斯拉瓦（Burisrawa）二世雖然嚴格禁止她與阿周那二世這個年輕的花花公子見面，卻發現阿周那二世陪著她回家。於是，他掏出一把手槍，威脅要對那個年輕人開槍：

"Kalau tembakan Oom barusan menghancurkan kepala saya, pasti Oom pun akan menghancurkan kepala sendiri setelah Oom tahu siapa saya!" begitu kata Arjuna.

Mendengar itu, si Oom mengerutkan kening.

"Memangnya, kamu siapa?" suara si Oom mengandung semacam sesal dan kecemasan.

"Saya Arjuna. Pacar Arimbi!" sahut Arjuna sambil meneruskan langkahnya dan menghilang dari rumah itu.[78]

77 如同我們從《阿周那尋求愛情》及其續集《阿周那輟學》（*Arjuna Drop Out*，Jakarta: Cypress，1980）所得知的，阿周那二世的父親是布拉塔瑟納二世（布拉塔瑟納一世是阿周那一世的哥哥）；母親是巴諾瓦蒂二世（巴諾瓦蒂一世是阿周那一世的情婦，嫁給他的表親蘇尤達納一世）；叔父是桑庫尼（Sangkuni）二世（桑庫尼一世是蘇尤達納一世手下邪惡的首席大臣）；祖母是黑公主（Draupadi）二世，簡稱「Padi」（「tapi bukan Dewi Sri」【但不是戴維詩麗，亦即「padi」〔稻米〕女神】，努格拉哈在《阿周那輟學》的第九頁開了這麼一個玩笑），但黑公主一世和阿周那一世完全沒有血緣關係；此外，他的祖父名叫「Walmiki」（「Valmiki」〔蟻垤〕相傳是《羅摩衍那》的作者）。另外還有一項巧妙的安排，則是阿周那二世短暫進入加札馬達大學（Gajah Mada University）就讀的時候，他的其中一個「kawan sefakultas」（同一個科系／學院的朋友）名叫卡基（參照本書p. 300）。

78 努格拉哈，《阿周那尋求愛情》，p. 113。

「伯父，我警告你，你要是開槍殺了我，那麼你一旦發現我是什麼人，一定會馬上開槍自殺！」阿周那說。

聽到這句話，「伯父」皺起了眉頭。

「哼，那你到底是什麼人？」伯父的話聲中流露出了些微的懊悔與驚恐。

「我是阿周那，阿琳碧的男朋友！」阿周那答道，一面持續向前走，而從前門竄了出去。

在這裡，透過這種對比雙重性嶄露無遺：一方面是布里斯拉瓦二世的印尼式擔憂，害怕這個無禮小子的父親可能會是雅加達菁英階層當中某個權高勢大的重要人物；另一方面則是那些哇揚場景，也就是巨人、食人魔或者某個來自「Sabrang」（海外）的人物遇見偉大的阿周那一世，而無知地要求他表明身分。

這部小說的結尾又把這種諷刺性的影射變得更加複雜。阿周那二世因為親吻了他父親的秘書佩吉瓦蒂（Pergiwati）二世而遭到父親的凶狠訓斥。[79] 這時候，他發現父親自己躺在佩吉瓦蒂二世的懷裡：

> Kemarahannya kian memuncak ketika ternyata kedua orang yang meléngkét jadi satu bagai kéong racun di hadapannya itu tidak juga menyadari kehadirannya. Sehingga, dengan geram ia lalu menendang pintu dibelakangnya sampai menimbulkan ledakan keras.

Kedua orang itu terlonjak, dan seketika meréka melepaskan pelukan masing-masing dan menghadap ke pintu. Dan ketika meréka melihat Arjuna yang tampangnya sudah tidak mirip Arjuna lagi, melainkan mirip raksasa itu, meréka tambah kagèt, sehingga mata meréka terbuka lébar-lébar dan mulut meréka ternganga-nganga.

Sementara itu, dengan geram Arjuna lantas mengambil anak panah dan busurnya. Memasangnya dan membidikkannya ke dada Papinya yang terkutuk itu. Anak panah melesat dan tepat menembus jantung.

Crap!

Tapi panah dan busur itu hanya ada di dalam angan-angan Arjuna saja, sehingga Papinya dan Pergiwati yang menyaksikan kelakuan Arjuna yang ganjil itu, mengerutkan kening masing-masing. Tapi Arjuna tak mau menghiraukan semua itu. Dengan suara keras, ia lalu berteriak. Menghardikkan makian yang pernah keluar dari mulut Papinya setelah ia mencium mulut Pergiwati di tempat itu juga.

"Kamu ini betul-betul kurang-ajar! Bréngsèk! Tidak tahu aturan! Sétan! Kambing! Kuda! Sapi! Kerbau dan kawan-kawannya!!!" kutuknya. Arjuna lalu meludah.

Fuih!! [80]

79 同上，p. 152。
80 同上，pp. 185-86。

他的怒火不斷高升，原因是他發現面前這對像是有毒蝸牛一樣黏在一起的男女，直到現在都還沒注意到他。於是，他氣憤地踢了身後的門扇一腳，發出砰的一陣巨大聲響。

那對男女跳了起來，立刻掙脫彼此的懷抱，並且轉過身來面對門口。他們看見阿周那的面容在這時看起來已不再像是他原本的面容，而是有如巨人的面容，因而更加震驚，不禁看得目瞪口呆。

在此同時，阿周那則是憤怒地抓起他的弓箭，把箭搭上弓，瞄準了他那該死的爸爸的胸膛。那枝箭飛射而出，刺穿了爸爸的心臟。嗖！

不過，弓和箭其實只存在於阿周那的想像裡，所以他的爸爸和佩吉瓦蒂看到他那奇怪的行為，只是困惑不解地皺起眉頭。不過，阿周那拒絕注意這一切。他開始高聲大叫，吼出爸爸先前在這同一個房間裡撞見他親吻佩吉瓦蒂之時脫口而出的那些咒罵話語。

「你這個混蛋！卑鄙的傢伙！一無是處的東西！惡魔！色鬼！蠢牛！死水牛！再怎麼罵你都不夠！怎麼罵都不夠！！！」他痛罵道。接著，阿周那吐了一口唾沫。

呸！！

這是努格拉哈在小說裡第一次也是最後一次以刻薄的嘲諷方式讓阿周那二世對自己的名字似乎有所知覺。[81] 我們應當想像他空手模仿阿周那一世拉弓射出他那枝所向無敵的箭，帕索帕提（Pasopati），而「爸爸」和佩吉瓦蒂二世完全不曉得他到底在做什麼。阿周那二世以及「爸爸」還有佩吉瓦蒂二世，都沒有真的認為阿周那二世的臉「看起來有如巨人的面容」，這句話是作者刻意安插在此，藉以逗弄他那些熱愛哇揚的爪哇讀者，因為他們一眼即可看出這句話諧仿了克里希納一世與堅陣一世等英雄偶爾會轉變為巨大的噴火多頭巨人（tiwikrama）這種情節。最後，努格拉哈更是促狹地寫下：「接著，阿周那吐了一口唾沫。呸！！」看在部分讀者眼裡，其中的「呸」無疑彷彿從紙頁噴到了他們臉上。值得注意的是，這整段文字更遑論整本小說的效果，都仰賴那看不見但如影隨形地依附著這些印尼語的爪哇語，或者也許該說這些印尼語可見地將爪哇語概括在內。

後來有一部由《阿周那尋求愛情》改編而成的電影因為激怒當局而遭禁，不是因為其內容嘲諷了雅加達菁英的生活，而是因為那部電影會「損害哇揚世界」。[82] 這點必然令努格拉哈欣喜不已，因為小說裡除了無數若無其事的影射、最後的四段，還有人物的名字以外，其他內容都完全與哇揚無關。不過，正是因為那些名字所呈現出來的那種漫不經心的大不敬，才真正激怒了仍然深深沉溺在殖民爪哇文化殘餘當中的既有體制。

努格拉哈在《阿周那尋求愛情》的續集《阿周那輟學》當中嘲諷了這項禁令，在阿周那與一名前女友之間的以下這段對話裡。這名前女友名叫珍珊（Jeng Sum，取自珊巴卓〔Sumbadra〕一世，

81 這點完全「不符合他的個性」，因此是個很好的例子，顯示了作者跳出小說內容而與讀者從事的祕密對話。

82 電影發展署（Direktorat Pembinaan Film）的一名發言人在一九七九年八月十四日向《希望之光報》表示，「這個故事裡的所有哇揚名字都必須換掉：換成『yang bukan berasal dari dunia pewayangan, termasuk judul ceritanya』（不是源自哇揚世界的名字，包括這個故事的標題在內），這樣才不會『merugikan dunia pewayangan』（破壞哇揚世界）」。見《時代報》，一九七九年九月一日的報導，還有古納汪．穆罕默德針對此事所寫的一篇風趣不已的評論。

是阿周那一世的正宮妻子，也是他最心愛的對象），小說中描寫她婚姻幸福，丈夫是個正直過頭的銀行員，名叫馬嘶（Aswatama）（二世），而且她將他們生下的嬰兒取名為潘卡瓦拉（Pancawala）（二世）。[83] 阿周那二世說：

"Siapa namanya?"
"Pancawala."
"Wah, seperti nama anak Prabu Yudhistira saja." Jeng Sum tersenyum. "Mémangnya Jeng Sum sering nonton wayang?" Jeng Sum cuma senyum. "Tapi hati-hati lho, jeng. Salah-salah anak itu nanti mendapat kesulitan karena namanya."
"Lho, mémangnya kenapa?"
"Memakai nama wayang itu dilarang. Dianggap menghancurkan kebudayaan."[84]

「他叫什麼名字？」
「潘卡瓦拉。」
「哇！和堅陣王的孩子名字一樣。」珍珊微微一笑。「我猜你一定很常看哇揚，對不對？」珍珊只是微笑。「你可要非常小心，不然這個孩子以後會因為他的名字而招惹上很多麻煩。」
「真的嗎？為什麼？」
「使用哇揚的名字是受到禁止的行為，據說這樣會『破壞文化』。」

同樣的，此處的怒火主要不是來自對於電影審查機關明顯可見的嘲諷，而是來自每一名爪哇讀者都有認知：「hati-hati, lho」（要非常小心）的原因是哇揚名字極為「沉重」又「充滿權力」，所以若非出身自最高階貴族的兒童絕對承受不起（而且即便是出身自那種階級的兒童，也不一定承擔得起），從而可能「nanti mendapat kesulitan」（招惹上很多麻煩）。[85]

※

在對於努格拉哈這些作品的討論最後，且讓我引用《阿周那輟學》裡的一段內容。在這裡，可以看到另一個角度的爪哇內戰。阿周那對於雅加達的生活深感挫折，於是搭乘火車前往日惹，而在清晨抵達：

83 馬嘶一世是俱盧族當中最惡劣的人物，在俱盧之戰結束後以奸計謀害了潘卡瓦拉一世，還有巴諾瓦蒂一世與束髮一世。不過，馬嘶二世卻只是個銀行員，「segan mencuri uang negara. Betapa ia telah menyia-nyiakan kesempatan yang ada! Betapa bodohnya ia mau berjujur-jujur di tengah lingkungan dan masyarakatnya yang korup!」（不願竊取公眾的錢。他真是浪費了自己眼前的機會！在這個腐敗的環境與腐敗的社會裡想要當個「老實人」，真是笨透了！）《阿周那輟學》，p. 113。

84 同上，p. 28。

85 努格拉哈雖然出身寒微，卻取了力量最強大的哇揚名字之一。他的名字「Yudhistira Ardi Noegraha」是由「Yan」這個暱稱擴展出來的結果，而此一暱稱則是衍生自他「真正」的名字：Mul-yan-a。

Yogyakarta, sekarang ternyata telah banyak berubah. Tampak sedang mencoba bersolèk, dengan gincu yang tak cocok, dengan bedak tanpa selera. Padahal jiwanya tetap saja jiwa yang dulu. Jiwa priyayi yang selalu hadir dengan ironi: blangkon di kepala, dasi di léhèr, keris di pinggang, samsonite di tangan. Selalu bicara tentang kejayaan Mataram, sambil memimpikan Amsterdam.

Arjuna menghirup udara, mencoba menikmati rasa Jawa. Rasa menjadi orang Jawa kembali setelah bercerai dengan induknya sekian lama. Setelah kebudayaan campur-baur kota Jakarta mengasemblingnya menjadi sebuah produk baru yang kosmopolit-universal—tanpa ciri kedaérahan sama sekali. Bahkan hampir tanpa tulang punggung. Apa artinya itu, kurang jelas.

Bécak melewati tugu perempatan yang sangat terkenal dan menjadi ciri kota itu, di samping Jalan Malioboro. Tapi tugu itu kini, di tengah perubahan yang terjadi, betul-betul menjadi hanya fosil.[86] Tata-kota yang ngawur membuatnya menjadi amat lucu.[87]

現在，日惹無疑已經變了很多。毫不掩飾地想要展現出高雅的一面，塗上顏色不對的口紅，也抹上了俗氣的蜜粉。但在精神上，這裡卻是一點都沒變。博雅易的本質總是反諷地向來存在：頭上戴著布蘭貢，頸上繫著領帶，腰間佩著短劍，手上提著新秀麗公事包。總是把馬塔蘭的榮耀掛在嘴上，心裡卻是夢想著阿姆斯特丹。

阿周那深吸一口氣，想要好好享受爪哇的感受。與自己的根脫離了這麼久之後，他想要體驗再度成為爪哇人的感受。雅加達的雜亂文化已將他轉變成一個國際化又普世性的新式人物，絲毫不帶有任何鄉下人的氣息。實際上，也幾乎完全沒有骨氣。這代表什麼意思呢？不是很明白。

人力車在十字路口那座著名的方尖碑旁來來去去，連同馬力歐波羅大街，這座方尖碑也是這個城市的代表。但在目前看來，在一切的變化當中，這座方尖碑其實只不過是個化石。這個城市的凌亂規劃，導致這座碑顯得荒謬可笑。

這段文字的惡毒，幾可說是獨步於現代印尼文學。任何印尼語讀者無疑都可在一定程度上看出其中的批評，但唯有置身在阿周那二世及其創作者之間的爪哇語讀者，才能夠感受到這段文字的完整力量。舉例而言，許多非爪哇語讀者可能都會以印尼語的方式解讀「dengan gincu yang tak cocok, dengan bedak tanpa selera」這句話，由此聯想到妓女、粗俗的市場攤販，或者暴發戶以及俗氣的女人，而這樣的解讀並不算錯。不過，爪哇人（尤其是日惹爪哇人）則是會知道以前的日惹男性貴族通常會藉著口紅與蜜粉突顯自己的「halus」（阿路斯，意為優雅）美貌（說不定現在也仍是如此）。此外，把爪哇包頭巾（blangkon）與印尼領帶（dasi）並置，以及把爪哇短劍與新秀麗（公事包）這種美式印尼產品並置在一起所帶有的尖酸意味，也必須要懂得其中的多語指涉對

86 這座矗立於前革命首都以紀念革命烈士的石碑，在不到兩個世代之後就成了「化石」。
87《阿周那輟學》，p. 23。

象。「Mencoba menikmati rasa Jawa」在印尼語當中可以解讀為「試圖享受身為爪哇人的感覺」，但也可以依照爪哇語的方式解讀為「試圖享受爪哇Rasa」，以嘲諷的語氣指涉傳統爪哇宗教神秘思想當中的一項基本概念。[88] 至於「mengasemblingnya」這個自創的詞語，則是以隨性的錯誤拼字把一個美語動名詞化為動詞，由此可以看出印尼語為其使用者所提供的特殊自由度。最後，我們也許不只會注意到其中以憤世嫉俗的姿態引用了標準保守爪哇人（和先前一樣，尤其是日惹人）對於雅加達及其文化所提出的批評（會有別的族裔群體把雅加達人說成「tanpa ciri kedaérahan sama sekali」嗎？），並以莞爾的態度提及「tanpa tulang punggung」這句表達日惹人／爪哇人自豪的語句，其實是從英語（以及荷語？）翻譯而來，而突顯這一點的「apa artinya itu, kurang jelas」更是直接向讀者提出，採用的形式完全合乎印刷市場的沉默共犯關係。這麼一段引用並且指涉了如此多不同語言和文化的文字，在爪哇語當中幾乎不可能辦到；況且，此處使用印尼語的重點，就是要貶抑爪哇。

※

我在本文裡試圖論證爪哇語言和文學的隱性存在，對於以印尼語寫作的爪哇作家而言深具重要性。在這個意義上，爪哇語就像是個黑洞，一種雖然肉眼不可見，但可以確知其存在的東西。「爪哇文學」在某個意義上「消失」了，卻仍然陰魂不散，這間接證明爪哇文學的力量。舉例而言，這個論點是否可以用來闡述異他語作者對於他們的母語所抱持的非常不一樣的態度，以及他們對於用母語寫作的週期性熱情？也許。我認為異他語作家可能對自己的語言懷有擔憂，不是擔憂這種語言很危險，而是擔憂這種語言會有危險，恐怕會因為遭到忽略而消失、會變得與時代脫節、會在印尼語或甚至爪哇語的排擠之下而遭到捨棄。這類擔憂帶來了溫柔的關懷，而不是憤怒與惡毒。我們如果問自己，爪哇的語言和文化在印尼語情境裡為什麼自成一格，我認為答案並不單純是爪哇人乃是遠遠最大的族裔群體，也不是爪哇文化比其他文化「優越」，更不是因為爪哇人掌管了國家，儘管這些主張都帶有若干道理。事實是，爪哇語言和爪哇文化在將近一個世紀以來都主要是爪哇人自己的問題，不是其他任何人的問題，而且這個問題無法以任何明顯可見或者簡單的方法解決，因為其中涉及並且牽連了爪哇社會的幾乎所有區塊。

在蘇曼特里那部甜美的左派小說《自由的感受》（一九二四年）當中，主角自然而然是兩名年輕的爪哇「socialisten」（社會主義者）。英俊的主角蘇堅莫有著一張「roman moeka jang berkoelit hitem manis」（迷人的棕色臉龐），是一名副區長的兒子。他為了體驗現代世界以及「rasa merkida」（自由的感受），而逃離了在殖民官僚體系裡的穩固工作，到一家位於北加浪岸（Pekalongan）的荷蘭貿易公司擔任記帳員。他的心上人柔柔（帶有爪哇迪波的色彩！）是：

88 另有一段文字以更加直截了當的方式表達了這種嘲諷。在那段文字裡，第一個遭到阿周那二世拋棄的女友賽提歐瓦蒂二世（她後來與阿周那二世的妹妹成了一對），與她身為海軍上校的父親發生爭執：「ingin saja rasanya ia menceburkan sang Papi ke samudra luas biar ditelan Naga Taksaka atau Hyang Antaboga. Syukur-syukur kalau tenggelam ke dalam telinga Déwaruci dan tak bisa Kembali.」（她想要把爸爸丟進大海裡，讓他被海怪塔薩卡或者安塔博加吃掉。他要是掉進德瓦陸奇的耳朵而從此消失無蹤，那也不錯。）（同上，p. 51）。在哇揚世界裡，最神聖的情節莫過於畢瑪在海底鑽進德瓦陸奇的耳朵（德瓦陸奇是個神明，呈現出來的樣貌是迷你版的畢瑪），而找到了終極的「kawruh」（神秘知識）。

seorang gadis jang dapet peladjaran dari M.U.L.O. . . . meskipoen ia tergolong pada kaoem pertengahan, lantaran tertarik oleh pamilienja, tetapi ia boekannja sebagai kebanjakan temen-temennja; ia soeka sekali mendengerken voordracht-voordracht jang bergoena dan baik bagi oemoem.[89]

一個受過擴充小學教育的女孩，儘管她出身於中產階級，而且和她大多數的朋友不一樣，至今還是很喜歡聆聽對大眾有益又有用的講學。

他們初識於一場激進會議，很快就墜入了愛河。以下這一小段文字描寫了這位激進的中產階級女主角準備出外約會的情景：

Semantara lama dari pada ia berpakaian itoe, maka kita lihat dia soedah keloear dari kamarnja dengen berbadjoe soetera woengoe berserta memakai centuur soetera koening moeda ber-streep merah dipaloetken diléhèrnja. Kain pandjang batik Pekalongan jang di pakai dimana ada gambarnja boeroeng merak hinggap di atas dahan pohon, menambahken poela ketjantikan roro Soepini, bisa menarik hati siapa jang memandangnja.

Ia memakai poela sepatoe sandal koening dari kalfleer dengen haknja jang tinggi, menambahken djalannja bisa djadi rapi, dan sedikit berlagak.

Satoe tasch ketjil terbikin dari koelit binatang berboeloe jang dipegang di tangan kanan, mencendjoekken poela bahasa ia ada seorang gadis jang termasoek dalem djaman peroebahan.

"Mi," panggil ia pada hambanja perempoean.

Mi lekas dateng padanja.

"Tjariken deeleman sebentar!" soeroeh ia pada Mi.[90]

梳理了一陣子之後，她現在從房間裡走了出來。她身穿一件紫色絲綢上衣，肩上披著一條帶有紅色條紋的鮮黃色絲質披巾。她穿著一條北加浪岸蠟染kain【裙子】，上有孔雀棲息在樹枝上的圖案，更加增添了她的美貌，令所有看見她的人都為之著迷。她還穿了一雙黃色小牛皮的高跟涼鞋，彰顯了她的優雅步履，甚至使得她走起路來會微微擺動身體。

提在她右手的那個由某種毛茸茸的動物皮革所製作而成的小tasch【荷語，意指手提包】，也顯示了她是個屬於這個變動時代的年輕女子。

「阿米！」她喚了她的女傭一聲。

89 蘇曼特里，《自由的感受》，p. 75。

90 同上，p. 101。在以下這段描寫柔柔的文字裡，我們若是看出努格拉哈筆下那個頭戴布蘭貢而且手提新秀麗公事包的日惹博雅易的一個早期版本，難道是全然不公平的事情嗎？要是把「pembangunan」（發展）取代為比較平實的「peroebahan」（改變），難道不會達到這樣的效果嗎？不過，蘇曼特里筆下的文字絲毫不帶反諷。

阿米立刻來到她面前。

「幫我叫車！」她對阿米下令。

這個「machluk dibelakang rumah」（房屋後面的人物），儘管我們對她的年齡、相貌、個性、情感、生平或經歷完全一無所知，她在整個故事裡卻持續不斷為這對中產階級的激進情侶扮演忠實的使者暨中間人。

這些東西非常根深蒂固，也改變得非常緩慢。半個世紀之後，即便在遭到監禁的痛苦與羞辱下，有些前印尼共產黨的領袖似乎仍然能夠在他們的政黨追隨者當中找到相當於「男僕」的對象，以服務他們的個人需求。我們不禁納悶，在這種監獄階級體系裡，髒衣服一旦向下傳遞，或是洗乾淨的衣服交還給階級較高者，他們使用的都是什麼樣的語言。因為，「mendengarkan orang bicara kromo padaku, aku merasa sebagai manusia pilihan, bertempat disuatu ketinggian, déwa dalam tubuh manusia, dan keénakan warisan ini membelai-belai」（聽到別人以高爪哇語對我說話，我覺得自己像是獲選者，高高位於台座上，是個身在人體內的神祇……於是此一傳承的快感撫觸了我）。[91]

91 帕拉莫迪亞，《萬國之子》，pp. 183-84。

第三部　意識

PART III CONSCIOUSNESS

7

黑暗時代與光明時代：早期印尼民族主義思想當中的轉調[1]

A Time of Darkness and a Time of Light: Transposition in Early Indonesian Nationalist Thought

在梭羅這座古王國首都，最後一位爪哇宮廷詩人朗喀瓦西塔在一八七三年去世之前，寫下了一首充滿絕望的詩，標題為〈黑暗時代之詩〉。[2] 這首詩的語調可從以下這幾行的內容裡看得出來：

這個國度的光輝，
現已消失不見。
引人為善的教導已崩毀頹圮，
因為模範早已蕩然無存。
學識廣博的詩人，
內心纏繞著滿滿的擔憂，
望著眼前所有的苦難，
只見萬物壟罩於陰暗裡，
世界沉溺在悲慘當中。

1 最早發表於一九七九年，瑞德與馬爾編，《東南亞的過往認知》（Hong Kong: Heinemann，1979），pp. 219-48。經許可翻印。

2 朗喀瓦西塔，〈黑暗時代之詩〉（[Surakarta]: Persatuan, [1933]）。

國王具有王者的完美無瑕，
首席大臣奉真理為首，
攝政王忠心不貳，
低階官員也是傑出的英才，
然而卻沒有人能夠遏止
毀滅的時代來臨……

在這個瘋狂的時代，
加入瘋子的行列令人無法忍受，
苦難的內心充滿悲痛；
但不加入他們的行列，
即不免失去一切，
終致陷入饑寒之中。[3]

若拆開來看，這些詩句都只不過是以平淡無奇的方式表達了爪哇文化的古典主題而已。爪哇民俗傳說與宮廷文學都含有高度俗成化的末世描寫，例如描述自然界的洪水、地震與火山爆發，以及人類社會當中的饑荒、暴力與道德淪喪。此外，這兩種傳統也呈現長久流傳的黃金時代形象，在那樣的時期當中，宇宙秩序井然，社會健全運作，每個人都稱職扮演自己的角色，階級體系受到維繫，天下一片和諧。根據傳統爪哇思想，[4] 世界之所以會擺盪於這兩種時代之間，原因在於統治者是否能夠透過自律無私地獻身於義務之中，而把宇宙的內在力量集中於自己的身上與身周，以及是否有能力吸引或吸收其他充滿力量的人或物體。統治者愈完美，社會就愈光輝幸福。

我引用的那幾節詩句本身既然如此平淡無奇，那麼我們閱讀了之後為什麼會產生怪異而痛苦的感受？純粹是那些文句非凡的「並置」呈現。因為第二節與第八節屬於「黑暗時代」的主題，而第三節的前四句則是「光明時代」古典形象的核心元素。根據傳統爪哇邏輯，如果「國王具有王者的完美無瑕，首席大臣奉真理為首」，那麼宇宙與社會應當必然會秩序井然。然而，後續的兩句卻顯示了恰恰相反的情形。其中的「parandéné」（然而）這個可怕的字眼，表達了朗喀瓦西塔充滿絕望而且頗不傳統的感受，認為過去對於世界的概念已不再適用，宇宙節律已然瓦解，而且爪哇力量也已陷入無能。爪哇人在其歷史上經歷過許多「黑暗時代」，但總是確信終將會出現一位完美的統治者，能夠重新集中力量，而開創一個新的「光明時代」。但在一八七三年，這位臨

3 我在此處鬆散粗劣地翻譯了第二、第三與第八節。其爪哇語原文如下：Mangkya darajating praja\Kawuryan wus sunya ruri\Rurah pangrèhing ngukara\Karana tanpa palupi\Ponang para mengkawi\Kawileting tyas maladkung\Kungas kasudranira\Tidhem tandhaning dumadi\Ardayèng rat déning karoban rubéda\Ratuné ratu utama\Patihé patih linuwih\Pra nayaka tyas raharja\Panekaré becik-becik\Parandéné tan dadi\Paliyasing kalabendu . . .\\Amenengi jaman édan\Éwuh ayahing pambudi\Mèlu édan nora tahan\Yèn tan mèlu anglakoni\Boya kaduman melik\Kaliren wekasanipun. 在這裡，「bupati」指的是不具王室血統的高階朝臣。我之所以會注意到這首詩，是因為戴伊（Tony Day）的介紹。

4 本書第一章對於爪哇在傳統上看待權力的概念與形象有更廣泛的探討。

終的詩人表達了自己的恐懼，擔心當下的這個「黑暗時代」恐怕永遠沒有結束的一天。[5]

三十五年後的一九〇八年五月二十日，在殖民地首都巴達維亞，一小群爪哇青年學生成立了一個組織，稱為至善社（Budi Utomo）。在當今的印尼，每年的五月二十日被訂為民族覺醒日。永積昭對於此一組織初年的精闢研究，其書名就適切地稱為《印尼民族主義的黎明》，[6] 因為黎明代表了從黑暗到光明、從沉睡到清醒的過程。永積昭與當代印尼人談到一九〇八年五月二十日都採用這種比喻式用語，並不是刻意要造成時代的錯亂。看看本世紀初年有多少報紙和期刊的名稱裡帶有耀眼光芒的意象！[7] 卡蒂妮（Radèn Adjeng Kartini）著名的書信集《從黑暗到光明》（*Door Duisternis tot Licht*），也帶有同樣的象徵印記。[8]

我們該怎麼理解這種意象的變化？有些學者傾向於認為這點象徵了從傳統到現代的轉變，彷彿「行走在黑暗中的人看見了明亮的光芒」。舉例而言，范尼爾（Robert Van Niel）寫道：「在西化學校的氛圍裡……爪哇的年輕人發現了一種不同於他們在自己的故鄉環境中所知的生活。這樣的不同不僅在於實體環境裡，而且遠遠更加重要的是在心理環境裡：我們可以用只有些微不盡精確的方式，將其概述為科學理性態度與神秘泛靈論態度的差別。」[9] 從這個觀點來看，至善社代表的純粹就是印尼最早試圖以西方（現代）方式因應殖民狀況的一項嘗試。儘管至善社的名稱本身其實比較帶有爪哇而不是印尼的色彩；儘管其成員在族裔上僅限於克利弗．紀爾茲所謂的「內印尼」（Inner Indonesia），在社會上也僅限身居**博雅**易地位的學生與官員；[10] 儘管其正式目標不包含政治獨立；[11] 但其結構的新穎性卻似乎標誌了與過往的明白斷裂。如同范尼爾所言：「出現在印尼社會當中的至善社，是一個由許多**個人**共同以**自由而有意識**的聯合努力所建立的**組織**。」[12] 由其計畫、

5 十九世紀的爪哇人，隨著荷蘭殖民統治的鞏固而陷入了精神上的整體危機，而朗喀瓦西塔的文字也許就是對於此一危機最尖銳也最明確的表達。不過，其他許多文本則是以比較含蓄的方式傳達同樣的感受。比較以下這兩部文本的風格與主題，可以讓我們獲得啟發：一部是十九世紀前的一部重要文本，稱為《爪哇國土史》，另一部是古怪但典型屬於十九世紀的詩，稱為《蓋陀洛可傳》。《爪哇國土史》以平淡樸實的文字講述前殖民時代的爪哇歷史當中的血腥事件；《蓋陀洛可傳》主要描述一項想像中的神學辯論，一方是幾名「阿拉伯化」的爪哇穆斯林，另一方則是一名「爪哇」伊斯蘭教的擁護者，其外形為一根四處遊走而進行哲學思考的陰莖（「gatho」意為陰莖，「ngloco」意為自慰），雙方沒有發生暴力衝突。不過，詩中使用的文字華麗猛烈得令人難忘。

6 永積昭，《印尼民族主義的黎明：至善社初年，一九〇八年至一九一八年》（*The Dawn of Indonesian Nationalism: The Early Years of Budi Utomo, 1908-1918*），經濟發展研究所（Institute of Developing Economies），不定期論文叢書（Occasional Papers Series）no. 10（Tokyo，1972）。

7 在南恩（Godfrey Raymond Nunn）的《印尼報紙聯合目錄》（*Indonesian Newspapers: An International Union List*），中文資料研究輔助中心（Chinese Materials Research Aids Service Center），不定期叢書（Occasional Series）no. 14（台北，1971）所列出的名單裡，一九〇〇年至一九二五年間的印尼報紙約有百分之二十五都在其名稱裡至少帶有以下其中一個字眼：「matahari」（太陽）、「surya」（太陽）、「bintang」（星星）、「nyala」（火焰）、「suluh」（火炬）、「pelita」（燈）、「sinar」（光芒）、「cahaya」（光輝）、「api」（火）以及「fajar」（黎明）。其他報紙的名稱則是帶有「muda」（年輕）、「baru」（新）與「gugah」（覺醒）等字眼。

8 這個書名其實是由卡蒂妮的編輯艾本達儂（Jacques Henry Abendanon）所取，他在她去世之後於一九一一年出版了這部書信集。不過，他與「覺醒」運動關係密切，也支持這項運動，而他挑選的這個書名正合乎那樣的背景。見希爾蕊・紀爾茲為卡蒂妮，《爪哇公主書信集》（*Letters of a Javanese Princess*，New York: Norton，1964）所寫的引言，尤其是pp. 15-16，23。

9 范尼爾，《現代印尼社會精英之形成》（*The Emergence of the Modern Indonesian Elite*，The Hague: van Hoeve，1950），p. 173。

10 「內印尼」指的是爪哇、峇里與馬都拉等島嶼以及其「印度化」的人口。「博雅易」指的是官員與文人等傳統爪哇上層階級。實際上，至善社的創始成員完全都是爪哇裔。見永積昭，《印尼民族主義的黎明》，p. 39。

11 關於這些目標的細節，見同上，pp. 157-60。

12 范尼爾，《現代印尼社會精英之形成》，p. 57。字體強調為我所加。

分部、支持群眾、報告和聚會看來，至善社似乎沒有本土的先例，而是一顆隨風飄送的種子，從中長出了印尼民族主義運動。[13]

印尼的作家如果通常不願接受范尼爾的這種心理與教學法的二分觀點，那麼他們也發展出了屬於他們自己的二分觀點，立基於道德、政治與世代之上。這點可以見證於普遍受到使用的種種對比，包括「maju／kolot」（進步／落後）、「muda／tua」（年輕／老邁）以及「sadar／masih bodoh」（覺醒／依然無知）。[14]在這兩種觀點當中，至善社都被人視為意識根本轉變的核心。然而，這種轉變仍有許多晦澀難解之處。以下就是闡明這些難解之處的一項初步嘗試。

※

至善社由巴達維亞的本土醫生培訓學校[15]當中的醫學院學生創立，領導者是一名十九歲的東爪哇少年，名叫蘇托莫。他後來成為他那個世代最著名的一位民族主義領袖。范尼爾寫下的這句話也許稍有些微的誇大：「在一九二〇年代形塑印尼人生活的人物當中，恐怕沒有一個人比他更重要。」[16]不過，在一九二四年於泗水創立印尼讀書會、一九三〇年創立印尼民族黨（PBI），接著又在一九三五年創立大印尼黨（Parindra）的蘇托莫，在獨立前的印尼無疑位於政治核心。[17]他在一九三八年去世之時，成千上萬的民眾都為他哀悼，認為他是印尼人民的忠誠僕人。[18]身為荷屬東印度最先進西式學校的一名成功畢業生，他在本世紀的頭二十年可以被視為進步、年輕與覺醒的典範。[19]蘇托莫也在偶然間成為第一位寫下類似於自傳著作的印尼名人，也就是廣為人知的《回憶》，其原文書名「Kenang-Kenangan」可以譯為「回憶錄」，但比較貼切的翻譯應是「回憶」。因此，我們也就可以合理認為研讀這部「自傳」也許能夠提供線索，讓人知道身為「覺醒」世代的一員帶有什麼意義，以及那個世代最歷久不衰的政治人物在心目中怎麼認知過去、現在與未來，又怎麼把它們連結起來。[20]

13 就是這種明顯源自西方的組織新奇性促使部分西方學者把印尼（以及東南亞）的民族主義解讀為從西方引進的產物，並且認為這種民族主義始於西式組織的成立。（例如一九〇六年在仰光成立的佛教青年會，就經常被視為是緬甸民族主義運動的起點。）參照布萊恩・哈里森（Brian Harrison），《東南亞簡史》（*Southeast Asia, A Short History*；London: Macmillan，1954），pp. 236-37。

14 舉例而言，西托魯斯（Lintong Mulia Sitorus）在他的著作《印尼民族主義運動史》（*Sedjarah Pergerakan Kebangsaan Indonesia*；Jakarta: Pustaka Rakjat，1951）當中寫道：「直到十九世紀末以前，有色人種都還在沉睡，而白人則是忙著占據每一片田野。」(p. 6)。

15 「School tot Opleiding van Inlandsche Artsen」，簡稱「STOVIA」。

16 范尼爾，《現代印尼社會精英之形成》，p. 224。

17 關於這些政黨的細節，見普魯維葉（Jan Meinhard Pluvier），《一九三〇至一九四二年間的印尼民族主義運動發展概觀》（*Overzicht van de ontwikkeling der nationalistische beweging in Indonesië in der jaren 1930 tot 1942*；The Hague: van Hoeve，1953）。

18 「五萬人跟隨著他的棺木，這位愛民者的身影長存於深深受惠於他的大眾心中。蘇托莫的確是一位非凡的人物，是歷史已有數十年的民族運動當中最高尚的領袖之一」（柯赫〔Daniel Marcellus Georg Koch〕，《良好的平衡：古東印度群島人物》〔*Batig Slot: Figuren uit het oude Indië*；Amsterdam: De Brug/Djambatan，1960〕，p. 145）。關於蘇托莫一生的標準概述，見蘇帕蒂，《蘇托莫醫生的生平與奮鬥》（Jakarta: Djambatan，1951）。

19 這是永積昭提出的評斷，《印尼民族主義的黎明》，p. 34。關於本土醫生培訓學校的演變細節，以及其課程與全體學生的性質，見范尼爾，《現代印尼社會精英之形成》，p. 16。

20 關於印尼自傳的討論，見薛爾，〈和諧與異議：爪哇的早期民族主義思想〉（Harmony and Dissonance: Early Nationalist

不過，在探究《回憶》之前，我們可以先提醒自己蘇托莫一生中的主要事實。他在一八八八年七月三十日出生於額佩（Ngepèh）這座村莊，鄰近於東爪哇的岸朱（Nganjuk）。[21] 他的外祖父是一名富裕的 kepalang（村莊首領），曾在 Binnenlandsch Bestuur（內政部）服務過。他的父親是一名出色的教師與行政人員，晉升到了區長的階級，在當時是沒有出生在貴族的縣長家庭裡的爪哇人能夠膺任的最高官階。[22] 蘇托莫在六歲以前由外祖父母撫養，接著被送到邦義爾（Bangil）的一所荷蘭語小學（ELS）就讀。他的入學時間大概是在一八九五年，而當時在整個荷屬東印度就讀這種小學的印尼人不超過一千一百三十五人，由此即可看出他享有多麼優渥的教育背景。[23] 一九〇三年，主要在他父親的堅持下，他進入了本土醫生培訓學校就讀，當時他十四歲。他在二十二歲那年的一九一一年畢業，而依據當初入學的合約規定在爪哇與蘇門答臘若干地點擔任政府醫生。一九一七年，他在派駐於布洛拉的期間結識一名喪夫的荷蘭護士，而娶了她為妻。兩年後，他獲得機會前往荷蘭繼續修習醫學，直到一九二三年才返回家鄉。到了那個時候，他已頗有名氣，而得以被選為泗水議會的議員。不過，他在不久之後就辭掉這項職務，而成立了一九二〇年代第一個也是最有名的政治「讀書會」。從那時開始直到他在一九三八年去世為止，他都全心投入於民族主義政治。[24]

以上就是依據蘇帕蒂所寫的平實傳記簡化而來的蘇托莫一生概要。蘇托莫的「自傳」在哪些面向上與此一輪廓相對應呢？幾乎沒有。舉例而言，其中幾乎完全沒有提及他在創立了至善社之後的三十年間，於政治上得到的成功或失敗。只有在順帶提到的內容裡，我們才有機會得知他的政治活動，例如他以充滿同情的語調談到他們住在荷蘭的時候，他的太太必須不斷做菜招待如流水般不斷來到他們家作客的學生。[25] 這部自傳的結構頗為怪異，也沒有依循蘇托莫的人生曲線進行敘述。頭四十八頁都在講述他的父母與祖父母，最後的五十七頁則是在講述他的同學（以及政治上的同志）、他的太太，還有幾名家族僕人。只有中間的三十頁具體談論了他自己的人生，而且這段內容乃是以他在巴達維亞就學的時期作結。

在一段敬告讀者的文字以及一篇簡短的序言裡，蘇托莫稍微解釋了採取這種書寫架構的原因：

如同本書引言中所提，作者撰寫這本回憶之書的目的，乃是希望順應若干人的要求，讓他們

Thought in Java，M.A. thesis, Cornell University，1975），pp. 188-89。關於印尼傳記與自傳的個別研究，見薛爾對於蘇托莫、基普托．曼根庫蘇摩與德宛達拉的探討；阿巴達拉，〈米南佳保人的現代化：二十世紀頭數十年的西蘇門答臘〉（Modernization in the Minangkabau World: West Sumatra in the Early Decades of the Twentieth Century），收錄於霍特編，《印尼的文化與政治》（Ithaca, NY: Cornell University Press，1972），pp. 179-245；穆雷查克，〈陳馬六甲：一名政治人物的經驗結構〉（Tan Malaka: A Political Personality's Structure of Experience），《印尼》14（一九七二年十月）：1-48；以及列格，《蘇卡諾政治傳記》（New York: Praeger，1972）。

21 因此，他與胡志明還有緬甸的第一任總理巴莫博士幾乎是完全同時代的人。

22 進一步的細節請見薛爾，〈和諧與異議〉，pp. 191-200。此處的「bupati」指的是爪哇的傳統地方貴族。

23 同上，p. 30。

24 蘇帕蒂，《蘇托莫醫生》，pp. 2-8。

25 蘇托莫，《回憶》（Surabaya: n.p.，1934），pp. 118-19。

> 知道我的人生故事【riwayat】。在本書裡，我沒有以最平鋪直敘的方式陳述我的人生故事，[26]原因是如同引言裡提到的，由我撰寫我自己的故事並不恰當。【因此，】我只針對若干與我的人生有所關聯的人士，陳述他們故事裡的若干摘要內容【pungutan】；如此一來，從那些人的故事摘要裡，即可窺見我的故事……[27]長久以來，我已收到來自各方的請求，希望我寫下自己的人生歷史（biografie）。尤其是在我自己的團體內，更有不少人提出這樣的要求。此外，也有一些記者提出同樣的要求。不過，我全都予以拒絕，原因是我認為一個人如果尚未回歸永恆【belum pulang ke zaman yang baka】，那麼他的人生就不該被寫為歷史；換句話說，那個人的人生圖像還沒有完成……[28]
>
> 於是，我採取另一種做法，藉此讓我能有充分機會向我的祖先以及其他幫助過我的人致意，[29]從而使我自己的 lelakon 能夠獲得揭露。[30]
>
> 爪哇人有一句俗語：kacang mangsa ninggal lanjaran，意思是說一個人的子孫永遠不會拋棄他的性情，所以從我描述祖先的性格當中，讀者即可輕易瞭解我真正的性格。[31]
>
> 作者希望……這本回憶錄……可以用來比較過往【zaman dahulu】與當下【masa sekarang】的狀況。[32]

《回憶》裡有些比較重要的主題，已經呈現於這些平實的說明文字裡，而這段文字也值得在我們進一步探究這部文本之前稍加評論。

首先，引人注意的是，儘管西方學者習於把《回憶》稱為自傳，蘇托莫自己卻從來不曾用過這個字眼，也沒用過任何與此同義的印尼文詞語，因為他提及自己長久以來一再拒絕別人希望他撰寫自身傳記的請求。然而，《回憶》絕非一般意義的傳記。即便在他詳細描寫自己的祖先之時，我們讀到的也不是他們的傳記，而只是從他們的「故事」裡陳述一些「摘要」內容。蘇托莫沒有把這些祖先人物放在逐漸成熟的個人或歷史脈絡當中。他們出現在無法得知確切時間的事件裡，唯一的例外就是我們將會看到的「zaman dahulu」與「masa sekarang」的重要標記。

我認為，我們如果要理解這種寫作方法，就必須先清楚知道現代西方傳記與自傳的本質與假設。這兩種文學形式基本上就是關於「人」與「歷史」的相互作用。「歷史」是一套用來理解人與

26 在現代的印尼語當中，「penghidupan」與「kehidupan」這兩個詞語的意義雖然頗為不同（也許分別代表「人生形態」與「人生」），蘇托莫在這段文字裡卻似乎將這兩者當成同義詞。

27 同上，封面內裡。

28 同上，p. 3。蘇托莫以括號加上「biografie」這個荷文詞語，彷彿不確定他的印尼讀者是否能夠理解「人生歷史」是什麼意思。

29 比較另一名同為爪哇人的印尼領袖所說的話，共黨總書記蘇迪斯曼在一九六七年判處他死刑的特別軍事法庭之前發表的辯護當中指出：「我是個出生於爪哇的共產主義者，因此我有義務依照爪哇人的習俗在告退之前說：首先，matur nuwun，我感謝所有在奮鬥過程中幫過我的人。」（蘇迪斯曼，《責任分析》，班納迪克・安德森譯〔Melbourne: The Works Cooperative，1975〕，p. 24）

30 「Lelakon」是個極度難以翻譯的爪哇詞語。有時候，這個詞語的意思大概包含了「命運」、「角色」、「人生目標」以及「道德責任」。

31 蘇托莫，《回憶》，p. 4。這句俗語的字面意義為：「豆子怎麼可能拋棄豆桿呢？」此處譯為「性格」的「tabi'at」一詞，也可譯為「本性」。

32 同上，p. 6。

社會演變的全球線性框架。「人」則是體驗此一「歷史」並且參與其中的主觀個體。因此，研究一個人的人生，即是研究他如何朝著自己的歷史角色前進，以及如何融入這種角色當中。父母與祖父母如果出現在這種著作裡，功用即是在於闡釋形塑出那個「人」的社會、經濟與心理背景；或是一條起點線，用於評判他在即將來臨的比賽當中的表現。於是，這類文本的根本動向乃是遠離祖先而移向「個人」。這類文本就像是畫布上的油畫一樣，藉著不斷添加一筆一筆的色彩，而終究形成一個出人意料的整體，也就是最後完成的藝術作品。

我認為《回憶》的寫作方法則是比較類似於古典雕塑，也就是在石頭或其他原料的偶然形體當中發現一個基本的形象。在「kacang mangsa ninggal lanjaran」這句民間俗語當中，隱含的是另一種對於人與時間的認知方式，非常不同於西方傳記或自傳當中的那種典型觀點。如同我們將會看到的，《回憶》當中的歷史不是為人生賦予實質意義的畫家，而是一種偶然，是讓人在其中找尋基礎本質的石頭原料。蘇托莫描寫他父母的那些內容，目的不在於呈現這位民族主義領袖是從什麼樣的社會與心理環境當中起身面對他的命運，而是要揭露「豆子」在找尋回家的路途上所尋求的「豆桿」。實際上，他向我們呈現的就是他祖先的性格（本質），而他的人生就是朝著那個方向前進。這種旅程追求的不是個人成就或歷史獨特性，而是團圓與認同。就是在這種意義當中，蘇托莫才能藉著呈現他祖先的本質，而邀請對他的歷史角色相當熟知的讀者看出他真正的本質。[33] 在歷史時間如此不定的情境中，時序的重要性必然不高；我認為這就是為什麼蘇托莫自己的人生以及他祖先的人生在《回憶》當中會呈現得如此零碎、片段而且缺乏焦點。[34]

其次，《回憶》當中帶著哀傷的整體筆調也是從一開始就已確定。在基本草稿寫成之後不久，他心愛的妻子即告去世，而蘇托莫為了她而在最後一刻添加的獻詞，則是簡短而充滿悲痛。他也悼念了另外兩名他最仰慕的人士：一人是他的朋友根納萬．曼根庫蘇摩（Goenawan Mangoenkoesoemo），根納萬的哥哥基普托．曼根庫蘇摩說他們的交情要好得就像是「wayang」（木偶）與「dhalang」（操偶師）一樣親近，[35]另一人是他的父親，他指出，父親去世是他突然竄起成為至善社領袖的關鍵因素。不過，這種哀傷筆調的根源比失去親友的經歷更深刻。我認為這樣的哀傷衍生自前引蘇托莫序言的最後一段，在那裡以及整本《回憶》裡一再顯示於「zaman dahulu」與「masa sekarang」的對比當中。有時候，我們似乎可以明白看出這些「時代」之間的對比本質，儘管我們可能看不出其間的轉換時間點。蘇托莫記錄了他在額佩詢問村民過往的日子是什麼模樣：「村民回答：『先生，什麼都比不上魯拉．卡吉（Lurah Kadji，蘇托莫的祖父）的時代。』差別

33 這點也同樣適用於出現在《回憶》裡的其他人物。其中有些人在少數幾個場合中似乎出現了改變，例如蘇托莫充滿抱負的母親經由痛苦的經驗而發現官方職務不一定會帶來快樂。不過，蘇托莫明白指出真正的「她」完全沒有改變。她只是對世界的本質拋棄了一些幻想而已。同上，p. 25。

34 這方面最引人注目的一點，就是《回憶》絲毫沒有提及東南亞人在二十世紀初年所經歷的三項「震撼世界」的事件：亞洲的日本在一九〇五年令人震驚地打敗歐洲的俄羅斯；一九一四年爆發第一次世界大戰；還有一九一七年的布爾什維克革命。相對之下，印尼後來的其他回憶錄幾乎全都緊密連結於不斷前進的世界史。舉例而言，見夏赫里爾，《擺脫放逐》，沃爾夫譯（New York: John Day，1949）；辛蒂．亞當斯，《蘇卡諾自傳：由辛蒂．亞當斯記述》（Indianapolis: Bobbs-Merrill，1965）；以及沙斯特羅阿米佐約（Ali Sastroamidjojo），《人生旅途上的里程碑》（*Tonggak-tonggak di Perjalananku*，Jakarta: Kinta，1974）。

35 據傳基普托在根納萬去世之時說道：「這下子，蘇托莫失去了他的 dhalang。」蘇托莫，《回憶》，p. 95。

在哪裡？『**在那個時候**，在魯拉．卡吉的時代，所有人都【受到魯拉．卡吉】絕對禁止把土地租給【製糖】工廠。』」[36] 他這麼描述他祖父的教育：

他的父親相當富有，曾經是那裡的首領。因此，**若以他的時代來看**，他其實接受了足夠的教育。他被送往一所接一所的 *pesantrèn*，[37] 哪裡有著名的老師就往哪裡去。我的祖父因為這樣四處移動，所以擁有相當寬廣的觀點。根據別人所言，他是在塞潘姜（Sepanjang，鄰近泗水）的 *pesantrèn* 才獲得廣泛而充足的 *ilmu*。[38] **在那個時候**，還沒有 *sekolahan*。[39] 除了背誦古蘭經以外，他還學會了讀寫爪哇語和馬來語，並且研習 *ilmu falak*【天文學】，這門學問解釋了星辰與月亮的運行。他還學習 *ilmu kebatinan*[40] 與 *ilmu kedotan*（這種知識可以讓人遭刺的時候不會受傷，遭到毆擊也不會感到疼痛）[41]……在我祖父的時代，年輕人非常喜愛**運動**與藝術（kunst）。如果有人不會騎無鞍馬，不敢站立在馬背上，就不算男人。如果有人不會拉弓射箭，不會使長矛，就不算男人。舞蹈與 *nembang*【古典爪哇歌唱】是懂得自重的年輕人必須要有的藝術能力，*rampok harimau* 則是廣受大眾喜愛的運動。[42]

蘇托莫還這麼描述他祖父招待客人的方式：「若以**那個時代**來看，對於我祖父向他的工人招待荷蘭琴酒的做法就不會感到意外。除此之外，**在那個時代**，雖然眾人已開始覺醒【sadar】，也開始有了羞恥心【malu】，我的祖父卻還是會在許多場合上向客人招待鴉片……在古時候【zaman kuno】，抽鴉片是崇高地位與奢華的象徵。」[43]

我原本認定那兩個「時代」如果不是對應於兩個歷史時期，就是對應於「傳統」與「現代」；但這些描述的模稜兩可，卻使我不敢再那麼確定。[44] 蘇托莫從頭到尾不曾對他祖父接受的教育表達懷舊的嚮往或者鄙夷，只有「若以那個時代來看」這個難以捉摸的句子。荷蘭琴酒是爪哇進口自荷蘭的舶來品，鴉片可能也是，至少在大規模上是如此，但這兩者在這裡都呈現為古時候（zaman kuno）的象徵。[45] 此外，文中也沒有明白顯示「sadar」與「malu」之間的關係（這是這兩個

36 同上，p. 13。字體強調為我所加。

37 「Pesantrèn」是傳統的爪哇伊斯蘭習經院。一如其他地方，蘇托莫在這裡也是先寫出爪哇語的字眼，再翻譯成印尼文給他的非爪哇語讀者看。

38 這段文字的語義相當重要。蘇托莫總是以「ilmu」這個帶有高度敬意的「深邃」詞語（顯然是由爪哇語的「ngèlmu」翻譯而來）指涉「傳統」爪哇與伊斯蘭學問。這個字眼所指的總是「真實」或者本體為真的知識。就我所知，他從來不曾使用這個字眼指涉在荷蘭學校裡學到的東西。

39 「Sekolahan」是荷蘭語的「學校」一詞經過本土化演變而成的詞語，並沒有特別的弦外之音。蘇托莫在此處的簡短指涉令人難以確定他對這些西化學校的態度。我們也許會認為這句話應是與「沒有人把土地租給糖廠」平行。

40 「Ilmu kebatinan」（內在的知識）是傳統爪哇宗教學習的最高形式，西方人通常稱之為「爪哇神秘主義」。

41 蘇托莫，《回憶》，pp. 10-11。字體強調為我所加。

42 同上，p. 12。字體強調為我所加。「Rampok harimau」是「rampog macan」這個爪哇語字眼的印尼文翻譯，指的是一種由黑豹或老虎與一群武裝男子搏鬥的運動。

43 同上，p. 17。字體強調為我所加。譯為「崇高地位」的詞語是「kebangsaan」，通常意為「國籍」或「種族」。我猜這個詞可能是誤植，而正確的詞語應該是「kebangsawanan」（高尚階級）。

44 但必須注意的是，從我們的歷史觀點來看，所謂的「古時候」必然大略相當於朗喀瓦西塔的黑暗時代。

45 《蓋陀洛可傳》裡那個陰莖樣貌的主角，就被描寫為鴉片的忠實吸食者。

字眼出現在《回憶》裡的罕見時刻）。社會革命？政治發展？文化啟蒙？還是希爾蕊・紀爾茲描述的那種從「durung Jawa」（尚非爪哇人、未覺醒、不懂得羞恥）到「wis Jawa」（身為爪哇人、已覺醒、懂得羞恥）的轉變，從爪哇兒童身上轉而套用在整個爪哇社會上？[46]

蘇托莫生動描寫了自己對於他的祖父行使的村莊正義所感到的不自在，而這項事件正好最能看出過去與現在的含糊關係。他的祖父會把村裡犯了過錯的人綁在pendhapa（這是首領的住家前方一種沒有牆壁的棚子）的柱子上，就這麼綁上幾天。「我成年之後，已受到穆爾塔圖里（Multatuli）[47]的著作影響，他是為我們的人民爭取以及保護權利最首要的擁護者，於是問我祖父是什麼力量【kekuasaan】賦予他這樣的權利，讓他膽敢以這種方式懲罰村民。」[48]在這裡，我們也許會預期他做出傳統與現代、舊與新的對比。不過，故事接下來的發展方向卻出人意料，因為祖父解釋說自己採取的懲罰方式其實已是經過**改革**的結果，因為以前，罪犯都是被送去城鎮裡的監獄。在他的觀點中，那些罪犯服刑之後通常會變得更凶悍，所以他就創造了一種新式的當地司法系統，以便將那些罪犯留在村莊社群裡。蘇托莫以這段文字作結：「所以，我雖然沒有辦法同意他的立場，卻可以理解我的祖父為什麼建立了這些規則。因此，我雖然已經受到新思潮【aliran baru】的影響，對他的尊敬之心卻絲毫沒有減損，**尤其是如果以他的時代來看的話**。」[49]

蘇托莫提及自己受到穆爾塔圖里以及頗為模糊不清的「新思潮」所影響，是《回憶》裡提到「新思想」的極少數例子。不過，我們在這裡並沒有強烈感受到他暗示這種思想是一種發展或者進步。成年的蘇托莫純粹只是在一開始並不理解祖父的改革而已。他沒有支持他祖父的行為，也沒有堅持「新思潮」才是正確。我們只是單純感受到某種道德立場上的不對稱分離而已。站在自身道德立場上的蘇托莫，學會了理解祖父以及保有對他的尊敬。不過，他的祖父對於自己的良好判斷力深懷自信，卻沒有以同樣的態度回應他。[50]

這種相連與分離的圖像在《回憶》裡一再出現。祖先仍然是「有所成就」的獨立人物，完全展現並且代表了他們的祖傳性質。他們如果吵架，就像蘇托莫的祖父與父親所受到描述的那樣，也是以毫不反諷又具有代表性的方式吵架。[51] 對於自己的兒子應該踏上什麼樣的職業道路，父親反對岳父的觀點，但理由完全就事論事，認為對方的觀點在實際上與道德上都是錯的。這兩個人因為這樣的爭吵而分離，卻又以他們填滿獸皮壺的具體方式連結在一起。他們的後代蘇托莫，不僅在「性質」與「性格」上與他們緊密聯繫，而且是以一種古怪而且疏離的新方式看待這種「聯繫性」。他沒有說他祖先的觀點「錯」了，原因正是他認為那些觀點沐浴在「時代」當中。蘇托莫與父祖的分離，正

46 希爾蕊．紀爾茲，《爪哇家族：親屬關係與社會化的研究》(*The Javanese Family: A Study of Kinship and Socialization*；Glencoe: The Free Press，1961)，p. 105。

47 他指的是殖民地著名的權威反抗者戴克爾（Eduard Douwes Dekker；一八二〇至一八八七年），在一八五九年以筆名穆爾塔圖里（意為「我吃了許多苦」）出版了一本深具自傳色彩的小說，書名為《馬格斯．哈弗拉爾》(*Max Havelaar*)。這部小說尖銳抨擊了十九世紀殖民政府的不義，以及受到殖民政府籠絡的爪哇統治階層所表現出來的殘暴與貪腐，結果大為轟動，並且在東印度促成了一場改革運動。

48 蘇托莫，《回憶》，p. 13。

49 同上，p. 14。字體強調為我所加。

50 蘇托莫呈現了一個與穆爾塔圖里形成鮮明對比的形象。最令那名荷蘭人感到憤怒的其中一件事，就是權高勢大的本土官員所施行的個人（獨斷）「正義」。

51 見下述，p. 348。《回憶》裡的相關篇章在pp. 66-68。

是位於此一概念層次上：他認為自己和他們各自置身於不同的時代。然而，他們之間的連結則是在那種概念的複數化層次上。由此可以見到一個新的「觀看自我」的徵象，亦即拉開人與文化之間的距離。此外，看起來也彷彿像是蘇托莫著手建構一種看待傳統的觀念。畢竟，傳統歸根究柢不就是一種在分離當中找出連結、一種藉著不重蹈覆轍而予以認知的方式？因此，「zaman dahulu」（過往）與「masa sekarang」（當下）的差別可能比較不在於歷史時期，而是在於不同的意識狀態。

另一方面，我們如果要窮盡「zaman dahulu」一語的意義，就必須將其和「zaman」這個詞的其他用法放在一起互相比較。舉例而言，蘇托莫認為比較好的做法應該是「在我脫離匆匆流逝的時間【zaman yang fana】之後」，再由別人撰寫他的人生故事；[52] 也說一個人的歷史不該在他回歸「永恆的時間【zaman yang baka】」之前受到書寫。[53] 他一再指出，在這個匆匆流逝的時間裡，「任何快樂或痛苦都不會永久持續」。[54] 在另外一段文字裡，他則是使用了「旋轉的世界」這個老意象。[55] 這些用語中當然存在著某種帶有傳統爪哇色彩的東西，但光是強調這一點並不足夠：更重要的是這些用語和「zaman」的其他用法之間的新關係。在傳統的爪哇思想當中，一個人的人生動態和宇宙的動態之間可以說是存在著一種自然的和諧性。轉動的輪子是一種移動與靜止、啟程與回歸的意象。普世時間的形式即是創造與毀滅，接著又是再次的創造與毀滅。[56] 人誕生在這個匆匆流逝的時間裡，度過一生，然後就像蘇托莫說的那樣，「回歸」永恆的時間。循環就此完成，於是另一個世代再度展開新的循環。因此，對於傳統爪哇人而言，生命就是朝著死亡移動，而就某種意義上來說，成為爪哇人即是學習隨著這種移動的韻律而活。[57]

明白可見，蘇托莫瞭解並且接受這樣的時間概念，亦即時間可以是稍縱即逝，也可以是永恆不滅。實際上，在這樣的概念裡，那兩者之間的區別凌駕於其他一切區別之上。就此一意義而言，他是傳統爪哇人。不過，他也在西式醫學院接受過教育，在那樣的學校裡，達爾文主義是宇宙的基礎，死亡則是被視為失敗。[58] 在這種意識模式當中，宇宙不再是循環運轉，而是往上以及向前移動；此外，死亡也不是「回歸」，而是一個人真正的終點。因此，蘇托莫完全暴露於進步西方思想的那種根本性分離，把歷史視為物種的發展，生命則是個體的腐朽。《回憶》顯示他不僅受到「新思潮」（連同一切伴隨著這個字眼的反諷）影響，而且是在兩種極為不同的時間概念當中看待這種思潮，從而在其中發現了一個記錄的自我。

在《回憶》的核心部分，蘇托莫的人生移動到了與當今所謂的民族史交會的部分，也就是至善社的成立。蘇托莫對於自己人生的敘述，首先是提及他在額佩的祖父家中所度過的六年快樂時光。這一段的特點在於兩個互相對比的主題：村莊生活的基本和諧性，以及蘇托莫自己在這種生

52 同上，p. 4。
53 同上，p. 3。
54 同上，p. 7。
55 同上，p. 22。
56 見本書第一章，尤其是pp. 48-50。
57 我清楚記得我在雅加達的音樂老師，他是他那個世代數一數二傑出的古典音樂家，但隨著他意識到自己的人生即將走到盡頭，他就開始逐漸捨棄自己的財物與家庭責任。我無法想像比這更加柔和而堅定的行為。
58 關於達爾文主義概念在二十世紀初於爪哇造成的衝擊，見達姆，《二十世紀印尼史》（*History of Indonesia in the Twentieth Century*，New York: Praeger，1971），p. 30；永積昭，《印尼民族主義的黎明》，pp. 45, 53, 185（n. 80）。

活中的破壞性粗魯行為。村莊生活的和諧性不是以後來許多印尼民族主義領袖所認為的那種方式傳達，不是陳述那樣的和諧還有其背後的意識形態與文化基礎，而是以一種特殊的方式浮現，這種方式不僅帶有典型的爪哇色彩，又令人不禁聯想起印尼最偉大的作家帕拉莫迪亞的作品。以下是蘇托莫對於村莊裡一項重大活動的描述：

> 到了sambatan的時候，也就是請求眾人協助執行一項需要許多人力的計畫，有一場非常盛大的招待會舉行於我祖父家中的pendhapa。數十人在那裡獲得招待食物，所以寬廣的pendhapa裡擠滿了人。廚房裡也滿是工作人員，忙著服務那些享用著食物的人。Sambatan通常舉行於眾人在稻田裡工作的時候。在sambatan期間，稻田上都滿是歡欣不已的村民。數十人肩併著肩犁田耙土。「嘿，嘿，嘿」或者「呀，呀，呀」這類用於叫喚公牛或水牛的呼聲此起彼落。那些人一面工作一面唱著〈tembang〉與〈uran-uran〉，[59] 使得看見以及聽到他們的人都感到滿心喜悅。
>
> 由這種喜悅與歡樂所影響而成的氛圍，不只人類受到了吸引，也不只人類能夠體驗得到。公牛與水牛也彷彿分享了這種喜悅，而共同參與在〈tembang〉與〈uran-uran〉那旋律悠揚又歡樂的樂音當中。公牛與水牛以穩定的步伐緩慢前進，一面拖著犁與耙，一面反芻著食物。有時候，為了驅趕停留以及爬行在牠們身上的蒼蠅，牠們會左右搖晃帶有長角的頭，並且甩動尾巴。在鞭子的劈啪聲之下，公牛與水牛雖然備受蒼蠅騷擾，還是不斷前進，惦記著並且履行牠們的任務。看著這樣的祥和景象，有什麼人不會在內心感受到這種清新的平靜狀態，

而覺得一切都靜謐怡人？面對這樣的情景，還有什麼好奢求的呢？也許就是因為這種感覺，因為這種自然與生物的安祥與和睦，所以農夫才會難以改變本性，亦即熱愛這種平靜與祥和的本性。他們在十一點左右停止工作之後，pendhapa裡就擺出了成排的米飯、盤子與水壺，等待眾人前來進食。人群湧向pendhapa的聲響相當喧鬧……我經常坐在pendhapa裡其中一個人的大腿上，面對著各種竹盤以及裝滿了檳榔與菸草的木托盤，內心歡悅不已，原因是我聆聽著那些正在進食的人所說的笑話。每個人一旦吃飽之後，就一個接一個到我面前來領取屬於他們的份額：一顆伴隨配料與菸草的檳榔。只要是認識我或是比較大膽的人，就會帶著和善的表情與歡笑，而藉著撫摸我身上那個不適合在此處提及的部位逗我玩。在這種情境當中，誰會不覺得快樂，誰會不懷著滿心的愛而希望與那些農夫同為一體？[60]

我的玩伴是薩迪敏（Sadimin）與堅格（Tjengèk），他們在當時都是少年。他們一起負責藉著吹笛子照顧我。堅格是個失明的男孩，但他卻似乎從來沒有心情低落的時候，隨時總是歡欣愉快地開著玩笑。只有在他吹笛子的時候，發出的樂音才會令人感到害怕而悸動，彷彿盼望著某種永遠無法企及的願望。[61]

59 〈Tembang〉是傳統爪哇歌曲，〈uran-uran〉則是民俗歌謠。
60 蘇托莫，《回憶》，pp. 15-16。
61 同上，p. 58。比較帕拉莫迪亞的〈私生子〉（Anak Haram）這則優美的故事，收錄於其著作《布洛拉故事集》（Jakarta: Balai Pustaka，1952），pp. 227-62。

這段描述當中最引人注目的一點，就是其中充滿了聲響而不是話語。話語也許受到間接提及，例如堅格的笑話，但我們完全不曉得其內容為何。除了沒有意義的話語之外，[62] 其他話語都沒有必要轉述，原因是快樂的感受（以及堅格的痛苦）都來自於純粹的聲音。和諧的形象正是受到這種聲音與意義之間的毫無區別所傳達。（唯一「破壞」了這種和諧的是成年的蘇托莫，因為他藉著書寫文字而試圖捕捉那種無法由言語捕捉的東西。）

相較之下，蘇托莫對於童年的自己則是以絲毫不顧形象的方式加以描寫。他深受寵溺，可以任意操弄他的祖父母，而總是樂於向他們抱怨他的叔伯與姑姑，再看著那些長輩遭到訓斥落淚。[63]「我覺得自己極度調皮，像國王一樣為所欲為，而且以相當霸道的方式……對待我身邊的人。」[64] 後來他開始上學之後，則是「極為揮霍、目中無人，而且以騙取父母的錢為傲。我總是謊稱需要買書或外套而要求爸媽給我額外的錢，但實際上卻是拿去買零食招待我的朋友或者其他人」。[65] 他喜歡打架，對於課業很懶惰，而且經常在考試當中作弊。[66] 他嫉妒自己的弟弟，因為他認為爸媽比較偏愛弟弟。有一次，他因為對這樣的偏心深感痛苦，而騎車衝進樹林裡，忍不住流下憤怒與自憐自艾的淚水。[67] 他以前也常偷東西。[68] 童年的他只有一個面向讓成年的他在事後回顧起來能夠予以肯定，也就是對不公正感到憤怒並且一心想要加以對抗。[69] 但整體而言，他筆下描寫的這個人物明顯帶有爪哇人最不認同的特徵，也一點都不像他以各種不同方式描述為認真、勤奮、具有遠見、充滿責任感以及富有「深度」的祖先。毋需懷疑，他對童年自我的描寫必然有部分的真實性，而且小時候的蘇托莫的確是個備受溺愛而且令人頭痛的孩子。不過，引人注意的是他竟然如此詳細描寫自己的不良行為。[70] 如同後續將會明白看到的，重點絕對**不**是蘇托莫這個

「人」的發展演進，如何從調皮的孩子變為廣受敬重的民族領袖。

如同先前提過的，蘇托莫在進入本土醫生培訓學校就讀之前，曾被送到邦義爾的一所荷語小學接受教育。在邦義爾，他住在一個舅舅的家裡。對於人生中的這段時期，他為我們提供了兩個主要的回憶。第一個回憶是他從這位舅舅身上學到的東西，而且他向讀者介紹這位舅舅的方式頗為奇特。蘇托莫寫道：

> 【他】這個人吃喝的方式非常奇怪，睡覺就更不用說了……【他】極少以近似於一般人的方式進食，而且睡覺主要都是睡在一張擺在地板中央的椅子上。所以，我受到伊斯蘭化

62 例如「嘿」與「呀」等用來呼喚公牛左右轉的叫聲。

63 蘇托莫，《回憶》，p. 55。

64 同上，p. 56。

65 同上，p. 68。

66 同上，p. 65, 68。

67 同上，p. 64。

68 同上，pp. 61-62。

69 同上，p. 65。關於這一點另見下述，p. 347。

70 這項強調將在後續受到完整討論，見pp. 351-3。這一切可以在另一部自傳裡見到令人驚奇的平行內容，也就是緬甸領導人吳努（U Nu）的自傳，《週六的兒子》（*Saturday's Son*），U Law Yone譯（New Haven: Yale University Press，1975）。在第一章「熱血的青年」（Flaming Youth）裡，吳努興高采烈地描述自己在年輕的時候經常說謊、作弊、偷竊、造訪妓院，而且偶爾還會吸食古柯鹼與鴉片。但在這個例子裡，我相信作者是刻意要與佛陀的人生結構做出對應。

【diselamkan，亦即割除包皮】之後，就因為他的教導而認為吃飯吃到覺得肚子飽是一件可恥的事情。在那個時候，我一天通常只吃一餐，而且總是會刻意不讓自己感到飽足。我的舅舅教導我，人如果發現自己正在吃的東西非常美味，就應該停下來，而不能繼續吃下去。此外，我每個晚上都必須踏出屋外至少兩次，而且他也要求我必須學習掌控【berkuasa】自己的思緒。思緒必須收到引導，就像我內心的慾望一樣。為了達到這個目的，我每天晚上都必須帶著平靜的心思望向西方、東方、北方與南方，而且天與地也不能受到忽略。在那個時候，我並不完全瞭解這種種做法的目的。不過，我要是不履行這種義務，就會覺得自己的思緒顯得不潔而混亂；向前、向後、向左向右還有向上向下眺望的動作，則是會讓我的心感到清新。[71]

這段文字值得注意之處不是那個舅舅的行為，因為他的行為對於奉行爪哇神秘主義文化的爪哇「博雅易」而言其實相當正常。值得注意的反倒是蘇托莫竟然把這樣的行為描述為奇怪，接著卻又指出自己後來對這種行為習以為常。我猜想我們應該以兩種方式理解「奇怪」一詞：一方面是舅舅的行為看在年幼的蘇托莫眼中頗為奇怪，原因是他在當時「尚非爪哇人」；另一方面是現在的「觀看自我」因為記錄內在自我（batin）在許久以前經歷過的體驗而感到的奇怪感受。

蘇托莫的邦義爾歲月引人注意的第二個面向，則是他講述了自己在那所菁英小學（sekolahan）當中的活動：「我的老師還有荷蘭同學從來沒有羞辱過我，情況**恰恰相反**。不過，我要是聽到有人對別的爪哇學生說出辱罵的字眼，例如penthol[72]或者『爪哇鬼』，我就會覺得自己的耳朵像是著了火一樣。此外，如果有任何不公正【tidak adil】的情形，我也會採取行動，所以我在那所學校也就經常和同學打架。我從來沒有打贏過，因為荷蘭學生都比我的朋友高大強壯，而能夠輕易把我打倒。」[73] 這段描述頗為平鋪直敘，但這卻是蘇托莫在《回憶》裡首度提到自己的優點，儘管語氣中也許帶有挖苦的意味。讀者在先前的篇章裡已經得知，蘇托莫父親的本性根基，就是關注正義（keadilan）。[74] 因此，我們可以說年輕的蘇托莫已開始逐步趨近於祖先的特質。不過，他也特地指出自己沒有受到荷蘭老師或同學惡待，而是「恰恰相反」。必須注意的是，他這麼說並不是在吹噓自己深受荷蘭人接納，[75] 而是要顯示爭取正義必然不能摻雜個人利益（pamrih）。[76] 在爪哇傳統當中，個人追求正義不是為了自己，而是忠於個人的darma（義務）。這則故事因此具有雙重意義：一方面顯示他對於殖民社會的種族不正義產生愈來愈高的（社會學）意識，而後來激烈的民

71 蘇托莫，《回憶》，p. 65。這段文字的後半段很難確認該怎麼翻譯，因為印尼文沒有自然的標記能夠顯示時態。蘇托莫在此可能是同時指涉過去與現在。

72 「Penthol」是個粗俗的爪哇詞語，意為「白痴」或「笨蛋」。即便到了今天，也還是可以聽到非爪哇人吐出這個字眼。

73 蘇托莫，《回憶》，p. 65。字體強調為我所加。

74 在許多生動的例子裡，最動人的也許是蘇托莫描述他父親看待女性的「超現代」態度。他想要讓女兒接受良好荷蘭教育的想法極為「進步」，以致他的鄰居不禁懷疑他是否成了基督徒！「晚上工作結束之後，他經常會把女兒一一抱到大腿上，或是緩慢低聲吟唱著tembang哄她們。他也經常會提及我們的同胞對待女性的不公正（ketidakadilan）態度。」同上，pp. 48-49。

75 與此相對的一個例子，是蘇托莫之後那個政治世代的領袖人物哈尼法（Abu Hanifah）。他以殖民者那種自鳴得意的態度描述自己獲得荷蘭人的完全接納，不像他的朋友與同學那樣遭到排擠，原因是他對荷語以及西方人的生活方式的理解勝過其他人。哈尼法，《革命的故事》（*Tales of a Revolution*，Sydney: Angus and Robertson，1972），pp. 39-40。

76 關於爪哇人對「pamrih」的觀點，見本書第一章，pp. 69-71。

族主義運動即是由此而生；另一方面則是顯示了一名「深度」的爪哇人已開始成形。

描述了自己與荷蘭學生的衝突之後，蘇托莫接著寫到他放假返回額佩的生活。回到他祖父的家，即是「享有調皮與玩樂的自由。我在那裡深受寵溺與誇獎，以致我覺得自己真的是個與眾不同的孩子」。[77] 然而，他接下來記錄的事情卻是自己害怕閃電打雷的這種再尋常也不過的恐懼。暴風雨一旦來襲，他就會跑到祖母身邊，把頭鑽進她的懷裡。但在這種時候，他的祖父總是會拉起他的手，以「溫柔體貼」的嗓音對他說：「Lé, kowé aja wedi karo bledhèg. Kowé rak turunan Ki Ageng Séla, mengko bledhég rak wedi dhéwé.」蘇托莫為他的非爪哇人讀者將這句話翻譯如下：「孩子，[78] 不要怕閃電。你難道不是塞拉的子孫嗎？以後一定是閃電會怕你。」蘇托莫指出：「由於他話語中的堅定信念，我於是逐漸不再害怕打雷與閃電，不論其聲音有多麼嚇人。」[79]

緊接在蘇托莫遭到荷蘭學童打敗之後的這段記述，很難不讓人認為是在影射印尼人對於荷蘭人的反抗，「不論其聲音有多麼嚇人」。不過，我們另外也可能會注意到這裡的勇氣來自於回憶，對於個人起源的回憶。人的長大，乃是朝著源頭成長。

接著，在一個標題為「我為什麼遵從父親的願望」的段落裡，[80] 蘇托莫說明了他進入本土醫生培訓學校就讀的原因。他描述了自己的父親與祖父為了他的未來而起的激烈爭執。他的祖父一心希望蘇托莫當上高官，而敦促年輕的蘇托莫拒絕父親要他上醫學院的期望。他的父親則是受夠了本土人官員所遭遇的種種挫折與羞辱，而不希望自己的兒子落入同樣的下場。蘇托莫為自己為什麼遵從父親的願望提出了兩個原因，而且頗為令人意外的是，還明白指出這兩個原因分別在什麼年齡產生效果。在八歲那年，他幼稚的心靈對於本土醫生培訓學校學生的白色制服產生憧憬，覺得那樣的制服比政府官員所穿的黑色服裝看起來神氣得多。第二個原因則是「發生」在他十三歲左右：

> 那時候，我爸爸是草埔（Glodok）的助理區長。有一次，我正好在家，結果我爸爸必須在清晨搭乘一輛 bèndi 前往馬格丹（Magetan）。[81] 早上四點左右，我媽媽就已經坐在炭火前烤著早餐要吃的麵包，我和我弟弟也都醒了。我們看到爸爸從他的房間裡走出來，身上已經穿著正式服裝，站在我們面前自言自語地埋怨著在區域內政部門擔任博雅易的人所處的地位【derajat】……由於我爸爸一直嘟噥不休，我於是問他：「爸爸，那你為什麼要做這個工作？」他立刻回答了我的問題：「我如果不做這個工作，你們會有麵包和奶油可以吃嗎？」[82] 我當時

77 蘇托莫，《回憶》，p. 66。注意他在此一道德情境裡對於「kemerdékaan」（自由）一詞奇特的負面用法，後來一個世代的印尼人則是對於這個詞語視如珍寶。

78 「Lé」大概沒有辦法翻譯。這個詞由「kontholé」（他的陰莖）簡化而成，是爪哇人用來稱呼小男孩的親暱用詞。爪哇民俗傳說指出，閃電曾經想要攻擊擁有法力的塞拉（Ki Ageng Séla），結果那位智者抓住閃電，而將其緊緊綁在身旁的一棵樹上。後來，啜泣的閃電承諾永遠不會再擊打塞拉的後代子孫，才因此獲得釋放。這些後代子孫，也就是爪哇人，將會由他們別在帽子上的毒樹葉子而受到辨識。直到今天，有些爪哇村民只要在打雷的天氣身在戶外，還是會別上這樣的樹葉。

79 蘇托莫，《回憶》，p. 66。如同先前提過的，令蘇托莫感到驚奇的是對於話語的信念，也就是話語的聲音比意義更重要。

80 同上，pp 66-8。

81 「Bèndi」是兩輪馬車。在爪哇的部分鄉下地區，這種兩輪馬車直到今天都仍然是地位的象徵。

82 奇特的是，蘇托莫並沒有特別強調他們吃的這種歐式早餐。畢竟，這種早餐在十九世紀末的茉莉芬（Madiun）當地

還不懂「korban」這個字眼的意思，但我內在深處的自我【batin】聽到這個字眼，就對我爸爸深感尊敬。「我對你們只有一個要求，」我爸爸接著說：「我希望我的孩子長大以後絕對不要成為區域內政部門的博雅易。」[83]

在這個段落裡，我們看到的蘇托莫仍是個「還不懂」（belum mengerti）的孩子，也許值得一提的是，他從來沒有利用這個片語指涉他後來接受的西式教育。不過，此處的敘事其實比那起事件更引人注意。我們雖然可以確定蘇托莫的父親「在歷史上」乃是以爪哇語對兒子說話，但他的話語在此處卻是以印尼文寫出。[84] 此外，我們還可以看到「korban」這個字眼引起了蘇托莫的注意，但這個詞語卻沒有出現在他父親說的話裡面！就一方面而言，我們可以明白看出這是怎麼一回事。蘇托莫在自己的記憶裡必定是以爪哇語回想著父親的話，而且其中很可能包含了「ngurban」一詞。「Ngurban」是爪哇語當中帶有深邃道德與情感的一個詞語，意思是為了達成某個重大目標或者幫助身處匱乏的人而有所犧牲。這樣的概念正呼應了蘇托莫在邦義爾的那位舅舅對他的教誨。[85] 因此，年幼的蘇托莫注意到了一個自己還不懂的字眼，一個自己還沒有「知覺」的字眼，但後來卻因為懂得這個字眼而得以「成為爪哇人」。不過，這裡的奇怪之處乃是在於語言之間的落差。他寫下的印尼文句，未能呈現出其中影射的那種道德交流，實際上，那樣的道德交流也是主要在爪哇語的情境裡才有意義。蘇托莫在先前如果把他祖父的話語翻譯為印尼文，那麼現在他也許是在無意間採取了相反的做法，從印尼文回歸爪哇語。這也許就是為什麼他沒有明白指出自己學到的教訓。蘇托莫可能是對他父親的犧牲有所理解，所以才因感恩與尊敬之情而同意就讀醫學院，不去擔任「內政部的博雅易」。或者是「ngurban」這種觀念的暗示，亦即為了某種更重大的目標而引導自己的思緒和渴望，使得他決意進入這麼一所學校就讀，而從此將他徹底排除於舊爪哇官員菁英以及傳統地位階層體系之外。

接下來的段落陳述了本土醫生培訓學校的歲月，而進一步描寫了作者骯髒、調皮、懶惰又揮霍的性格。他對什麼事情都不認真，因為他要是遭到退學，祖父一定會非常開心，而且反正他的父母無論如何都會供養他。[86] 他幾乎完全沒有提到西式課堂裡的狀況，只談及各種幼稚的惡作劇。不過，這個段落卻以這段深具意義的文字作結：「我雖然還是揮霍、頑固又調皮，但在我爸爸離開人世而投入永恆的時間【zaman yang baka】之前的一年左右，我才突然瞭解到自己在課業上也能夠不必抄襲（nurun），並且因此知覺到【kesadaran】抄襲是一種可恥的事情。」[87]

乍看之下，這點似乎頗為直截了當，因為一個懶惰的男孩終於發現作弊是不好而且幼稚的行為。然而，我認為其中涉及的元素還不只如此。蘇托莫使用的語言，尤其是「nurun」與「kesadaran」等字眼，顯示了兩種不同的複雜性。他先是利用「meniru」（模仿，抄襲）這個印尼文詞語給了我

的爪哇世界裡必定相當罕見。

83 蘇托莫，《回憶》，pp. 67-68。

84 蘇托莫引述他父親的話語總是採取這樣的寫法，但他祖父的話語則都是先寫出爪哇語，再翻譯成印尼文。

85 見他講述自己的祖父如何藉著長期禁慾苦修而贏得地位比他高的妻子的芳心。同上，p. 11。另參照本書第一章，pp. 35-6。

86 蘇托莫，《回憶》，p. 69。

87 同上。

們一個提示，然後再以括號加上「nurun」這個衍生自爪哇語的字眼。[88] 一方面，這點似乎清楚影射了現代化即是對於西方的「模仿」，而這正是蘇托莫那一代的印尼領袖念茲在茲的問題。[89] 蘇托莫在一九三〇年代的讀者看到「抄襲是一種可恥的事情」這句話，必定會從殖民經驗的角度加以解讀。這段小小的課堂情節使用了「kesadaran」這個初期民族主義思想的關鍵詞，就顯示了這項敘事背後更大的意義。另一方面，我們不該忘記「turun」的觀念在爪哇文化當中帶有的重要性。身為真正的「turunan」(後代子孫）意指不拋棄祖先的本性或特質。趨近於這種本質的模仿，是爪哇人道德世系的核心。[90] 我們早已看到，在蘇托莫至今為止接受的教育裡，最重要的部分就是他學會模仿自己的祖父、舅舅以及父親。因此，以上引述的段落針對他接受的雙重教育所帶有的相反方向為我們提供了一個深具意義的形象，由「模仿」在荷蘭語和爪哇語當中互相對立的意義做為象徵。在荷蘭人的課堂上，「不模仿」就表示「模仿」荷蘭文化，換句話說即是認真吸收荷蘭人的價值觀；但這麼做又隱含了不模仿爪哇傳統，因為爪哇傳統讚揚模仿。此外，這點也預示了民族主義的解方，即是藉著不模仿自己的祖先而模仿他們。藉著成為良好的印尼人而成為良好的爪哇人。

最後，我們終於來到蘇托莫的《回憶》當中的道德核心，也就是他稱為「本性改變」【Perobahan Perangai】的段落。[91] 其內容相當簡單，但是出人意料，而且也許是為了額外強調，因此實際上講述了兩次。蘇托莫已習於抄襲比較用功的同學所寫的作業。後來有一天，老師向全班提出了兩個問題：一個是代數的問題，另一個是物理學的問題。蘇托莫看到沒有人主動回答，就連最聰明的同學也默默坐在位子上，於是一時興起而舉手回答，結果「訝異」地發現自己竟然多多少少知道正確的答案。他把這項突然發現的能力放在一個奇特的情境當中：「學校的校長在我們班施行一套新制度，堅持數學必須重新教過，好讓學生能夠持續運用智力……讀者應當要知道的是，我們班在這之前所上的課都不需要發揮什麼智力，只要有足夠的記憶力【geheugen】就行。」[92] 在此處的敘事當中，教學法的改變連結於蘇托莫的發現：「『嘿，』我心想：『原來我也有頭腦。』」換句話說，荷蘭人的課程一旦不再只是背誦與模仿，蘇托莫就察覺到了自己的特質與能力。[93]「從那時候開始，我就羞於再抄襲【nurun】別人的作業。」[94] 蘇托莫就是以這種對於羞恥的知覺展現自己的本性已然改變，這樣的表現即可說是「成為爪哇人」，只不過情境是在西式課堂裡，所以他現

88 這是《回憶》裡極為罕見的一個例子，蘇托莫先是使用一個印尼文詞語，然後再以爪哇語加以「解釋」，而不是採取反過來的做法。把「nurun」解讀為藉著模仿而作弊的意思，似乎是頗為晚近才從爪哇語流入印尼語當中。舉例而言，在波瓦達爾敏達的標準《印尼語大辭典》(*Kamus Umum Bahasa Indonesia*，Jakarta: Perpustakaan Perguruan Kementerian P.P. dan K.，1954）當中，就找不到這個意思的解釋。

89 我認為這種觀點可以從這個段落在文本中安排的位置得知，就在蘇托莫的「本性改變」之前。見下述，pp. 354-6。

90 不論在當時還是現在，模仿都是傳統爪哇教學法的一項核心工具，包括在舞蹈學校與pesantrèn都是如此。

91 蘇托莫，《回憶》，pp. 69-73。

92 同上，p. 70。注意這裡所使用的荷語用詞「intellect」(智力）與「geheugen」(記憶力）。其中暗示了西方人與爪哇人對於人格的組成元素懷有極為不同的觀點。比較先前提到的「batin」，還有以下將會談到的「budi」，p. 363。

93 模仿的矛盾現象所出現的進一步複雜化。

94 蘇托莫，《回憶》，p. 71。但蘇托莫又接著指出，由於他深深明白那些被視為「蠢材」的學生有多麼可憐，於是開始經常幫助他們的課業，並且允許他們抄襲他的作業（p. 72）。這樣的做法彷彿是說，作弊只要不涉及pamrih（個人利益），就算是正當的行為。

在可以寫道：「在我父親離開我的大概兩年前，他臉上的神情才顯示出他對我有些期望。這點可以理解，原因是我的本性在那時候開始改變。直到那個時候之前，我向來都是依賴別人過活。」[95]

大約在那個時候，他與父親的關係所帶有的性質也開始改變。他寫信回家不再只是為了討錢，而是在與父親往來的書信當中討論弟妹應當接受什麼樣的教育。「我父親開始逐漸看重我，而我則是更為親近於他的內在自我。在這種幸福的狀況下，我家人的美好發展充滿了希望，而且當時的時代【zaman】也充盈著光輝的理想，但我卻猝不及防而且出乎意料地在一九〇七年七月二十八日收到一份電報，得知了我父親的死訊。」[96]

鑒於蘇托莫先前曾經提到自己和父親的感情並不親近，[97] 因此他描寫自己喪父次日的心情，讀來可能會讓人覺得頗為奇怪。

> 誰能夠感受到當時纏繞在我心上的苦惱？[98] 只有那些和我處在類似情境裡的人才有可能感受得到。就算在那個時候，更遑論是現在，我也無法描述我心中的苦惱與黑暗；而我最親近的朋友雖然對我的哀傷感同身受，卻也無法撫慰我。我想到我母親的生活，想到我的弟妹在我父親去世之後的生活。他們就像是失去了保護傘，失去了他們倚靠的支柱，失去了一切，失去了他們發展茁壯所需的一切前景和基礎。我們到底做錯了什麼？上帝是公正的嗎？……我父親在那時去世對我而言帶有這樣的意義：我彷彿遭到了懲罰，而且是一項出乎意料並且極度嚴厲的懲罰，令我喪失尊嚴、深受羞辱，以及其他種種……我覺得別人對待我還有我家人的態度都變了。他們畢恭畢敬的話語、慷慨的姿態、委婉的語氣，以及有些熟人對我們的和

善關懷，感覺都不真誠，而只是表面工夫，這都是我父親去世所造成的影響。[99]

前來悼慰家屬的人經常竊取他父親的物品、對他的債務說三道四，並且擅自猜測他為子女留下了多少財產。「所以我覺得煩惱又痛苦、深感羞辱、覺得尊嚴遭到剝奪、覺得自己像是在大庭廣眾下被人剝得精光……在這個深沉悲痛的時期，在這個太陽彷彿不再閃耀的時刻，只有我的祖父和舅舅能夠減輕我內心的重擔。」[100] 在學校，他徹底改變了自己的行為：他不再揮霍、調皮以及懶惰，改變之大造成了他與朋友之間因此產生隔閡。「於是，我的人生就此改變。在夜裡，星星與月亮成了我的朋友，幫助我集中注意力【mengheningkan cipta】，使得身為長子的我能夠盡到我的責任……[101] 我的思緒和情感從此與我所處的環境脫離，尋求另一條發展道路，朝著另一個方向

95 同上，p. 69。
96 同上，p. 74。字體強調為我所加。
97「直到我父親去世之前，我和我父母的關係，以及我對他們的愛，都不是非常親密深厚。我和父母相處並不是很自在，所以我對他們說話都使用高爪哇語【bahasa kromo】。此外，我對他們的感受也比較不是愛，而是尊敬（cerbied）。在那個時候，我愛的對象只有祖父與祖母。」（同上，p. 63）
98 這句話在文法上似乎有些問題。蘇托莫寫的是「tiada merasai」（感受不到），但此處的意思應該只需要寫「merasai」即可。
99 同上，pp. 74-75。
100 同上，p. 75。
101 同上，p. 76。「Mengheningkan cipta」（在爪哇語當中為「ngeningakan cipta」）意指為了讓內在自我集中注意力而進行冥想的行為。在這裡，蘇托莫應用了邦義爾那位舅舅的教誨。

追求可讓它們開花結果的機會。」[102]

這時候，蘇托莫成了這個遭遇變故的家庭當中的家長，而必須負起由此帶來的責任。不過，在他對於那段時期的描述當中，引人注意的是他對於外在（lahir）與內在（batin）所帶有的新觀點，以及他記錄自己體驗到的與世界的分離。[103]這樣的分離為一個結局鋪下了道路：《回憶》當中雖然沒有描寫出這個結局，但是卻預示於前引的段落當中。現在的蘇托莫尋求與父親「相會」，並且致力於善盡家庭與傳統的道德責任。[104]不過，他將會藉著「找出另一個方向」而做到這一點。

五個月後，在一九〇七年底的雨季開始之際，瓦希丁・蘇迪羅胡索多醫師（Wahidin Soedirohoesodo）抵達了巴達維亞。他長期致力於籌募資金以協助聰明的爪哇年輕人接受西方教育，這時則是到巴達維亞來稍事休息。在他停留於這裡的期間，他到了本土醫生培訓學校向學生發表演說。以下是蘇托莫對於這次會面的描述，而至善社即是因此而在幾個月後誕生：

> 與瓦希丁・蘇迪羅胡索多醫師會面之後，他平和的神情、充滿智慧的姿態和語調，以及他說明自身的理想之時所表現出來的信念，都讓我留下了深刻的印象。他悅耳又平靜【爪哇語：sarèn】的嗓音啟發了我的思想與精神，並且為我帶來新的理想以及一個新的世界，感覺似乎能夠撫慰我受傷的心靈。與瓦希丁醫師談話，聆聽他的目標……消除了那些僅限於我自身需求的一切狹隘感受與目標。人會因此變成另一個人，覺得自己活躍不已，全身上下都在顫抖，視野因此開闊，情感因此昇華【halus】，理想因此美好……簡言之，人會感受到自己在這個世界上的最高義務。[105]

《回憶》的自傳部分就在這裡結束，蘇托莫才十九歲，而且至善社也還沒成立。這本書後續的內容記錄了蘇托莫身邊的人所做出的服務，包括他的朋友、僕人，尤其是他的妻子。從這些內容裡，我們可以多少推論出他下半生的樣貌，但那不是這本書的焦點所在。我想，從蘇托莫的觀點來看，必要的重點早就已經說完了。

在他的眼中，他的人生如果是線性發展，如果是與世界的運轉呈現某種平行的狀態，那麼一九〇七年至一九〇八年的政治事件就只是一個起點。不過，我認為我們現在應該已經可以明白看出他認為自己的人生進展具有另一種不同形態，比較不是帶有我們所謂的政治色彩，而是道德色

102 同上，p. 78。

103 這點可見於他對鄰居的話語及其意義之間的不一致所提出的描述。與這種不一致性形成對比的，是蘇托莫對於額佩的sambaran所提出的陳述（見前述）以及他對瓦希丁醫師的感受（見下述）之間的高度一致性。

104 這段陳述也許近似於爪哇偶戲的一項基本主題：也就是年輕主角與父親的分離，以及為了找尋父親而經歷的漫長旅程。最深切分離的時刻發生在那名鍥而不捨的年輕人僅與一名富有智慧的導師（瓦希丁醫師？）身在森林裡，而藉著冥想尋找完成這場追尋之旅的方法。他的深度專注造成了「gara-gara」，也就是宇宙的翻騰（至善社的成立？）。偶戲的結尾通常是由失落許久的父親肯定主角是他真正的子孫（turunan）。關於這項主題，見芒古尼伽羅七世，《論哇揚皮影偶戲及其象徵與神秘元素》，霍特譯，東南亞學程資料論文no. 27（Ithaca, NY: Cornell University，1957），pp. 11-16。

105 蘇托莫，《回憶》，pp. 80-81。一如往常，蘇托莫在這段文字裡也從荷語或印尼語轉向爪哇語以表達他內心的細微感受。值得注意的是，最後一句話的句法從「我」轉變為「人」（這是我對「orang」一詞的拙劣翻譯），表達了對於自我與**個人利益**的揚棄，也可能是從蘇托莫自己一個人轉為整體的爪哇男孩聽眾。

彩。為了更清楚說明這種形態，也許應該把焦點轉向蘇托莫自己在其他地方使用過的一個詞語：「lelakon」，意為人生中受到指定的進程，介於義務（darma）與命運之間。發生於一九〇七年至一九〇八年間的事件，包括失去父親以及找到瓦希丁醫師，離開家人而找到自己的導師，反映了爪哇男人的人生進程，也就是從kesenangan（享樂）轉向kewajiban（責任），從kenakalan（調皮）轉變為kemuliaan（卓越），從模仿轉變為樹立榜樣。[106]

在這樣的聯想當中，最引人注意的乃是以下這兩者之間的奇特連結：一邊是蘇托莫記錄自己因為會見瓦希丁醫師而湧現的強烈情緒，幾乎有如生理反應，而且因為視野獲得巨幅開展而有飄飄然的感受；另一邊則是他對於瓦希丁醫師本身的描述。我們瞥見的不僅是一位極度傳統而且堅定的爪哇紳士，[107] 而且又被帶回一個統合的世界裡，其中的視覺、聲音與意義再度相互疊合。「平和」、「悅耳」、「平靜」，這些蘇托莫對於瓦希丁醫師的樣貌與聲音所使用的描述字眼，就是他先前用於描述額佩的村莊生活、描述zaman kuno（古時候）的生活圈所使用的字眼。當時「尚非爪哇人」的他是個破壞性元素，而現在成為爪哇人的他，則是重新加入了父祖的行列。

然而，如果說他找到了自己的asal（源頭），我們讀到的卻不是一名爪哇人長大的簡單故事。傳統的瓦希丁為年輕的蘇托莫帶來了「新的理想以及一個新的世界」。這些新的理想和這個新世界是什麼呢？是范尼爾書寫的西方科學與理性主義嗎？在這類事務上，蘇托莫受到的教育早已遠勝於那位年老的醫生。就讀過荷蘭語小學和本土醫生培訓學校而且精通荷蘭語的蘇托莫，遠比他的啟發者更接近西方人構思的那個「新世界」。我認為實際上是這樣：蘇托莫（可能也包括其他同樣出身自本土醫生培訓學校的人）在瓦希丁身上看到了一個榜樣，發現不必模仿也能夠進入殖民西方世界的方法；在更深的層次上，則是得知了如何以不模仿的方式模仿自己的祖先、如何在個人已不再生活於爪哇傳統中的情況下仍然不必捨棄爪哇傳統，以及如何讓觀看自我與batin（內在自我）達成一致。朗喀瓦西塔以無能的王者之完美這種嚴酷的矛盾修辭呈現黑暗時代。**王者的完美無暇**（ratu utama）原是光輝爪哇的象徵，現在卻已不再可信。然而，瓦希丁卻證明了形容詞有可能和名詞脫鉤，而且這麼做甚至是必要之舉。一旦脫鉤之後，其意義的重點就從我們所謂的政治效能轉為道德投入：簡言之，就是完美的道德能力（budi utama）。此外，這種道德投入是任何人都可以承當的，也包括爪哇青少年在內，尤其是自己的名字裡結合了「su」（卓越）與「utama」（完美）的蘇托莫。[108]

可是，究竟是對什麼投入？在爪哇的舊傳統當中，王者的完美無瑕就表示對於王者權力的投

106 比較朗喀瓦西塔的〈黑暗時代之詩〉最後兩個部分，標題分別為「Sabda Tama」（必要之語）和「Sabda Jati」（普世之語）。

107 在緊接於前面的一個段落裡（p. 80），蘇托莫轉述了瓦希丁告訴他的一則有關他自己的故事。在一個他希望召集一場會議以募集獎學金基金的地方，荷蘭副駐紮官充滿敵意，以致當地的博雅易雖然想要參加，卻不敢出席。於是，瓦希丁走進那名荷蘭人的辦公室（句法在這時改變，敘事者從瓦希丁改為蘇托莫）靜靜站著，直到副駐紮官抬頭看他。他裝出敬畏的模樣，俯伏在那名荷蘭人的桌子底下，擺出深表敬意的sembah姿勢，並以最謙卑的用語對他說話：「副駐紮官因此sabar【冷靜了下來】，而且他的表情在那一刻變得和善並且帶有微笑。副駐紮官對他說：『醫生，你追求的目標應當獲得最大的支持。你最好可以在一場會議上發言，好讓我所有的官員都能夠聽到。』於是，這個原本打算阻擋這項目標的副駐紮官，反倒幫助【瓦希丁醫師】獲得高度注意。」這起事件的輕微反諷，就像是為了達成崇高的目標而不惜接受屈從的地位一樣，都是典型的爪哇特色。

108 柯赫在《良好的平衡》當中寫道：「對於社會改善的追求，比政治更吸引他【蘇托莫】。他對自己的國家與人民充滿了愛。」（p. 139）

入。集中的權力造就了豐饒、繁榮，以及社群的和諧。社會福祉是權力對自身的投入所產生的副產品。[109]可是，王者權力一旦受到證明無能為力，那麼副產品即可立刻成為中心目標。

只要看蘇托莫終其一生抱持的觀念，就會發現一套前後極為一致的語彙和表達方式。舉例而言，他幾乎從不使用奠基於西方社會學的政治概念。[110]在蘇卡諾那一整個世代，不論是保守派還是激進派，他們的政治語言當中占有核心地位的馬克思主義分類，在蘇托莫的筆下完全看不到。蘇卡諾和他那個時代的人總是把「Indonesia Merdéka」(自由印尼)掛在嘴邊，蘇托莫則是通常把自己的理想稱為「Indonesia Mulia」(光輝或完美的印尼)。代表解放的「merdéka」自然隱含了遠遠更加激進而且**政治性**的目標。這個詞語在印尼語（或稱「革命馬來語」[111]）當中帶有獨特的榮光，但在爪哇語當中卻不帶有什麼共鳴。「Mulia」則是恰恰相反。在前引的《回憶》內容當中（p. 327），我們可以看出「mulia」與什麼能夠形成自然的搭配，而且那個搭配對象看起來正是「kemerdékaan」（自由）的相反，也就是「kewajiban」(責任)。

如同薛爾細膩地指出的，蘇托莫把完美的印尼比擬為一個甘美朗樂團，每個成員都盡力演奏自己受到分配的樂器。這些受到履行的音樂責任相互交織之下，就會產生甘美朗音樂的光輝(kemuliaan)聲響。[112]演奏自己的樂器就是履行自己的「lelakon」，善盡自己承繼而來或者落在自己肩頭上的責任。蘇托莫認為，要提升社會，就是讓所有的樂器都能夠受到盡可能完美的演奏。農夫與工人都必須吃得飽、享有良好的照顧，並且接受教育以成為良好的農夫與工人，隨時把自己的責任放在心上，也有能力履行那些責任。[113]蘇托莫在一九三〇年代爭取與殖民者合作的貴族及博雅易支持，因此令部分年紀較輕的民族主義同志深覺反感，他採取的方法就是敦促他們「勿忘自己的源頭」，換句話說，就是接受自身傳統的道德義務。[114]

因此，我們也許可以用音樂比喻蘇托莫的民族主義使命，指稱他系統性地把舊旋律轉移為新調、採用不同的音階，並且改變了配器。《回憶》在這方面提供了一些醒目的例子。他的舅舅在自己的爪哇住家裡冥想，蘇托莫則是在西式的本土醫生培訓學校裡。他的祖父在額佩創造了一套「有用的司法」制度，蘇托莫則是投注一生為誕生中的印尼尋求一套有用的司法。[115]他的父親努力

109 見本書第一章。

110 見薛爾，〈和諧與異議〉，pp. 212-13。關於蘇托莫政治思想的完整討論，另見pp. 207-47。

111 見本書第一章。

112 比較他對額佩的sambatan活動當中的和諧景象所採取的那種全然**聽覺式**的描述（見前引）。

113 薛爾，〈和諧與異議〉，pp. 218-39。把甘美朗音樂和政治聯想在一起，並非蘇托莫的獨創。我在梭羅聽過年老的宮廷樂師提及一種特殊的甘美朗樂曲，稱為「Dendha Séwu」，傳統上都是在當下的朝代遭遇嚴重困境的時候演奏。這種樂曲本身在技巧上並不困難，所以宮廷的樂師如果無法將其完美演奏出來，就會被視為是證實了災難即將降臨的凶兆。

114 蘇托莫針對他自己的政黨指出，大印尼黨「竭盡全力拉攏他們【上層博雅易】，好讓他們對於這塊土地與人民的奉獻可以依循他們自己的義務而加快速度。由於他們擁有貴族血統，因此他們的義務即是真正戰士的義務」。摘自蘇托莫在一九三五年十二月二十五日的大印尼黨創黨大會上的演說，講題為「*Bekerdja dengan tiada mengenal buahnja*」，引述於薛爾，〈和諧與異議〉，p. 235。

115 在《回憶》，p. 20，蘇托莫提到他的祖父對於他不進入區域內政部門任職深感失望，而要求他至少必須保有一匹騎乘用的馬，以表徵自己的博雅易地位。「出乎意料的是，我後來得以滿足我祖父的渴望。成為醫生之後，我為了幫拉武火山（Mt. Lawu）地區的居民看診，因此養了兩匹馬，每天輪流載我去看那些村民。」這是一種頗為巧妙的形象轉調：鄉下醫生成了新的博雅易。蘇托莫也回憶指出，（p. 42）他的父親堅持對幾乎所有人說話都使用高爪哇語，因此是在這方面最早推廣「民主方式」的人士之一。蘇帕蒂（《蘇托莫醫生的生平與奮鬥》，pp. 36, 38）指出，蘇托

在殖民官僚體系的束縛當中過著有尊嚴的生活，蘇托莫則是以一名接受外國人訓練的醫生這種身分同樣努力著。如同他所描述的，他的祖先認為婚姻在爪哇世界裡是鞏固團結，在蘇托莫對自己的荷蘭妻子所提出的動人描述當中，顯然也是以這樣的觀點看待婚姻。[116]不過，轉調的核心形象卻是蘇托莫所創立的那個創造了歷史的組織：至善社，因為這個組織的名稱「Budi Utomo」不論是在爪哇語還是印尼語的調性當中都完全讓人看得懂。[117]這個名稱橫跨兩種語言，同時展望未來與過去，象徵全心全力（後來的那個世代會稱之為奮鬥[118]）達成某種早就已經存在於記憶與想像當中的東西。

在至善社那些年間充斥於出版品當中的光芒、黎明與太陽等意象，不但是爪哇與印尼的歷史進程所特有，同時也廣泛象徵了復興與重生。[119]這些是在人的生活似乎與世界同方向前進的情況下所召喚出來的意象。在這些意象出現的情境當中，時間的進步概念如果富有影響力，我們就會預期這些意象會與青春的意象有所關聯。在至善社的初年，明顯可見就是如此。人生時刻與線性歷史之間的關係有多麼緊密，可以由蘇托莫最親密的朋友根納萬．曼根庫蘇摩所說的話加以判斷。他說至善社當中的年輕成員的目標，是要「持續扮演馬達的角色，以便在後方推動前輩前進」。[120]這句話不僅採用了二十世紀特有的工業隱喻，而且在爪哇語的情境中，更是徹底翻轉了這句老掉牙的教學箴言：「tut wuri andayani.」意即要達到完美，就必須由老人在後方引導年輕人。[121]這是一句屬於年輕人的話語，尖銳而熱切。

莫也採取一模一樣的做法，而習於以高爪哇語對他的駕駛蘇莫（Pak Soemo）說話。儘管如此，在ngoko（非正式的低等爪哇語）和krama（高爪哇語）之間，蘇托莫與他的父親會選擇「廢止」ngoko，也許是合乎他們性情的做法（亦即是一種向上升級的做法）。永積昭（《印尼民族主義的黎明》，p. 193, n. 26）提及至善社成立之後不久，出現了一項稱為爪哇迪波的運動，主張廢止krama（亦即向下降級）。差不多同時期的薩米運動也堅定拒絕對官員使用krama。見哈里．班達與卡索斯，〈薩米運動〉，《東南亞人文暨社會科學期刊》125（1969）：234。

116 「我應當在此表達我對她的深切感激。我太太真心熱愛自己的國家，所以她瞭解也知覺我內心的感受，而一再鼓勵並且敦促我對自己的土地與人民培養更加深厚的愛，並且把那樣的愛真實表達出來。我太太也深愛她的人民，所以她同樣瞭解我對我的人民所負有的義務，並且一再敦促我證明自己對人民的愛。我太太不認為自己高於她的人民之上，而是認為自己是他們當中的一員，所以她的愛確實是活生生的愛。身為一名真正的荷蘭女性，我太太熱愛自由、正義與平等，因此她無法忍受充滿歧視的狀況，也痛恨對她國家的名譽有所損害的行為。就是因為這些感受，她才會一再敦促我繼續奮戰，加入廢止這種歧視的抗爭行列。」（蘇托莫，《回憶》，pp. 127-28）

117 「Budi utama」雖然稍嫌生硬，但仍是道地的印尼文。

118 比較蘇迪斯曼，《責任分析》：「我們活著就是為了奮鬥，奮鬥則是為了活下去。我們不只是為了生命而活；我們只要活著，就要以勇氣捍衛那樣的生命，直到我們的心臟停止跳動為止。自從一個人出生開始，從他在嬰兒時期發出的第一道哭聲，到他最後的一口氣，人生都是一場奮鬥。有時候，他會面臨極為困難的抗爭，有時候會面臨艱苦的奮戰。這樣的競爭不一定都能夠以勝利收場。不過，人生的目標是要有勇氣投入這場艱苦的奮戰，並且同時贏得勝利。這是每個努力奮鬥的人所懷有的夢想，包括共產黨人在內。這也是我的人生夢想。如果沒有夢想，沒有理想，人生就會荒蕪而空洞」（p. 24）。

119 見阿巴達拉，〈米南佳保人的現代化〉，pp. 215-18。他提及西蘇門答臘一位早期現代化主義者：「馬來新聞之父」馬哈拉惹（Datuk Sutan Maharadja），他從一八九一年到一九一三年間陸續涉入幾份報紙，那些報紙的名稱分別為《*Palita Ketjil*》【小檯燈】、《*Warta Berita*》【新聞報導】、《*Tjaja Soematera*》【蘇門答臘之光】、《*Oetoesan Melajoe*》【馬來信使】、《*Al-Moenir*》【啟蒙】以及《*Soeloeh Melajoe*》【馬來火炬】。比較另一部著作對於在差不多同一個時期出現於中國的類似意象所進行的精彩討論：邁斯納（Maurice Meisner），《李大釗與中國馬克思主義的起源》（*Li Ta-Chao and the Origins of Chinese Marxism*：Cambridge, Mass.: Harvard University Press，1967），尤其是pp. 21-28。

120 引用於永積昭，《印尼民族主義的黎明》，p. 42。

121 與蘇托莫同時代的著名人物德宛達拉所創辦的學生樂園學校系統，把這句箴言奉為中心主旨。

在蘇托莫的《回憶》裡完全找不到類似的文字。光芒與黎明的意象在其中極為罕見。這本書的語調頗為陰鬱，關注焦點在於死而不是生。我們如果自問為什麼會是如此，我想答案其實相當直截了當。到了一九三四年，蘇托莫雖然在政治上獲得了許多成功，[122] 卻已不再是民族主義運動的先鋒。身為那個時代的人物，而且又是爪哇人，他看得出民族主義運動的進展與他自己的人生發展已逐漸分歧。他的妻子已經回歸永恆的時間，而他也準備在時機來臨之後跟隨她的腳步。他已經到了必須思考遺贈（warisan）的時間，而《回憶》實際上就是他留給後代的「warisan」。

朗喀瓦西塔慼嘆說「模範早已蕩然無存」，他的意思是說舊的模範已經不再有用，所以無法傳承下去。蘇托莫重拾自己的祖先，並且因此找到能夠遺贈給後代的模範，乃是他（還有他的世代）默默達成的一項勝利。

122 舉例而言，他在東爪哇成立的農民組織「農民和諧」（Rukun Tani），在一九三三年共有一百二十五個分會，成員總數達兩萬人，是與民族主義運動有關的鄉村組織當中最大的一個。見英格森（John Edward Ingleson），〈印尼的世俗暨不合作民族主義運動，一九二三至一九三四年〉（The Secular and Non-Cooperating Nationalist Movement in Indonesia, 1923-1934，Ph.D. thesis, Monash University，1974），p. 419。關於大印尼黨的順利成長，見阿貝雅瑟可（Susan Abeyasekere），〈印尼合作民族主義者與荷蘭人的關係，一九三五至一九四二年〉（Relations between the Indonesian Cooperating Nationalists and the Dutch, 1935-1942，Ph.D. thesis, Monash University，1972），pp. 127-31。

8

職業夢想：兩部爪哇經典著作的省思[1]

Professional Dreams: Reflections on Two Javanese Classics

馬克・吐溫以他典型的風格指出：「經典就是所有人都希望自己讀過，但沒有人想讀的作品。」在傳統爪哇文學晚期的重要著作當中，最符合這項描述的莫過於《真提尼之書》。[2] 這部著作雖然向來被描述為一部經典，而且更值得注意的是（我們後續將會看到這一點），還被描述為爪哇文化的百科全書，但是卻從來不曾完整印刷過。唯一一部夠分量的出版版本共有八冊，由羅馬拼音印成，出版於七十五年前。[3] 除了少數值得注意的例外，

1 改寫自一篇在一九八四年向東南亞夏季研究學院（Southeast Asian Summer Studies Institute）發表的論文。

2 貝赫倫（Timothy E. Behrend）指出，在印尼與荷蘭當今的各個公共收藏當中，可以見到這首詩的九十八種不同手稿，概分為八種主要版本。目前所知最古老的版本，源自於一六一六年的一部井里汶（Cirebon）手稿。他主張認為，最完整的《真提尼》是一部含有將近二十五萬行詩句的巨大作品，完成於一八一四年。這部作品據認為由當時的梭羅王儲隨從當中的一群詩人共同寫成，而那位王儲即是後來的帕庫布沃諾五世（Pakubuwana V）。傳說王儲派遣使者前往爪哇與馬都拉各地收集一切形態的爪哇知識，以便納入最後完成的文本當中。見貝赫倫，〈賈提斯瓦拉之書：一首爪哇詩作的結構與變化，一六〇〇年至一九三〇年〉（The Serat Jatiswara: Structure and Change in a Javanese Poem, 1600-1930，Ph.D. thesis, Australian National University，1988），pp. 79-84。

3 《*Serat Tjentini*》，蘇拉迪佩拉（R.Ng. Soeradipoera）、波瓦蘇維尼亞（R.

這部作品向來都備遭西方與現代爪哇學者的忽略。[4] 就算受到注意，也主要是為了挖掘其中有關爪哇藝術與宗教傳統的大量資訊。不過，這部文本對於爪哇政治文化的歷史發展也是一個重要的里程碑。

※

《真提尼之書》如果算得上有故事，那麼其故事內容大致如下：繁榮的吉里（Giri）是一座信奉伊斯蘭教的東爪哇港口王國，在一六二五年遭到中爪哇王國馬塔蘭的蘇丹阿貢手下的軍隊攻陷，於是戰敗國統治者的三名子女（二男一女）被迫逃命。他們在馬塔蘭的間諜追捕下走散了：長子蒽彥葛雷斯米（Jayèngresmi）（後來以阿蒙格拉加教長之名為人所知）逃往西方，他的弟妹兩人（蒽彥薩里〔Jayèngsari〕與蘭康卡普蒂〔Rancangkapti〕）則是往東南方奔逃。書中描述他們為了重聚而歷盡艱險，但終究還是沒有成功的流浪經歷。不過，他們卻由瑟伯朗（Cebolang）這個古怪的人物連結在一起。他首先出現在阿蒙格拉加的一小批隨從當中，最後則是娶了蘭康卡普蒂為妻。瑟伯朗被描述為一名獨子，父親是一位深受尊崇的智者，住在索卡亞薩山（Mount Sokayasa）。不過，那位智者卻因為兒子賭博、偷竊以及縱情肉慾的積習難改，而與他斷絕了關係。被逐出家門的瑟伯朗為了謀求溫飽，而四處流浪表演音樂與舞蹈，以及扮演戲法師（我稱之為戲法師，原因是沒有其他更適當的字眼）。

由於書中的主角都是不斷遊走的逃亡者或被放逐者，所以《真提尼》當中的場景也就與傳統爪哇文學當中常見的內容非常不同，沒有發生在戰場、宮殿與首都裡的情節。馬塔蘭的統治者只是個充滿威脅但沒有在書中露臉的人物。書中大部分的場景都是一連串的村落與鄉下伊斯蘭習經院，而書中出現的各種男女人物則是奇阿依（傳統的伊斯蘭學者）、敬虔派穆斯林（他們的學生）、村長、商人、職業樂師、歌手、舞者、妓女，以及尋常的村民。這些場景以及各種人物在其中的邂逅，提供了詳細描寫許多爪哇鄉村生活傳統面向的機會，包括民俗藝術、建築、料理、種植活動、儀式、動植物、宗教信仰、醫藥、性活動等等，《真提尼》即是因此而被譽為舊爪哇的百科全書。

Poerwasoewignja）與維拉罔薩（R. Wirawangsa）編（Batavia [Jakarta]: Ruygrok，1912-15）。貝赫倫認為這項出版計畫是由時任巴達維亞藝術與科學協會（Bataviaasch Genootschap van Kunsten en Wetenschappen）會長的學者官僚林克斯（Douwe Rinkes）發起，他在萊登編定文本，接著送到梭羅接受蘇拉迪佩拉與他的助理校訂，最後由協會出資印刷於巴達維亞。〈賈提斯瓦拉之書〉，p. 89。唯一另一部夠分量的羅馬拼音版本出現於六十年後，共有四冊，涵蓋的內容不及一九一二至一九一五年版本的一半：《真提尼之書》，哈迪蔥加（Tardjan Hadidjaja）編（Yogyakarta: U.P. Indonesia，1976-77）。

4 對於《真提尼》的龐大資源挖掘得最為深入的著作，是皮若針對爪哇與馬都拉的傳統表演藝術所寫的百科全書式作品：《爪哇民間戲劇》（*Javanese Volksvertoningen*：Batavia: Volkslectuur，1938）。著名的民族音樂學家孔士特（Jaap Kunst）把許多有關音樂的簡短篇章引述於其巨作《爪哇的音樂：歷史、理論與技藝》（*Music in Java: Its History, Its Theory and Its Technique* [3rd enlarged edition., ed. Ernst L. Heins]：The Hague: Nijhoff，1973：原本由Nijhoff出版於一九三四年，書名為《De Toonkunst van Java》）。另見蘇巴迪，《查寶雷克之書》（*The Book of Cabolèk: a Critical Edition with Introduction, Translation, and Notes: a Contribution to the Study of the Javanese Mystical Tradition*：The Hague: Nijhoff，1975：改寫自他的一九六七年澳洲國立大學博士論文）。

百科全書的政治

庫瑪爾明確的比較十八世紀的爪哇與法國的鄉下社會秩序，因此大幅推動了有意識地將舊爪哇的歷史納入現代世界的廣大歷史當中。[5]我認為我們可以從她的比較加以推論，而思考地主與佃農以外的其他階級關係。只要看看兩部編撰時間相差不及半個世紀的百科全書，一部是《真提尼》，另一部則是狄德羅、達朗貝爾及其同僚所寫的那部百科全書，即可發現一個引人注意的思考起點。[6]百科全書派（encyclopédiste）雖然確實預示了法國中產階級的崛起，但百科全書派的成員卻是包含了各種不同的社會出身；[7]此外，他們的《百科全書》所特有的革命性質，在歐洲其他地方的中產階級崛起的歷史中並沒有平行的案例。他們的計畫是要打造出一部龐大而且條理井然的彙編，納入當時的專業學者所累積並且能夠獲得的各類知識。其編撰動機是深切的敵意，對象不僅是反動的傳統觀念，也包括在背後支持那些觀念的宗教與政府權威。為了對抗教會和君主的**整體**（文化與政治）權力，狄德羅與他的同僚號召了一個勢力龐大的聯盟，涵蓋各種**特定**技藝的人士。實際上，其目標就是要證明不管是磁力的本質還是語言的起源，在幾乎任何的主題上這群（大多數）身為平民的專家都比那些所謂的社會與宗教高層人士「懂得更多」。就此一意義而言，《百科全書》可以被理解為一個世俗職業知識階層為了對抗舊制度的霸權結構而使用的武器。

我認為我們可以主張《真提尼》也反映了類似的動機，只不過是在一個非常不同的政治、社會與文化環境當中。提出這項論點的時候，我們可以先指出這首巨幅詩作的三項引人注目的整體特色。第一項是這首詩就像是一部奇怪的百科全書，其中充滿了看起來非常像是百科全書條目的內容。[8]舉例而言，其中有許多段落都完全由清單構成，有些甚至長達好幾個詩節。那些清單羅列的內容包括：爪哇甜食、可食的淡水魚、桁與椽、神學用語、音樂作品、山岳名稱、布料、舞蹈等等。這些段落都沒有句法，讀起來就像是沒有按照字母順序排列但具有詩文結構的電話簿一樣。此外，這些段落也非常不符合爪哇詩作的傳統美學，因為爪哇的詩作都是為了用於吟唱而寫。（那種感覺就像是有人以完全正經的姿態寫出一首英文詩，但內容卻僅是由四十五個早餐麥片的品牌名稱構成一樣。）因此，我們能夠清楚感受到這類段落其實用意不在於讓人吟誦，而是要用於閱讀（或查閱？）。換句話說，爪哇讀者（而不是聽眾）如果想要查找各種不同種類的爪哇餅乾或甘美朗樂曲，就可以翻閱《真提尼》找出答案。而且，所有這些知識（ngèlmu）的來源都不是神職人員、智者或者貴族，而是技藝精湛的專業人士與編纂者。

5 庫瑪爾，〈爪哇的農民與國家：十七至十九世紀的關係改變〉（The Peasantry and the State on Java: Changes of Relationship, Seventeenth to Nineteenth Centuries），收錄於麥基編，《印尼：澳洲的觀點》（*Indonesia: Australian Perspectives*，*Canberra: Australian National University, Research School of Pacific Studies*，1980），pp. 577-99。她在這篇論文裡參考了自己先前的幾部研究專著，還有艾爾森（Robert Elson）、王福涵、皮若與施里克的深入研究。

6 我認為貝赫倫把完整的《真提尼》定年在一八一四年相當合理，而一七七七年則是《百科全書或科學、藝術與工藝詳解詞典》（*Encyclopédie ou Dictionnaire Raisonné des Sciences, des Arts et des Métiers*）最後一本增補冊的出版時間。

7 孟德斯鳩與達朗貝爾都擁有貴族背景，但達朗貝爾是私生子。狄德羅、伏爾泰與盧梭都出身中產階級或更低的社會階層。

8 《百科全書》早已採用這種最簡易的分類原則字母順序安排其條目。《真提尼》則是沒有任何排列原則，只遵循敘事和韻律的要求。要找到其中的條目，唯一的方法就是要對這首詩的內容非常熟悉。

《真提尼》第二項引人注意的特色，是對於和國王與宮廷有關的超自然個體與神聖物品的處理方式，也就是把它們和魚類、植物或食物一視同仁，同樣以那種就事論事的百科全書寫法予以處理。舉例而言，第八十五章第四至五節就以一派正經的樣貌為讀者列出了一批典型的爪哇鬼魂與妖怪，完全沒有按照字母順序或嚇人的程度排列，而只是純粹依循「Wirangrong」這種格律的要求而安排。

第三項特色則是個引人注目的空缺，也就是完全沒有描述統治階層的成員使用「kasektèn」（魔力），而且其他任何人也都沒有。[9] 只要把《真提尼》拿來和哇揚普爾瓦這種傳統皮影戲的故事或是《爪哇國土史》這類王室編年史互相比較，即可明顯看出此一欠缺的重要性。在哇揚皮影戲的故事裡，身為貴族的主角在冥想之時能夠讓天為之顫抖，海洋也為之翻騰；他們在戰鬥中射出的箭則是會變為數以千計的蛇或者惡魔。一名英雄也許能夠輕易飛過空中；另一人也許能夠同時讓數十名仙女受孕；又一人可能潛入海底深處，並且鑽進一個神明的耳朵裡，而那個神明則是一個迷你版本的他自己。在編年史當中，可以看到下列的記載：注定成為國王的人物，會有發出魔法光芒的球降落在他們的頭上；一個朝代的歷代國王，都會與奈伊蘿拉姬都（Nyai Lara Kidul）這位法力強大的南海女神進行神秘的交合等等。我們很難不把《真提尼》拒絕描寫這類奇事的做法視為一種低調的表態，有如英國史家吉朋對於偶像的破除。

我簡短概述的這些奇特性質可能立足在什麼社會基礎上呢？和十八世紀的法國互相比較，能夠讓我們得到任何啟示嗎？有兩點似乎特別值得注意。第一，在狄德羅與他的同僚眼中，他們自己乃是富有技術的專業人士，致力於精通以及發展特定種類的知識。第二，由於印刷資本主義早自十五世紀末以來就已在歐洲興起，因此作家在專業人士群體當中的重要性非常高。[10]（這就是為什麼在我們的心目中，十八世紀中葉歐洲的代表人物是狄德羅與伏爾泰，而不是莫札特與海頓等職業音樂家或者提也波洛〔Giovanni Battista Tiepolo〕與福拉哥納爾〔Jean-Honore Fragonard〕等職業畫家。）相對之下，爪哇直到十九世紀末才接觸到資本主義。儘管如此，卻不表示舊爪哇就沒有專業階層，只是因為印刷資本主義直到十九世紀下半葉才抵達，所以文人在這個階層裡也就沒有特殊的聲望或者政治地位。[11]在他們的身旁（地位不在他們之上），還有構思、規劃以及監造爪哇眾多清真寺、宮殿與要塞的建築師；世世代代以來建立了各種皮影戲傳統的操偶師；創造了各式各樣爪哇音樂類型的專業樂師；精通各門伊斯蘭知識的學者；更遑論還有舞者、演員、雕刻家、鐵匠、畫家、治療師、占星家、魔術師、民俗植物學家、武術教師、盜賊等等。[12]這類人幾乎全都是平民，但絕不是一般人。其中有些人受到王室宮廷與地方首長的延攬，尤其是他們的知識與技藝如果需要大量的人力與資本支持才能施行（例如建築師），那麼就只有這類政治與經濟中心才能夠提供他們所需的資源。另外有些人則是偏好四處遊走的自由，例如加入了皮若那群令

9 見本書第一章對於爪哇人的權力觀所進行的討論。

10 見拙著《想像的共同體：民族主義的起源與散布》（London: Verso，1983），第三章。

11 我們可以注意到，宮廷詩人與編年史家所獲得的職銜，都極少高過統治者為資深舞師與宮廷甘美朗樂團團長賦予的職銜。

12 有些引人注意的手稿，以百科全書般的詳盡度記載闖空門的科學。

人難忘的漂泊流浪者（zwervers en trekkers）[13]，他們在廣泛的社會市場上兜售他們的專長（例如演員以及武術教師）。另外還有一些人，例如奇阿依與「guru ngèlmu」（神秘傳說的教導者），則是隱居於鄉下的僻靜處所，藉著接觸過他們的人滿懷敬意或驚奇的口耳相傳，而吸引追隨者與客戶。

我們沒有令人滿意的方式能夠評估這個專業階層的人數在十九世紀下半葉的爪哇人口當中占了多少比例，[14]但絕對是遠大於統治階級。不同種類的專家有多麼能夠看出彼此屬於同一個階層，也是無法猜測的事情。明白可知的是，他們在不同程度上意識到自己懂得統治者不懂的事物，也擁有統治者不可能會有的技藝。（爪哇貴族一出生就擁有統治者的身分，所以不需要培養專門知識，而且就像英國的紳士一樣具有專制業餘者的地位。）不過，由於社會聲望、經濟資源與政治權力的既有分配，因此專業人士幾乎總是被迫聽從這類握有特權的業餘者，也必須仰賴他們維持生計。專業人士雖然整體上居於這種從屬位置，但不表示他們不以自己的專業為傲，只是通常必須隱藏或掩飾這樣的自傲而已。（我清楚記得我在一九六〇年代初期造訪梭羅的老舊宮廷之時，年老的宮廷樂師面無表情地端坐聆聽一名同樣年老的王子針對爪哇音樂本質發表一場冗長的演說。直到那名王子離開之後，那些樂師才微微露出嘲諷的微笑，開始挖苦起那名王子。）大量生產的印刷文字是唯一在本質上能夠允許各種專業譏嘲以有意識而且秩序井然的方式聯合起來的媒介，但在當時還不存在。[15]

因此，我們也許會把這種沒有受到全然掩飾的階級敵意視為一種競逐「生產工具」的鬥爭，而且是知識的生產工具。這種鬥爭的一方是才華洋溢的平民，擁有各類的特殊技藝與ngèlmu（知識）；另一方則是王室兼貴族成員，普遍擁有神聖權威與kasektèn（魔力）。

雞姦與戲法

以上討論的都是廣泛的一般性假設。為了讓這些假設顯得可信而且鮮明生動，我們接下來要探討兩項主題：這兩者在當代對於「傳統爪哇文化」的探討當中幾乎從來不曾受到提及，但在《真

13 在《爪哇民間戲劇》，pp. 35-36，皮若指稱巡迴藝人「無疑是為數龐大的漂泊流浪者當中的一部分，而那些漂泊流浪者必然是爪哇古代社會流動當中的一個關鍵要素」。他提及的其他要素包括小販、商人、敬虔派穆斯林，還有「satria lelana」（遭到放逐或者沒有主人的「武士」）及其隨從，這種人經常「與盜匪難以區分」。

14 不過，孔士特在一九三〇年代初期蒐集的大量數據頗具啟發性（《爪哇的音樂》，pp. 570-71）。在那個時候，爪哇與馬都拉的人口還不滿四千一百萬，但他的統計卻顯示有一萬七千兩百八十二個管弦樂合奏團，包括一萬兩千四百七十七個「完整的銅管甘美朗樂團」，採用皮洛格（pélog）或斯陵多（sléndro）音階的調音，還有六千三百六十二個各種類型的哇揚皮影戲組，大多數都是哇揚普爾瓦。保守假設一個完整的銅管甘美朗樂團需要十到十二名技藝精良的樂師（包括候補團員與學徒），我們可以估計技藝精良的樂師人數約是12x12,000=144,000。（我假定那些規模比較小而且不完整的甘美朗樂團也是由同樣的這些樂師組成。）如果排除女性（她們極少公開演奏甘美朗樂器，唯一的例外是任德爾〔gender〕這種有如鐵琴的樂器）與兒童，那麼這樣的技藝密度就約是每十名青少年或成年男性當中占有一人。無可否認，大多數的這些樂師都不是流浪樂師，而是主要藉著務農為生的村民。但儘管如此，他們在技藝與天賦上的深度仍然相當驚人。認知到大多數的哇揚皮影戲組都是由操偶師所擁有，並且只由他的家人「演出」，我們可以估計技藝良好的操偶人口約有一萬五千人，相當於每一百二十名青少年或成年男性當中有一人。同樣的，只有少數人以這種技藝做為主要生計來源。

以這些數據推算十九世紀初的情形顯然不免有其問題。不過，我想不出那時候的比例有什麼明顯可見的理由會比較低，尤其考慮到初等教育和中等教育在一九〇〇年之後興起，而逐漸吸納了傳統學徒制當中的年輕人，則早年的比例可能還會稍微高出一些。

15 我在此處使用「專業」一詞，除了指高度的技藝與知識之外，也代表主要收入來源與社會地位。

提尼》這部爪哇文化最具盛名的經典著作當中卻具有顯著地位。這兩項主題以互相對比的方式，為上述的早期階級敵意提供了一幅特別清楚的輪廓。

在十九與二十世紀殖民官員與傳教士的「人類學」書寫當中，有一項典型的主題，就是以令人沮喪的愉悅姿態指出土著無可救藥地沉迷於孌童與同性雞姦。達雅族、亞齊人、峇里人、布吉人、爪哇人、巴塔克人、米南佳保人或者華人，不論這些種族在別的面向上有多麼不同，卻都據說同樣熱切沉迷於這類惡行。[16]這項主題證明了當地人口的原始或者墮落，也彰顯了對他們施以教化、促使他們信奉基督教，以及利用其他方式提升他們的迫切需要。孌童與雞姦也被人用來突顯出強烈的道德對比，一方是「放蕩」的土著，另一方則是正直的荷蘭人，他們自然而然對這種違反自然的行為懷有老練的厭惡。（不消說，印尼一旦獨立之後，這種說法就翻轉了過來：那些可憎的惡行原本並不存在於印尼群島上，是在敗德的荷蘭人抵達印尼之後才開始出現。）《真提尼》的一個好處，就是藉由其內容中提供的許多例子以及其全然屬於爪哇所有的術語，可以讓人看出在高度多元化的傳統爪哇性文化裡，男性同性戀行為至少是一種沒有問題的日常元素。（其中的內容包括了對於雞姦、口交、互相手淫、多伴侶性交以及變裝癖的詳細描述。異性戀性行為也受到完全類似的描述。《真提尼》內容的涵蓋範圍相當全面性，或者應該說是有如百科全書一樣詳盡？）

正是因為男性同性戀關係的尋常無奇，所以書中的一段雞姦情節才會顯得深具啟發性。這段情節的背景可以簡短描述如下：瑟伯朗因為犯了許多錯誤，包括和許多已婚婦女通姦，而遭到父親逐出家門，於是只好藉著率領一小團流浪藝人謀生，其中最重要的一名團員是個頗為陰柔的年輕舞者，名叫納維翠（Nurwitri）。這個團體演奏各種類型的音樂（但特別擅長一種阿拉伯風的合奏樂曲，稱為德邦鼓樂〔terbangan〕），也表演舞蹈以及各式「sulapan」（也許可以權且翻譯為「戲法」）。在四處表演的旅程中，這個團體來到了答哈（Daha）的「kabupatèn」（地方行政中心），而立刻受到當地的阿迪帕蒂（adipati，地方長官）雇用。一如他的許多妻妾、官員、僕人以及食客，這名地方長官也對於這群藝人的技藝深感著迷，尤其是身穿女性服裝而且舞姿優美的納維翠。表

16 舉例而言，著名的民族學家威爾肯（George Alexander Wilken）就曾經指出：「變童【是】普遍存在於達雅族當中的一種惡行」（《論文彙編》〔*Verspreide Geschriften*〕，凡奧森布魯金〔Frederik Daniel Eduard van Ossenbruggen〕編【The Hague: van Dorp，1912】3: 389）；聲名顯赫的伊斯蘭研究學者許爾赫洛涅（Christiaan Snouck Hurgronje）提及「亞齊人當中普遍存在著最糟的不道德行為」，而其象徵就是廣受喜愛的斯達帝舞（Seudati）演出，其中吟唱的詩歌帶有「變童的性質」（《亞齊人》（The Achehnese：Leiden: Brill，1906），2: 246，2: 222）。舌尖嘴利的醫師朱利厄斯・雅各在一八八〇年代初期走訪了峇里之後，提到有許多舞蹈表演都是由男孩裝扮成女人，而評論指出：「一看即可知道他們是男孩，而看到峇里社會各階層的男子紛紛掏出方孔錢（kèpèng）以爭取和那些孩子共舞的機會，有時更擺出怪異至極的姿勢，實在令人噁心；更令人反胃的是，那些孩子有時在**直立**運動了幾個小時之後，儘管已經疲憊不堪，卻又被迫必須與出價最高者進行橫躺的活動，而且在這之前就已經受到許多男人的撫摸與親吻」（《峇里人社會旅居見聞：遊記，附記峇里島與龍目島的衛生、土地與民族學》〔*Eenigen tijd onder de Baliërs, eene reisbeschrijving, met aanteekeningen betreffende hygiëne, land- en volkenkunde van de eilanden Bali en Lombok*：Batavia: Kolff，1883〕，字體強調在原文即有）。這方面的討論在殖民時期的尾聲開始變得比較冷靜：舉例而言，關於布吉人與望加錫人，見沙博（Hendrik Chabot），《南蘇拉威西的土地、地位與性》（*Verwantschap, Stand en Sexe in Zuid-Celebes*：Groningen-Jakarta: Wolters，1950），pp. 152-58（〈同性戀〉〔Homosexualiteit〕），以及諾特博姆（C. Nooteboom），〈論布吉人與望加錫人的文化〉（Aantekeningen over de cultuur der Boeginezen en Makassaren），《印尼》2（1948-49）：249-50。關於爪哇與馬都拉，皮若，《爪哇民間戲劇》，pp. 299-304, 322-24；以及德里昂（J.B.M. de Lyon），〈波諾羅戈虎頭面具舞者的變童關係〉（Over de waroks en Gemblaks van Ponorogo），《殖民地雜誌》（*Koloniale Tijdschrift*，1941）：740-60。

演結束後，這名年輕的明星獲邀和慾火焚身的阿迪帕蒂同床，書中並且描述那名阿迪帕蒂「徹底忘卻了對於女人的愛」(supé langening wanita)。[17] 納維翠習以為常地接受雞姦，以他的床技大大取悅了那名長官，因此連續幾天都在侍寢隔日上午獲贈金錢與昂貴服裝等禮物。經過幾夜的春宵之後，阿迪帕蒂的目光轉向了比較男性化的瑟伯朗，命令他穿上女裝跳舞。一如先前，音樂與舞蹈挑起了這個大人物的性慾，他也隨即把瑟伯朗找來與自己同床。第四章第五十四至六十節描述了那名阿迪帕蒂如何雞姦瑟伯朗，並且從中獲得多大的滿足。文中描述瑟伯朗「在床上的表現更勝納維翠」(lan Nurwitri kasorěki)，事後也獲得相應的獎賞。[18]

截至這裡為止，看起來都相當正常。這幾個男性之間的性關係看起來和許多男女之間的性關係極為類似，由一名年紀較大但有錢有勢的高階男性享受一個具有性魅力的低階年輕人「被動」提供的性服務，然後再以金錢或其他方式賞賜對方。不過，接著卻出現了一個奇特的轉折，就我所知在其他印尼文學裡都找不到同樣的案例。那名阿迪帕蒂問瑟伯朗說，在雞姦當中，哪一方獲得的快感比較大？主動方還是被動方。瑟伯朗回答：「被動方獲得的快感大得多」(mungguh prabédaning rasa/asangat akèh kaoté/mirasa kang jinambu)，於是阿迪帕蒂說他想要親身體驗過後再自己決定。[19] 說完之後，他就讓瑟伯朗雞姦他。結果，他的體驗卻與瑟伯朗聲稱的非常不一樣。一部分是因為瑟伯朗的陽具太大，以致阿迪帕蒂吃盡了苦頭。他的肛門嚴重撕裂，第二天都沒有辦法坐下來。瑟伯朗必須在傷口處為他敷上藥膏以緩解痛苦。(這是《真提尼》裡唯一一個性交造成痛苦的案例，而這點也許顯示了這首詩的「政治立場」。)

第二場雞姦最引人注意之處，就是一般的性關係受到了翻轉：由年輕迷人的低階男性支配年紀較大也比較沒有魅力的高階男性。不過，若是與第一場雞姦仔細比較，即可得出更多具有啟發性的洞見。

在第一場雞姦裡，我們注意到以下這些細節：[20] 經驗豐富的瑟伯朗應付阿迪帕蒂的陽具輕鬆寫意。書中描述他「各種動作都相當靈活又有技巧」（aluwes awasis ing satata taténing pratingkah）。他被動接受雞姦的「熟練度」（baudira）遠勝於他的朋友納維翠。實際上，他被描寫為「積極被動」，而且他與阿迪帕蒂的交合被描述為一場「甜蜜的戰鬥」（adu manis）。一再使用反身動詞的做法，突顯了他們在性行為當中的相互性：「他們一同扭動身體，朝著相反方向推送」（dia-dinia dinaya-daya/dinua-dua）。阿迪帕蒂的性器官受到瑟伯朗熟能生巧的括約肌「擠壓」（sinerot）。這名年輕人的「反應」也「不下於」對方（tan wiwal dènya kiwul）。他一度以最為恭敬的高爪哇語[21] 勸告對方「冷靜點」（ingkang sarèh kéwala），意思彷彿是說：「你在床上如果要表現得好，就要放慢步調。」書中描述他「筋疲力盡」（lempé-lempé），不過是有如傑出的體操選手經過嚴苛訓練之後的那種疲憊。（阿迪帕蒂則是被描述為稍稍沒有那麼疲累。）納維翠在黎明走進屋裡看見這兩人，狡黠地逗了逗

17《*Serat Tjentini*》，第二章第十七節至第四章第三十節。引文摘自第四章第二十九節。在此處以及後續的所有引文當中，我都把原文的文字轉變為現代拼法。
18 同上，第四章第五十四至六十節。引文摘自第五十七節。
19 同上，第七十四至八十四節。引文摘自第七十六節。
20 以下的引文摘自同上，第五十六至六十節。
21 如同先前幾章提過的，「高爪哇語」是爪哇語言中充滿禮貌與敬意的語言層級。

他的同伴，於是瑟伯朗也笑著對他眨了眨眼，並且漫不在乎地對他說：「對我們兩人來說都是一樣。」（aran wong wus padha déné）。最後，我們看到作者意在描寫瑟伯朗與納維翠私下串通惡搞阿迪帕蒂。瑟伯朗「對【他】做了個祕密手勢」（ngeblongken），表示他們成功作弄了那名貴族。阿迪帕蒂還傻傻地得意大笑，以為自己在性事上宰制了那兩名年輕的演員，但那兩人卻巧妙地達成了他們的目的：金錢、優待、自由進出這座地方行政中心的女性居所、在心理上掌控了他們的雇主（他被誘騙而落入了瑟伯朗的角色調換陷阱），而且還得以享受肉體的歡愉。

這些細節明白顯示了一、瑟伯朗被（刻意）描寫為一名技巧精湛的性專業人士（在此處為褒義）；二、他聲稱性交中的被動方所獲得的快感可能大於主動方並不是說謊，只是被動方必須要有適當的ngèlmu（知識）與經驗；三、他從頭到尾都保有自己的男子氣概，應對那名阿迪帕蒂的方式就像是優秀的拳擊手、摔角手或舞者因應對手一樣。的確，他的動作極為輕柔，讓阿迪帕蒂覺得他就像是個美女，但瑟伯朗在心理上卻從來不曾「屈從」於那名阿迪帕蒂。

反向雞姦幾乎在每個面向上都呈現了鮮明的對比。[22]阿迪帕蒂先是放棄了自己在社會與政治上的優越地位，允許那名年輕的流浪藝人以ngoko這種親密而且地位平等的語言層級（koko-kinoko kéwala）對他說話。接著，他又探詢知識，不但承認自己的無知，而且實際上還請求對方這個經驗豐富的老師教導他。書中特地強調瑟伯朗的陽具尺寸有多麼驚人（暗指阿迪帕蒂的尺寸和他沒得比）。那名阿迪帕蒂被描述為「徹底屈服」（anjepluk）。更重要的是，文中明確指出他「忘卻了自己的男子氣概」（supé priané），而且「覺得自己像是女人」（lir dyah raosing kalbu）。回想一下，在瑟伯朗受到雞姦的時候，書中描述他在對方眼中看起來像是女人，甚至還更勝於女人。相對於瑟伯朗熟練地接受肛交，那名阿迪帕蒂則是承受不了一開始的疼痛。「淚水從他的臉龐流瀉而下，他嗚咽討饒」（barebel kang waspa / andruwili sesambaté），「唉喲，停……夠了……拜託，不要……抽出來……噢……噢……求你快停」（lah uwis aja-aja / wurungena baé adhuh uwis）。他甚至徹底失去自制力，而在床墊上忍不住失禁（kepoyuh）。瑟伯朗心生「憐憫」（ngres tyasira），於是加快抽送速度，好讓這場苦難早點結束。（與此對比的是，瑟伯朗在先前接受雞姦的時候，還建議對方放慢速度。）最後，阿迪帕蒂「疲憊不已地癱倒在床上」（ngalumpruk marlupa capé），而瑟伯朗則只是為他感到可憐（sungkawa），但文中沒有提到瑟伯朗有任何疲憊之感。阿迪帕蒂在先前擔任主動方，也還是頗為疲累。不消說，瑟伯朗同樣非常清楚該用哪一種葉子壓碎製成的膏藥塗敷這名貴族的肛門。這一幕的結尾沒有歡樂逗趣的笑話。

這兩場雞姦，由雙方輪流擔任主動者與被動者，顯示了瑟伯朗把他的雇主操弄在掌心之中。在男性之間的性交活動裡，他在所有面向上都是技巧精熟的專家，所以從頭到尾都沒有失去控制或是自己的男子氣概。實際上，正是因為他保有了這些特質，才能夠以明顯可見的真誠語氣堅稱性交中的被動方所獲得的快感勝過主動方。他首先迫使他的雇主使用平等語言，接著更迫使對方在性活動當中對他稱臣。另一方面，那名阿迪帕蒂就算是在性交當中擔任主動方的時候，也沒有取得上風。等到他擔任被動方之後，則是表現得有如處女，或是初入門的學生。

另一方面，我們也不該忘記這兩場雞姦活動在《真提尼》的數千節詩句當中只占了十幾節而

22 本段的引文皆摘自《Serat Tjentini》，第七十四至八十四節。

已。這部作品不是某種爪哇版的《查泰萊夫人的情人》。那名阿迪帕蒂沒有因此體驗到某種性覺醒，對他的年輕床伴也沒有心懷愛意或者厭惡。等到他肛門的傷口癒合，而能夠再度安然坐下之後，那座地方行政中心當中的生活就又恢復了往常的樣貌。瑟伯朗終究遭到驅逐，不過原因是他被人發現與阿迪帕蒂的眾妾恣意往來。所以，實在很難相信那兩場雞姦的情節只是單純描寫性事或是同性之間的性行為。我們若是比較一下有關戲法的內容，也許就能夠更清楚瞭解那兩場雞姦真正的重點所在。

※

如同先前提過的，戲法是《真提尼》裡許多漂泊流浪者主要的一項表演節目。瑟伯朗是書中最早出現的這種人物，但他的煙火表演雖然引人讚嘆，終究還是不免有其他表演者勝過他。不論演出的「大師」是誰，所有的戲法表演都帶有特定的一般特色。這種表演總是以節目（tontonan）的方式呈現，也就是說戲法師及其同事都是受雇在觀眾面前展現他們的才華，而且是安排在一整套盛大的慶祝活動當中。這種表演總是伴隨著音樂，也經常伴有特定種類的舞蹈與舞者，而且通常會焚上大量的香。戲法中的「變換」大致上可以分為三類：一、無生命物體在一段時間內顯得彷彿有了生命一般。例如在沒有人拿取的情況下，一根碓杆就在米臼裡自行上下捶擊，或是一把彎刀和鐮刀自行砍劈。[23] 二、各種物品暫時轉變為不同的形態。例如戲法師用一個kurungan（半球形的藤籃）把幾杯米飯、若干葉子或者椰青蓋起來；等到藤籃掀開之後，那些物品已分別變成幾束花、幾隻烏龜以及幾條蛇；接著藤籃又再度蓋上再掀開，那些物品就恢復了原本的樣貌。[24]三、戲法師製造出可怕的事件，然後再予以逆轉。這個類別相當引人注意，因此值得在此詳細舉出三個典型的例子。

在一些慶祝活動的過程中，瑟伯朗把他的一名樂師手腳綁縛起來，然後連同一個輪子放進半球形藤籃裡。[25]在其他樂師演奏著金南提維拉楚納（Kinanthi Wiratruna）這種樂曲，而且香煙裊裊飄升的同時，瑟伯朗與他的變裝舞者圍著藤籃繞行七次。揭開藤籃之後，剛剛那名樂師已經擺脫了綁縛，並且騎在一頭老虎的背上。觀眾驚恐奔逃，互相踐踏。阿迪帕蒂待在原位不動，但問了瑟伯朗「那隻老虎是不是真的」（apa nora anemeni ingkang sima）。獲得保證不是之後，他便要求這名年輕的戲法師「立刻把牠消除掉」（yèn mengkono nuli racuten dèn-ènggal）。於是，老虎與騎士又再度被藤籃蓋上。第二次揭開以後，只見又恢復了先前的狀況，只有受到綁縛的樂師和輪子。在另一項表演中，觀眾身處的大廳遭到龐大的火柱（égrang）侵襲，而且那些火柱似乎會互相追逐打鬥，[26]看起來彷彿整棟建築就要陷入火海當中，導致眾人驚恐不已。接著，現場一名經驗豐富的老翁對劇團喊話，說他們玩過頭了，必須結束這項表演。其中一名變裝舞者一甩披肩，火柱就隨即消失。不過，在眾人慌忙逃離那些火柱幻影的時候，卻有一名孩子因為遭到踐踏而陷入了昏

23 同上，第三章第十九至二十三節；第三十七章第三三二節。
24 同上，第三章第一至十八節。
25 同上，第三十九至四十八節。
26 同上，第四十八章第二十八至三十三節。

迷。[27]那名老翁於是又要求劇團恢復他們造成的傷害。其中兩人把那個孩子抬到一張地毯上，然後用一把尖銳的大刀把他的身體切成兩半。那個男孩的母親悲痛若狂地撲倒在屍身上之後，他們又一刀砍掉了她的頭。驚駭至極的觀眾認定自己所見的乃是真實的狀況，於是在恐懼之中認定瑟伯朗的團員必定是遭到了惡靈附身。這時候，變裝舞者用布把那兩具屍體裹了起來，然後站在周圍形成一個圓圈，從自己服裝上的花圈摘下花朵拋在裹屍布上。就這樣，那對母子又活了過來。第三個例子是瑟伯朗的劇團裡兩名年紀較輕的演員賈瑪爾（Jamal）與賈米爾（Jamil）所演出的一場決鬥。[28]在打鬥過程中，賈瑪爾的前額被鐵撬擊中，以致血流滿面倒在地上。他的對手隨即衝上前去用大石頭猛砸他的頭部和身體。再一次，觀眾又被嚇得目瞪口呆。接著，在首席戲法師的命令下，賈瑪爾的屍體被一條長布裹了起來，然後變裝演員在周圍跳舞歌唱，由一個小小的昂格隆合奏團伴奏，還有繚繞不絕的香煙。[29]然後，賈瑪爾就立刻坐了起來，不但安然無恙，而且還喘著氣。如同每一次最令人驚駭的表演，觀眾也瘋狂歡呼喝采。（戲法與音樂結合之下的效果，經常都會引起無法克制的性慾，觀眾因此互相撫摸彼此的胸部與生殖器，甚至當眾性交。）

我們該怎麼看待所有的這些戲法，尤其是第三類的這一種？換個方式說，這些戲法當中運用了什麼樣的 ngèlmu（知識）？再進一步說，以「戲法」指稱這些 sulapan 表演是否恰當？

我們可以從兩個方向確認這是一項需要專門技術的職業。首先，那些 sulapan 表演不是超自然現象，也不是鬼魂附身的情形。若是想想哇揚皮影戲的劇目、編年史、民間故事，甚至是在當今的雅加達口耳相傳的流言，可以發現其中提到真實力量（kasektèn）施行的結果，總是會對世界造成真實的影響，從而帶來無可逆轉的改變。王國因此傾頹、國君與妖怪受到殺害、村莊裡的壞孩子永久變成猴子、血腥的政變（不論成不成功）因此發生。相對之下，sulapan 表演對於世界則是毫無影響，因為一切總是會回復成原本的樣子。活人被「殺害」之後，隨即又會復活。葉子變成烏龜，然後又變回葉子。沒有任何東西會真正出現改變。每個「變換」都像我們先前討論過的雞姦那樣不會造成任何後果。

不過，如果說 sulapan 與 kasektèn 完全不同，那麼戲法與附身也是如此嗎？就一方面來說，這兩者明顯有所不同。在瑟伯朗的演出當中，觀眾誤解了自己看見的情景，因為戲法師創造出來的可怕幻覺讓人覺得他們似乎真的受到了附身。而附身就像「kasektèn」一樣，確實會對世界造成影響。另一方面，瑟伯朗的團員所表演的若干變換，則是在《真提尼》裡獲得賦予特定的名稱，例如「gabus」、「réog」，以及「jaran képang」。直到今天，這些名稱仍然用於指稱帶有迷恍附身狀態的特定儀式表演。然而，如果說某些 sulapan 表演當中的變換與特定形式的附身可能彼此相似，那麼其內在本質則是被視為具有根本上的不同。由於 sulapan 畢竟是一種商業表演，因此其內容全都直接受到人力控制，而在附身當中，人力控制則是屈服於靈界的影響，至少在當下是如此。

第二，sulapan 表演醒目地涉及一種特別的技術與一套專用術語。《真提尼》不厭其煩地詳細告訴讀者每一場表演必須使用哪些樂器組合、演奏哪些樂曲、搭配哪些舞蹈，以及穿著哪些服裝。

27 同上，第四十二至五十二節。
28 同上，第三十七章二五六至六一節。
29 昂格隆（angklung）是一種樂器，由竹管懸掛構成，只要受到演奏者敲擊，竹管就會互相碰撞發出聲響。

其中的道具幾乎都固定不變，包括半球形的藤籃、線香、特定種類的披肩。有些變換有其本身的專門名稱。最引人注目的也許是「racut」這個詞語，大致上可以翻譯為「終結」（一項行為）或者「消除」（一個幻象）。從我引述的例子裡，也可以注意到總是有少數觀眾（通常是老翁）不會被騙。如同那名阿迪帕蒂，他們也許會對眾人驚慌奔逃的模樣感到莞爾，但也會確保玩笑不至於開過頭。這時候，他們就會要求演出者「racut」幻象，將其「收回袋子裡」。此外，「racut」總是那麼的容易（幾乎就像是切斷電流一樣簡單），而不像終止附身那樣需要舉行繁複的儀式以及花費大量的時間！

然而，雖然針對技術說了那麼多，我們在《真提尼》當中卻不是在金賽（Alfred Kinsey）或胡迪尼的世界裡（雖然可能距離義大利術士卡里歐斯特羅〔Cagliostro〕的世界不遠）。瑟伯朗受到雞姦的時候，詩裡並沒有告訴我們他利用哪些肛門肌肉讓阿迪帕蒂享有如此的快感，也沒有說明他是怎麼獲得這樣的肌肉控制力。同樣的，詩裡也從來沒有把我們帶到後台，讓我們得知sulapan的特效究竟是用什麼方法達成。有時候，讀者也不禁懷疑那些特效究竟在多少程度上只是純粹的表演效果。因為瑟伯朗雖然向阿迪帕蒂保證他的老虎不是真的，但詩裡也以一派正經的態度把那個被切成兩半的男孩以及被砍頭的母親描述為已經死了。也許我們應該把**戲法師**一詞改為**魔術師**（magician），因為「魔術師」混合了兩種古老意義：一方面是技藝精湛的戲法人，以巧妙的方式運用尋常手段，製造出詭秘難解的幻象；同時也涉足真正的怪力亂神，但是卻以毫無意義的方式運用自己的力量，僅為了討好觀眾而已。從這個角度來看，瑟伯朗與他的魔術師同伴所擁有的技術，在爪哇十八世紀晚期的文化景觀裡占有一個獨特的位置。那些技術不是作假的技術，但也不是kasektèn那種在較高層級上支配俗世的一般性力量。

此處再度與十八世紀的法國互相比較很有幫助。狄德羅的百科全書所具有的決定性特色，就是目的在於提供知識。其中的條目乃是一份清單，**解釋**內容則是說明這個世界如何運作，並且依循哪些原則。百科全書的目的在於盡可能把啟蒙精神推廣到全世界。不過，《真提尼》裡的清單卻沒有解釋任何東西。《真提尼》裡的清單雖也指涉知識，但那些知識卻多多少少仍然奧秘難解。只有早已擁有必要的ngèlmu（知識）的人，才能夠以適當的方式加以閱讀。這份文本無意啟蒙一般的爪哇人，更遑論世人。

既然如此，該怎麼說呢？雞姦與變魔術也許能夠為人帶來樂趣，但要主張這兩者對於任何一個社會的生活具有核心重要性絕對很難，就算是對於舊爪哇而言也是一樣。我在此處強調這兩者，原因是這兩者以極為醒目的方式區隔了精通者和其他社會階層。雞姦活動把這種技術的精通者和握有權勢者區隔開來，魔術把戲則是把相同的精通者和大眾區隔開來：在大眾眼中，瑟伯朗的「ngèlmu」就像他們領主的「kasektèn」一樣高深莫測（也許還猶有過之。雞姦與戲法的無用與不必要性，也有助於遏阻任何人把舊爪哇輕易假定為一面無縫的網，由相互連鎖的功能性角色或者相輔相成的侍從關係構成。（其他類型的「ngèlmu」，例如操偶或醫學的知識，正因為看起來有用而且能夠融入社會裡，因此可能導致解讀者鬆懈了提防普遍觀念。）雞姦與戲法以極度世俗的方式連同其他許多知識呈現在《真提尼》裡，顯示了某種新的變化，是爪哇人對於領導地位的一種可見要求，儘管他們自己可能還沒有完全自覺到這一點，也就是由ngèlmu（知識）的結盟取代了kasektèn（魔力）。同樣重要的是，瑟伯朗就像《真提尼》裡的其他能人一樣，也藉著實踐其ngèlmu

（知識）換取金錢。30 地主與農民的舊爪哇已接近尾聲。

職業夢想

截至目前為止都很清楚，也許太清楚了。因為我把《真提尼》視為彷彿是一面社會的鏡子，或者半民族學的論著，讓我們能夠推斷其內容多多少少直接記錄了十八世紀晚期的爪哇生活。樂師當然真的彈奏了他們的甘美朗，操偶師確實操弄了木偶，伊斯蘭神秘主義者也絕對指導了年輕的敬虔派穆斯林。不過，當時真的有像瑟伯朗這樣的人，不但優雅地雞姦自己的貴族雇主，還以自己變出的幻影嚇得村民驚慌逃跑嗎？誰能確定呢？另一方面，假設這首詩反映的不是現實，而是……職業夢想呢？

由於瑟伯朗的精湛技藝毫無必要性，因此可能會引人認為那些技藝只是「真實」傳統生活所有技藝當中最不重要的多餘元素。不過，只要以比較廣泛的視野概觀《真提尼》，就會立刻發現這部作品帶有夢幻般的本質。由其中描寫生動的性生活，即可看出某種魔幻的特質。這部作品裡雖然充斥了各種年齡的各色男女之間的交合，卻只有一次順帶提到了懷孕或生產。（這就是為什麼其中的同性與異性之間的性交看起來都如此類似。其關注焦點在於性技巧的精湛表現（順帶一提，也包括女性的性能力），完全不在人口學或者社會現實主義方面。）

不過，除了生殖以外，還有其他更大的欠缺。我們先前見到，除了那個阿迪帕蒂以外，詩中的爪哇統治階級都遭到邊緣化，甚至排除於讀者的視線範圍之外。更引人注意的是詩中全然沒有外國人的身影。阿蒙格拉加在一六二五年逃離他位於吉里的王室家宅，而那時聯合東印度公司早已在巴達維亞建立其亞洲帝國總部（一六一九年），位於西側直線距離僅有四百五十英里處的爪哇北岸。到了《真提尼》最後彙編完成的時候，荷蘭人進駐爪哇已有兩百年之久，但在這部作品裡，卻只有少數幾個荷蘭外來語能夠令人看得出他們的存在。《真提尼》當中完全沒有提及瀰漫於一六七〇年代至一七五〇年代之間的戰火。那些戰爭是爪哇史上第一次不僅由荷蘭人與爪哇人參與其中，還涉及布吉人傭兵隊長、馬都拉人軍閥，以及峇里人傭兵。詩中也絲毫沒有提到爪哇的北岸海港在一七四〇年之後就全都「合法」交到了東印度公司手中，更沒有提到四處征戰的馬塔蘭早已分裂成三個弱小的內陸國，而且其統治者都接受東印度公司供養。[31] 沒有戰爭，沒有瘟

30 關於中爪哇在「完整」的《真提尼》寫成的六十年前所經歷的經濟與社會變化，有一份簡要而深入的記述，見凱瑞，〈爪哇人對於中爪哇華人社群的觀感變化，一七五五至一八二五年〉（Changing Javanese Perceptions of the Chinese Communities in Central Java, 1755-1825），《印尼》37（一九八四年四月）：1-47。王位繼承戰爭自從一六七〇年代以來就不斷摧殘這座島嶼的內陸地區，荷蘭東印度公司在一七四〇年併吞爪哇北部沿海地區，以及在一七五〇年代對於無窮無盡的王位繼承戰爭進行軍事鎮壓，造成了互相矛盾的後果。一方面，和平的恢復促成農業生產與商業活動迅速增加；但另一方面，租稅的徵收也因此能夠以更有系統的方式推行。這個時代出現了租稅農場的迅速擴散，通常都由華人經營，尤其是在鴉片、市場稅與鄉下收費站方面。稅款愈來愈必須以現金支付（通常是中國鉛幣或者東印度公司銅幣）。為了能夠以這種方式繳稅，農民因此必須抵押他們的作物獲取貸款，或者在市場上販售更多作物。於是，爪哇經濟在世紀之交出現了重大的貨幣化發展。

31 關於中爪哇在十八世紀末與十九世紀初軟弱無力的政治狀況，最出色的研究包括李克萊弗斯（Merle Calvin Ricklefs），《蘇丹芒庫布米治下的日惹，一七四九年至一七九二年》(*Jogjakarta under Sultan Mangkubumi, 1749-1792*；London: Oxford University Press，1974)；庫瑪爾，〈十八世紀末的爪哇宮廷社會與政治：一名女士兵的記錄。第一部

疫，沒有賦稅，沒有徭役，沒有死亡。

相反地，在《真提尼》大部分的內容裡，爪哇都自我呈現為一個變幻不定的烏托邦，這個烏托邦由許許多多的鄉間社群構成，那些社群全都繁榮、滿足、寬容、政治自主而且又性開明，可讓職業人士自由悠遊於其中。在他們遊蕩的過程裡，他們向大眾和彼此展現自己的知識，受到無與倫比的尊重，甚至是待以歡喜的敬畏之情。在這個爪哇當中，沒有政治詭詐，沒有恐懼，沒有人會對不學無術的貴族卑躬屈膝，也沒有人需要蒙受恥辱而依賴無能貪腐的統治者。[32]

正是由其技藝精湛的專家所協調而成的這種「完美的爪哇」性質，揭露了《真提尼》當中那種剛萌芽的激進主義所帶有的限制。瑟伯朗也許在性方面支配了他的雇主，而且還恣意玩弄那名雇主的妻妾，但這種支配只是戲法師的支配。如同先前提過的，阿迪帕蒂的肛門癒合之後，一切就回復到這兩人上床之前的狀況，什麼都沒有改變。職業人士的無害性質，就是精通**傳統**知識者的無害性質。這種性質與哲學家那種表面親切的惡意形成強烈對比。哲學家的知識一點都不傳統，而是暗中或者明確的帶有革命性。在爪哇，完美的社會是舊制度之前的時期；在法國，完美的社會則是在舊制度受到取代之後才會來臨。

《真提尼》的寫作方式突顯了這部作品的政治立場，在大部分時候都是想像統治階級與外國壓迫者並不存在，而不是攻擊他們。這部作品的語調總是平靜、甜美、帶有笑意，而不是疏離、憤怒，或者絕望。其眾多作者並不故作謙虛，而是對於當時爪哇文學文化所擁有的各種風格形式、韻律變化以及繁複的修辭手法都展現了完全的掌控力。不過，這種驚人的掌控力從來不是以諷刺的方式運用，幾乎都是用於使形式與內容一致。

《蓋陀洛可傳》

貝赫倫以頗具可信度的論點提出的主張如果沒錯，《真提尼》全本真是完成於一八一四年，那麼那個時間點可能是這麼一部龐大、甜美又克制的爪哇巨作能夠出現的最後一個歷史時刻。萊佛士的手下在一八一二年進入日惹，廢黜了蘇丹，並且將這個區域分割成兩個迷你小國，就像東印

分：宮廷的宗教、社交與經濟生活〉(Javanese Court Society and Politics in the Late Eighteenth Century: The Record of a Lady Soldier. Part I: The Religious, Social and Economic Life of the Court)，《印尼》29(一九八〇年四月)：1-46；以及凱瑞編，《蒂博尼哥羅編年史：記述爪哇戰爭的爆發（一八二五年至一八三〇年）》(*Babad Dipanegara: An Account of the Outbreak of the Java War (1825-30)*；Kuala Lumpur: Art Printers，1981)。

32 最能充分揭露爪哇存續下來的世襲統治者，包括《真提尼》眾位作者的雇主所帶有的路易十六式性格，莫過於他們完全沒有採取任何有創意的做法善加利用東印度公司與荷蘭在一七八〇年之後遭遇的災難。那些災難的起因，就是荷蘭在一七八〇年涉入了英國、法國與剛建國的美國之間的戰爭。一七九五年，法國革命軍占領低地國，成立巴達維亞共和國這個傀儡國，而倫敦採行的其中一項回應，就是從聯合東印度公司手中奪走錫蘭。一七九八年，已經破產了幾年的東印度公司受到巴達維亞共和國接管，由該共和國承擔其一億四千三百萬荷蘭盾的債務。（參照岱伊〔Clive Day〕，《荷蘭人在爪哇的政策與行政》〔*The Policy and Administration of the Dutch in Java*；London: Macmillan，1904〕，pp. 80-81。）一八〇六年，拿破崙任命弟弟路易為史上第一位低地國王，但在一八一〇年卻因為他「對於人類的癡狂」而撤銷他的王位，並且斷然將低地國併入法國，倫敦的反應是在一八一一年奪取荷蘭的所有海外領地，包括爪哇也在同一年毫無抵抗就被萊佛士的手下占領。這些發展有一段內容豐富的簡短記述，見弗雷克，《努山達拉：印尼的歷史》(Brussels: Editions A. Manteau，1961)，第十一章。拿破崙那句充滿他典型機鋒色彩的話語，摘自夏瑪（Simon Schama）的精彩著作《愛國者與解放者：荷蘭的革命，一七八〇至一八一三年》(*Patriots and Liberators: Revolution in the Netherlands, 1780-1813*；New York: Knopf，1977)，p. 543。

度公司在一七五〇年代對於隔鄰的梭羅採取的做法一樣。此外，他在這四個小國都把持了統治者的財務命脈，自此以後皆由巴達維亞直接管理租稅農場。[33] 一八一六年，由於維也納會議達成了一項複雜協議，讓奧蘭治親王威廉因此成為他所屬世系當中的第一位君主（接任路易・波拿巴的王位），並且獲得東印度公司在東印度的領地，藉此補償英國永久占領錫蘭、好望角以及其他有價值的區域，最終使得荷蘭人又再度從萊佛士手中接掌了爪哇。中爪哇的經濟與政治情勢迅速惡化，導致蒂博尼哥羅王子的一八二五年叛亂以及隨之而來的五年爪哇戰爭，摧殘了這個區域的大部分地區。戰爭造成的高昂代價，以及荷蘭本身差點破產（這是拿破崙時代的壓榨以及比利時在一八三〇年脫離荷蘭所造成的後果），導致高度剝削性的「強制耕種制度」在那一年開始實施，而在一八三一年至一八七七年間為荷蘭國庫挹注了多達八億兩千三百萬荷蘭盾。[34] 為了確保不會再有進一步的政治騷亂，巴達維亞於是在中爪哇的那些迷你王位擺上了一連串毫無主見、平庸又懶惰的小君主。在這段漫長的過程中，kasektèn 以及一般認為握有這種力量的人陸續流失了愈來愈多的可信度，以致朗喀瓦西塔這位梭羅的最後一位宮廷詩人，在一八七三年於臨終病榻上絕望地寫道：「模範早已蕩然無存。」[35]

此一背景也許有助於解釋《真提尼》與爪哇文化的下一部魔幻巨作《蓋陀洛可傳》之間的驚人對比。內部證據明白顯示這首長詩作於一八五四年與一八七三年間（最有可能是在一八六〇年代），可能是出自單獨一位不知名作者的手筆。[36] 如果說《蓋陀洛可傳》是一部經典作品，那麼也是一部地下作品。聲名顯赫的傳教士學者寶恩生（Carel Poensen）在一八七三年把這首詩的一個版本（經過大幅刪節）付印，而評論指出：

從文學觀點來看，這部文本沒有什麼價值……但我們如果仔細檢視其精神，就會發現這位作者極為入世，包括他看待榮譽和德行的觀點，還有對於各種事物所抱持的明智看法，例如哪些食物可供人類食用，它完全欠缺《務朗．列》與《特卡瓦蒂王子》（Sèh Tèkawardi）等作品所帶有的那種深刻宗教色彩，因此也缺乏那些作品的教養與氣質。實際上，他經常激起我們的反感，因為他總是不知節制地寫下最微不足道的東西，並以極度令人作嘔的方式仔細描寫言之不雅的事物。[37]

33 見凱瑞，〈爪哇人對於中爪哇華人社群的觀感變化〉，sections 4, 5。

34 針對強制耕種制度的政治與經濟面向所從事的研究當中，遠遠最傑出的是法瑟爾，《強制耕種與殖民利益，荷蘭人對於爪哇的剝削，一八四〇年至一八六〇年》（Leiden: Universitaire Pers，1975）。

35 見本書第六章。

36 在第七章第五十二節，這首詩提到了所謂的「rispis pérak」。「Rispis」明顯可見是荷文的「代幣」（recepis）一詞經過爪哇化之後的變體，指的是總督羅赫生（Rochussen）在一八四六年二月四日發行的一種特殊代幣。這是一項迫切措施，盼能藉此修補他的前任所留下的金融與貨幣亂象。這種代幣與荷蘭用白銀鑄成的錢幣以固定匯率兌換，而成為東印度地區第一種穩定的殖民地貨幣。一八五四年的貨幣法以銀荷蘭盾正式取代這種代幣，但這種代幣直到一八六一年才終於不再流通。見「貨幣」（Muntwezen）條目，《荷屬東印度百科全書》（*Encyclopaedie van Nederlandsch-Indië*，The Hague/Leiden: Nijhoff/Brill，1918），2: 793-811，尤其是pp. 803-4。「Rispis-pérak」意為「銀代幣」，指的必然是在一八五四與一八六一年間取代了紙質代幣的銀幣。因此，《蓋陀洛可傳》不可能寫於一八五〇年代晚期之前。而且，由於一部印刷版本（見後注37）出現於一八七三年，因此我們可以假設這部作品可能完成於一八六〇年代。這首詩最有可能寫於東爪哇的諫義里，遠離於王室宮廷，而且作者是一小群在當時不受雇於荷蘭人的文人當中的一名成員。

37 寶恩生，〈一部爪哇作品〉（Een Javaansch geschrift），《荷蘭傳道會公告》（*Mededeelingen vanwege het Nederlandsche*

這段把《蓋陀洛可傳》描述為一種三流爪哇版《巨人傳》（*Pantagruel*）的文字，對於許爾赫洛涅這位最威風的殖民地學者領袖毫無影響。他把這首詩譴責為「一個無疑是吸鴉片吸糊塗了的爪哇神秘主義者的異端幻想！」[38]不過，開明的學者官僚林克斯卻完全不這麼認為，而在一九〇九年指稱這首詩是「對於那一切神秘主義廢話的深度諷刺」。[39]直到一九五一年，范艾克倫才在日本帝國主義的來臨以及後續發生於一九四五年至一九四九年間的民族革命之下，被迫放棄他在東爪哇的傳教活動，而出版了第一部內容完整的《蓋陀洛可傳》，並且附上翻譯、一份完整的評論文獻，還有一篇深入的人類學化主題分析。[40]

《蓋陀洛可傳》在爪哇只有印行過一個版本，即是一八八九年的一部限量泗水版本，在當時沒有受到多少注意。[41]不過，這首詩卻在一九一八年一場遍及全爪哇的爭議當中成為中心焦點，原因是伊斯蘭聯盟（當時最廣受支持的反殖民運動）梭羅分部發行的宣傳刊物《*Djawi Hiswara*》刊登了一篇文章，文中引用了這首詩的部分段落，尤其有一段提到主角蓋陀洛可堅稱自己經常造訪鴉片館是效法先知穆罕默德。當時已經相當活躍的印尼語和爪哇語媒體因此展開一場激烈辯論，最後由倉促組成的大德先知穆罕默德軍（Army of the Most Reverend Prophet Muhammad）在泗水發動一場龐大的抗議活動。然而，那支大軍沒有武器，所以只好向總督請願，要求對《*Djawi Hiswara*》的編輯提起刑事訴訟。[42]在那之後，這首詩就永久潛入地下，再也沒有任何一個印尼出版商膽敢冒險被人指為叛教者，或是因為下述的原因被指為色情出版者。[43]

那樣的憤怒是怎麼一回事？共有三百九十七章的《蓋陀洛可傳》情節簡單又怪異。第一部分僅涵蓋第一章與第二章的十三個詩節，內容介紹了身為哈加爾（Jajar）國王維瑟薩（Suksma Wisésa）獨生子的主角蓋陀洛可，以及和他形影不離的僕從德瑪千杜。國王對這個兒子醜怪的外貌驚駭不已，於是下令他在十六歲之前都必須閉關修行，只由德瑪千杜陪伴。這個孩子在滿十六歲之後回到家裡，由父親為他「修剪」頭髮。不過，由於這項儀式只是令他顯得益發醜陋，於是又被送去從事四年的苦修，像蝙蝠一樣頭下腳上地懸掛在一棵神聖的菩提樹上。這次的修行令他獲得了無人可比的語言技藝。於是，國王將他取名為蓋陀洛可，然後派他出外遊歷天下，但也警

Zendelinggenootschap)17（一八七三）：227。這位傳教士在此處還適時譏諷了伊斯蘭教的飲食禁令。

38 許爾赫洛涅，〈伊斯蘭教對於其東印度學者的意義〉（De betekenis van den Islam voor zijne belijders in Oost-Indië），《論文彙編》（*Bonn and Leipzig*: Schröder，1924），4: 15。這篇文章原本發表於一八八三年。

39 林克斯，《*Abdoerraoef van Singkel*》（Heerenveen: "Hepkema"，1909），p. 130。

40 范艾克倫，《雖是怪物，卻又是完美之人》（The Hague: "*Excelsior*"，1951），p. 1。前注33-35的引文即是摘自范艾克倫這部著作的第一頁。

41 根據德魯維斯，〈由《德瑪千杜之書》探究爪哇人與伊斯蘭教的鬥爭〉（The Struggle between Javanese and Islam as illustrated by the Serat Dermagandul），《東南亞人文暨社會科學期刊》，122（1966）：309-65，見p. 314。范艾克倫寫道，他為了自己的研究所使用的印刷版本，是諫義里的陳坤瑞這位知名華裔爪哇籍出版商發行的版本的「第二刷」。不過，他沒有敘明第二刷的印行日期，也沒有提及第一刷。

42 罪名是侮辱伊斯蘭教。這段記述參考自德魯維斯，〈由《德瑪千杜之書》探究爪哇人與伊斯蘭教的鬥爭〉，pp. 313-15。

43 在這段時期，這首詩對於糞便與性毫不掩飾的描寫（寶恩生所說的「極度令人作嘔」），令當時受過西方教育的新興爪哇中產階級深感尷尬，因為他們一心想要在自己眼中還有像寶恩生那樣的人士眼中把「爪哇主義」塑造成道德純淨的體面樣貌。

告說他有個危險的對手，是個名叫佩吉瓦蒂的女隱士，在一座山洞裡修行。

第二章第三至五節對於蓋陀洛可與德瑪干杜的外形描寫，坦率暗示了他們的名字所帶有的含意。[44]「蓋陀洛可」（Gatholoco）由「gatho」（陰莖）與「ngloco」（摩擦，自慰）這兩個詞語結合而成；「德瑪干杜」（Dermagandhul）結合了「derma」（緊密連結）與「gandhul」（垂掛），意指睪丸；而「佩吉瓦蒂」（Perjiwati）的字根則是「parji」（女性生殖器）。換句話說，主角和他的僕從是一對能夠行走說話的陰莖與陰囊，而且從某個角度來看，這首詩也可以被視為一則寓言，比喻一名男子的性發展。[45]

第二部分涵蓋第三至六章的一百九十一個詩節。內容描述了蓋陀洛可在旅程上的活動。除了賭博以及造訪鴉片館之外，他還與「正統」伊斯蘭導師（guru santri）從事一長串的尖銳辯論，探討神性、人類宇宙、伊斯蘭教以及其他許多事物的本質。在每一次的辯論裡，他都藉著自己的機智以及深厚ngèlmu（知識）而獲勝。一次又一次，伊斯蘭導師都不得不承認失敗，而深感羞辱地從他面前逃開。

第三部分涵蓋第七至十二章的一百九十三個詩節，描述蓋陀洛可遭遇佩吉瓦蒂與她的四名女侍。他破解了這五名女子所出的一系列難題之後，而得以進入佩吉瓦蒂那個從來不曾有人進入過的山洞。德瑪干杜跟在他身後，但卻擠不進去。第一部分的主題再度出現，也就是蓋陀洛可與佩吉瓦蒂的猛烈「戰鬥」僅是略加掩飾的性交描寫。他們在九個月後生下一個男孩，就和爸爸一樣醜陋，但卻深受父母兩人的疼愛。這首詩接著在最後對於這項誕生以及生命的本質提出了一段簡短的省思。

要瞭解《蓋陀洛可傳》的立場和本質，最好的方法就是和《真提尼》互相比較。首先，我們會注意到這兩部作品的主角之間的對比。阿蒙格拉加是舊爪哇藝匠名家的典範，為人寬容而溫和。[46]他英俊、有禮、熟悉融合爪哇（印度教）與伊斯蘭教的神秘主義、充滿性活力，而且精通傳統技藝。他以大哥般的莞爾姿態看待瑟伯朗和他那群流浪藝人。這兩人都是真真確確的人類。不過，蓋陀洛可則相當獨特。他不但不合乎任何爪哇英雄人物的傳統形態（高雅的武士、苦修的賢哲僧人、穆斯林聖人，或者秉性正義的國王），而且彷彿是刻意塑造成與阿蒙格拉加相反的形象。如同第二章的第三節與第十一節還有第四章的第一到五節所揭露的，他是個外貌醜惡、臭氣沖天、滿口污言、嗜抽鴉片、脾氣暴躁、充滿哲思而且四處走動的陰莖。

44「外形不像正常人／他的身體皺縮矮小／皮膚也是又乾又皺／臉上完全沒有鼻子／也沒有眼睛或耳朵；唯一的樂趣就是／成天不停睡覺／／但他一旦從沉睡當中被人叫醒／就任性行事，無法控制……他的身體相當醜陋，有如一個肉囊／他的沉睡之深無與倫比／睡著了就像屍體一樣／他也沒有眼睛或耳朵／只有一雙嘴唇／也沒有筋肉或骨頭。」爪哇原文如下：「warnané tan kaprah janmi\wandané apan bungkik\kuliré basisik iku\kelawan tanpa nétra\tanpa irung tanpa kuping\remenané anéndra sadina-dina\Yèn ngelilir lajeng monthah\tan kena dèn arih . . . Awon dedegé lir keba\lemboné kepati-pati\yèn néndra angler wong pejah\nora duwé mata kuping\among ing lambé iki\nora duwé otot-balung.」這段文字以及《蓋陀洛可傳》的其他引文，都是採用現代化的拼寫方法。此處有如打油詩的翻譯摘自我對這首詩的完整英文譯本，發表於《印尼》32（一九八一年十月）：108-50，以及33（一九八二年四月）：31-88。

45 從這種觀點來看，這首詩的第一部分描述了男性器官／男人從蟄伏狀態經由割禮（「修剪」）達到成熟而有能力的狀態，以及未來可望獲得啟蒙而從事性交的前景。

46 阿蒙格拉加的頭銜「Sèh」是「sheikh」（教長）的爪哇化拼法。由此可見當時伊斯蘭教與爪哇的舊傳統是如何自然而然地和諧交融在一起。

第二，《真提尼》那種富有教養的百科全書主義已完全消失了。蓋陀洛可及其創作者對於清單以及那些清單所代表的各種知識毫無興趣。現在唯一重要的知識只有一種，就是完美男性的神秘知識，而且蓋陀洛可也以激烈的狂熱還有下流又邪惡的機智闡釋以及辯護這種知識。他在這首詩篇幅甚長的第二部分所遭遇的神學對手，代表了某種完全超乎《真提尼》想像的東西，也就是自相矛盾的「偽知識」。前一個世紀那種自然而然的融合狀態，使得蘇菲神秘主義（Sufi mysticism）與前伊斯蘭教的印度–爪哇傳統能夠以富有彈性的方式混合，但現在這種狀態已消失無蹤。那個古老的文化彷彿已被打破成嚴重敵對的兩半：一邊是以麥加為導向的正統伊斯蘭思想，另外一邊則是受到范艾克倫以頗有道理的方式稱之為爪哇（文化）民族主義，在被逼到牆角的情況下齜牙咧嘴，準備反擊。

第三，對於性生活的描寫不但是這首詩最終段落的重點所在，也詳盡強調了《真提尼》所略過的一切細節：臭味、體熱、黏液、鮮血、挫折、懷孕以及生產。蓋陀洛可只有一個（女性）性伴侶，而且他以極度粗魯甚至是殘暴的方式與她交合。[47] 同樣也明白可見的是，這種性活動只有一個目的，就是產生一個新的蓋陀洛可，一個完美男性的胚胎，準備在未來的爪哇宗教戰爭中取代其父親。這一切都與《真提尼》完全不同。在《真提尼》裡，宗教與性有著嬉鬧而且揮霍無度的關係，最典型的例子就是瑟伯朗和兩名敬虔派穆斯林少年經過徹夜的口交與互相手淫之後，接著又若無其事地起床帶領伊斯蘭習經院的清晨禱告。[48]

最後，魔幻的場面調度。《真提尼》的簡略受到大幅延展，完美的爪哇轉變為一片詭異的月球景象。一如先前，荷蘭人也完全不見蹤影（儘管荷蘭外來語的出現頻率已顯著增加）。哈加爾王國只在第一節提到過一次，而且其「偉大的君王」也在第十一節之後就再也沒有出現過。充斥於《真提尼》詩中的那些演員、戲法師、樂師、工匠、商人、操偶師以及喧鬧擾攘的村民全都不復存在，蓋陀洛可與德瑪干杜在遊蕩的旅程上都只有他們兩人為伴。以這種方式呈現出來的爪哇，有如一個超現實的國度，其中僅有的地標就是鴉片館、洞穴、高山，以及伊斯蘭習經院。一個想像的國度，但不是理想化的國度。

不過，這一切本身並不足以讓《蓋陀洛可傳》成為「經典作品」的候選者。這首詩之所以成為典範，第一條線索是在第二章第八節，讀者由此得知年輕的主角在菩提樹上倒懸修行了四年之後，「獲得了wahyu（啟示）與技巧／能夠在言語上擊敗他的同胞／他雖不曾受過修辭教育，卻知道／爭辯的各種技藝。雖然不曾學過寫作／他卻知道所有的文學技藝」。[49] 正是由於《蓋陀洛可傳》以憤怒的顛覆手法運用「所有的文學技藝」，而顯示了這首詩的作者是舊爪哇的文學專業人士當中最後僅存的成員。

以開頭的詩句為例：「以下講述的故事／涉及一座王國／遐邇聞名，稱為哈加爾／這座王國

47 不過，應該指出的是，佩吉瓦蒂在性戰鬥中完全是能夠與蓋陀洛可匹敵的對手。實際上，詩中描寫蓋陀洛可最終敗在她的手下（在交合之後，陰莖癱軟地滑出陰道）。

48《真提尼之書》，第三十七章，第三〇九至三二八節。

49 爪哇原文為：sinung wahyu bisa nyrékal\iya sesamaning urip\nora sangu ing wicara\sakèhing bicara bangkit\nora sinau nulis\sakèhing sastra pan putus.「Wahyu」一詞通常用於指稱落在命定之王頭上的那種神秘光芒。這個字眼在這裡用來代表文學修辭的天賦，顯示了王位在一八六〇年代的爪哇所陷入的困境，而且可能也暗示了爪哇唯一的希望在於其獨立的文學知識分子。

的偉大君王／在戰場上英勇無敵／他的王室稱謂是／維瑟薩大王／／國王的權威極大／邊遠地域都為之臣服。」[50]這一節本身是敘事詩的標準傳統開頭，理論上應該從容廣闊地敘述王宮的華美與王國的繁盛等等。不過，這一切都被省略，不到第十八行就開始描述起蓋陀洛可是個會走路的陰莖。這種敷衍寫法帶有一種非凡的高傲姿態，彷彿說著：「你和我都知道今天的爪哇沒有著名的王國、無敵的國王，也沒有臣服的邊遠地域。」

或者，看看作者如何以輕鬆寫意的嫻熟手法仿效《真提尼》的高貴風格，運用引人遐思的押頭韻以及帶有雙關意義的半諧音，但卻是為了完全不傳統的目的。舉例而言，在第五章第三十四至三十五節，蓋陀洛可的對手辱罵他為一條「沒有尾巴的狗」，他卻立刻扭轉局勢，利用「asu」（狗）與「asal」（源頭，來源）的半諧音把這句侮辱詮釋為一項深刻的真理，也就是他的確是完美的男性。[51]在第四章第三十二至三十三節，主角又藉著玩弄「klèlèt」分別指涉「鴉片球」與「大便」的雙關意義，而在一場神學辯論當中提出充滿機鋒的反駁。[52]在英文當中很難表達原文作者如何以流暢的傳統文學技法，把「大便」與「狗」這兩個詞語暴力結合起來並造就出那種令人不快的獨特詩文，這種多重調性對於爪哇文學而言頗為新穎。然而，讀者總是能夠察覺到這種多重調性極為嚴肅，它不是隨意玩弄形式，也不是對於古典傳統的刻意嘲諷。狗、真理、上帝、難題、鴉片、穆罕默德、大便，這些詞語相互之間都沒有優先的文學關係。這首詩的詞語仍然「入世」，屬於這個世界當中的真理，沒有任何反諷意味。

《蓋陀洛可傳》的多重調性不僅止於此。我們必須記住，這首詩就和這個世紀之前的所有爪哇詩作一樣，都是為了用於歌唱而寫，就算不是大聲唱給別人聽，至少也是低聲唱給自己聽。其中的十二章不是以主題區分，而是由七種音樂韻律形式區別：分別為阿斯瑪蘭達納（Asmarandana）、席納姆（Sinom）、彌吉爾（Mijil）、丹當古拉（Dhandhanggula）、干布赫（Gambuh）、金南提（Kinanthi）與龐庫爾（Pangkur）。至少自從十九世紀初始，這些音樂韻律就有廣受接納的使用方

50 爪哇原文為：Wonten carita winarni/anenggih ingkang negara/Jajar iku ing naminé/pan wonten ratu digjaya/agagah tur prakosa/jejulukira sang Prabu /Mahraja Suksma Wisésa/Tuhu ratu kinuwasa/kéringan mancanegari.

51 我翻譯的版本是：「賈巴滿懷惡毒地說：／『我已經受夠了／和一條沒有尾巴的狗爭論！』／蓋陀洛可說：／『你為我取的那個名稱確實沒錯／因為我世世代代的祖先／／每一個人都沒有尾巴／確實沒有一個人有尾巴／至於「狗」，解讀起來的意思是「源頭」／「沒有尾巴」指的是／我的確是人／沒有尾巴，不像你的祖先／至於你呢／你是誰？頭髮剃得精光／你是來自荷蘭、中國、西北印度／／還是你來自孟加拉？』」爪哇原文是：Ngabdul Jabar ngucap bengis/apegel ati mami/rembugan lan asu bunting/Gatholoco angucap/bener gonira ngarani/bapa biyung kaki buyut embah canggah/ya padha bunting sedaya, tan duwé buntut sayekti/basa asu makna asal/bunting iku wis ngarani/ulun jinising jalmi/tan buntut kaya bapakmu/balik sira wong apa/dhasmu gundhul anjedhindhil/apa Landa apa Cina apa Koja/apa sira wong Benggala.

52 「至於我每天吃的東西／我都會挑出最燙的／以及最苦的食物／因為這麼一來，我排出的每一坨大便／就都會變成一座高山／這就是為什麼那些山峰／全都會噴出煙霧／那些焦黑的殘餘物都是我吃的東西／（已成了外表堅硬的岩石）也就是／我吞食的klèlèt／／老實說，在我排下那些火燙的大便之前／這些山峰都不是真實存在／而且這些山峰也會立刻消失／只要我再度停止／排下大便。你們可以親自檢視／我說的話真實與否，就看／我的肛門裡噴出來的東西吧！」爪哇原文是：Kang sun-pangan dhéwé saban ari/ingsun pilih ingkang luwih panas/sarta ingkang pait dhéwé/déné tetinjaningsun/kabèh iki pan dadya ardi/milanya kang prawata/kabèh metu kukus/tumusiing geni sun-pangan/ingkang dadi padhas watu lawan curi/kalèlèt kang sun-pangan/sadurungé ingsun ngising tai/gunung iku yekti during ana/ing bésuk iku sirnané é lamun ingsun wus mantun/ngising tai kang metu silit/lah iyu nyatakena/kabèh sakandhaku.
此處的「大便」指的是鴉片菸斗抽完之後留下的殘渣。因此，「排下大便」就暗指進入抽鴉片之後的神秘恍惚狀態。

法，能夠激起以及反映特定的情緒，而適合特定的主題。[53]《蓋陀洛可傳》的作者接著逐步打破所有的這些傳統聯想。舉例而言，詩中以阿斯瑪蘭達納這種韻律簡略描述哈加爾與維瑟薩的光耀之處，而這種韻律據說具有「入神、悲傷、哀痛，不過是屬於失戀的那種悲傷與哀痛，適合用於講述情愛痛苦的故事」，而且能夠「【引起】悲傷」。[54]用於討論大便與鴉片球的丹當古拉則是「富有彈性……用於說教非常明白，用於講述愛的狂熱相當迷人」，而且「靈活多變，討人喜愛……適合結束一首詩」。被人視為「適合道德教育，也適合愛情故事」的彌吉爾，則是用於講述蓋陀洛可與伊斯蘭導師的第一次凶猛爭辯。最引人注意的是，在第五章第五十八與五十九節裡，蓋陀洛可的對手把蓋陀洛可與他的母親辱罵為「豬的屁眼」(silité babi)，而且主角也回敬以同樣不堪的言詞，使用的韻律形式卻是席納姆，其特色據說是「和善而明白」，「適合道德指導」。[55]

在每一個案例當中，其效果都是把書面文字粗暴地摩擦在柔和甜美的歌聲上。[56]這份文本的獨特力量，正是來自於其在形式與內容之間所劃開的傷口。這類專業技藝令人聯想到一名芭蕾女伶在懸崖邊緣轉圈的畫面。

後記

《蓋陀洛可傳》寫成之後不久，殖民地爪哇的變化即開始加速，最主要的驅動力是工業主義在歐洲的深化（即便是落後的荷蘭也不例外），還有通訊革命。一八七〇年代初，獨占性的強制耕種制度在荷蘭的自由派改革者與強大商業利益的壓力下廢止。接著即湧入大量的種植者、商人、律師、醫師，以及新式的公僕。蘇伊士運河的開通加快了他們前來的速度，電報通訊的擴展則是讓他們得以和殖民母國保持史無前例的密切聯繫。一家當地媒體在一八六〇年代開始出現，首先由荷蘭人支配，但立刻就有愈來愈多的歐亞人、中國人與本地人參與其中。[57] 一八八〇年代開始出現鐵路，原本是為了把可供出口的糖從爪哇內陸的龐大種植園運出，但不久之後就每年運送了數以百萬計的爪哇乘客。[58] 鐵路沿線跟著出現了由國家支持並且出資的學校教育系統的初步形態，這是荷蘭人在東印度群島攪和了將近三百年來首度出現的發展。[59]

53 貝赫倫，〈賈提斯瓦拉之書〉，pp. 212-16。關於爪哇歌曲和詩文之間的關係，有一篇深入而細膩的探討，見哈奇，〈拉古、拉拉斯、拉揚：重新思考爪哇音樂裡的旋律〉（Lagu, Laras, Layang: Rethinking Melody in Javanese Music，Ph.D. thesis, Cornell University，1980）。

54 引自帕德墨索柯玖（S. Padmosoekotjo），《爪哇文學評論》（*Ngéngréngan Kasusastran-Djawa*，Yogyakarta: Hien Hoo Sing，1960），1: 22-3；以及哈究維羅格（R. Hardjowirogo），《*Patokaning Njekaraken*》（Jakarta: Balai Pustaka，1952），pp. 66-67。這一段的其他引文也是摘自這兩部文獻。

55 關於這一段的英文與爪哇文版本，見本書第六章，p. 281。

56 我在幾年前做過一項實驗，請一名年輕的爪哇詩人在一場非正式派對上蒙著眼睛「朗誦」這段詩文。他試了兩次，但每一次都因為自己忍不住大笑而不得不中斷。

57 見阿瑪特·亞當的傑出研究著作：〈本土語言媒體與現代印尼意識的興起（一八五五至一九一三年）〉（Ph.D. thesis, University of London，1984）。

58 見白石隆，《移動的時代：爪哇的民眾激進主義，一九一二年至一九二六年》（*An Age in Motion: Popular Radicalism in Java, 1912-1926*，Ithaca, NY: Cornell University Press，1990），pp. 8-9。

59 見凱亨，《印尼的民族主義與革命》（Ithaca, NY: Cornell University Press，1952），pp. 31-32。其中簡要敘述了殖民地教育系統斷斷續續的進展。

一九〇〇年之後不久，民族主義的嫩芽已明白可見，由晚期殖民資本主義產生的那些新式職業人士所培育而成，包括：編輯與記者、技工與會計師、學校教師與藥劑師、政治人物與勘測員。隨著新世紀的時間慢慢過去，這類人士在文化、社會學以及經濟方面，都變得愈來愈有能力採取百科全書派對於專業知識的協調，用於對抗巴達維亞的舊制度。這些職業人士的夢想，表述於蘇卡諾、蘇托莫、夏赫里爾、司馬溫以及其他許多人的演說與書寫當中，看在我們眼中其實相當熟悉：「完美的印尼」就在黃磚路的前方或遠或近之處。[60] 不過，「完美的爪哇」與「完美的男性」在今天卻成了晦澀難解的想像，在那個「完美印尼」的夢想中更是如此。那種夢想就像所有新形態的意識一樣，也帶有其本身的失憶。因此，我們更該聽從馬克．吐溫的忠告，回頭研究舊爪哇的破損地圖。

60 關於這方面，請參照本書第七章，p. 359。

維毗沙那王子 Wibisana 287
美麗的仙女 widadari 57
尼蒂薩斯卓 Widjojo Nitisastro 150
奧蘭治親王威廉 William of Orange 124, 392
沃德豪斯勳爵 Wodehouse, Lord 258-9
瑞庫達拉（畢瑪）Wrekudara (Bima) 76, 288, 300-1, 317
賴特 Wright, Right 293
《務朗・列》*Wulangrèh* 274, 293

Y

亞尼 Yani 240-1
日惹 Yogyakarta 43, 56, 59, 147, 173, 178, 227, 230-1, 233, 235, 237, 244, 246, 263, 265, 271, 313-6, 319, 389, 391
堅陣 Yudhisthira 41, 77, 79, 92,170-1, 311-2
努格拉哈 Yudhistira Ardi Noegraha 279, 305-7, 310-1, 313, 319
尤瑟夫 Yusuf, Gen. Andi Muhammad 159

Z

柴尼 Zaini 237
佐埃穆德神父 Zoetmulder, Father P. 270
蘇爾徹 Zürcher 286

T

U

V

W

辛納巴帝 Senapati 37, 54, 237, 297
九三〇運動 September 30th Movement 11, 146, 149, 217
《真提尼之書》*Serat Centhini* 170, 269, 367-8
《德瑪干杜之書》*Serat Dermagandhul* 274
〈黑暗時代之詩〉Serat Kala Tidha 265, 323, 359
賽提歐瓦蒂二世 Setyowati II 306, 317
性行為 Sex 29, 246, 293, 376, 379, 382
暹羅 Siam 15-6, 59, 283
席巴拉尼 Sibarani, A. 207-210, 216-220, 224, 226-8, 252-4
西哈努克親王 Sihanouk, Norodom 238
辛博隆上校 Simbolon, Col. M. 210
信訶沙里 Singhasari 36, 58, 234
普拉維拉內加拉 Sjafrudin Prawiranegara 210, 212, 217, 219
夏赫里爾 Sjahrir 182-3, 404
雞姦 sodomy 375-6, 378-9, 380-2, 385-8
蘇曼特里 Soemantri 289, 317, 319
蘇拉迪佩拉 Soeradipoera 367, 369
蘇托莫醫師 Soetomo, Dr. 20, 256, 285, 328-331, 333-342, 344-364, 404
蘇瓦希女士 Soewarsih Djojopoespito 257
松巴少校 Somba, Maj. 210
束髮 Srikandhi 41, 225, 313
三佛齊 Sriwijaya 234
史達林 Stalin, Joseph V 119, 125
本土醫生培訓學校 STOVIA 328-330, 345, 348-9, 351, 356, 358-9, 361
蘇班德里約 Subandrio 89, 197, 199
蘇迪斯曼 Sudisman 52-3, 247, 333, 363
蘇哈托 Suharto 11-3, 18, 53-4, 56, 68-9, 89, 124, 146-151, 153-4, 156, 158-160, 195, 232-3235, 241-4, 246-7, 262
蘇哈托總統夫人 Suharto, Mrs 232, 234, 246
蘇卡諾 Sukarno 8-9, 11-3, 18-38-40, 42-4, 46, 51-4, 56-7, 60-1, 68, 72, 84-5, 89, 90, 96, 98-9, 105, 112, 115-120, 124, 134-7, 141-6, 148-9, 156, 165, 183, 187, 194-5, 197, 206, 210, 212, 224, 228-231, 234-5, 243-5, 248, 252, 263-4, 360, 404
維瑟薩 Suksma Wisesa 395, 400, 402
戲法 sulapan (conjuring) 375, 377,382-7
蘇拉威西島 Sulawesi 10, 43, 59, 63, 67, 138-9, 179, 258
蘇丹阿貢 Sultan Agung 55, 62, 237, 239, 268, 297, 368
《蓋陀洛可傳》*Suluk Gatholoco* 274, 280, 292, 327, 339, 391-4, 397, 399, 400, 402
蘇門答臘 Sumatra 10, 59, 63, 67, 134-6, 160, 211-2, 219, 258, 260, 330-1, 363
珊巴卓 Sumbadra 311
佐約哈迪庫蘇莫將軍 Sumitro, Gen. 243
佐約哈迪庫蘇莫 Sumitro Djojohadikusumo, Dr. 210
咒罵 sumpah 255, 310
青年誓言 Sumpah Pemuda 52, 245, 261-2
蘇穆亞爾中校 Sumual, Col. Ventje 210
蘇南卡里加賈 Sunan, Kalijaga 56-7, 93, 171
巽他語 Sundanese (language) 167, 188, 256-7, 293, 316
蘇普拉巴 Supraba 300
泗水 Surabaya 187, 389, 245, 269, 286-7, 328, 330, 394
梭羅 Surakarta (Solo) 59, 93, 147, 173, 187, 263-

R

S

奈伊蘿拉姬都 Nyai Lara Kidul 372

O

厄凡迪 Oesman Effend 237
《印度群島信使報》*Oetoesan Hindia* 287, 289
舊爪哇 Old Java 38, 41, 91, 94, 101, 169, 172, 180, 268-9, 279, 283, 369-370, 373, 387-8, 397, 399, 404
舊爪哇語 Old Javanese (language) 7, 192-3, 282
鴉片 opium 132-3, 336-7, 339,345, 389, 394, 396-7, 399, 400-2
特別行動局 Opsus (Special Operations) 155, 160-1

P

帕加加蘭 Pajajaran 284
帕庫布沃諾一世 Pakubuwana I 263
帕庫布沃諾二世 Pakubuwana II 263
帕庫布沃諾五世 Pakubuwana V 367
帕庫布沃諾六世 Pakubuwana VI 264
帕庫布沃諾十世 Pakubuwana X 264
帕古納迪一世 Palgunadi I 306
帕古納迪二世 Palgunadi II 306
區域公務機構 Pamongpraja 175, 179
個人利益／盤利 pamrih 50, 347, 353
帕納塔蘭 Panataran 234-5
班查西拉 Pancasila 38-9,183, 192, 243, 248
班查西拉民主 Pancasila Democracy 153-4, 248
潘卡瓦拉一世 Pancawala I 313
潘卡瓦拉二世 Pancawala II 312
潘達瓦 Pandawa 53, 57, 71, 77, 79
馮來金 Panglaykim 155
邦葛羅斯博士 Pangloss, Dr. 125
大印尼黨 Parindra 328, 361, 365
爪哇北岸 pasisir 62, 268, 389
世襲國家 patrimonialism 64-6, 80, 92
印尼國民黨 PBI 328
孌童 pederasty 376-7
發展 pembangunan (development) 190, 247, 319
本固魯 penghulu 87-8, 90-1
運動 Pergerakan 185, 219
佩吉瓦蒂二世 Pergiwati II 308, 310
阿路斯命令 perintah halus 73, 75
佩吉瓦蒂 Perjiwati 396, 399
爪哇伊斯蘭習經院 pesantrèn 75, 77-9, 86-7, 169, 170-2, 195, 337, 336-7, 369, 398-9
鄉土防衛義勇軍 Peta 148
佩楚克 Pétruk 221-5, 253
可怕幻覺 phantasmagoria 385
菲律賓 Philippines, The 12, 148, 263
金邊 Phnom Penh 238
皮若 Pigeaud 256, 369, 371, 373, 375
印尼共產黨 PKI 42, 45, 52-3, 72, 73, 78, 82, 141, 143, 145-6,149-150, 157, 159, 194, 210, 247, 288, 320
印尼國民黨 PNI 42, 143, 146, 156-7, 328
寶恩生 Poensen, Carel 392, 395
普爾巴扎拉卡 Poerbatjaraka 10, 93, 280, 282-4, 288, 290, 304
波瓦達爾敏達 Poerwadarminta, W. S.256, 353
角落專欄 pojok 189-191, 221
波諾羅戈 Ponorogo 169, 234
波普 Pope, Allan 212, 253
葡萄牙 Portugal 16, 159,257-8
葡萄牙語 Portuguese (language) 259, 261
《城市郵報》*Pos Kota* 208

M

N

44, 67, 97, 130-1, 134, 137, 140, 143, 160, 177, 183, 188-190, 203, 208-9, 215, 219, 224, 226-8, 230, 232-3,239, 241, 245-6, 248, 250, 253, 259, 263, 265, 282, 290, 292, 295-6, 300, 304-5, 308, 311, 313, 315-6, 326, 328, 331, 341,356, 369, 384, 389, 392, 404
瘋狂時代 Jaman Édan 49, 197, 282
日本 Japan 29, 68, 88, 129, 130-1, 134, 147-8, 150, 159, 257, 267, 335
日本占領 Japanese Occupation 97, 183, 185, 205, 208-9, 220,245, 295
加薩迪普拉一世 Jasadipura I 93, 283, 256
加薩迪普拉二世 Jasadipura II 256
亞辛將軍 Jasin, Gen. 241
賈亞巴亞 Jayabaya 56
闍耶跋摩七世 Jayavarman VII 238
猶太人 Jews 122, 154
詹森 Johnson, Lyndon B 11, 253
男僕 jongos 292-3

K

喬治・凱亨 Kahin, George 7
毀滅的時代 kalabendu 266, 280, 324
喀朗萬 Kalangwan (Old Javanese) 273, 283
古蘭經的信綱聲明 Kalimah Sahadat 92
加里曼丹 Kalimantan 59, 63, 258
卡利瑪薩達 Kalimasada 170-1
爭鬥時 Kaliyuga 48-9, 197
迦爾納 Karna 71-2
卡塔蘇拉 Kartasura 263
卡蒂妮 Kartini 326-7
卡薩 kasar 62, 69, 80
魔力 kasektèn (Power)51, 32, 34-58,60-2, 65-6, 68-74, 78-80, 82, 84-7, 90-1, 95, 97-101, 103, 301, 372, 374, 384-5
冥想 Kebathinan (bathin) 44, 336-7
諫義里 Kedhiri 46
《回憶》*Kenang-Kenangan* 329-330, 332-5, 338-9, 341, 347, 352, 356-7, 360-1,364
庚安洛 Ken Angrok 54
亨德里克・柯恩 Kern, Hendrik 282
克塔納伽拉 Kertanagara 36
塞拉 Ki Ageng Sela 348-9
荷蘭皇家東印度軍 KNIL (Royal Netherlands Indies Army) 131, 138, 148, 158-160
治安回復作戰司令部 Kopkamtib 159-160
《古蘭經》*Koran* 169, 170-2, 195, 336
陸軍戰略後備隊 Kostrad (Strategic Reserve Command) 140, 148-9
高爪哇語 krama 175-7, 189,192-3, 204-5, 272-6, 285-290, 320, 355, 362-3, 379
高爪哇語的高級敬語 krama inggil 177, 270,
宮殿 kraton (royal courts) 40, 43, 237, 265, 271, 277, 369, 373
克里希納一世 Kres(h)na I 71-2, 311
克里希納二世 Kres(h)na II 306
劍 kris 35-6, 40, 55, 211, 218, 239, 314-5
庫瑪爾 Kumar, Ann 20, 22, 293, 370
俱盧族 Kurawa 71, 85, 300, 306, 313
奇阿依 kyai 74-5, 86-8, 90, 139, 169, 369, 374

L

拉當拉瓦斯 Ladang Lawas 211-212, 217, 219
萊登 Leiden 178, 290, 369
命運、角色、人生目標、道德責任 Lelakon 332-3, 358, 360

326
希爾蕊・紀爾茲 Geertz, Hildred 228-9, 327, 338
德國 Germany 8, 114-5, 118, 124-5, 129
根廷斯將軍 Gintings, Gen. Djamin 241
吉里 Giri 368, 389
根納萬・曼根庫蘇摩 Goenawan Mangoenkoesoemo 335, 362
古納汪・穆罕默德 Goenawan Mohamad 23, 256, 311
葛蘭西 Gramsci, Antonio 92
指導式民主 Guided Democracy 8, 43, 46, 67-8, 72-3, 88-9, 91, 98, 142-6, 150-1, 154, 193, 195, 228-9, 243, 252

H

海牙 Hague, The 131, 141, 178, 258, 289
哈芝 haji 264, 298-301
阿路斯 halus 62, 69-70, 73-5, 80, 315, 356
哈孟古布沃諾二世 Hamengku buwana II 63, 263, 264
哈孟古布沃諾七世 Hamengku buwana VII 43
哈孟古布沃諾八世 Hamengku buwana VIII 56
哈拉哈普 Harahap, Burhanuddin 210
哈達 Hatta 134, 136, 182, 187, 210, 218
哈祖 Hazeu, J. 282
希達亞特 Hidajat, Johnny 207-9, 213, 218, 220-1, 223-5, 227-8, 252-4
希姆萊 Himmler, H. 211, 217
希特勒 Hitler, Adolf 44-5, 103, 112-8, 124-5, 217
湯瑪斯・霍布斯 Hobbes, Thomas 30
胡志明 Ho Chi Minh 12, 105, 331
荷蘭 Holland 159, 166-7,173, 178, 182, 257-8, 259, 264, 279, 330-1, 337, 377, 391-2, 401-2
霍特 Holt, Claire 8-10, 12-3, 22, 27, 77
同性戀 homosexuality 376
尊敬、服從、地位 hormat 271-2
許爾赫洛涅 Hurgronje, Christiaan Snouck 377, 394
胡塞因中校 Husein, Lt.-Col. 210, 217

I

國際政府援助印尼銀行團 IGGI (Intergovernmental Group on Indonesia) 150-1,159
知識 ilmu (ngèlmu) 336-7,367, 371, 374, 380, 384, 387-8, 396
蘇帕蒂 Imam Supardi 285, 330
伊莫吉利 Imogiri 237
印度 India 5, 27, 29, 48, 60, 92, 128, 132, 176, 184, 240, 259-260, 327, 398
印尼讀書會 Indonesian Study Club 328
因陀羅耆特 Indrajit 287
西伊利安 Irian. See West Irian 10, 38, 210, 220, 230-1
伊斯蘭教 Islam 31, 49, 77, 85-7, 91-8, 102-3, 107, 139, 143, 169-170, 172, 177, 274, 279, 327, 368, 395-8
伊斯蘭理性主義 Islamic rationalism 94
伊斯蘭改革 Islamic reform 92, 94

J

朱利厄斯・雅各 Jacobs, Julius 377
賈瓦拉 jago(jawara) 273
雅加達（巴達維亞）Jakarta (Batavia) 8, 19,

腐敗 corruption 87-9, 189, 194, 213, 249, 313
強制耕種 Cultuurstelsel (Cultivation System) 153, 260, 264, 392-3, 402

D

丹德爾斯 Daendels, H. 263
詹貝克上校 Dahlan Djambek 210
達加特摩將軍 Darjatmo, Gen 243
達摩（義務）darma 71-2, 347, 358
達薩穆卡 Dasamuka (Rahwana) 71
達雅族 Dayaks 63, 376-7
戴高樂 De Gaulle, Charles 118
〈復仇〉Dendam 297, 300-2
德瑪干杜 Dermagandhul 395-6, 399
阿威 Des Alwi 210
發展（pembangunan）190, 247, 319
德瓦陸奇 Dewa Ruci 75, 77, 317
德宛達拉 Dewantara, Ki Hadjar 42, 44, 331, 365
操偶師（dhalang）36, 172, 198, 221, 335,
狄德羅 Diderot, D. 370-3, 387
蒂博尼哥羅 Diponegoro 235, 237, 248, 252, 264-5, 392
爪哇迪波 Djawa Dipo 285, 287-290, 293, 317, 363
吉恩・多米諾 Djon Domino 213, 221-5, 227-8, 244
〈男僕＋女傭〉Djongos + Babu 294-6
國會 DPR 205
杜勒斯 Dulles, John Foster 210, 220, 253
杜納 Durna 83, 85, 198
荷語 Dutch language 166, 168, 173, 175-7, 179, 180-4, 186, 199, 219, 258-9, 282-4, 288, 290, 297, 316, 347, 353, 357
荷語教育 Dutch education 180, 183
雙重功能 dwifungsi 154

E

荷蘭東印度公司 East India Company, Dutch. See VOC 130-2, 259, 263-4, 268, 295, 389, 391-2
東帝汶 East Timor 124, 130, 158, 160, 263
伊格斯 Echols, John M. 7-8, 22, 256
艾森豪 Eisenhower, D. D. 211, 218-9
百科全書 encyclopedias 170, 367, 369-373, 376, 387, 398, 404
百科全書派 Encyclopedistes 373, 404
英語 English (language) 7, 16, 18-9, 31, 184, 219, 256, 259, 276-7,316
倫理政策 Ethical Policy 131, 176, 178
特別軍事法庭 Extraordinary Military Tribunals 52, 247, 333

F

魔幻 phantasmagoria 21, 165, 170, 174, 388, 392, 398
菲斯 Feith, Herbert 22, 27, 52-3, 55, 202
法國 France 5, 103, 129, 258, 370, 372, 387, 390-1
French Revolution 103, 208, 217

G

甘美朗 gamelan 10, 91, 237, 279, 360-1, 371, 373, 375, 388
嘎啦嘎啦 gara-gara 36-7
蓋陀洛可 Gatholoco 281, 394, 399-402
釋迦牟尼 Gautama Buddha 107
克利弗・紀爾茲 Geertz, Clifford 22, 27, 165,

258, 260-2, 268, 272-280, 282-8, 290, 294, 297, 300-2, 311, 316-7, 320
馬來語 bahasa Melayu (Malay) 176, 184, 215, 257, 259, 260-2, 282, 336
國家情報局 Bakin 160
圖書編譯局 Balai Pustaka 260-1
峇里島 Bali 10, 49, 250, 268, 327, 377
峇里人 Balinese 29, 49, 188, 263, 376, 389
巴莫 Ba Maw 331
邦義爾 Bangil 330, 345-6, 350, 357
曼谷 Bangkok 15, 59, 61, 232
芭諾瓦蒂一世 Banowati I 225, 307
芭諾瓦蒂二世 Banowati II 307
巴塔克人 Bataks 219, 238, 241, 376
巴達維亞（爪哇巴欽）Batavia (Jakarta *bathin*) 349, 352-353, 359
官僚制國家 beamtenstaat 133-6, 139, 150-1, 153, 159
貝多優 bedhaya 43
比利時 Belgium 159, 257, 392
朱利安・班達 Benda, Julien 89
伯格 Berg, C. C. 38-9, 54, 283
陪臚 Bhairava 36
雙語能力 Bilingualism 167-8, 180-1
畢瑪 Bima 288, 300-1, 317
內政部 Binnenlandsch Bestuur 156, 285, 330, 351
自傳 biography 329-331, 333-4, 339, 345
毗濕摩 Bisma 41, 300
比蘇 bissu 43
布洛拉 Blora 285, 290, 330
路易・波拿巴 Bonaparte, Louis 392
拿破崙 Bonapart, Napoleon 391
婆羅浮屠 Borobudur 232, 237, 253
布拉塔瑟納一世 Bratasena I 76
布拉塔瑟納二世 Bratasena II 307
俱盧之戰 Bratayuda War 40, 71, 313
至善社 Budi Utomo 326-8, 330, 335, 356-7, 362-4
布吉人 Buginese 43, 63, 159, 188, 263, 376-7, 389
《擺脫束縛》*Buiten Het Gareel* 257
縣長 bupati 67, 173, 325, 331
暹羅 Burma 15-6, 59, 283
食人魔 buta 70, 300

C

光芒 cahya 45-6
布塔卡基 Cakil 300
柬埔寨 Cambodia 12, 18, 59, 238
坎崔 cantrik 85-86, 90
cartoons, cartoonists 206-213, 216-223, 227-8, 252, 254
瑟伯朗 Cebolang 368, 376, 378-390, 397-8
最高統治者 chakravartin 61-2
魅力 charisma 30-1, 98-103, 105-111, 118-122, 125
中國 China 102, 109, 154, 254, 261, 272, 363, 401
華人 Chinese 45, 153-5, 188, 261, 263, 271, 376, 389
中情局 CIA 7, 11, 141, 210, 212
顧恩 Coen 295-7
諾曼・科恩 Cohn, Norman 122, 124
意識模態 consciousness, change of 167
一九四五年憲法 Constitution of 1945 68, 142-3, 195, 243
康乃爾文件 Cornell Paper 12, 14

索引
Index

A

掛名派 *abangan* 171,198
阿比曼尤一世 Abimanyu I 300
阿比曼尤二世 Abimanyu II 306
哈尼法 Abu Hanifah 347
亞齊 Aceh (Atjeh) 93,131, 137, 160, 259, 376
亞齊人 Acehnese 376
艾地 Aidit, D. N. 9, 52, 78, 240
阿賈 ajar 85-8, 90
范艾克倫 Akkeren, Philippus van 394, 398
艾勒爾斯 Alers, Henri 129,177
穆爾多波 Ali Murtopo 153, 155, 160-1
阿利蘭 Aliran 77-78, 197-198
阿莽古拉特一世 Amangkurat I 55
阿莽古拉特二世 Amangkurat II 45-6, 55, 263
阿莽古拉特三世 Amangkurat III 45-6 ,55, 263
阿莽古拉特四世 Amangkurat IV 55
阿蒙格拉加 America. See United States
Amongraga 269, 368, 389, 397
阿姆斯特丹 Amsterdam 93, 130, 314
培利・安德森 Anderson, Perry 16, 18, 23
吳哥 Angkor 239
安塔博加 Antaboga 317
采邑 appanages (benefices) 64, 80-1
阿拉伯文 Arabic language 93, 169, 275
阿罕那里 ardhanari 41-2
貴族 aristocracy 21,140, 159, 178, 181, 225,278, 284-5, 288, 293, 313, 315, 330, 361, 371-2, 374, 380, 388, 390,
阿周那一世 Arjuna I 41, 57, 71-2, 300-1, 305-6,310, 312
阿周那二世 Arjuna II 304-8, 310, 312, 315, 317
《阿周那輟學》*Arjuna Drop Out* 307, 311, 313
《阿周那尋求愛情》*Arjuna Mencari Cinta* 307, 311
苦修 Asceticism 35-7, 40, 86, 100, 171, 351, 395, 397
馬嘶一世 Aswatama I 313
馬嘶二世 Aswatama II 312

B

編年史 babad (chronicles) 38, 49, 54, 85, 115-6, 284, 372, 384
《安汶編年史》*Babad Ambon* 264
《爪哇國土史》*Babad Tanah Djawi* 327, 372
女傭 babu 290, 292, 294
印尼語 bahasa Indonesia (Indonesian) 165-8, 181, 183, 184-193, 199-200, 218-9, 227, 229, 247, 258, 262, 279, 283, 290, 293, 297, 301-2, 311, 315-7, 353, 357, 360, 362, 394
爪哇語 bahasa Jakarta (Jakartan) 166-7, 170, 172, 175-6, 181, 183, 185, 188-9, 191-4, 198-9,

Beyond

69

世界的啟迪

語言與權力：探索印尼的政治文化

Language and Power: Exploring Political Cultures in Indonesia

作者	班納迪克・安德森（Benedict Richard O' Gorman Anderson）
譯者	陳信宏
副總編輯	洪仕翰
責任編輯	陳怡潔
行銷總監	陳雅雯
行銷	趙鴻祐、張偉豪、張詠晶
封面設計	鄭宇斌
排版	宸遠彩藝

出版	衛城出版／遠足文化事業股份有限公司
發行	遠足文化事業股份有限公司（讀書共和國出版集團）
地址	23141　新北市新店區民權路 108-3 號 8 樓
電話	02-22181417
傳真	02-22180727
客服專線	0800221029
法律顧問	華洋法律事務所蘇文生律師
印刷	呈靖彩藝有限公司
初版	2024 年 08 月
定價	600 元

ISBN：9786267376546（紙本）
9786267376539（PDF）
9786267376669（EPUB）

國家圖書館出版品預行編目(CIP)資料

語言與權力：探索印尼的政治文化/班納迪克.安德森(Benedict Richard O'Gorman Anderson)著；陳信宏譯. -- 初版. -- 新北市：衛城出版，遠足文化事業股份有限公司, 2024.08
面；公分. -- (Beyond；69)
譯自：Language and power : exploring political cultures in Indonesia.

ISBN 978-626-7376-54-6（平裝）

1. CST: 政治文化 2. CST: 政治變遷 3. CST: 印尼史

574.393　　113008327

歡迎團體訂購，另有優惠，請洽 02-22181417，分機 1124

特別聲明：有關本書中的言論內容，不代表本公司／出版集團之立場與意見，文責由作者自行承擔。

ACRO POLIS
衛城出版

Email　acropolismde@gmail.com
Facebook　www.facebook.com/acrolispublish